Budismo: Los Versos del Maestro Zen Ikkyu, Vol 2

Budismo, Volume 2

Dhamma Buddha

Published by Dhamma Buddha, 2024.

BUDISMO: LOS VERSOS DEL MAESTRO ZEN IKKYU, VOL 2

First edition. August 25, 2024.

ISBN: 979-8233937088

Written by Dhamma Buddha.

Tabla de Contenido

La medicina de los no nacidos

"VENIMOS A ESTE MUNDO SOLOS, NOS VAMOS SOLOS" - ESTO TAMBIÉN ES ILUSIÓN.

TE ENSEÑARÉ EL CAMINO NO VENGAS, ¡NO VAYAS! COMEMOS, EXCRETAMOS, DORMIMOS Y NOS LEVANTAMOS; ESTE ES NUESTRO MUNDO.

TODO LO QUE TENEMOS QUE HACER DESPUÉS DE ESO ES MORIR.

NO MORIRÉ, NO IRÉ A NINGUNA PARTE, ESTARÉ AQUÍ; PERO NO ME PREGUNTES NADA, NO CONTESTARÉ.

SEA LO QUE SEA, TODO FORMA PARTE DEL MUNDO DE LA ILUSIÓN, YA QUE LA PROPIA MUERTE NO ES ALGO REAL.

SI DESEAS CONOCER EL CAMINO, TANTO EN ESTE MUNDO COMO EN EL OTRO, PREGUNTA A UN HOMBRE MISERICORDIOSO Y SINCERO.

UN MONJE PREGUNTA AL MAESTRO PAI-CHANG: "¿QUIÉN ES EL BUDA?" PAI-CHANG RESPONDE: "¿QUIÉN ERES TÚ?"

EL PROPÓSITO DE LOS BUDDHAS NO ES INFORMARTE, sino transformarte. Quieren provocar un cambio radical en tu conciencia, quieren cambiar tus raíces. Quieren traerte nuevos ojos, nueva claridad. Su propósito no es informar. No están ahí para transferir conocimientos, sino para trasplantar un ser.

Quieren compartir su luz contigo: su propósito no es informar, sino iluminar.

De ahí que NO se molesten en saber cuál es tu pregunta. Sus respuestas pueden parecer a veces irrelevantes, absurdas. No lo son, pero tienen una relevancia totalmente distinta. Son relevantes para ti, no para tu pregunta.

Ahora, este monje le pregunta al Maestro Pai-Chang, "¿Quién es el Buda?" Y Pai-Chang responde: "¿Quién eres tú?"

Fíjate en lo que te digo: está convirtiendo toda la pregunta en una dimensión totalmente nueva. No está respondiendo, de hecho está dando una pregunta más profunda que la que el monje había hecho - está respondiendo con otra pregunta. "¿Quién es Buda?" - la respuesta es fácil, podría haber dicho: "Gautam Siddhartha". Pero eso es irrelevante; no le interesa la historia del pensamiento, no le interesa la historia en absoluto.

No le preocupa un hombre llamado Gautam Buda, sino un cierto despertar que puede darse en todo el mundo. Esa es la verdadera Budeidad.

Vuelve la pregunta hacia el propio interrogador. Hace de la pregunta una espada y le atraviesa el corazón. Dice: "¿Quién eres TÚ? NO me preguntes por Budas, sólo haz una pregunta: "¿Quién soy yo?" y sabrás quién es el Buda, porque todo el mundo tiene el potencial de ser un Buda; no hay necesidad de buscar fuera de uno mismo.

Lao Tzu dice: Para encontrar la verdad, uno no necesita salir de su habitación. Ni siquiera es necesario abrir la puerta, ni siquiera es necesario abrir los ojos, porque la verdad es tu ser. Conocerla es la Budeidad.

Recuérdalo: las afirmaciones de los maestros zen no son afirmaciones en el uso ordinario de la palabra.

No son para transmitir algo que NO sabes. Son para impactarte, provocarte, hacia una nueva calidad de conciencia.

Escucha estos sutras con esto en tu mente. Ikkyu no está proponiendo ninguna filosofía. Son sus conmociones a sus discípulos, y tienen una inmensa belleza y un inmenso potencial para conmocionar a cualquiera.

Escucha:

"VENIMOS SOLOS A ESTE MUNDO,

PARTIMOS SOLOS..."

Esto se ha dicho una y otra vez, a lo largo de los siglos. Toda la gente religiosa ha estado diciendo esto: "Venimos solos a este mundo, nos vamos solos". Toda unión es ilusoria. La idea misma de unión surge porque estamos solos, y la soledad duele. Queremos ahogar nuestra soledad en la relación....

Por eso nos involucramos tanto en el amor. Trata de ver el punto. Normalmente piensas que te has enamorado de una mujer o de un hombre porque ella es hermosa, él es hermoso. Esa no es la verdad. La verdad es justo lo contrario: te has enamorado porque no puedes estar solo. Y si no hubiera una mujer hermosa, también te habrías enamorado de una mujer fea. Así que la belleza no es la cuestión. Si una mujer no hubiera estado disponible, también te habrías enamorado de un hombre. Así que la mujer tampoco es la cuestión.

Ibas a caerte. Ibas a evitarte de una forma u otra. Y hay gente que NO se enamora de las mujeres o de los hombres - entonces se enamoran del dinero. Empiezan a moverse hacia el dinero o hacia un viaje de poder, se convierten en políticos. Eso también es evitar tu soledad. Si observas al hombre, si te observas a ti mismo profundamente, te sorprenderás - todas tus actividades pueden ser reducidas a una sola fuente. La fuente es que tienes miedo de tu soledad. Todo lo demás no es más que una excusa. La verdadera causa es que te encuentras muy solo.

Y estar solo es ser desgraciado. No parece haber ningún lugar adonde ir, nadie con quien relacionarse, nadie en quien ahogarse. La poesía sirve, la música sirve, el sexo sirve, el alcohol sirve... pero se necesita algo para poder ahogar la soledad, para poder olvidar que se está solo. Esta es la espina en el alma que sigue doliendo. Y tú sigues cambiando tus excusas.

El trabajo del maestro es llevarte a la causa original. Todas tus llamadas aventuras amorosas no son más que escapes. E incluyo TODAS las aventuras amorosas. El pintor está enamorado de sus cuadros. Y no es casualidad que si un hombre está demasiado involucrado en su poesía, evitará a las mujeres, porque serán una distracción. Y las mujeres desconfían naturalmente de un hombre que tiene cualquier tipo de afición, cualquier tipo de interés, implicación profunda, porque entonces se sienten celosas, entonces saben que él también tiene otra mujer. Si un hombre se dedica a la ciencia, la mujer se enfada tanto como si estuviera enamorado de otra mujer. No quiere que esa ciencia se interponga entre ella y él.

Y las personas que han sido buscadores y buscadores y poetas y pintores, siempre han permanecido solteros. No es casualidad. Tienen otro tipo de relación amorosa; NO necesitan a la mujer, NO necesitan al hombre.

Observa tu mente. De una y mil maneras está intentando una sola cosa: "¿Cómo olvidar el hecho de que estoy solo?".

El otro día leía estas líneas de T. S. Eliot:

¿SOMOS TODOS DE HECHO POCO CARIÑOSOS Y POCO AMABLES?

ENTONCES UNO ESTÁ SOLO....

Si el amor no es posible, entonces uno está solo. Hay que HACER posible el amor; si no es posible, hay que crearlo, creer en él. Si es casi imposible, entonces hay que crear la ilusión, porque uno necesita evitar su soledad.

Cuando estás solo tienes miedo. Recuerda, el miedo no viene de los fantasmas. Cuando estás solo, el miedo proviene de tu soledad. Pero seguimos ocultando esa causa, porque ver esa causa es transformarse al verla. Cuando te mueves solo por un bosque, en realidad no tienes miedo de los fantasmas ni de los ladrones, porque ellos están más en la multitud. ¿Qué estarían haciendo en el bosque? - todas sus víctimas están disponibles aquí.

Cuando estás solo en la habitación y está oscuro, no tienes miedo de los fantasmas; los fantasmas son sólo proyecciones. Lo que de verdad te asusta es tu soledad: ése es el fantasma. De repente tienes que enfrentarte a ti mismo, de repente tienes que ver tu total vacío y soledad y que no hay forma de relacionarse.

Has estado gritando y gritando y nadie te oye. Has estado buscando a tientas en la oscuridad y nunca encuentras una mano que te sostenga. Has estado en esta fría soledad - nadie te abraza, nadie está AQUÍ para abrazarte. Nadie está ahí para darte calor.

Este es el miedo, la angustia del hombre. Si el amor no es posible, entonces uno está solo. Por lo tanto, hay que hacer posible el amor, hay que crearlo, aunque sea pseudo, hay que crearlo. Hay que seguir amando, porque de lo contrario será imposible vivir.

Y siempre que una sociedad se encuentra con el hecho de que el amor es falso, entonces dos cosas se vuelven posibles:

o la gente empieza a suicidarse, o la gente empieza a convertirse en sannyasins. Y ambos son lo mismo.

El suicidio es un esfuerzo ordinario para destruirse a uno mismo: si tú no estás, nadie estará solo.

Pero eso no funciona; pronto estarás en otro cuerpo. Eso nunca ha funcionado.

Sannyas es el suicidio definitivo. Si uno está solo, entonces está solo. Hay que aceptarlo, no hay que evitarlo: si uno está solo, ¿y qué? Si ese es el hecho, entonces ese es el hecho - entonces uno tiene que entrar en él. Sannyas significa encontrar la propia soledad, entrar en ella. Entrar en ella a pesar de todo el miedo. Morir en ella. Si la muerte ocurre a través de ello, está bien, pero uno no va a eludir la verdad.

Si la soledad es la verdad, entonces uno la acepta y se adentra en ella. Ese es el significado de sannyas. Y uno realmente se suicida. Uno desaparece.

Esta es la transformación de la que hablo. A los budas no les interesa la información, sino la transformación. Todo tu mundo es un gran dispositivo para escapar de ti mismo. Los budas destruyen tus dispositivos, te devuelven a ti mismo.

Por eso es sólo para los raros, los valientes, estar en contacto con un Buda. La mente ordinaria no puede soportarlo; la presencia de un Buda es insoportable. ¿Por qué? ¿Por qué la gente ha estado tan en contra de Buda y de Cristo y de Zaratustra y de Lao Tzu? Por una cierta razón: estas son las personas que NO te permiten el lujo de la falsedad, la comodidad de la mentira, la conveniencia de vivir en ilusiones. Éstas son las personas que NO te lo permiten; éstas son las personas que siguen forzándote hacia la verdad. Y la verdad es peligrosa.

La primera verdad que hay que experimentar es que uno está solo. La primera verdad que hay que experimentar es que el amor es ilusorio.

Sólo piensa en ello, sólo piensa en la enormidad de ello, que el amor es ilusorio. Y tú has vivido sólo a través de esa ilusión...

Estabas enamorado de tus padres, estabas enamorado de tus hermanos y hermanas, luego empezaste a enamorarte de una mujer o un hombre. Estás enamorado de tu país, de tu iglesia, de tu religión, y estás enamorado de tu coche, y del helado - y así sucesivamente. Vives en todas esas ilusiones.

Y de repente te encuentras desnudo, solo, todas las ilusiones han desaparecido. Duele.

Esta misma mañana, Vivek decía -y lo ha estado diciendo una y otra vez con estos discursos de Ikkyu-: "Estos discursos son PESADOS, deprimentes". Tienen que serlo, porque siempre que se toca alguna de tus ilusiones se crea una gran inquietud. Te asustas; de alguna manera lo estabas manejando - y sabes en el fondo que no hay fondo pero NO quieres mirar. Ver te da miedo; quieres seguir permaneciendo en la ilusión.

Nadie quiere ver que su amor es falso. La gente está dispuesta a creer que sus amores pasados eran falsos - ¿pero esto? No, este amor es verdadero. Cuando haya desaparecido dirán que también era falso - pero entonces otro amor es verdadero. En cualquier ilusión que estén viviendo, pretenden que ésta es verdadera.

"Otros - Ikkyu puede tener razón, Maestro puede tener razón sobre otros amores, eran falsos, lo sabemos. ¿Pero este? Este es una cosa totalmente diferente. Este no es un amor ordinario, he encontrado mi alma gemela".

Nadie ha encontrado nunca una: ¿cómo puedes encontrar a tu alma gemela? La soledad es absoluta. Son sólo esfuerzos para engañarte a ti mismo, y puedes seguir engañándote. Eso es lo que has estado haciendo a lo largo de los siglos, durante tantas vidas...

Pero lo olvidas. Y se olvida a causa del trauma del nacimiento. Cuando el niño nace recuerda - recuerda perfectamente todo lo que ha sucedido en la vida pasada; lo sabe. Pero el trauma del nacimiento es tal, el dolor de nacer es tal... Vivió en el vientre materno cómodamente durante nueve meses - nunca más estarás tan cómodo, ni siquiera un emperador puede estar tan cómodo.

Estabas flotando en un líquido caliente. Y todas las necesidades estaban satisfechas, y no tenías ninguna responsabilidad, ninguna preocupación.

Estabas profundamente dormida y soñando, soñando cosas dulces. Estabas completamente protegido, seguro. Todo sucedía por sí mismo; no necesitabas hacer ni un solo esfuerzo.

Y de repente, un día después de nueve meses, todo ese mundo se destruye. Estás desarraigado. Estabas arraigado en el útero, estabas conectado con la madre: estás desconectado.

Y tienes que atravesar el canal del parto, que es un canal muy estrecho.

El niño siente un dolor inmenso. El dolor es tal que queda inconsciente. Es un mecanismo incorporado en la mente: cuando algo se vuelve insoportable, la mente simplemente te apaga para que no tengas que sentirlo. De hecho, llamar a cualquier dolor insoportable es existencialmente erróneo, porque siempre que el dolor se vuelve insoportable te vuelves inconsciente. Así que nunca has conocido el dolor insoportable: si lo conoces y eres consciente, sigue siendo soportable. Una vez que llega al punto en que se vuelve insoportable, inmediatamente todo el mecanismo de la consciencia se apaga. Entras en coma, una anestesia natural.

Así que cada niño que pasa por el canal del parto entra en coma, y eso le trastorna la memoria. Y de nuevo empieza a hacer el tonto de la misma manera, pensando que está haciendo algo nuevo.

Nadie está haciendo nada nuevo. Todo lo que estáis haciendo lo habéis hecho tantas veces, tantos MILLONES de veces. No es nada nuevo. Esta ira, esta codicia, este sexo, esta ambición, esta posesividad - lo has hecho todo millones de veces. Pero debido al trauma del nacimiento ha habido una discontinuidad, una brecha. Y debido a esa brecha tu pasado ya no esta disponible para ti.

A través del grito primario profundo el pasado puede volverse disponible. Si puedes moverte hacia atrás en el trauma del nacimiento puedes recordar tus vidas pasadas. Pero tendrás que moverte profundamente en el trauma del nacimiento. Y una vez que hayas retrocedido al estado de matriz de tu conciencia, de repente verás toda tu autobiografía. Y es larga. Es tediosa, no es más que angustia, fracaso y frustración.

En la nueva comuna, vamos a esforzarnos para que recordéis vuestras vidas pasadas. Entonces no pensaréis que estos dichos de Ikkyu son depresivos - entonces veréis que estas son las verdades.

Pero estás viviendo una vida falsa, pensando que estás haciendo algo nuevo. Y porque crees que es nuevo, sigues encantado por ello, por la magia de lo nuevo. Si puedes llegar a saber que te has enamorado millones de veces, y que cada vez fue un fracaso, será imposible que vuelvas a caer en la trampa, Verás que es inútil - que no hay alma gemela, que nunca la ha habido. Que la soledad es absoluta. Que no hay manera de estar en comunión, que no hay manera de comunicarse. Que nadie puede entenderte, y tu no puedes entender a nadie.

Sé que estas charlas están destinadas a ser depresivas. ¿Por qué? Porque estas charlas tocarán algunas heridas en ti y el pus empezará a supurar. Y recuerda siempre: a veces es bueno mantener la herida abierta, porque esa es la condición para su curación. Pero se necesita coraje, ciertamente; sin coraje no se puede hacer nada. Para mantener la herida abierta se necesita mucho valor, ¡pero esa es la condición para su curación!

Te gustaría esconderla. Te gustaría esconderlo detrás de las flores, te gustaría olvidarte de la herida. Te gustaría pasar a algún consuelo: "Tal vez el amor no ha sucedido todavía - ahora puede suceder. Esta vez puede que lo consiga".

Pero el amor NO PUEDE ser posible. Hacerlo posible no es una cuestión que dependa de ti. El amor mismo es una imposibilidad. Te mantiene engañado, te mantiene en una especie de estado de sueño.

Ikkyu dice:

"VENIMOS SOLOS A ESTE MUNDO,

PARTIMOS SOLOS..."

La unión es ilusoria. La soledad es más fundamental. El amor es ilusorio, la meditación es más fundamental, pero en última instancia también es ilusoria. Ahí es donde Ikkyu va un paso por delante y da el salto cuántico. Lo has oído decir muchas veces: "Venimos solos a este mundo, y nos vamos solos". Pero Ikkyu dice:

ESTO TAMBIÉN ES ILUSIÓN.

YO TE ENSEÑARÉ EL CAMINO

¡QUE NO VENGA, QUE NO SE VAYA!

Eso es Zen, Zen puro. La religión ordinaria enseña: El amor es ilusorio. El Zen finalmente enseña: Incluso la meditación es ilusoria. Déjame que te lo aclare. El amor significa unión: la posibilidad de estar juntos, la posibilidad de perderse el uno en el otro, la posibilidad de comunicarse, la posibilidad de relacionarse. Cuando el amor falla, falla por completo, empiezas a avanzar hacia la meditación. Meditación significa la capacidad de estar solo. El amor y la meditación son polaridades. Meditación significa la capacidad de no relacionarse, no hay necesidad de relacionarse, uno se basta a sí mismo.

Mucha gente sigue aferrándose al mundo del amor; unos pocos escapan de él, y entonces siguen aferrándose al mundo de la meditación. El Zen dice: Si te aferras al mundo de la meditación, si empiezas a aferrarte a tu soledad, aún estás lejos de la verdad. Porque si la unión es falsa, ¿cómo puede ser verdadera la soledad?

Ésta es la gran revolución que el Zen aporta al mundo de la religión. Si la unión es falsa, la soledad tampoco puede ser verdadera, porque la soledad sólo puede entenderse en el contexto de la unión. Si el amor es falso, la meditación tampoco puede ser verdadera. Los que se han decidido por la meditación CONTRA el amor, han elegido una polaridad. Y la polaridad depende de la otra.

Piensa: si la oscuridad es falsa, ¿cómo puede ser verdadera la luz? Si el dolor es falso, ¿cómo puede ser verdadera la felicidad?

Si el nacimiento es falso, ¿cómo puede ser verdadera la muerte? Si el "yo" es falso, ¿cómo puede ser verdadero el "tú"? - o viceversa. Existen como parejas. El amor y la meditación son una pareja, casados para siempre.

Y si observas en silencio el funcionamiento de tu mente, verás que sucede continuamente....

Estás enamorado de una persona y pronto empiezas a sentir que necesitas tu propio espacio. Ésa es la necesidad de meditar; puede que no lo veas así, pero es exactamente eso. Estando juntos, empiezas a sentirte sofocado, abarrotado, aplastado. Y empiezas a darte cuenta de que necesitas tu propio espacio. Te gustaría estar solo unos días.

El otro día recibí una carta de una sannyasin. Su amante se ha marchado a Occidente y ella estaba muy preocupada y tensa, naturalmente, porque se quedará sola aquí sin el amante.

Y él tuvo que irse por algunas razones, por algunas responsabilidades; le hubiera gustado quedarse con ella, pero tuvo que irse. Así que ella estaba muy preocupada, dolorida.

Pero se sorprendió: cuando él se fue, sintió como si una carga la hubiera abandonado. Se sentía muy bien. Me escribió una carta sintiéndose muy culpable. Parece una especie de traición: ¡tu amante se ha ido y tú te sientes feliz! Deberías estar llorando, deberías estar llorando, deberías andar por ahí con la cara larga para que todo el mundo sepa que tu amante se ha ido. Y ella se siente tan feliz, ¡como nunca se ha sentido en su vida!

¿Qué ocurre ahora? No hay que sentirse culpable. Si la gente es consciente, esto le pasará a todo el mundo.

Siempre que tu amante se vaya bailarás. Por fin puedes estar sola. No puede ser por mucho tiempo: en pocos días te cansarás de tu soledad y empezarás a desear al amante. Esto es una polaridad.

El amor crea la necesidad de estar solo: estar solo está destinado a suceder a través del amor. Y cuando se está solo, la soledad crea la necesidad de amar, que está destinada a producirse a través de la soledad. Son socios, socios en el mismo negocio.

Zen dice: Las personas que han escapado al Himalaya y están sentadas solas en sus cuevas son tan estúpidas como las personas que persiguen mujeres o persiguen hombres y piensan que están viviendo su vida. Ambos son estúpidos porque ambos han elegido las polaridades.

Y está demostrado por miles de años de experiencia que el hombre que se sienta en la cueva del Himalaya sólo piensa en la mujer y en nada más. Y, por supuesto, cada vez teme más a la mujer, porque ella se acerca incluso allí, si no físicamente, sí psicológicamente.

Se queda tan fascinado que hay momentos en los que empieza a proyectar a la mujer casi físicamente, como si estuviera allí. Puede empezar a tener alucinaciones.

En las escrituras indias hay relatos de grandes rishis que meditan en el Himalaya; un día, de repente, vienen a distraerlos bellas mujeres del cielo. ¿Por qué habrían de estar interesadas en distraer a esta pobre gente? ¿para qué?

No viene nadie, sólo alucinaciones. Estas personas han vivido demasiado en soledad y están HARTAS de la soledad, y ahora no hay nadie con quien relacionarse. Crean, proyectan.

Sus mentes están tan necesitadas que tienen que crear a alguien con quien hablar. Y naturalmente, cuando vas a crear, ¿por qué no crear hermosas mujeres desnudas bailando a tu alrededor? Esa era su represión, por eso habían escapado del mundo: estaba ahí, en ellos.

¿Y has visto el otro punto? Una persona sentada en el mercado, cansada, preocupada, tensa, empieza a pensar cómo renunciar al mundo. Se siente muy bien incluso con la idea: "Un día voy a renunciar al mundo, e iré al Himalaya y estaré allí con el silencio del Himalaya y la paz y la alegría de ello". Incluso la idea le hace sentirse bien y fresco.

Sobre todo en la India, la gente sigue pensando que un día u otro renunciará a todas estas tonterías, a este mercado, y se escapará a un monasterio y vivirá allí feliz para siempre. NO PUEDEN - piensa en esas mujeres que vienen del cielo: vendrán, te torturarán.

La meditación y el amor forman parte de un par, de una pareja. Están juntos, casados para siempre: yin/yang, no pueden separarse.

De ahí que Ikkyu tenga toda la razón cuando dice:

"VENIMOS SOLOS A ESTE MUNDO,
PARTIMOS SOLOS" -
ESTO TAMBIÉN ES ILUSIÓN.

El amor es ilusión, la meditación también. Lo único bueno de la meditación es que puede sacarte del amor. Pero NO te aferres a ella - es sólo un dispositivo para sacarte del amor. Te saca de la ilusión del amor. Pero entonces suéltalo inmediatamente también, de lo contrario empezarás a crear nuevas ilusiones de meditación, kundalini surgiendo, luz sucediendo en los chakras... y mil y una cosas - "experiencias espirituales" las llaman. No son espirituales ni nada, son solo imaginaciones.

No puedes vivir solo mucho tiempo. Si las mujeres hermosas no vienen, entonces surgirá la kundalini - algo va a pasar, no puedes estar solo. Tal vez esas hermosas mujeres han olvidado o están demasiado cansadas de los viejos rishis, y ya NO vienen; o están comprometidas en algunos otros planetas. Entonces algo TIENE que pasar - empezarás a ver chakras moviéndose dentro de ti, energía surgiendo. En tu columna, un gran torrente; en tu cabeza, lotos abriéndose. No puedes estar solo. Estás creando el mundo, ahora lo llamas espiritual.

Cómo lo llames no importa. Lo que importa es el simple fenómeno de que no puedes estar solo mucho tiempo. No se puede estar juntos mucho tiempo, no se puede estar solos mucho tiempo. Estar juntos crea la necesidad de estar solos, de permanecer solos. Y tarde o temprano te das cuenta de que anhelas estar con alguien.

Esto es sólo el día y la noche, el verano y el invierno, sigue en movimiento - la rueda de la vida.

Ikkyu tiene razón. Él dice: La verdad es que uno tiene que ir más allá del amor y más allá de la meditación. Hay que ir más allá de la relación y hay que ir más allá de la soledad. Cuando la unión y la soledad han desaparecido, ¿qué queda? No queda nada. Esa nada es el sabor de la existencia. TÚ no estás ni solo ni unido. De hecho, no lo estás.

YO TE ENSEÑARÉ EL CAMINO

¡QUE NO VENGA, QUE NO SE VAYA!

¿Y entonces adónde puedes ir? Entonces, ¿quién puede ir? ¿De dónde puedes venir? ¿Quién puede venir? Entonces desaparece todo ir y venir, y se conoce lo que siempre es. Se conoce lo eterno. Todo ir y venir son sólo sueños, fenómenos temporales, pompas de jabón, momentáneos.

Cuando todas esas cosas momentáneas han sido abandonadas, viendo que la comunicación no es posible, relacionarse no es posible, empiezas a moverte hacia la soledad. Entonces un día ves otro fenómeno, que la soledad no es posible. Entonces, en lugar de volver al amor, que es lo normal, saltas también de la soledad. Saltas más profundo.

De dos se llega a uno, de uno se llega a ninguno, a nadie. Eso es ADVAITA, eso es lo no dual; ni siquiera puedes llamarlo "uno". Y esa es la fuente. Ese es el océano, nosotros somos sus olas. Y viendo ese océano, sabes que nunca has nacido y que tampoco vas a morir.

Toda tu existencia fue una existencia de ensueño. Todo ha desaparecido.

BUDDHA HA LLAMADO a esta tendencia a estar enamorado o a estar solo, la disposición del ego a permanecer - ya sea en relación o sin relación, pero el ego quiere permanecer; ya sea como amante o como meditador, ya sea como hombre mundano o como hombre de otro mundo, pero el ego quiere permanecer - Buda ha llamado a esta disposición AVIDYA, ignorancia.

Recuerda, AVIDYA no significa no-conocimiento. Simplemente significa desconocimiento. AVIDYA es una disposición a tratar el ego como un absoluto. Esto crea una brecha entre el hombre y el universo - debido a ello, el hombre no está en su relación correcta con el mundo. Buda llama a esta falsificación AVIDYA: ignorancia, no conocimiento.

Te mueves hacia el amor en una especie de no-consciencia, y te mueves hacia la meditación también en una especie de no-consciencia. Si te vuelves consciente, el amor desaparece, la meditación desaparece.

Pero permíteme que te lo recuerde, de lo contrario puedes malinterpretarlo todo: cuando desaparece lo que tú llamas amor, surge otro tipo de amor. Tú NO lo intuyes. Cuando desaparece la meditación, surge un tipo de meditación totalmente diferente; NO tienes ni idea de ello. Tu meditación es esfuerzo: práctica, cultivo, condicionamiento. Cuando esta meditación desaparece, surge en tu ser una simple cualidad meditativa: simplemente estás en silencio, sin ninguna razón. No es que estés tratando de estar en silencio, no es que estés tratando de estar quieto, no es que estés haciendo ningún esfuerzo para permanecer tranquilo. Simplemente estás tranquilo, porque no hay nadie a quien molestar. El ego no está ahí, la única causa de perturbación ha desaparecido. Simplemente estás tranquilo, no es que estés intentando estar tranquilo. Tratar de estar en silencio significa simplemente que estás perturbado, dividido en dos partes: la que está tratando de hacerte callar y la que está siendo empujada al silencio. Hay una especie de conflicto, y ¿cómo puede ser meditativo un conflicto? Hay imposición, violencia, y ¿cómo puede la violencia ser paz?

Por eso digo que esas personas que siguen forzando posturas de yoga, mantras, sobre sí mismos y de alguna manera siguen tratando de mantener su paz no son personas pacíficas. Sólo están creando una fachada, una hipocresía.

Cuando el verdadero hombre surge en ti, cuando el hombre original surge en ti, no hay esfuerzo por ser nada. Uno simplemente es. Ese es el hombre natural del Zen. Ama, no porque necesite a alguien, ama porque no puede evitarlo. El amor está ahí, el amor fluye, y no hay nadie que lo impida, así que ¿qué puede hacer? Es meditativo, no porque medite, es meditativo porque no hay ninguna perturbación: la única causa de perturbación, el ego, ya no está ahí.

La división ya no existe, él es uno. Tranquilo, calmado, integrado.

Y todo esto es simplemente espontáneo. Por eso la gente del Zen NO llama espiritual al verdadero hombre del Zen: no es ni mundano ni espiritual. Está en el mundo pero no pertenece a él. Vive en el mercado, pero el mercado no vive en él.

La enseñanza de Buda es absolutamente negativa, por una razón determinada. El amor tiene que ser negado, entonces la meditación tiene que ser negada. Ahora bien, estas son las dos cosas más elevadas del mundo, las más preciosas.

Y Buda niega ambas cosas.

Soren Kierkegaard, pensador y místico danés, tenía un profundo conocimiento de la enseñanza negativa. Dice que sólo es posible la enseñanza negativa, porque CUALQUIER enseñanza positiva, y la mente se aferra a ella y crea nuevos sueños sobre ella. Si hablas de Dios, la mente se aferra a Dios - Dios se convierte en un objeto y la mente empieza a pensar "¿Cómo relacionarse con Dios? ¿cómo llegar a Dios?".

Eso se convierte de nuevo en un asunto amoroso. Si enseñas sobre moksha, el paraíso, entonces el hombre empieza a codiciarlo: "¿Cómo agarrarlo?" Y la codicia crea nuevos sueños y nuevas pesadillas.

Sólo es posible una enseñanza negativa. Una verdadera enseñanza está destinada a ser negativa, un verdadero camino es VIA NEGATIVA. ¿Por qué? Porque los hombres polemizan contra la verdad, huyendo intencionadamente de ella. El propósito de la enseñanza negativa es perturbar y provocar al hombre a ser él mismo, ya que está huyendo, negándose a sí mismo. La enseñanza negativa es la negación de la negación.

Toda tu vida es negativa; ahora mismo, negativa. Estás escapando de ti mismo - esta es tu negación. Ahora bien, esta negación sólo puede ser negada por otra negación. Y cuando dos negaciones se encuentran, se cortan, se destruyen, desaparecen en esa lucha.

Y queda lo positivo. Ni siquiera puede llamarse positivo: no queda negativo, así que no puede llamarse positivo. Es lo cósmico, la verdad. Lo eterno, lo último, lo absoluto.

El camino de Buda es de NETI NETI - ni esto ni aquello. Él dice: Sigue negando. Llega un momento en que ya no hay nada que negar, y ése es el momento del nirvana. Cuando ya no queda nada que negar, sólo la nada en tus manos, entonces se produce la libertad. Te liberas del yo y de todas sus proyecciones.

COMEMOS, EXCRETAMOS, DORMIMOS Y NOS LEVANTAMOS;

ESTE ES NUESTRO MUNDO.

TODO LO QUE TENEMOS QUE HACER DESPUÉS

ES MORIR.

ESTA AFIRMACIÓN TIENE DOS SIGNIFICADOS. El primero, para el hombre ignorante: esta es tu vida, toda tu vida - mira en qué consiste tu vida.

COMEMOS, EXCRETAMOS, DORMIMOS Y NOS LEVANTAMOS;

ESTE ES NUESTRO MUNDO.

Eso es lo que has estado haciendo. La mente debe ser completamente estúpida, de lo contrario sólo para hacer esto - comer, excretar, dormir, levantarse de nuevo ... y todo el círculo comienza. Esta es tu vida. Te mueves de esta manera - día dentro, día fuera, año dentro, año fuera. Vida dentro, vida fuera, sigues moviéndote de esta manera.

TODO LO QUE TENEMOS QUE HACER DESPUÉS
ES MORIR.

Sólo una cosa queda fuera del círculo: la muerte. Tarde o temprano, también llega. Esta es toda la historia.

Omar Khayyam en su Rubaiyat dice: "Un poco de charla hubo un tiempo de ti y de mí, y luego no más de ti y de mí". Sólo un poco de charla, una charla repetitiva, sólo un poco de chismorreo. Comer, excretar, dormir y morir: en esto consiste tu vida.

Pero surge la pregunta: Pero esto es lo que incluso una persona iluminada sigue haciendo. ¿Qué hizo Buda durante cuarenta años después de iluminarse? ¿Qué hizo el propio Ikkyu? Durante tantos años permaneció iluminado en la tierra; hacía lo mismo.

Sí, pero con una diferencia. Hay que entender esa diferencia. Ahora bien, un hombre zen vive tan absolutamente ordinariamente como todos los demás, de modo que no puedes hacer ninguna otra distinción. Por ejemplo, si vas a ver a un monje jainista, vive de forma diferente: sigue comiendo, excretando, durmiendo, levantándose y la ronda continúa, pero ha adoptado formas especiales de comer. No gana dinero, pide limosna. Para excretar también ha creado formas especiales; excreta de una manera extraordinaria. No va al baño ordinario, no - tiene que ir fuera de la ciudad. No puede usar tu baño; no es un ser humano ordinario.

Ahora, sólo ve cuán tontamente seguimos - cosas extraordinarias. Se va fuera de la ciudad. Come sólo una vez al día. Cierta secta de jainistas es aún más difícil: comen de pie. El monje jainista come de pie, permanece desnudo, nunca se baña, nunca se limpia los dientes. No duerme en una cama, sino en el suelo con paja debajo y encima. No tiene refugio, se desplaza de un lugar a otro, está en constante movimiento.

Pero estas diferencias son de detalle. Básicamente, ¿cuál es la diferencia entre ir a defecar fuera de la ciudad o utilizar el retrete ordinario que utiliza todo el mundo? ¿Cuál es la diferencia entre ganar dinero por ti mismo o que otro gane dinero por ti y tú mendigues? Si comes dos, tres, cinco o una vez, ¿hay alguna diferencia? ¿Qué diferencia hay? Son sólo hábitos, pueden cultivarse.

Hay tribus en África que sólo comen una vez cada veinticuatro horas. Llevan siglos comiendo así y están acostumbrados. No pueden creer que la gente coma dos veces; con una es suficiente.

Ahora, estas diferencias en los detalles son sólo para crear la idea de que "yo soy especial". Son viajes del ego.

Un hombre Zen simplemente vive como tú vives. Es muy difícil ver la diferencia, pero la diferencia está ahí.

La diferencia es que él es testigo de todo lo que ocurre, ésa es la única diferencia. Come, pero es testigo. Es una diferencia interior. No puedes verla desde fuera, pero un poco de ella se filtra también fuera. Puedes ver a un hombre Zen caminando: camina tan consciente, tan alerta.

Come conscientemente, alerta. Incluso duerme conscientemente. Una luz permanece encendida incluso mientras duerme, sigue vigilando incluso sus sueños. Siempre está vigilando, consciente, alerta. Esa es la diferencia.

Y porque está alerta, permanece relajado. Como está relajado, el mundo entero está relajado para él. Es el mismo mundo en el que vive, pero las rosas son mucho más rosadas y el verde es mucho más verde, y la llamada del pájaro es una inmensa alegría.

Lo he oído:

La paciente era una bella y joven corista que se quejaba de tensiones nerviosas. El médico le recetó un programa de pastillas tranquilizantes y le dijo que volviera en un par de semanas para contarle cómo se sentía.

Cuando regresó, el médico le preguntó si se sentía diferente y ella contestó: "¡No, doctor, pero he notado que los demás parecen mucho más relajados!".

Si estás relajado, de repente verás que los demás parecen mucho más relajados. Si estás en silencio, el mundo entero se sume en un profundo silencio. Si meditas, de repente te das cuenta de que los árboles meditan, las rocas meditan. La luna está en profunda meditación, el sol y las estrellas también.

Cuando el amor empieza a desbordarte -no el amor que tú conoces, sino el amor que conocen los Budas-, cuando el amor empieza a fluir, de repente ves que está fluyendo por todas partes. Fluye de los árboles, tú lo llamas fragancia, es amor. Irradia del sol, lo llamas luz, ¡es amor! Es la gravitación en la tierra, tú la llamas gravitación, es amor.

Es el silencio de la noche, el piar de los pájaros, el caudal del río, el silencio en el Himalaya.

Cuando TU amor empieza a fluir, de repente te das cuenta de que el amor está fluyendo POR TODAS PARTES - que la vida consiste en amor, que la existencia está hecha de la materia llamada amor. Pero primero tiene que ocurrir en ti.

Un hombre Zen vive tan ordinariamente como tú. Pero su cotidianidad no es ordinaria. Su cotidianidad tiene una cualidad extraordinaria: irradia alegría, celebración, irradia testimonio.

Un gran maestro zen, Lin Chi, dice: "Oh hermanos en la Vía, debéis saber que en la realidad del budismo no hay nada extraordinario que tengáis que realizar. Simplemente vivís como de costumbre sin intentar hacer nada en particular, atendiendo a vuestras necesidades naturales, vistiéndoos, comiendo y acostándoos si os sentís cansados. Deja que los ignorantes se rían de mí. Los sabios saben lo que quiero decir".

Lin Chi está diciendo: NO hagas nada en particular, NO seas un hacedor. Deja que las cosas sucedan, y sé un observador. Y los ignorantes se reirán de ti; dirán: "¿Qué clase de religión es ésta?".

Seguro que te has cruzado con gente ignorante. Te dirán: "¿Qué clase de religión es ésta? ¿En qué trampa has caído? Porque tu maestro no te está enseñando nada especial".

Sí, no te estoy enseñando nada especial, porque todas las ideas de especialidad son viajes del ego. Te estoy enseñando a ser normal, ordinario. Y si puedes relajarte en la normalidad, en lo ordinario, de repente estallarás en un resplandor extraordinario. Un gran esplendor te sucederá.

Lin Chi tiene razón cuando dice: "Que se rían los ignorantes. Los sabios saben lo que quiero decir". Come, bebe y alégrate, como todo el mundo. NO intentes ser especial de ninguna manera. Pero comiendo, sigue siendo un testigo. Bebe, sé testigo. Alegría, sigue siendo un testigo. Y ese testimonio lo cambiará todo. Ese testimonio es la transformación.

Sólo ese testimonio te hará consciente de quién eres.

NO QUIERO MORIR, NO QUIERO IR A NINGÚN LUGAR,
ESTARÉ AQUÍ;
PERO NO ME PREGUNTES NADA,
NO CONTESTARÉ.

ESTE ES EL VERSO DE LA MUERTE DE IKKYU. Tradicionalmente en el Zen, cuando un maestro muere, sus discípulos le piden un verso de muerte - la última expresión poética, la última declaración, el testamento. La última declaración sobre la muerte.

Ikkyu dice:

COMEMOS, EXCRETAMOS, DORMIMOS Y NOS LEVANTAMOS;
ESTE ES NUESTRO MUNDO.
TODO LO QUE TENEMOS QUE HACER DESPUÉS
ES MORIR.

Ahora se acerca la muerte, y los discípulos le han pedido que componga el último verso. Y este fue su último verso:

NO QUIERO MORIR, NO QUIERO IR A NINGÚN LUGAR,
ESTARÉ AQUÍ;
PERO NO ME PREGUNTES NADA,

NO CONTESTARÉ.

Alguien le preguntó a Raman Maharshi - se estaba muriendo, muriendo de cáncer, y alguien le preguntó: "Cuando estés muerto, ¿adónde irás?". Y él abrió los ojos y dijo: "¿Dónde puedo ir? Estaré aquí". Porque un hombre que está iluminado no conoce otro espacio que aquí, no conoce otro tiempo que ahora. Todo el tiempo consiste en ahora, y todo el espacio consiste en aquí. Ahora-aquí es toda su existencia.

Ikkyu dice:

NO MORIRÉ...

Porque, en primer lugar, nunca nací. El nacimiento es una ilusión. Y tampoco voy a morir -¿cómo voy a morir? porque nunca nací. La muerte es otra ilusión. Estaré aquí, siempre he estado aquí. Soy el sabor del Tao. Soy parte de esta eternidad, soy una ola en este océano. A veces como una ola, y a veces como una no-ola - pero estoy aquí, y siempre estoy aquí, y siempre estaré aquí. No hay venida ni partida.

Ikkyu dice:

YO TE ENSEÑARÉ EL CAMINO

¡QUE NO VENGA, QUE NO SE VAYA!

Tanto el nacimiento como la muerte son ideas tuyas. Es muy difícil comprender que tanto el nacimiento como la muerte son ideas nuestras. Cuando un hombre muere, en los últimos momentos, mientras agoniza, proyecta la idea del nacimiento. Comienza a pensar en los últimos momentos: ¿Cómo volver? ¿De qué forma? Las experiencias de toda su vida se condensan en una forma: surge una forma.

Ha vivido de una forma determinada; quería vivir de otra forma, pero no pudo conseguirlo. Ahora esa otra forma se apodera de su mente: "La próxima vez me gustaría ser esto". Y la última idea cuando uno se está muriendo se convierte en la semilla.

Si puedes morir sin una idea, no nacerás. Tu nacimiento es tu idea; la crea. No es sólo accidental que nazcas; nada es accidental. Tú lo has causado, tú eres responsable de ello. La gente muere con diferentes formas en sus mentes. Esas formas se convierten en las líneas guía, y entonces entran en un útero de acuerdo con esas líneas guía. Surge el nacimiento.

Y te sorprenderá saber que la muerte también es tu idea. La gente muere según sus ideas.

De hecho, la psicología profunda sospecha que cada muerte es un suicidio. Y la sospecha es casi cierta -digo "casi" porque tengo que dejar a los budas fuera de esto. Pero sobre todos los demás es cierta: tu muerte es idea tuya.

Uno empieza a cansarse de la vida, tarde o temprano, y empieza a pensar cómo morir, cómo desaparecer.

Es demasiado. ¡Ya es suficiente! ¿No has pensado muchas veces en suicidarte?

Freud dio con la idea, la llamó "thanatos", el deseo de morir. Todo el mundo lo tiene, en lo más profundo de su ser. Incluso las personas que mueren en accidentes son personas propensas a los accidentes, a las que les gustaría morir en un accidente.

Seguimos creando posibilidades a nuestro alrededor, y cuando suceden entonces nos sorprendemos.

Observa tus ideas y cómo crean tu vida. Alguien piensa que es un fracaso, que nunca va a hacer nada. Y no va a hacer nada, porque esta idea está creando su realidad. Y cuanto más se da cuenta de que no está haciendo nada, más se refuerza la idea por la retroalimentación, y más se dará cuenta de que se está convirtiendo en un fracaso. Y se crea un círculo vicioso.

El hombre que cree que va a triunfar, triunfa. El hombre que piensa que va a ser rico, se hace rico, y el hombre que piensa que no va a ser rico, sigue siendo pobre. Pruébalo. Te sorprenderás; a veces no podrás creerlo.

Un hombre piensa que nunca encontrará a nadie con quien ser amigo: no encontrará - ha creado una Muralla China a su alrededor, no está disponible. Tiene que demostrar que su idea es correcta, recuerda. Aunque alguien se le acerque con gran amabilidad, lo rechazará. Tiene que probar su idea, tiene un gran compromiso con su idea. No se va a distraer de su idea, su idea forma parte de su ego. Tiene que demostrar al mundo que tenía razón, que nadie puede ser amigo suyo, que todos son enemigos. Y todos se convertirán, poco a poco, en enemigos.

Observa tu mente. Estás constantemente creando tu vida, estás constantemente fabricando tu vida.

Los psicólogos han llegado a la conclusión de que la gente tiene la idea, desde hace siglos, de que la vida consiste en tres decenas y diez años. Por eso la gente vive hasta cerca de los setenta años; no hay otra razón.

Porque la gente cree que los setenta años es el límite -dejando algunos bichos raros que mueren un poco antes y un poco después, pero en general la gente sigue la rutina, la convención-, mueren cerca de los setenta.

Empiezan a prepararse, cuando llegan a los sesenta se preparan. Se jubilan, empiezan a retirarse del mundo; se están preparando. Durante diez años pensarán: "Ahora viene. Tres veintenas y diez años. Ahora ha pasado un año: quedan nueve. Han pasado dos: quedan ocho". Se hipnotizan constantemente. Y a los setenta se han ido; han probado su idea. Y también han dado la idea a sus hijos de que así es la vida: sólo setenta años.

Hay tribus que viven más tiempo. En la frontera de Cachemira, en Pakistán, hay una tribu, Hunza, que vive mucho tiempo. Cien es muy fácil, ciento veinte no es difícil, ciento cincuenta también es posible. Pero desde que han entrado en contacto con otras personas han empezado a morir antes. Su comida sigue siendo la misma, todo sigue igual - su clima, todo, es el mismo. Pero sólo porque han llegado a saber que la gente muere antes, deben sentirse un poco culpables. Han empezado a morir antes, hay que seguir a la multitud. Dentro de treinta o cuarenta años desaparecerán. Se convertirán en parte... tres veintenas y diez.

Cuando Bernard Shaw buscaba, en su vejez... Vivió mucho, cuando tenía cincuenta años buscaba un lugar para vivir. Quería salir de Londres. ¿Y sabes cómo encontró su lugar? Hizo una investigación muy psicológica. Fue a los cementerios a mirar las piedras, lo que estaba escrito en ellas. Encontró un cementerio donde la gente había vivido mucho tiempo - noventa, noventa y cinco, noventa y ocho, cien ... Un hombre había muerto a los cien años, y en la lápida había un epitafio que decía: "Este hombre murió prematuramente" - ¡y había vivido cien años! Dijo: "Este es el lugar para vivir". Donde la gente piensa que morir a los cien años es inoportuno, él eligió ese lugar para vivir.

Y vivió mucho tiempo: la idea funcionó.

Los fisiólogos dicen que no parece haber ninguna necesidad interna en el físico del hombre de morir. Sí, te sorprenderá saber que existe la posibilidad de que un día el hombre pueda vivir mucho tiempo, casi una inmortalidad física, porque el cuerpo sigue renovándose. En realidad no hay necesidad de que muera, porque se renueva constantemente. Las células viejas desaparecen, llegan células nuevas; en siete años el cuerpo cambia por completo. Se renueva continuamente, se renueva, rejuvenece, es un continuo. No hay necesidad interna de que el cuerpo muera.

Ahora los fisiólogos están de acuerdo. Y los psicólogos también están pensando que la razón por la que la gente muere puede tener algo que ver con la mente, no con el cuerpo.

Esta es una de las mayores enseñanzas del budismo: que el nacimiento es mente, la muerte es mente. Todas las ideas. Y tú no eres ni lo uno ni lo otro.

NO QUIERO MORIR, NO QUIERO IR A NINGÚN LUGAR,
ESTARÉ AQUÍ;
PERO NO ME PREGUNTES NADA,
NO CONTESTARÉ.

Porque no se puede responder. Hay que vivirlo, verlo. Hay que probarlo. Ve a lo más profundo de ti mismo, observa: ¿estás pensando en morir? Entonces estás creando la semilla. De hecho, el nacimiento crea la muerte.

Hace un momento les hablé del trauma del nacimiento. Cuando nace un niño, éste piensa que se trata de una muerte. Naturalmente, porque estaba viviendo tan maravillosamente. Le echan del paraíso.

Adán es expulsado en cada niño - estaba en el Jardín del Edén, ahora está siendo expulsado. Aquello era la VIDA, y esto parece ser la muerte.

Y cada niño, toda su vida, quiere volver al vientre de la madre. Creamos úteros sustitutos. Nuestros dormitorios son úteros: el dormitorio cerrado con cortinas oscuras, por la noche apagas la luz, está oscuro, tan oscuro como en el útero. Luego la cama, la cama acogedora, las almohadas, el colchón, las mantas, y te acurrucas en la manta y adoptas la postura del útero. El calor de la cama, la oscuridad alrededor, la comodidad, el silencio... vuelves a entrar en el útero.

Cada sueño de cada noche es una re-actuación de la matriz; es una pequeña muerte. Por eso te cuesta tanto levantarte por la mañana: porque levantarte por la mañana vuelve a perturbar tu inconsciente profundo.

Se trata de nuevo de un nacimiento: el trauma del nacimiento sigue afectándote.

Te sorprenderá saber que los primitivos NO tienen ningún problema para levantarse temprano por la mañana. Para cuando sale el sol ya están levantados, sin ningún problema. Y la razón es porque NO tienen tantos traumas de nacimiento. En una sociedad primitiva el niño no nace con tanto sufrimiento como ocurre con la gente civilizada. La madre no pasa por grandes dolores. Es muy sencillo, es igual que los animales.

La madre puede estar trabajando en el campo, dar a luz al niño y llevarlo a casa.

O tal vez era media tarde y el trabajo no estaba terminado - ella mantendrá al niño al lado del árbol, terminará el trabajo y luego se lo llevará de vuelta a casa. No necesita hospitalización, no necesita medicamentos, no siente dolor. Al contrario, siente un gran éxtasis. La experiencia de dar a luz es más orgásmica que cualquier experiencia sexual. Y el niño viene tan fácilmente que no tiene ningún trauma de nacimiento.

Por eso en las sociedades primitivas la gente se levanta temprano por la mañana. Cuanto más se civiliza una sociedad, más difícil resulta...

El otro día pregunté por Padma y estaba dormida a las once. Debe haber sufrido un gran trauma de nacimiento. Si has sufrido un gran trauma de nacimiento, todas las mañanas te resulta muy difícil levantarte; todo tu cuerpo quiere permanecer en la cama. Es decir, tu cuerpo quiere permanecer en el útero, no quiere salir de él, te tienen que sacar de él.

El nacimiento crea la muerte. Cada sueño es una pequeña muerte. Por eso a muchas personas les resulta muy difícil hacer el amor en la cama, porque les remueve la idea de la muerte. Les da un poco de miedo. Les parece mucho mejor hacer el amor en un coche o en la playa, pero hacer el amor en la cama les parece un poco difícil. Para algunas personas es realmente imposible, porque la idea de la cama evoca la atmósfera de la muerte.

Pero para otras pocas personas sólo es posible hacer el amor en la cama, porque al entrar en el cuerpo de una mujer piensan que están entrando de nuevo en el útero. Depende de cómo pienses. Si piensas que entrar en el cuerpo de una mujer es entrar de nuevo en el útero, entonces no encontrarás otro lugar para hacer el amor que la cama. Pero si sientes miedo a la muerte y si el trauma del nacimiento te trae recuerdos, entonces será difícil tener un orgasmo en la cama.

La gente muere en la cama. El 99% de la gente muere en su cama. Naturalmente - eso parece ser lo natural: un día desaparecen en la cama. Y durante toda la vida piensan cómo volver a crear el útero. Sus casas son una recreación del útero. Cuanto más se acerca una cosa al útero, más cómoda se siente.

NO MORIRÉ, NO IRÉ A NINGUNA PARTE,
ESTARÉ AQUÍ;
PERO NO ME PREGUNTES NADA,
NO CONTESTARÉ.

La muerte es falsa, tan falsa como el nacimiento. Tú estás más allá del nacimiento y más allá de la muerte. Vienes al nacimiento, tomas la forma del nacimiento, y luego te mueves más allá de esa forma en la muerte - pero no tienes forma. Pero no se puede decir nada al respecto. Hay que experimentarlo.

CUALQUIERA QUE SEA,
TODO FORMA PARTE DEL MUNDO DE LA ILUSIÓN,
LA MUERTE MISMA
NO SER ALGO REAL.

La muerte es la mayor ilusión, sólo superada por el nacimiento. Tú eres eterno.

Ikkyu solía llamar a su enfoque sobre el nacimiento y la muerte "la medicina de no nacer y no morir". Decía: "Esto puede curar todos los males", porque todos los males están en algún lugar entre el nacimiento y la muerte. Si se abandona la idea del nacimiento y la muerte, todo desaparece. Entonces no necesitas preocuparte por el amor ni por la meditación. Entonces no hay unión ni soledad.

Eres uno con el todo. ¿Cómo puedes estar solo? ¿Y cómo podéis estar juntos? - Porque no hay nadie más que el todo. El todo es el todo -nada además, nada fuera de él-, así que no puede estar junto a nadie. Por eso la unión es imposible. Pero tampoco puedes estar solo, porque la idea misma de "estoy solo" te hace sentir separado del todo. Estás en él. Tú lo ERES.

SI DESEA CONOCER EL CAMINO

TANTO EN ESTE MUNDO,

Y ESE OTRO,

PEDIR A UN HOMBRE DE MISERICORDIA Y SINCERIDAD.

IKKYU DICE: No me preguntes, no responderé. Primero, la experiencia es tal, que no se puede responder.

Pero una cosa se puede hacer, eso es lo que siguen haciendo los Budas: señalan el camino. NO dicen lo que sucederá, lo que pasa, sino que dicen CÓMO puede suceder.

SI DESEA CONOCER EL CAMINO...

Nunca preguntes por la experiencia, es inexpresable. Pero pregunta por el camino, entonces se podrá decir algo: cómo entrar en ella, qué dispositivos utilizar, por dónde empezar, cómo salir del círculo vicioso. Cómo salir del amor: la meditación ayudará. Cómo salir de la meditación: confiar en la vida ayudará.

Y cuando estés fuera de la meditación y del amor, el amor y la meditación sucederán por sí mismos. Entonces no serán pequeñas cosas creadas por ti, serán regalos de Dios.

SI DESEA CONOCER EL CAMINO

TANTO EN ESTE MUNDO,

Y ESE OTRO,

PEDIR A UN HOMBRE DE MISERICORDIA Y SINCERIDAD.

Pero, ¿cómo encontrar a un Buda? Dos cosas, dice Ikkyu: sinceridad y compasión. Su compasión te dará la idea: su amor, su amor desbordante, sin motivo alguno.

Si puedes encontrar un hombre de amor... recuerda esas palabras: "Un vistazo al verdadero hombre, y estarás enamorada". Entonces eres amor. Si puedes encontrar un hombre de amor entonces NO pierdas la oportunidad. Él es la puerta: entra en él. Y encontrarás la sinceridad.

Recuerda, sinceridad no significa seriedad. Significa veracidad, significa autenticidad.

¿Y cómo juzgará si es auténtico, veraz o no? Sólo hay que recordar una cosa: la verdad es paradójica. Sólo la falsedad es coherente. Si encuentras a un hombre muy coherente, evítalo, porque eso significa que simplemente está filosofando. Todavía no ha experimentado nada, no es un hombre sincero.

Un hombre sincero es aquel que se limita a decir lo que sea: que le contradiga, que sea coherente o incoherente, le da lo mismo.

Recuerda la definición zen de la verdad: Una verdad es aquello cuya contradicción también es verdad. Así que un hombre sincero está obligado a ser paradójico. Y ahí es donde nos equivocamos. Si te encuentras con paradojas piensas: "Este es un hombre inconsistente; ¿cómo puede ser verdadero?". Tienes la idea de que la verdad tiene que ser coherente, y eso te impide encontrar Budas. Y caes en la trampa de los lógicos, los filósofos, los pensadores.

Un Buda es básicamente, fundamentalmente, tácitamente, paradoja, porque ve la verdad en su totalidad. Y la totalidad es paradójica. La totalidad es ambas cosas: noche y día, amor y meditación. La totalidad es ambas cosas: esto y aquello, visible e invisible. La totalidad es a la vez: nacimiento y muerte, Y ninguna de las dos cosas. La totalidad significa que todo es tan complejo que no puedes hacer ninguna afirmación coherente al respecto. Tienes que seguir contradiciéndote.

Si puedes encontrar a un hombre de contradicciones, puede que estés cerca de alguien que sabe. Verdad es aquello cuya contradicción también es verdad.

Busca la sinceridad a través de la paradoja. Es tan sincero que está dispuesto a volverse incoherente.

Su sinceridad es tal que está dispuesto a que le llamen loco. Su sinceridad es tal que no intenta convencerte con la lógica. No es un vendedor. No le preocupa convencerte. Se limita a decir lo que es: si te convence o no, es cosa tuya. No está interesado en imponerle nada. Está dispuesto a ayudarle, pero no a coaccionarle.

¿Y qué es la misericordia? No significa lástima. Los budas NO te compadecen, porque la compasión surge del ego.

Son misericordiosos, son compasivos, y la diferencia es grande.

El otro día, alguien me hizo una pregunta: "Los grupos, grupos de terapia, que se llevan aquí son muy duros, crueles. ¿Cómo los permite usted, un hombre compasivo?". Y no sólo eso, menciona el incidente que mencioné unos días antes, que uno de mis amigos iba a suicidarse.

Menciona que "Al escuchar esa historia, pensé que tú también eres muy cruel. No persuadiste al hombre para que no se suicidara; al contrario, estabas dispuesto a llevarlo al río para que saltara del acantilado y muriera. ¿Qué clase de compasión es ésta?".

Te perdiste toda la historia. ¡Él fue salvado! Te perdiste ese punto. No es COMO fue salvado - el punto es que fue salvado. Mira el resultado.

Un hombre compasivo mira el resultado. Los medios que utilice no son importantes. Está dispuesto a utilizar CUALQUIER dispositivo, sólo tiene que fijarse en el resultado objetivo. Un hombre compasivo no es sentimental, emocional. Te hubiera gustado que le abrazara y llorara... ¡Pero entonces se habría suicidado! ¿Habría sido compasión? Le habría llevado al suicidio. Eso es lo que hacían sus padres, su madre, su padre y sus amigos, le empujaban al suicidio.

Cuanto más intentaban persuadirle, más intentaba negarse. De hecho, cada vez le entusiasmaba más la idea del suicidio, a causa de estas personas, a causa de su atención. Y todos ellos eran personas cariñosas, amaban al hombre, pero fíjate en la diferencia.

Estos son los dos tipos de amor. Uno es sentimental y emocional; no ayuda. Otro es el amor objetivo; ayuda. Pero entonces la persona que está llena de amor objetivo decide cómo moverse. Su única preocupación es cómo salvar a la gente.

Quería SALVAR a este amigo, por eso fui tan cruel. Y quiero que tú también te salves, por eso todos los grupos de terapia aquí son crueles. A veces incluso la gente que debería ser más conocedora, malinterpreta.

Eso es lo que le pasó a uno de los sannyasins, Geet Govind. Había venido de Esalen, es cofundador de Esalen, así que lo sabe todo sobre grupos de terapia. Pero no sabe nada sobre YO. No sabe nada de compasión objetiva. Al ver al grupo de encuentro aquí, se estremeció mucho. Y ni siquiera tuvo el valor de decírmelo, porque después del grupo de encuentro le pregunté especialmente: "¿Qué piensas, Geet Govind?".

Y dijo: "Todo está bien, todo está bien, lo disfruté" - o cosas por el estilo.

Pero de vuelta a casa, empezó a difundir la noticia: "NO vayas a Poona. Esa gente es peligrosa, los grupos son muy violentos y crueles".

No entendió nada. Pero eso es lo que les pasa a las personas entendidas. Porque cree que SABE - y sabe de grupos de encuentro, pero no sabe que cuando un grupo de encuentro es utilizado por un hombre compasivo es una cosa totalmente diferente. Sabe de terapia, pero no sabe nada de Budas.

Aquí, los grupos de terapia no son sólo grupos de terapia como en Esalen. Aquí se utilizan sólo como dispositivos, para destruir algo, para sacudirte hasta que despiertes. El punto es sacudirte de tu sueño. Y se utilizarán todo tipo de cosas. Si a veces es necesario clavar una daga en tu corazón, TIENE que usarse. Si se necesita una espada, entonces tiene que ser usada.

¿Recuerdas lo que dijo Jesús? "No he venido al mundo a traer la paz, sino la espada". ¿Qué quiere decir? ¡Un hombre de compasión! Sólo algo como una espada puede sacudirte de tu sueño.

Así que cuando te encuentres con un hombre de misericordia, recuerda: su objetivo es DESPERTARTE.

No es sentimental, no llorará contigo; será muy objetivo y muy científico. Pero siente algo por ti, te quiere, quiere ayudarte. Y sólo él puede ayudarte. Toda esa gente sentimental y todas esas tonterías sentimentales no te van a ayudar. Si te ayudara, ya te habrías salvado.

Así que siempre que puedas encontrar un hombre sincero, un hombre paradójico, verdadero, cuya única preocupación sea la verdad...

Aunque parezca contradictorio, está dispuesto; no cambia la verdad sólo para ser coherente. Y toda su preocupación es ayudar a la gente a estar alerta y ser consciente; incluso si a veces son necesarios métodos crueles, está dispuesto a utilizarlos. Ese es el hombre de la compasión y la sinceridad.

Y sólo un hombre compasivo y sincero puede ser un maestro. Evita a los que te consuelan. Sigue a los que están dispuestos a destruirte, porque sólo cuando te destruyen, nace Dios.

No es fácil

La primera pregunta

Pregunta 1:

¿QUÉ ES EL DESEO DE PERFECCIÓN?

ADHEERA, EL DESEO DE PERFECCIÓN es la búsqueda del útero perdido. El paraíso perdido.

El niño es totalmente feliz en el vientre de la madre; ese recuerdo persiste. No es sólo un recuerdo en el cerebro, está en cada célula del cuerpo, en cada fibra del cuerpo. Está por todas partes.

Ese recuerdo persiste. Esos nueve meses han sido de tal alegría eterna, de tal relajación y abandono, que no es fácil olvidarlo. Aunque conscientemente lo hayas olvidado -a causa del trauma del nacimiento te desconectaste conscientemente de él-, el inconsciente sigue anhelándolo. Intenta por todos los medios alcanzar de nuevo ese paraíso perdido.

Toda la religión consiste en esa búsqueda, y toda la ciencia también consiste en esa búsqueda.

El esfuerzo científico consiste en crear ese útero en el exterior -con calefacción central, con aire acondicionado central, con mejores ropas, con mejor tecnología-, todo el esfuerzo consiste en crear el útero en el exterior.

Y la religión intenta crear el útero en el interior: con la oración, con técnicas de meditación, con amor, con Dios. Pero el esfuerzo es uno: cómo volver a ser en aquellos hermosos días. Ese vientre perdido es la fuente de la parábola de Adán, Eva y el Jardín del Edén.

Usted pregunta: ¿QUÉ ES EL DESEO DE PERFECCIÓN?

El deseo de perfección es que, sea cual sea tu caso, nunca está a la altura. Nunca es como debería ser, hay un vacío. Aún puedes imaginar que las cosas son mejores; aún puedes imaginar días mejores, mejores posibilidades. Uno sigue anhelando esas mejores posibilidades.

Puedes abandonar esta búsqueda de la perfección sólo si vuelves a atravesar el trauma del nacimiento. Si lo vives conscientemente y recuerdas conscientemente esos días en el vientre materno, inmediatamente desaparecerá el deseo de perfección; desaparece inmediatamente. Y la desaparición de este deseo es un gran alivio, porque sólo entonces puedes empezar a vivir momento a momento -¿cómo puedes vivir con este deseo de perfección? Es la fuente de toda neurosis.

El hombre que quiere llegar a ser perfecto está destinado a convertirse en neurótico, porque no puede estar aquí. Está en el futuro, que no es. No puede disfrutar de este momento, sólo puede condenarlo. No puede amar a ESTA mujer porque tiene la idea de una mujer perfecta. No puede amar a ESTE hombre porque este hombre no es perfecto. No puede disfrutar de esta comida, de este desayuno, de esta mañana: nada le satisface, no puede. Su expectativa está ahí y él está continuamente comparando, y continuamente quedándose corto.

El hombre que vive en el deseo de perfección, vive una vida condenada. Y la sociedad también lo ayuda.

Los padres, las escuelas, los colegios, las universidades, los mahatmas, los sacerdotes, los políticos, todos contribuyen a volverte neurótico.

Desde la infancia, no te han aceptado tal como eres. Te han dicho: "Sé así, sólo entonces serás aceptable". Si quieres vivir una vida propia serás condenado por todo el mundo, todo el mundo estará en tu contra. Tus padres no podrán tolerarte. Tienen que moldearte, formarte, cambiarte, manipularte, tienen que FABRICARTE según el deseo de sus corazones.

¿Y cuál es el problema con ellos? También sufren el trauma del nacimiento. Han intentado toda su vida llegar a ser perfectos, y han fracasado. Nadie puede conseguirlo nunca; el deseo es tal que está abocado al fracaso. El fracaso es inevitable, porque puedes seguir teniendo éxito, pero con él la idea de perfección empieza a volverse cada vez más sofisticada. A medida que tienes éxito, la idea empieza a alejarse hacia el futuro. Se vuelve más sofisticada: más expectativas...

La distancia que te separa de la idea de perfección sigue siendo la misma. Si tienes diez mil rupias, necesitas cien mil para ser feliz. Cuando tienes cien mil, el deseo ha avanzado; ahora eso no basta. Y lo mismo ocurre con todo.

Los padres viven sus propios traumas. Lo han intentado toda su vida y han fracasado; ahora quieren vivir a través del niño. Por eso empiezan a convertir al niño en un ser neurótico, ahora empiezan a enseñarle. Esta es una forma vicaria de vivir. Han fracasado; ahora saben que la muerte se acerca, ahora sus días se acaban, ahora pierden la esperanza. Surge una nueva esperanza, pueden vivir a través del niño. Si ellos no eran perfectos, al menos sus hijos pueden serlo. Y dicen que a un árbol se le conoce por sus frutos: si los hijos son perfectos, entonces los padres deben haber sido perfectos.

Así es como continúa toda la neurosis, de una generación a otra. Los padres intentan continuamente mejorar al niño en todos los aspectos. Y lo único que consiguen es,

hacen que el niño se sienta condenado tal como es. Hacen imposible que el niño se quiera a sí mismo, que se respete. Y una vez que se pierde ese amor y respeto por uno mismo, se ESTÁ perdido.

El mundo sufre mucho: de locura, de todo tipo de enfermedades mentales y físicas. Y el noventa y nueve por ciento de las causas de todos estos problemas mente-cuerpo provienen de este enfoque, que el niño tiene que ser perfecto.

Una familia estaba sentada en un restaurante. La camarera tomó nota del pedido de los adultos y se dirigió a su hijo pequeño.

"¿Qué vas a tomar, hijito?", preguntó.

"Quiero un perrito caliente", empezó tímidamente el chico.

Antes de que la camarera pudiera anotar el pedido, la madre interrumpió. "No, nada de perritos calientes", dijo.

"Dale patatas, ternera y algunas zanahorias".

Pero la camarera la ignoró por completo. "¿Quiere ketchup o mostaza en su perrito caliente?".

le preguntó al chico.

"Ketchup", respondió con una sonrisa de felicidad en la cara.

"Enseguida", dijo la camarera, dirigiéndose a la cocina.

Hubo un silencio atónito tras su marcha. Finalmente, el niño se volvió hacia sus padres. "¿Saber qué?"

dijo. "Cree que soy real".

De ahí surge el problema, NO permites que tus hijos sean reales. Les haces sentir irreales, les obligas a sentirse falsos, rechazados, sin valor. Y una vez que se crea esta idea en sus mentes, de que no valen nada tal y como son, naturalmente surge un gran deseo de llegar a ser perfectos. Y con ello surgen todo tipo de neurosis.

Mi esfuerzo aquí es ayudarte, no a ser perfecto, sino a dejar todo ese sinsentido. Al dejar eso, te volverás por primera vez real.

La realidad nunca es perfecta, recuérdalo. La realidad siempre está creciendo, ¿cómo puede ser perfecta? Una vez que algo es perfecto, el crecimiento no es posible. Sólo la imperfección puede tener la alegría de crecer.

¿Quieres seguir siendo una flor, creciendo, abriéndose? ¿O quieres convertirte en una piedra muerta, perfecta, sin abrirse, sin crecer, sin cambiar? Sigue siendo imperfecto y respeta tus imperfecciones, y podrás disfrutar, celebrar, y podrás estar sano y completo. Y no necesitarás ir a un psiquiatra o a un psicoanalista y tumbarte estúpidamente en el diván durante cinco años diciendo tonterías. Y tampoco será necesario ningún tratamiento de choque. De hecho, si tu estrés mental desaparece, tu cuerpo se sentirá inmediatamente aliviado.

Muchas enfermedades desaparecerán automáticamente de la tierra si desaparece esta tonta idea de llegar a ser perfecto. Pero esto se ha enseñado desde todos los rincones - desde la iglesia, desde el templo, de la mezquita, de la universidad. En todas partes, todo el mundo parece ser parte de la conspiración.

Todo el mundo parece empeñado en que cada persona sea perfecta. Y ni siquiera ha existido -no puede existir- un solo ser humano perfecto. La imperfección es como son las cosas. La imperfección es bella, porque tiene el potencial de crecer y fluir. La perfección es simplemente la muerte y nada más.

La vida es imperfecta. Y la vida disfruta con la imperfección.

Te enseño la totalidad, no la perfección. Y son dos objetivos diferentes. La perfección es un objetivo neurótico, la totalidad es un objetivo sano. La perfección está en el futuro, la totalidad es ahora. Puedes ser total en ESTE momento.

Puedes ser total en tu ira, puedes ser total en tus relaciones sexuales, puedes ser total en cualquier cosa que estés haciendo: limpiar el suelo, cocinar o escribir poesía. ¡Puedes ser total! ¡Este momento! No necesita preparación, no necesita cultivo.

Y siendo total entrarás en Dios, en el nirvana. Cuando eres total, el yo desaparece - esa es la belleza de la totalidad. Intenta comprenderlo, es algo sutil y de inmenso significado:

cuando eres total, el yo desaparece.

¿Has visto alguna vez algún momento total? Entonces sabes que el yo desaparece inmediatamente. Si estás totalmente enamorado de una mujer o de un hombre, el yo desaparece. Cuando haces el amor, el yo desaparece, si estás totalmente en ello. Si has ido a dar un paseo matutino y estás TOTAL, nada más importa en esos bellos momentos -sólo la mañana y tú, tú y la mañana, los pájaros y los árboles y el sol, y estás completamente ahogado, totalmente ahogado en el momento- el yo desaparece.

La desaparición del yo es una bendición. Sabrás lo que Buda quiere decir con "no-yo". Se refiere a la dicha total. Él nunca usa las palabras "dicha absoluta" porque te conoce - puedes hacer una meta de ello, puedes empezar a esforzarte hacia la dicha absoluta. TÚ puedes hacer una meta del perfeccionista - puedes decir: "No puedo descansar a menos que me vuelva perfectamente dichoso". Ahora has perdido todo el punto.

Si eres total, la dicha se produce como un subproducto, porque el yo desaparece. A veces ocurre bailando, cantando, escuchando música o simplemente aquí, estando conmigo. Veo que le ocurre a mucha gente.

Cuando te miro a la cara, sé si existe el yo o no. Tu rostro tiene inmediatamente una cualidad diferente. Cuando te miro y el yo no está ahí, eres sólo una apertura, una ventana, puedo ver a Dios claramente en ti. En esos momentos, Dios está ahí, tú no. Todas las nubes han desaparecido y el cielo está claro, transparente, y el sol brilla.

Cada vez que tu yo desaparece por un momento, de repente puedo ver la luminosidad que llega a tu rostro, esa cualidad de magia que surge a tu alrededor.

Pero nos han enseñado a vivir de una manera no total, a través de la idea de perfección.

Te enseño la totalidad. En la totalidad, el yo desaparece. Y justo lo contrario ocurre con la perfección. Con la idea de perfección el yo se fortalece. Es un ideal egoísta: "Quiero ser perfecto". El "yo" no puede ser total, porque en la totalidad no se encuentra nunca ningún "yo". De ahí que también apele al ego, llegar a ser perfecto, ser el hombre o la mujer más perfectos del mundo. El ego se siente muy bien, el ego empieza a esforzarse por ello. El ego está involucrado con la idea de la perfección.

Con la experiencia de la totalidad, el ego simplemente no existe. Si aprendes a ser herenow, poco a poco verás que la vida es bella tal como es. La vida es bella en sí misma, tal como es. No necesita mejoras.

Esto puede ser ayudado a través del trauma del nacimiento - si pasas por el trauma del nacimiento, si lo vives conscientemente de nuevo, entonces todo el significado del nacimiento cambia.

Ahora mismo la experiencia del útero permanece en tu inconsciente, es tan importante que te esfuerzas por conseguirla sin saberlo. Por eso la gente sigue pensando que en el pasado todo era bueno. Esto no es más que una proyección debido a la experiencia del útero. En todas las sociedades del mundo, en todas las religiones del mundo, persiste la idea de que la edad de oro existió en algún lugar del pasado. Cuando Adán vivía en el Jardín del Edén, era el paraíso. En la India, dicen que la edad de oro fue muy, muy prehistórica. Luego las cosas empezaron a decaer: el pecado original. Estábamos en un estado de felicidad y luego empezamos a caer. Entonces lo perdimos.

No es más que la misma historia, tejida filosóficamente. La caída original no es más que la caída desde el vientre materno. Y el recuerdo de que antes, algún tiempo antes, muy lejos en el pasado, todo era dorado y hermoso, no es más que un recuerdo proyectado sobre la historia. Memoria individual proyectada sobre la historia colectiva. Y tenemos que alcanzarla de nuevo, para interesarnos por el futuro.

El pasado es importante, el futuro es importante, sólo el presente no es importante. Porque hemos perdido el pasado

- y sólo en el futuro, intentando, esforzándonos, alcanzándolo, algún día lo encontraremos.

Así que hay dos tipos de personas, y ambas no son diferentes básicamente. Los religiosos dicen que la edad de oro fue en el pasado. Y los no religiosos dicen que la edad de oro será en el futuro, la utopía está llegando. Los hindúes dicen que la edad de oro - SATYAYUGA, la edad de la verdad - fue en el pasado.

Y los comunistas dicen que la edad, la edad de oro - SAMYUGA, la edad de la igualdad - va a llegar en el futuro.

No son diferentes. Parecen diferentes, porque uno habla del pasado, otro habla del futuro. Pero el mecanismo es el mismo: ambos quieren evitar el presente. Los comunistas y los anticomunistas no son muy diferentes.

La verdadera espiritualidad comienza en el presente y termina en el presente. No tiene pasado ni futuro.

Este momento lo es todo.

Así que, Adheera, trata de entrar conscientemente en tu inconsciente. Intenta penetrar hasta donde surge este deseo de perfección. Entra en tu infancia. Te han enseñado, te han condicionado capa tras capa, tendrás que pelar la cebolla de la mente. Y finalmente llegarás al trauma del nacimiento, al día en que naciste.

Puedes volver a vivirlo. Ese es todo el proceso del renacimiento: puedes vivirlo de nuevo. Y una vez que lo vives de nuevo, desaparece. ¿Y qué ocurre? La perspectiva total cambia. Si puedes vivirlo de nuevo conscientemente -si puedes retroceder, convertirte en un niño, un niño pequeño, un bebé, recién salido del vientre materno- pasarás por un gran sufrimiento y agonía. Sufrirás el mismo dolor del nacimiento; te sentirás sofocado, tu respiración se agitará. A veces la respiración se detendrá por completo, tu cuerpo se paralizará. Puede que sientas que te estás muriendo, porque eso es lo que sentiste cuando salías del útero.

Sentirás que atraviesas un túnel muy estrecho, sofocante, oscuro. Surgirá un gran miedo en tu ser, te sentirás sacudido y sacudida por el miedo. Necesitarás que alguien te ayude.

De ahí la necesidad de un maestro. Necesitarás a alguien que te proteja, necesitarás a alguien que te apoye, que te diga: "NO tengas miedo, entra en ello. Déjalo pasar, NO escapes de él". Una vez que lo has atravesado y una vez que has visto conscientemente lo que ocurrió en tu nacimiento inconscientemente, se borra. Este es el proceso de la mente. Cualquier cosa vivida conscientemente es borrada; no tiene más agarre en tu ser inconsciente.

Y entonces, por primera vez, abres los ojos y ves que el mundo es hermoso. El sauce es verde y la rosa roja. Y entonces, por primera vez, ves que el útero era bueno, pero no es la meta. El útero era conveniente, pero sólo era una preparación. No era la vida real; era la vida de un pringado, era pura explotación. Era dependencia. No sabía nada de libertad, ¿cómo podía ser hermoso? Sí, era conveniente y cómodo, pero simplemente estabas vegetando, no estabas realmente vivo. Eras un cerdo satisfecho. No tiene valor en sí mismo.

Y entonces empiezas a ver que la vida tiene bellezas que ningún vientre te puede dar.

Todos los úteros están confinados. Por eso a los nueve meses el niño TIENE que salir de él, por el confinamiento. Todos los úteros son prisiones: cómodas, cálidas, pero una prisión es una prisión. Aunque sea cómoda, aunque sea cálida, eso no la convierte en otra cosa; es una prisión.

Sales del vientre materno hacia la libertad. Todo el cielo se abre y el sol, la luna, los árboles y las estrellas no estaban a tu alcance. El canto de los pájaros, la música, la poesía y el amor no estaban a tu alcance. Tu paraíso no era un gran paraíso, tu paraíso era un paraíso muy estúpido.

Una vez que has visto que no era nada de valor.... Era necesario en esos momentos porque estabas creciendo y eras muy tierno y delicado y necesitabas la protección. A los nueve meses, el niño anhela salir, quiere salir, quiere liberarse del vientre materno. Está listo para salir al mundo y ver las alegrías y las miserias del mundo. Está preparado para adentrarse en las experiencias y en la existencia.

Una vez que hayas vivido conscientemente el trauma del nacimiento y hayas borrado el recuerdo del dolor, te sorprenderá que haya desaparecido algo parecido a una niebla de los ojos yom. Y cuando abras los ojos los árboles estarán más verdes que nunca, y todo será totalmente diferente. Verás el mundo en colores psicodélicos - no necesitarás ningún viaje de drogas para ello.

La gente está tomando drogas sólo para crear algo que es muy natural. No hay necesidad de destruir tu cuerpo químicamente para ello. Puedes simplemente pasar por el trauma del nacimiento, y puedes volver, y todo el mundo y toda la experiencia del mundo se vuelve psicodélica.

Es más colorido. Es un júbilo constante. Este júbilo no tiene fin: continúa desde un principio sin principio hasta un final sin fin. Es una canción ad infinitum.

Una vez que empiezas a ver esto, empieza la vida. A eso se refiere Jesús cuando dice: "Si no nacéis de nuevo, no entraréis en mi reino de Dios". Está hablando de volver a nacer.

En Oriente, tenemos un nombre para un hombre que se ha convertido en alerta y total, lo llamamos DWIJA - dos veces nacido. Ha alcanzado un segundo nacimiento. El primer nacimiento tiene que ser inconsciente. Y si vives sólo con el primer nacimiento, seguirás siendo un perfeccionista. Una vez que hayas nacido dos veces, conscientemente, y hayas borrado toda la memoria dolorosa del primer nacimiento, vivirás la vida de la totalidad. No con el deseo de perfección - todo deseo de perfección desaparece, porque ves que éste es el mundo más perfecto, y tú eres la persona más perfecta, y todo el mundo es perfecto, y todo es como debe ser.

Cuando ves que todo es como debe ser, surge una gran gratitud. La oración es natural. Te inclinas ante la tierra, te inclinas ante el sol, te inclinas ante la existencia. Esa es la cualidad religiosa, no que vayas a la iglesia y creas que eres religioso, o que te inclines ante Cristo y creas que eres religioso:

¡No lo eres! Nada de eso. Simplemente tienes miedo; estás pensando que Cristo te salvará.

Nadie puede salvarte, a menos que te salves a ti mismo. Ningún Cristo, ningún Buda, puede salvarte. Pero tú puedes salvarte a ti mismo. Y es tu responsabilidad salvarte a ti mismo. Y la forma de salvarte es renacer, nacer de nuevo.

Recuerda, si sufres del deseo de perfección - y casi todo el mundo lo sufre - entonces hazte el propósito de que tienes que volver a tu proceso de nacimiento y tienes que borrar toda la cinta. Y luego vuelve a mirar con los ojos vacíos, y te sorprenderás.

He estado trabajando con muchas personas. Y cada vez que se encuentran con su memoria de nacimiento, ocurren cosas extrañas e increíbles. Estaba ayudando a un joven a pasar por eso. Llegó a un punto en que casi empezó a asfixiarse: lloraba, lloraba, y entonces se quedó paralizado. Por un momento, todo se detuvo, incluso la respiración. Fue una agonía. Entonces abrió los ojos, me miró y dijo: "Esto es extraño. Estoy oliendo cloroformo y el olor que rodea a un hospital".

Le pregunté: "¿Naciste en un hospital?". Me contestó: "NO LO SÉ, nunca se lo he preguntado a mi madre".

Hablamos con la madre y nos dijo: "Sí, nació en un hospital. Y tenía tanto dolor que me dieron una fuerte dosis de cloroformo".

El recuerdo del cloroformo entró en sus células. Todavía podía olerlo, ¡después de veintiocho años!

Pero una vez que pasas por todos estos recuerdos empiezan a perder su control sobre ti. Atravesar el nacimiento es el primer paso. Si puedes hacerlo, el segundo paso es atravesar la muerte que precedió a tu nacimiento, nueve meses antes. Si puedes atravesar tu nacimiento, podrás atravesar fácilmente tu muerte. Y una vez que hayas pasado por tu muerte, tu vida pasada estará disponible para ti.

Y luego toda la estupidez de it....

Por eso estos dichos de Buda, estos sutras de Ikkyu, te parecen tan deprimentes: porque se basan en una comprensión totalmente diferente de la vida. Estas personas han conocido sus vidas pasadas y ven su estupidez. Tú no puedes verlo. Crees que estás haciendo grandes cosas; no eres consciente.

Si has estado enamorado durante muchas muchas vidas, una y otra vez, y siempre fracasaste y fracasaste y fracasaste, y si llegas a saberlo, si puedes VERLO, entonces la relación amorosa en la que estás hoy simplemente se invalidará, sólo a través de esa experiencia. Ahora sabes que estas son las formas en que siempre te has estado engañando a ti mismo. Y es una repetición, una rueda que sigue moviéndose.

Estos sutras no son sutras filosóficos, NO proponen una doctrina. Se basan en una experiencia de la vida totalmente distinta, en una visión diferente. Así que a veces te sentirás perturbado.

El otro día, Arup le decía a alguien: "¡Estas charlas tan pesadas, y el Maestro ha llamado a la serie "Tómatelo con calma"!".

Por eso lo he llamado "Tómatelo con calma". No es fácil. Es difícil tomarlo, es MUY difícil tomarlo. Es casi imposible tomarlo, porque destrozará todo tu patrón de vida. No es fácil, por eso he llamado a toda la serie "Tómatelo con calma".

Verdad es aquello cuya contradicción también es verdad.

La segunda pregunta

Pregunta 2:

DESDE QUE ESTOY AQUI ESTE TIEMPO ME SIENTO CADA VEZ MENOS ESPIRITUAL Y MAS ESTUPIDO - COMO UN VEGETAL NARANJA. SIENTO ESTAR DISFRUTANDO DE PLACERES SENSUALES Y EN GENERAL SER MUY HEDONISTA. ESTO NO ENCAJA CON MIS SENTIMIENTOS E IDEAS ANTERIORES SOBRE ESTAR CERCA DE UN MAESTRO. ¿QUÉ ESTÁ PASANDO? ¿ME ESTOY DESVIANDO DEL CAMINO?

¿QUÉ HACER?

NISEEMA, EL VERDADERO MAESTRO NUNCA SE AJUSTA A TUS EXPECTATIVAS. Y si encaja no es un maestro. El verdadero maestro no puede encajar con tus expectativas, tus expectativas salen de tu mente. Tu mente es el problema: tiene que irse por el desagüe, in toto.

Un verdadero maestro nunca se ajusta a tus expectativas. Y los que se ajustan a tus expectativas son sólo hombres de negocios, no verdaderos maestros. Encajan, TIENEN que encajar: así dependen de ti. Un verdadero maestro es siempre un choque, una sacudida. Él no se permitirá de ninguna manera encajar contigo. Sólo entonces puede destruirte.

Un verdadero maestro no es un consuelo. Un verdadero maestro tiene que DESTRUIRTE, ¿cómo puede ser un consuelo? Tiene que demolerte; no es una renovación. No se limita a poner parches, tiene que arrancarte de raíz y transformarte en otra dimensión. Es una transmutación.

Nada encajará con un verdadero maestro.

¿Crees que los judíos se enfadaron innecesariamente con Jesús? El enfado era esto, que él no encajaba con lo que ellos esperaban.

Solía vivir con gente que no era respetable. Vivía con jugadores, borrachos y ladrones. Solía alojarse en casas donde ninguna persona respetable, ningún rabino, estaría dispuesto a ir. Permitió que esta prostituta, Magdalena, se convirtiera en su discípula más cercana. Él no encajaba con sus expectativas. Una persona religiosa debe comportarse de cierta manera - él se comportaba escandalosamente, molestaba a la gente.

Ahora, me preguntas: DESDE QUE ESTOY AQUÍ ME HE SENTIDO CADA VEZ MENOS ESPIRITUAL.

Esa es tu verdad. Y yo estoy aquí para traer tu verdad a la superficie. Debes haber estado reprimiendo lo que llamas "no espiritual". Al llamarlo "no espiritual" simplemente dices que estás en contra de ello; lo estás condenando. Nuestras palabras son significativas. Cuando llamas a algo "no espiritual" lo estás condenando.

Usted dice: DESDE QUE ESTOY AQUÍ ME SIENTO CADA VEZ MENOS ESPIRITUAL.

Te estás volviendo cada vez más REAL, eso es todo. Todas tus ideas de espiritualidad están siendo eliminadas.

Eran forzadas, pseudo. Reprimías tu realidad y lo llamabas espiritualidad. Estabas en contra de ti mismo: No disfrutabas de tu ser; lo paralizabas, lo envenenabas. Eras una víctima. Ahora estás reuniendo valor para ser tú mismo. NO lo llames no espiritual; te estás volviendo real, te estás volviendo natural.

¿Y cómo puede la naturaleza no ser espiritual y cómo puede la realidad no ser espiritual?

Estar conmigo significa primero que tengo que tomar todo lo que es pseudo en ti. Lo falso tiene que ser conocido como falso. Y conociéndolo como falso, cae. Lo verdadero solo puede llegar cuando lo falso ha desaparecido.

Ahora, tu espiritualidad era falsa, Niseema. Era sólo una fachada, era una espiritualidad de escaparate.

En el fondo, siempre fuiste aquello en lo que te estás encontrando ahora. Ahora tu profundidad se está encontrando con tu superficie; están perdiendo la división, la escisión. Te estás relajando, estás abandonando el conflicto contigo mismo. El perro de arriba y el perro de abajo se encuentran, por primera vez se produce una fusión. Este es el comienzo del crecimiento, porque sólo lo real puede crecer. Lo plástico, lo sintético, lo falso, no puede crecer.

Puedes tener flores de plástico, pero no pueden crecer. El crecimiento sólo le ocurre a lo real y tu espiritualidad era como una flor de plástico. Así es como la gente es espiritual En el fondo son todo lo contrario, en la superficie tienen la cara pintada.

Te estoy quitando la cara pintada, te estoy quitando la máscara, la máscara se te está cayendo. De ahí que haya surgido esta pregunta. Debes de tener miedo: "¿Qué clase de maestro es este? ¿Y qué hago yo aquí?" Habrás venido aquí esperando ser más espiritual, ¡y yo te estoy haciendo más REAL! En tus palabras, más "no espiritual".

DESDE QUE ESTOY AQUI ESTE TIEMPO ME SIENTO CADA VEZ MENOS ESPIRITUAL Y CADA VEZ MAS ESTUPIDO.

Ese es un buen comienzo. Sentir que uno es ignorante es el principio de la sabiduría. Sólo la gente estúpida nunca siente que es estúpida. Así es como surge la sabiduría: cuando empiezas a ver la estupidez de todo, algo ha sucedido en ti, ha entrado un rayo de luz.

Para entrar en el mundo de la comprensión, primero hay que abandonar todo tipo de conocimientos. Así que estoy tomando tu pseudo-espiritualidad y también estoy tomando tu conocimiento prestado. La llamada espiritualidad

la gente tiene un gran conocimiento - esotérico, oculto, lo van coleccionando. Consultan el I Ching y consultan libros de astrología y leen las cartas del tarot y se adentran en los misterios de la cábala. Y todos son sólo juegos mentales. No tienen nada que ver con la espiritualidad, son realmente para que la gente estúpida juegue con ellos. Y estas personas siguen leyendo la Biblia y los Vedas y el Gita - y lo atiborran, se convierten en loros. Y creen que saben.

El conocimiento no es saber. Cualquier cosa prestada nunca puede ser tu conocimiento.

Por eso, cuando vengas a mí, sucederán muchas cosas. Cada día te sentirás más y más pobre, y habías venido para hacerte más y más rico. Así que, naturalmente, sólo los muy valientes pueden quedarse conmigo, de lo contrario la gente se escapa. Porque, ¿quién quiere empobrecerse? Habías venido con tantos conocimientos y ahora te sientes estúpido. ¿Qué clase de juego es éste? Habías venido a aprender algo, pero lo que te propongo aquí no es aprender, sino desaprender.

Habías venido a acumular un poco más. Ya tenías una hermosa colección de conocimientos, querías actualizarla. Querías tener algo de un Buda moderno.

Porque el viejo Buda tiene veinticinco siglos y las cosas han cambiado. Querías una versión actualizada de la Budeidad. Y vienes aquí y empiezo a quitarte cosas. Tu conocimiento empieza a desaparecer y sientes pánico: ¿qué está pasando? Empiezas a sentirte estúpido.

¡Siempre has sido estúpido! Sólo ese conocimiento te estaba dando la idea de que no lo eres. Ahora esto es una gran revelación. Tu espiritualidad empieza a parecer falsa, plástica - y has estado pensando que eres un santo, casi al borde de la iluminación. Y toda tu moralidad empieza a parecer sin sentido, porque era sólo una imposición del exterior.

Fue por miedo que fuiste moral, o por avaricia que fuiste moral. Todo tu carácter parece barato, porque te enseño un tipo de vida totalmente diferente: SIN carácter. Sólo en la falta de carácter hay libertad. Y sólo en la falta de carácter surge el verdadero carácter, el carácter que brota de tu propia fuente, que no es impuesto desde fuera, que no es impuesto por la sociedad, que no es un tipo de obediencia, sino que es un crecimiento de la libertad. Es una cosa totalmente diferente, sólo le ocurre a la gente que es lo suficientemente rebelde.

NO te enseño obediencia, te enseño rebelión.

Así que, naturalmente, tu espiritualidad se ha ido, tu moralidad se ha ido, tu conocimiento se ha ido, todo se ha ido por el desagüe - de repente estás ahí de pie pareciendo estúpido, desnudo, ignorante, sin carácter, inmoral, sin espíritu.

AHORA, ¿qué clase de discipulado es éste? Naturalmente, surge la pregunta.

Pero, Niseema, esto es el principio. Primero tengo que quitarte todo lo que tienes - para que tu corazón agobiado se desahogue, para que toda la basura que has acumulado se tire y quedes limpia, limpia. En esa limpieza, en esa pureza, en ese desahogo, empezarás a crecer.

Y ese crecimiento no te lo voy a dar yo, te ocurrirá a ti. Estás preparado para ello, sólo que la basura es demasiada y no te permite crecer. Es como si un rosal hubiera sido cubierto por basura - Vedas, Gitas, Koranas, Biblias, todo basura - y el rosal se estuviera muriendo. Tengo que quitar todos esos libros. Pronto el rosal empezará a crecer, y no está lejos el día en que verás florecer las primeras rosas.

ME SIENTO DISFRUTAR DE LOS PLACERES SENSUALES Y EN GENERAL SER MUY HEDONISTA.

Precioso. Disfrútalos. Porque sólo disfrutándolas llegarás a ver lo ilusorias que son, no hay otra manera. Si yo digo que son ilusorias, Ikkyu dice que son ilusorias, Buda dice que son ilusorias, no van a volverse ilusorias sólo porque estas personas lo digan. Tienes que verlo por ti mismo.

Buda ha dicho una y otra vez: NO creas lo que digo, a menos que lo hayas examinado, vivido, observado, concluido, por ti mismo.

¿Cómo puedes saber lo ilusorio de estos placeres a menos que entres en ellos? Entra en ellos. Adéntrate en ellos tanto como te sea posible, para que antes puedas salir. Sé un hedonista. Siendo hedonista verás que todos los placeres traen dolor, que a cada placer le sigue un gran dolor. Poco a poco verás que el placer y el dolor son dos aspectos de la misma moneda. No podrás librarte del dolor a menos que veas esto. Una vez que hayas visto que el placer y el dolor están JUNTOS, inevitablemente juntos....

No hay forma de separarlos. Eso es lo que hemos estado haciendo a lo largo de los siglos: intentar separarlos. Queremos todos los placeres y NO queremos ningún dolor. Y están juntos, vienen juntos. Queremos evitar el dolor y queremos disfrutar del placer. Pero el dolor llega.

Cuando veas que esto sucede una y otra vez, un día la propia experiencia te hará capaz de abandonar ambos. Y el día en que uno abandona tanto el placer como el dolor, lo que sucede se llama dicha. Surge un gran silencio, una gran alegría, que no es placer, recuerda, porque tiene la contrapartida del dolor. Es pura alegría, alegría eterna. Pero surge sólo cuando el placer y el dolor han sido abandonados.

Y si NO te conviertes en un hedonista, si NO experimentas su verdad, entonces te convertirás en un hedonista espiritual. Entonces pensarás en las mismas alegrías - en el paraíso, por supuesto, no aquí, pero en las mismas alegrías. Anhelarás las mismas mujeres, los mismos hombres, el mismo vino, pero en el paraíso. Tendrás que posponerlo un poco, eso es todo.

Tus santos son iguales que tú, de hecho más codiciosos que tú, más hedonistas que tú, pero esperan el paraíso. Allí se vengarán. Se encargarán de que todos sufráis en el infierno, porque vosotros disfrutasteis en la tierra y ellos sufrieron en la tierra, así que ahora serán recompensados. Tendrán mujeres hermosas en el paraíso, eternamente jóvenes, sin transpiración, etcétera, etcétera. Y ríos de vino. El vino no se vende en los bares en el paraíso - ríos. Y nunca jamás se ha intentado prohibirlo. Puedes saltar en ríos de vino, puedes bañarte en ríos de vino, puedes beber tanto como quieras. Y todo tipo de comida estará disponible, y sin miedo a engordar. Nadie ha oído nunca, ¿has visto alguna vez a algún ángel gordo? Nunca engordan; siguen comiendo y comiendo. Y todo su trabajo consiste en regocijarse, cantar canciones alabando al Señor y hacer el tonto.

Estos son tus santos. Antes eran santos sentados con caras largas, ahora están tonteando en el paraíso.

Tus santos no están en contra del placer, sólo están en contra de su momentaneidad; recuérdalo.

Sólo están en contra de su momentaneidad, porque es fugaz. Entonces, ¿qué sentido tiene correr tras él? Esperan el placer permanente. Son verdaderos hedonistas, más hedonistas que tú.

Así que si te vuelves espiritual, supuestamente espiritual, entonces sólo estarás esperando tu momento, esperando impacientemente a que llegue el paraíso y puedas saltar a todo tipo de placeres. Puedes explotar, y puedes explorar todo tipo de placeres que te has negado a ti mismo en la tierra.

Esto no es muy diferente; lo mundano y lo extramundano no son diferentes, son lo mismo.

Lo que estoy tratando de hacerte consciente aquí no es que tengas que volverte hedonista en el otro mundo, o que tengas que volverte antagónico al hedonismo en este mundo. Lo que estoy tratando de hacer aquí es hacerte consciente de toda la situación de la vida. Si algo en tu inconsciente anhela el placer, entra en ello - es la única manera de ir más allá. Atravesarlo es la única manera de ir más allá. NO reprimas.

Así que Niseema, sé hedonista, TOTALMENTE hedonista. Disfruta de todos los placeres sensuales, no tengas miedo, porque son cosas de sueños. Así que si estás disfrutando de un sueño, soy la última persona en preocuparme por ello. Si tus santos están en contra, eso simplemente demuestra que aún no han comprendido que todo es un sueño. ¿Por qué habrían de estar en contra?

Por eso mis declaraciones a veces te confunden mucho. Justo el otro día, hablé en contra del amor. Y todas las noches, todas las noches, sugiero a la gente que pasen al amor. Se quedan muy perplejos. Se han enamorado de este loco - por la mañana dice "Todo amor es ilusión", por la noche dice "Enamórate, lánzate".

Lo digo porque es ilusión: ve de cabeza, así pronto saldrás de ella. Si vas de forma mezquina puedes tardar años o vidas en salir de ella, y puede que yo no esté aquí para ayudarte.

Así que te digo que te lances de cabeza, que saltes a toda la confusión del mundo para que puedas salir de la ilusión. Si es una ilusión, saldrás de ella, no hay por qué preocuparse. E incluso si NO sales de ella, ¿qué más da? Sólo es una ilusión. Disfrútala mientras dure.

Tarde o temprano vas a despertar. Y mi propia experiencia es que cuanto más te adentras en estas experiencias de la vida, más se acerca el despertar. Cuando la noche es más oscura, la mañana está más cerca. Cuando te estás moviendo en una ilusión tan profundamente y parece tan real que todo lo demás parece irreal en comparación con ella, ese es el momento en que la mañana está muy cerca.

Tú dices: ESTO NO ENCAJA CON MIS SENTIMIENTOS E IDEAS ANTERIORES SOBRE ESTAR CERCA DE UN MAESTRO.

¿Cómo se pueden tener ideas sin estar cerca de un maestro? ¿Qué expectativas puedes tener? Todas esas expectativas serán tus proyecciones - serán tus deseos, tus miedos, tu codicia. No pueden basarse en la verdad.

Ahora estás conmigo. Estando conmigo unos años, sabrás lo que es estar con un maestro. Si puedes permanecer conmigo el tiempo suficiente para acabar totalmente, entonces sabrás lo que es estar con un maestro. Es estar con tu propia muerte, la muerte total.

Pero sólo cuando eres aniquilado existe la posibilidad de que Dios surja en ti. Sólo después de la crucifixión se abre la puerta a la resurrección.

La tercera pregunta

Pregunta 3:

HACE UN TIEMPO, ALGUIEN QUE TAMBIÉN HA PASADO LOS CINCUENTA AÑOS COMO YO, ME DIJO: ¿AÚN ERES DISCÍPULO?

LA PERSONA QUE LO DIJO ES MUY AUTOSUFICIENTE, AUTOSUFICIENTE. NO MIRA A LOS DEMÁS PARA SABER LO QUE DEBE HACER. SE BASTA A SÍ MISMO.

MIRO CONSTANTEMENTE FUERA, A LOS DEMÁS, EN BUSCA DE MÁS CONOCIMIENTOS, DE MÁS HABILIDADES.

SOY TÍMIDA, TÍMIDA Y TENGO POCA CONFIANZA EN MÍ MISMA. NO ME BASTO A MÍ MISMO.

PARA MI SOLO EXISTEN ESTAS DOS ETAPAS EL DISCÍPULO Y EL MAESTRO. ¿QUÉ ES ESTA TERCERA ETAPA, LA PERSONA AUTOSUFICIENTE Y PLENAMENTE MADURA QUE NO BUSCA UN MAESTRO? ¿SE TRATA DE UN ENGAÑO?

LO PRIMERO QUE HAY QUE ENTENDER: dices: "Hace un tiempo, alguien que también ha pasado los cincuenta años como yo, me dijo: ¿Todavía eres discípulo?". La próxima vez que te encuentres con él, dile: "¿Todavía no eres discípulo?".

¿Qué significa ser discípulo? Significa que has empezado a aprender. En lugar de acumular conocimientos, has empezado a aprender. Ser discípulo significa que has encontrado a alguien que ha sabido. Te gustaría encontrarte y fundirte con el ser de esa persona, para que tú también puedas saborear un poco la realidad.

Hay personas egoístas a las que no les gustaría eso, no les gustaría encontrarse y fundirse con nadie. Les gustaría seguir siendo suficientes para sí mismos, aunque sea en el infierno. Incluso si están sufriendo, no se lo mostrarán a nadie. Y DEBEN estar sufriendo, porque el ego es el infierno.

Ser discípulo significa simplemente que estás perdiendo los límites de tu ego. Primero lo pierdes con una persona, y luego ves la belleza de perderlo. Eso es lo que ocurre con un maestro. Ves la belleza de perder tus límites, y entonces empiezas a perderlos también con todos los demás. Entonces un dia eres capaz de perderlo con toda la existencia.

Un hombre que piensa que se basta a sí mismo nunca se abrirá, permanecerá cerrado. Vivirá en lo que Soren Kierkegaard llama "una cerrazón". Será una mónada sin ventanas. Sufrirá agonías, pero pensará que valen la pena porque no tiene que mirar a nadie, se basta a sí mismo.

Una vez sucedió, un ministro jefe de un estado -y será mejor llamarle "ministro de travesuras"- vino a verme y me dijo: "Soy un hombre hecho a sí mismo". Yo le dije: "Gracias. Has liberado a Dios de una gran responsabilidad".

¿Hecho a sí mismo?

Tienes que nacer de una madre y un padre. Tienes que depender del aire para respirar, de los árboles para comer, del sol para calentarte. En

tienen que depender de los mares, los ríos, el fuego. ¡Eres dependiente! ¿De dónde viene esta tontería: "Me he hecho a mí mismo"? ¿Puedes existir siquiera un instante si estás desconectado de todo aquello a lo que estás conectado?

Piensa - ¡desconectado del sol! Piensa - ¡desconectado del aire! Piensa: ¡desconectado de la Tierra! ¿Puedes vivir? ¿Puedes existir aunque sea por un momento? Imposible.

La idea de que "me basto a mí mismo", de que "soy una persona hecha a sí misma", es una de las actitudes más egoístas, tontas y falsas. No somos independientes, no somos dependientes; vivimos en una especie de interdependencia, esa es la verdad. Estas dos palabras son sólo dos extremos: independencia y dependencia son dos extremos. Ambos son falsos. Justo en medio de los dos está la verdad:

interdependencia.

Porque en realidad el TODO existe: yo NO existo, tú NO existes. ¿Cómo puedo ser autosuficiente? ¿Cómo puedes ser autosuficiente? Nadie puede serlo. Sólo el todo es autosuficiente, y sólo el todo PUEDE ser autosuficiente. El todo existe por sí mismo. Por eso decimos que Dios es autosuficiente: Dios significa el todo. Dios no es una persona, sino la totalidad de todo. Lo incluye todo, así que no puede depender de nada más, porque no hay nada fuera de él.

Pero si miramos dentro, cada parte depende de otra. Entonces vivimos en un océano de interdependencia. No puedes nacer sin una madre, sin un padre. No puedes nacer sin que la existencia te apoye desde todos los lados, visible e invisiblemente.

Cuando estás enamorado no puedes ser autosuficiente, buscarás a una mujer o a un hombre. Cuando medites necesitarás a alguien que sepa lo que es la meditación, no a través de libros sino de su experiencia.

Eso es lo que Ikkyu quiere decir cuando dice: Pregúntale a alguien, pregúntale al despierto. Pregúntale a alguien que tenga misericordia y sinceridad, verdad y sabiduría. Pregúntale a alguien que haya conocido, que se haya convertido. Pregúntale a alguien que haya desaparecido. Pregúntale a alguien que ya no existe en el plano del ego, cuyo ego ya no es relevante. Estate con él, estate en su presencia, imprégnate de su presencia.

Y recuerda, no te estás haciendo dependiente de otro ser humano. Por eso en Oriente NO llamamos al maestro ser humano. Hemos llamado a Buda "Bhagwan", a Mahavira "Bhagwan", a Krishna "Bhagwan", por una cierta razón. NO les llamamos seres humanos. No es que no sean como tú - son como tú, y sin embargo algo ha sucedido en ellos que ha transformado su ser, ha iluminado su ser. Algo del más allá ha penetrado en ellos. Son aperturas a Dios, por eso los hemos llamado dioses.

Los cristianos se sienten muy ofendidos, los mahometanos se sienten muy ofendidos, los judíos se sienten muy ofendidos, cuando piensan que a Buda se le llama dios. ¿Por qué? Él es sólo un ser humano - Buda mismo dice: "Soy un ser humano". Pero un ser humano que ya no existe en el plano del ego. Sí, igual que tú, él tiene el cuerpo. Y come y excreta y duerme y nace y morirá igual que tú.

Pero aun así, hay algo que no es como tú: está ausente en lo más profundo de su ser. Y a través de esa ausencia una nueva presencia se ha hecho disponible allí: Dios ha descendido en él. A través de él puedes echar un vistazo a la totalidad de todo.

Encontrar a un maestro no significa que hayas contactado con una persona, significa que has contactado con una PRESENCIA. Sólo presencia, no una persona.

HACE UN TIEMPO, ALGUIEN QUE TAMBIÉN HA PASADO LOS CINCUENTA COMO YO, ME DIJO:

¿SIGUES SIENDO UN DISCÍPULO? LA PERSONA QUE LO DIJO ES MUY AUTOSUFICIENTE, AUTOSUFICIENTE.

Le falta mucho. Debe estar completamente aburrido.

NO MIRA A LOS DEMÁS PARA SABER LO QUE DEBE HACER. SE BASTA A SÍ MISMO.

Vivirá una vida cerrada. Ayúdale a abrirse, ayúdale a fundirse con el todo. Y es difícil fundirse con el todo de repente, es demasiado para asimilarlo. Hay que encontrar una pequeña puerta para entrar.

Cuando empiezas a aprender a nadar NO te metes en el mar sin más; tienes que aprender en aguas poco profundas junto a la orilla o en una piscina.

Un maestro es sólo una pequeña puerta al infinito de Dios. Es más fácil entrar por esa puerta que saltar al cielo directamente. Si uno puede saltar al cielo directamente está perfectamente bien - pero ese tipo de hombre nunca dirá: "Soy autosuficiente". No puede decirlo, porque ese tipo de persona sabrá que no existe el yo. Saltar al todo es perder el yo. Si alguien piensa: "Soy autosuficiente y nunca miro a nadie más", simplemente está viviendo su viaje del ego.

Ayúdale a abrirse. Y NO permitas que él te cierre a ti. Porque tu ego debe sentirse herido - cuando alguien te diga: "¿Tienes cincuenta años, y sigues siendo discípulo?" tu ego se sentirá herido. Pensará: "Así que estoy mirando a los demás".

El maestro no es el otro. Cuando has sintonizado con un maestro, ¡él no es el otro! Es más tú mismo que tú. Eso sólo lo sabe un discípulo, que se reirá de la idea. Si le preguntas a Sariputra: "¿Buda es el otro, alguien a quien admiras?", se reirá. Dirá: "No hay nadie a quien admirar. Él es más yo que yo mismo. Él es mi futuro, es mi potencial, mi posibilidad. Él es mi esperanza. A través de él he visto lo que puedo ser, cuál es mi destino. A través de él me he dado cuenta de las flores que florecen: han florecido en él, yo sólo soy una semilla. A través de él he vislumbrado mis propias posibilidades. Él soy YO".

Cuando un discípulo es realmente un discípulo, no sólo un alumno, entonces dirá: "El maestro y yo no somos dos". Y si alguna vez hay que elegir, el discípulo elegirá al maestro, no a sí mismo.

Porque el maestro está más cerca de su ser que él mismo.

MIRO CONSTANTEMENTE HACIA FUERA, HACIA LOS DEMÁS, EN BUSCA DE MÁS CONOCIMIENTOS, DE MÁS

HABILIDADES. SOY TÍMIDO, TÍMIDO Y TENGO POCA CONFIANZA EN MÍ MISMO.

Eso es mucho mejor que tener la llamada confianza en uno mismo. Porque con la autoconfianza, la confianza es sólo una sombra; lo real es el yo. Si no hay yo, ¿cómo puede haber confianza en uno mismo?

Un hombre de verdad, un hombre que ha conocido, vive sin sí mismo, vive sin confianza en sí mismo. No es que viva en una especie de no-confianza - al desaparecer la confianza, desaparece también la no-confianza. Simplemente

VIVE, sin preocuparse por la confianza o la falta de ella. Simplemente vive. Está despreocupado, porque el todo se ha ocupado. Se ha rendido al todo, y ahora el todo lo sabe mejor. Simplemente fluye con el todo - dondequiera que vaya, él también va. Se ha rendido.

Tú estás mucho mejor que tu amigo. La gente acude a mí y me pregunta: "¿Cómo ganar más confianza en uno mismo?". ¿Para qué? ¿Sólo para parecer fuerte? ¿Sólo para competir con los demás, luchar con los demás? para probarte a ti mismo, que eres más grande que los demás? ¿Para qué?

¡Pierde el yo también! Pierde la confianza en ti mismo, pierde el yo. Déjalo ir, todas son enfermedades. Relájate en el no-ser.

Y recuerda, no estoy diciendo que el hombre del no-ser no tenga confianza en sí mismo. Simplemente vive, como viven los árboles. ¿Crees que algún árbol tiene confianza en sí mismo o no? ¿Crees que algún río tiene confianza en sí mismo o no? Toda la pregunta es irrelevante; no puedes hacer esa pregunta, es inútil, no tiene sentido.

Los árboles fluyen, crecen. Los ríos fluyen, crecen. Las cosas suceden. No hay nadie que se ocupe de todo. Entregarse a este suceder es desaparecer como ego. Y con esa entrega surge una gran alegría.

PARA MI SOLO EXISTEN ESTAS DOS ETAPAS EL DISCÍPULO Y EL MAESTRO. ¿CUÁL ES ESTA TERCERA ETAPA, LA DE LA PERSONA AUTOSUFICIENTE Y PLENAMENTE MADURA QUE NO BUSCA UN MAESTRO?

La persona plenamente desarrollada no es una persona en absoluto. En el momento en que creces plenamente te conviertes en una presencia, no en una persona: la persona desaparece. Todas las personas son inmaduras; la personalidad es inmadurez.

Ser persona significa ser falso. La palabra "persona" viene de "persona", máscara - es una máscara, es sólo una cara que te has puesto a ti mismo para mostrar a los demás. ésta no es tu realidad. Ninguna persona puede llegar a ser madura o adulta,

Porque ninguna máscara puede llegar a ser adulta. La máscara obstaculiza.

¡Suelta la máscara! Olvídate de la persona. Entonces surge la presencia. Una presencia sin yo, sin centro en ella. Una presencia pura, sólo una luz. Y entonces la vida se vive en totalidad, en celebración.

Usted me pregunta: LA PERSONA AUTOSUFICIENTE Y ADULTA, ¿ES UN ENGAÑO?

Sí. "Persona" es un engaño, y "totalmente adulto" es un engaño absoluto. Todas las personalidades son inmaduras, todas las personalidades son infantiles. La presencia es madurez. Y estar con un maestro es estar con una presencia. Estar con una presencia es acercarse lentamente a la presencia, y un día tú también te volverás ardiente.

Un día, cuando te acercas REALMENTE a un maestro, algo salta del maestro a ti: una llama. Igual que ocurre cuando acercas una vela apagada a otra encendida. Justo un momento antes, la vela apagada estaba apagada y la vela encendida estaba encendida. Y un instante después, a cierta distancia, la llama salta y ambas velas se encienden. La vela encendida no ha perdido nada y la vela apagada lo ha ganado todo.

El maestro nunca pierde nada. Por eso millones de discípulos pueden iluminarse a través de un solo maestro.

Pero no hay nada como una persona adulta totalmente autosuficiente; eso es solo un engaño.

Hay una presencia adulta. Una llama, una luz.

La última pregunta

Pregunta 4:

USTED DICE QUE ES IMPORTANTE TENER VALOR Y SINCERIDAD. POR LO TANTO, DEJARÉ DE LADO MI MIEDO Y TE HARÉ LAS PREGUNTAS MÁS PROFUNDAS Y SINCERAS QUE LLEVO DENTRO, Y ESPERO QUE ME RESPONDAS.

¿CÓMO PUEDE HABER GENERALIZACIONES SOBRE LAS CUALIDADES DEL HOMBRE Y DE LA MUJER? SOMOS TODOS Y CADA UNO DE NOSOTROS UN CINCUENTA POR CIENTO HOMBRE Y UN CINCUENTA POR CIENTO MUJER, LUEGO CADA UNO DE NOSOTROS DEBE POSEER DIVERSOS GRADOS DE CARACTERÍSTICAS MASCULINAS O FEMENINAS QUE NO DEPENDEN TOTALMENTE DE SI NUESTROS CUERPOS FÍSICOS EN ESTA VIDA NACEN MASCULINOS O FEMENINOS.

SOY MUJER PERO SIEMPRE HE ESCRITO POESIA Y NUNCA SE ME HAN DADO BIEN LAS LISTAS DE LA COMPRA.

SOY MUJER, PERO NO HE DESCONFIADO NI HE SENTIDO CELOS DE LA RELACIÓN AMOROSA DEL HOMBRE CON SU ARTE. DE HECHO, HE ELEGIDO MÁS A MENUDO ESTAR CON

MI ESCRITURA QUE ESTAR EN UNA RELACIÓN QUE LLEVE AL HOGAR Y A LA FAMILIA.

SOY MUJER, PERO SIENTO QUE MI CREATIVIDAD Y MIS IDEAS SURGEN CON FUERZA DE MI INTERIOR, Y NO LAS BUSCO EN UN HOMBRE. SI HE TENIDO DUDAS SOBRE MI INTEGRIDAD INTERIOR, HE MIRADO FUERA, PERO NUNCA ESPECÍFICAMENTE A ALGUIEN POR SU SEXO.

Y HE AMADO TANTO A MUJERES COMO A HOMBRES - NO CUANDO NINGUN HOMBRE ESTABA DISPONIBLE PARA MI, SINO PORQUE NO ESTABA MIRANDO LA ILUSION EXTERNA DE ESTE SER HOMBRE O MUJER, SINO SINTIENDO LA ESENCIA DE ESA PERSONA EN MI INTERIOR.

CREO QUE ESTAS GENERALIZACIONES REFUERZAN NUESTRA YA FUERTE PREOCUPACIÓN POR EL MUNDO DE LA ILUSIÓN Y LA CREENCIA EN EL UNIVERSO FÍSICO. YA VES QUE ME HAS ENFADADO, ASI QUE SUPONGO QUE HAS EMPEZADO A LLEGAR A MI.

La pregunta es de Sky Deborah.

PRIMERA COSA: las generalizaciones son generalizaciones. No son aplicables a cada ser humano en particular, por eso se llaman generalizaciones. El hombre medio no existe, no se puede encontrar al hombre medio en ninguna parte. Pero la idea es buena, ayuda a la claridad. No puedes encontrar, absolutamente correspondiente a la idea generalizada, un solo ser humano. Hay seres humanos de todos los tamaños, formas y colores, son únicos. Pero aun así, la generalización tiene su propio punto....

Por ejemplo, sólo una mujer ha formulado la pregunta; aquí hay miles de mujeres.

En segundo lugar, la propia pregunta me demuestra que Deborah debe de ser muy buena haciendo listas de la compra.

Y también temo por su poesía. Se puede escribir una lista de la compra en forma de poesía. Tendría que echar un vistazo a su poesía, sólo entonces podré decir algo.

Mi propia experiencia es que de cien poesías noventa y nueve son listas de la compra. No importa si las escriben hombres o mujeres. Es muy raro encontrar poesía.

Se dice de un gran maestro Zen, Lin Chi.... Tenía diez mil monjes, discípulos, en su monasterio.

El rey había venido a ver el monasterio, estaba muy impresionado, y Lin Chi le estaba llevando por los alrededores. Y el rey le preguntó: "¿Cuántos discípulos tienes?". Él respondió: "Uno de cada cien".

Una respuesta extraña: ¿uno de cada cien? Pero siempre ha sido así. Cuando tienes cien discípulos, sólo uno es realmente un discípulo. Noventa y nueve no son más que parásitos.

Incluso un gran poeta, cuando escribe poesía, noventa y nueve veces sólo escribe listas de la compra. Sólo de vez en cuando la poesía sucede - todas las poesías no son poéticas. Y a veces también ocurre esto, que una lista de la compra puede tener una gran poesía. No todas las listas de la compra son necesariamente poco poéticas.

Pero Débora debe pertenecer al nuevo tipo de mujer que está surgiendo en el mundo, la mujer lib.

Hay que entender una cosa: el movimiento de liberación que se está produciendo en el mundo es un fenómeno creado por el hombre, un fenómeno creado por el hombre. Te sorprenderá que se trate de nuevo de una conspiración masculina. Ahora el hombre quiere deshacerse de las mujeres. No quiere tener ninguna responsabilidad. Quiere disfrutar de las mujeres pero sólo como diversión; no quiere asumir todas las demás responsabilidades que conllevan.

Ahora bien, se trata de una sutil conspiración: el hombre intenta persuadir a las mujeres de todo el mundo de que la mujer tiene que independizarse. Es un truco sutil. Y la mente masculina es astuta y está teniendo éxito. Y ahora muchas mujeres se han envenenado con esta idea.

¿Lo sabían? Las primeras personas que empezaron a hablar de igualdad entre el hombre y la mujer fueron hombres, no mujeres. Las primeras personas que empezaron a hablar de ello, de que deberían tener la misma libertad, fueron hombres, no mujeres. La semilla viene de la mente masculina. Y siempre ha sido así: siempre que un hombre siente que algo le favorece, lo consigue. Su astucia es muy sutil. Y a veces lo consigue de tal manera que la mujer piensa que lo está haciendo por su cuenta.

En el pasado también ha sido así. En el pasado, el hombre ha convencido a la mujer de que es un ser puro, un ángel. El hombre es sucio, los chicos son chicos, ¿pero la mujer? Ella es divina. El hombre ha puesto a la mujer en un alto pedestal; ese era su truco para controlar a la mujer. El hombre ha adorado, y a través de la adoración ha controlado. Y naturalmente, cuando la mujer estaba en el pedestal pensaba que ella era algo divino - no podía hacer esas cosas que los hombres están haciendo, no podía, porque eso iba en contra de su ego. Ese alto pedestal era muy satisfactorio para su ego. Ella era la madre, era divina; tenía más cualidades divinas que el hombre. El hombre es feo, inmoral y todo eso. El hombre tiene que ser perdonado por eso.

Así que el hombre, a través de los tiempos, comenzó a permanecer en sus caminos. Y la mujer estaba drogada. Pero esto era un truco, el ego fue persuadido. Y una vez que tu ego es persuadido, quedas atrapado. Entonces no puedes moverte de tu postura. Pedir igualdad será una especie de caída: tendrás que bajar para llegar a ser igual. Era una estrategia, y la mujer la siguió. Se mantuvo pura, se mantuvo virgen hasta el matrimonio.

No era así para el hombre. Si la mujer moría, el hombre podía casarse de nuevo, porque los chicos son chicos y no pueden vivir sin la mujer. Si el hombre moría, la mujer tenía que permanecer viuda toda su vida. O, en este país en particular -que llevó esta estrategia hasta las últimas consecuencias-, tenía que suicidarse. Tenía que quemarse viva con el marido. Y millones de mujeres lo hicieron. ¿Cómo fueron persuadidas? ¿Y cree que fueron forzadas? No, nadie las obligaba.

No había coacción visible, sólo una seducción muy profunda. Al convertirse en SATIS, al entrar en el fuego con el marido, sus egos se realizaban. Muy realizados - la gente los adoraba. Cuando

entraban en el fuego, miles de personas se reunían y entonaban cánticos en alabanza de la pureza de la mujer.

Y si una mujer no iba con el marido al fuego, no se suicidaba, era condenada, totalmente condenada. Era una mala mujer. Sólo por tratar de estar viva, era una mala mujer. Se le faltaba al respeto; caía inmediatamente a los ojos de los demás, perdía todo el respeto. Su vida se convertiría en un infierno. Sería condenada en todas partes, no sería bienvenida en ningún sitio. La considerarían un mal presagio.

En ningún matrimonio podría participar. Si nacía un niño y la gente lo celebraba, ella no podía participar. No se le permitiría decorar su cuerpo, usar ropas o adornos bonitos o tener el pelo largo - no, tenía que vivir en una fealdad, y condenada por todas partes. Era peor que la vida, peor que la muerte. Así que era mejor saltar al fuego de una vez por todas, y hacerse respetar.

Y se levantaron templos en memoria de esas mujeres. Y esas mujeres pensaban que lo estaban haciendo. Lo que estoy dejando claro es que esas mujeres a lo largo de los siglos pensaban que lo estaban haciendo, por su cuenta. Y no era así.

Ahora vuelve a ocurrir lo mismo, en orden inverso. En Occidente, el hombre ha persuadido a las mujeres de que "ahora tenéis que ser libres, tenéis que ser iguales". Porque ahora las cosas han cambiado, los tiempos han cambiado: al hombre le gustaría disfrutar de más mujeres además de su esposa. Ahora quiere libertad absoluta. Y la única manera de tener libertad absoluta es dar libertad absoluta a la mujer.

Y ha vuelto a convencerla. Y ahora las mujeres manifestantes y liberales, están gritando con todo su corazón por la libertad y la igualdad. Y NO SABEN que están otra vez en las mismas garras:

De nuevo el hombre los persuade. Ahora el hombre quiere usarlos y arrojarlos, sin responsabilidad alguna.

Si profundizas en el asunto, te sorprenderás. La mente masculina es una mente astuta.

La mujer es más inocente, no puede ser tan estratégica, tan política, siempre ha creído en el hombre. Y te sorprenderás: ¡estas mujeres liberales vuelven a creer en el hombre! Nada ha cambiado. Ahora ESTO está a favor del hombre, que debe ser libre y no debe pedir ningún compromiso. Él no quiere comprometerse, quiere tener toda la libertad. No quiere asumir la responsabilidad de tus hijos. No quiere vivir contigo para siempre, quiere cambiar de mujer cada día.

Pero ahora vuelve a crear bellas palabras: Uno debe vivir sin compromiso. Uno debe vivir sin involucrarse. Uno no debe ser posesivo, uno no debe ser celoso. Ahora de nuevo está creando una hermosa filosofía. También lo ha hecho antes, y entonces también las mujeres fueron engañadas, y de nuevo van a ser engañadas. Las mujeres confían. Confiar es fácil para ellas; el amor les resulta más fácil que la lógica. Y les preocupa mucho lo inmediato. El hombre siempre piensa en estrategias, en tácticas, en lo que va a pasar, en cómo va a pasar... piensa en el futuro, hace planes para el futuro.

Ahora, Deborah repite al menos cinco veces en esta pregunta: SOY MUJER.

¿Hay alguna preocupación? ¿Hay alguna duda? Tiene que haberlas. Hay que decirte una cosa: por el mero hecho de estar en un cuerpo femenino uno no tiene por qué ser una mujer. Sólo por estar en un cuerpo masculino uno no necesita ser

un hombre. Hombre y mujer son más bien estados de la mente. Hay hombres que psicológicamente no son hombres sino mujeres, y hay mujeres que psicológicamente no son mujeres sino hombres. Éstas son las personas que crean muchos problemas, porque no pueden ser heterosexuales. La heterosexualidad no tiene atractivo para ellos, tienen que ser homosexuales o lesbianas. Su psicología es diferente de su fisiología; su biología y su psicología tienen una brecha en ellas, sin salvar.

Y va a seguir habiendo problemas con ellos. De hecho, en un mundo mejor, en el mundo futuro -pronto, creo que a finales de este siglo-, las cosas serán más fáciles. Porque si un hombre se siente en el fondo psicológicamente una mujer, es mejor que se opere y se convierta biológicamente también en una mujer. O si una mujer se siente en el fondo un hombre, es mejor que se opere, que se someta a cirugía plástica y se convierta en un hombre, para que se pueda tender un puente.

Cuando esto sea posible, la homosexualidad y el lesbianismo desaparecerán del mundo. De otro modo no puede desaparecer, porque tiene una cierta razón de ser. El hombre parece un hombre desde fuera; en el fondo no es un hombre, es una mujer. Su mujer más profunda quiere un hombre - de ahí el homosexual.

Y también hay una tercera categoría: las personas confusas, que NO saben quiénes son. Por la mañana son mujeres, por la tarde son hombres. La diferencia es tan pequeña que se encogen; se convierten en bisexuales. En un momento aman a una mujer, en otro momento se enamoran de un hombre. Su psicología y su biología son un caos; vivirán una vida muy confusa.

Ahora la ciencia también puede ayudar a estas personas, para dejar las cosas claras.

Ahora bien, repetir una y otra vez que "soy mujer" crea sospechas. ¿Por qué tanta preocupación por ser mujer? Con una vez habría bastado. Incluso una vez no era necesario - su pregunta habría dicho que usted es una mujer. Y no una mujer normal, sino una libertina.

Déjame leer la pregunta: USTED DICE QUE ES IMPORTANTE TENER CORAJE Y SINCERIDAD. POR LO TANTO, DEJARÉ DE LADO MI MIEDO Y TE HARÉ LAS PREGUNTAS MÁS PROFUNDAS Y SINCERAS QUE LLEVO DENTRO...

Ahora, ¿qué tipo de preguntas son las más profundas y honestas en ti? Piensa en toda la porquería.

¿Éstas son las preguntas más profundas? Estoy hablando de Ikkyu y Buda, y estas son las preguntas más profundas. Y para hacer estas preguntas se necesita gran coraje y sinceridad.

¿CÓMO PUEDE HABER GENERALIZACIONES SOBRE LAS CUALIDADES DEL HOMBRE Y DE LA MUJER?

No es posible hacer generalizaciones sobre NADA, porque ningún individuo se ajustará a ellas. Pero aun así, las generalizaciones tienen sentido; simplemente indican. Cuando digo que una mujer se preocupa más por lo inmediato, no estoy diciendo nada sobre una mujer en particular, Deborah o cualquier otra. Simplemente estoy hablando de la MUJER, de que la mujer se preocupa por lo inmediato. Y si no te preocupas por lo inmediato, entonces falta algo en tu feminidad.

Eso es muy esencial a la feminidad: la preocupación por lo inmediato, lo inminente.

Pero las generalizaciones son generalizaciones, recuérdalo. Y habrá diferencias entre los individuos. Pero el significado de una generalización es simplemente indicar una determinada cualidad. No dice nada sobre individuos concretos, simplemente dice que la cualidad de ser mujer es la inmediatez.

Me gustaría ver la poesía de Deborah, porque existe la posibilidad de que haya esa inmediatez en la propia poesía. Puede que la poesía se ocupe de lo inminente, del ahora; puede que no se ocupe de lo último. Y la pregunta también lo demuestra: toda su preocupación es su condición de mujer.

Dice: "Esta es la pregunta más profunda y honesta que surge en mí".

La budeidad, Dios, son cuestiones lejanas. Toda su preocupación es su cuerpo, su feminidad. No es casualidad que las mujeres se pasen horas ante el espejo. Su preocupación es inmediata; están más preocupadas por el cuerpo que por el alma. Son más materialistas que espiritualistas. Son más factuales que ficticias.

SOY MUJER PERO SIEMPRE HE ESCRITO POESIA Y NUNCA SE ME HAN DADO BIEN LAS LISTAS DE LA COMPRA. SOY MUJER PERO NO HE DESCONFIADO NI HE SENTIDO CELOS DE LA RELACIÓN AMOROSA DEL HOMBRE CON SU ARTE. DE HECHO, HE ESTADO MÁS A MENUDO EN EL PAPEL DE ELEGIR ESTAR CON MI ESCRITURA, QUE EN EL DE ELEGIR

ESTAR EN LA RELACIÓN QUE LLEVA AL HOGAR Y A LA FAMILIA.

Son cosas complejas. El ambiente es tal que una mujer tiene que ser igual al hombre. No tiene que interesarse por el hogar, la familia, los niños, la maternidad. Tiene que interesarse por la poesía, la literatura, la pintura, la ciencia, la tecnología, todo eso. Ahora los grupos de mujeres se reúnen en todo el mundo para elevar su conciencia. Y todas sus sesiones de concienciación consisten en una sola cosa: que tienen que destruir algo profundo de su feminidad. Sólo entonces podrán competir con los hombres.

Son blandas, naturalmente blandas. No pueden competir con los hombres. Si quieren competir con los hombres tendrán que volverse duras. Así que siempre que te encuentras con una mujer lib puedes ver que la cara pierde suavidad. Es muy difícil decirle a una mujer liberal: "Cariño", muy difícil. Y además se enfadará, no le gustará. ¿Por qué "Baby"? - Ella es igual a ti. Surge la dureza.

Todo tipo de lucha da dureza. Y puede que intentes no interesarte por el hogar, porque si te interesas por el hogar entonces no puedes competir en el mundo. Si te interesas por los niños no puedes competir en el mundo; entonces eso se convierte en una distracción. Y si tienes que competir en el mundo y demostrar que eres tan fuerte como los hombres, de alguna manera tienes que parecerte más a los hombres.

Y esto será una pérdida. Esto es una pérdida - porque la única esperanza para la humanidad es la suavidad de la mujer, no la dureza del hombre. Ya hemos sufrido bastante con la dureza del hombre. Lo que hace falta es que el hombre se parezca más a la mujer, en lugar de que la mujer se parezca más al hombre.

Nietzsche tiene razón cuando dice que Buda y Cristo eran un poco mujeres. Estoy de acuerdo. Y así es como debería ser, porque Buda es la esperanza. Los hombres deberían volverse un poco más femeninos, más suaves, más semejantes al agua. Pero lo que está ocurriendo es muy desafortunado, las mujeres intentan parecerse a los hombres. Naturalmente, con quienquiera que compitas, tratas de ser como él. Si eres antagonista de los hombres, tarde o temprano te volverás más como ellos.

Las mujeres tiran de sí mismas, se esfuerzan por arreglárselas. Pero eso no es natural. Lo natural es el vientre de la mujer: ese vientre anhela un hijo, ese vientre anhela un hogar. El hogar es el útero visible fuera de la mujer, es una proyección del útero interior.

Cuando una mujer deja de interesarse por el hogar, deja de interesarse por su útero. Y ese útero está ahí. Y el hombre y la mujer NO son iguales, porque al hombre le falta ese útero. ¿Cómo pueden ser iguales? No digo que sean desiguales, pero sí que no son iguales. Son tan diferentes, ¿cómo pueden ser iguales? Son polos opuestos. Son tan diferentes que no pueden compararse en términos de igualdad o desigualdad. Una mujer es una mujer, un hombre es un hombre. Y DEBERÍAN seguir siendo hombre y mujer. Una mujer debe seguir interesada en el hogar, porque una vez que deje de estar interesada en el hogar dejará de estar interesada en el útero, en el niño.

Y luego, naturalmente, se convierte en lesbiana.

No es casualidad que las liberales se conviertan en lesbianas. Porque si no te interesa el útero y no te interesa el niño, ¿para qué interesarte por los hombres? Entonces es bueno interesarse por las mujeres. Este es un fenómeno muy extraño que está sucediendo en el mundo.

Yo creo que el hombre tiene que volverse un poco más femenino. Ha ido demasiado lejos al convertirse en hombre, ha perdido la noción de toda humanidad. No le sigas, no compitas con él, de lo contrario seguirás en la misma rutina. Os volveréis belicosos. Y los liberales gritando y protestando en las calles son simplemente feos. Muestran los peores rasgos de la mente masculina.

Y lo último: PUEDES VER QUE ME HAS HECHO ENOJAR, ASÍ QUE SUPONGO QUE HAS EMPEZADO A ENOJARME.

Ahora debo haberte enfadado aún más. ¡Enamórate de mí!

Este Eco de Montaña

TODO LO QUE VA EN CONTRA DE LA MENTE Y LA VOLUNTAD DE LA GENTE CORRIENTE OBSTACULIZA LA LEY DE LOS HOMBRES Y LA LEY DE BUDA.

ME GUSTARÍA OFRECERTE ALGO, PERO EN LA SECTA DARUMA NO TENEMOS NADA DE NADA.

COMO IKKYU NO PIENSA EN SU CUERPO COMO SI FUERA SU CUERPO, VIVE EN EL MISMO LUGAR, YA SEA EN LA CIUDAD O EN EL CAMPO.

LA MENTE DEL HOMBRE ES SIN SONIDO, SIN OLOR; EL QUE RESPONDE CUANDO SE LE LLAMA NO ES MÁS QUE UN LADRÓN.

SI DECIMOS "HAY", LA GENTE PIENSA "HAY"; PERO AUNQUE RESPONDE, NO ES, ESTE ECO DE MONTAÑA.

SI DECIMOS "NO HAY", LA GENTE PIENSA "NO HAY", AUNQUE RESPONDE, EL ECO DE LA MONTAÑA.

Una parábola:

UN REY QUISO ELEGIR AL HOMBRE MÁS SABIO de entre sus súbditos para que fuera su primer ministro.

Cuando por fin la búsqueda se redujo a tres hombres, decidió someterlos a la prueba suprema.

Así pues, los colocó en una habitación de su palacio e instaló una cerradura que era la última palabra en ingenio mecánico. Se informó a los candidatos de que el primero en abrir la puerta sería designado para el puesto de honor.

Los tres hombres se pusieron inmediatamente manos a la obra. Dos de ellos empezaron inmediatamente a elaborar complicadas fórmulas matemáticas para descubrir la combinación de cerraduras adecuada. El tercero, sin embargo, se quedó sentado en su silla sin hacer nada. Finalmente, sin molestarse en escribir, se levantó, se dirigió a la puerta, giró el pomo y la puerta se abrió. Había estado abierta todo el tiempo.

ESTA ES LA SITUACIÓN. Nada está cerrado, la puerta está abierta. Y la gente está reflexionando sobre las formas y los medios para abrir la cerradura. La gente está probando diferentes metodologías, practicando mil y una cosas, para salir. Y de hecho YA ESTÁN fuera. A menos que dejen de pensar, no conocerán la verdad de la situación.

El hombre no está esclavizado, sólo lo cree. Porque lo piensa, está esclavizado. No hay diferencia entre un Buda y un hombre ordinario. Pero el hombre ordinario piensa que hay una diferencia - entonces la hay.

Creas tus prisiones, tus cerraduras. Y luego intentas encontrar la forma de salir de ellas.

El budismo corta el nudo de un plumazo. El budismo dice: No hay cerradura, no hay nudo que cortar. A eso me refiero cuando digo que el budismo corta el nudo de un solo golpe de espada. No hay adónde ir, no hay nada que hacer. Ya estás ahí, y ya eres eso: sólo tienes que abrir los ojos. Piensa en esos dos grandes pensadores -debían de ser matemáticos, debían de ser ingenieros-, naturalmente dedujeron que la cerradura debía de ser de gran ingenio mecánico y que tenían que encontrar la combinación adecuada. Se pusieron manos a la obra.

Ahora pueden seguir trabajando eternamente: ¿crees que alguna vez encontrarán una solución? No hay ninguna posibilidad de solución, porque el problema no existe en primer lugar.

De hecho, se enredarán cada vez más. Se enredarán cada vez más, no en el problema, porque no hay problema, sino en las respuestas que inventarán.

Ahí es donde la gente se atasca. Si alguien es hindú, está atascado con SU respuesta. Si alguien es cristiano, está atascado con SU respuesta. La gente está atascada en filosofías, y no se necesita ninguna filosofía. La vida se basta a sí misma. No necesita elaboración, no necesita explicación, no necesita análisis.

Pero si entras a formar parte de un juego analítico, la cosa puede seguir y seguir eternamente. Una cosa te llevará a la otra, y ésta a la otra, y entrarás en una cadena. Y como el problema nunca se resolverá, porque no hay ningún problema que resolver, tendrás que seguir buscando respuestas.

El budismo te baja a la tierra. Dice: Primero mira si la cerradura está cerrada, si hay alguna cerradura en la puerta.

No hay ninguna. La puerta está abierta.

¿Cómo puede haber un cerrojo en la puerta de la existencia? Somos parte de ella, ¿quién va a cerrarla? ¿para qué? ¿Quién va a crear el problema? y ¿para qué? Nosotros SOMOS la existencia: estamos en ella, ella está en nosotros. Al ver esto, uno se relaja. En esa relajación, surge la visión.

Eso es lo que le ocurrió al tercer hombre. No estaba cavilando, pensando, analizando, inventando, deduciendo. Simplemente se sentó en la silla sin hacer nada. En eso consiste la meditación.

La palabra inglesa "meditation" no es una palabra correcta, porque en inglés "meditation" también significa "pensar en, meditar sobre". El inglés no tiene una palabra adecuada para traducir DHYANA, porque DHYANA significa exactamente "NO meditar en", DHYANA significa exactamente "NO pensar en". DHYANA significa no hacer nada, simplemente relajarse y ser.

Cuando te quedas en silencio sin hacer nada, tu perspectiva es infinita, tu percepción es clara, puedes ver a través de todo. Sentado en silencio en la silla sin hacer nada, el hombre pudo ver que no había cerradura en la puerta. Simplemente se acercó, giró el pomo y salió.

Esta es también mi experiencia. Esta parábola no es sólo una parábola, no es una parábola inventada. Es la parábola de todos los Budas: así es. No es sólo una historia inventada; es la experiencia condensada, la experiencia más esencial de todos los Budas: que no hay cerradura en la puerta. Sólo tienes que sentarte en silencio, alcanzar un estado de VER, de pureza, de ningún pensamiento perturbador, de ninguna nube de pensamiento moviéndose alrededor de tu conciencia -sólo el espejo limpio sin polvo de pensamiento- y de repente serás capaz de ver que no hay cerradura, ni puerta, ni enemigo, ni muerte, ni nacimiento. Y no irás a ninguna parte y no te convertirás en nadie.

Eres perfecto tal y como eres. Ya estás en ese espacio llamado paraíso. Empieza a disfrutarlo, NO hagas de ello un problema. En el momento en que creas un problema, dejas de disfrutar. Como puedes disfrutar a menos que resuelvas el problema. Y un problema crea diez problemas... ad nauseam.

¡Corta el primer problema! La vida no es un problema. Buda dice: La vida es simple.

Lo he oído:

Un rey fue a su jardín y encontró árboles, arbustos y flores marchitos y moribundos. El roble dijo que se moría porque no podía ser alto como el pino. Volviéndose hacia el pino, vio que se estaba marchitando porque no podía dar uvas como la vid. Y la vid se estaba muriendo porque no podía florecer como la vid. Y la vid se moría porque no podía florecer como la rosa. Encontró que la flor del corazón estaba floreciendo y tan fresca como siempre. Al preguntar, recibió esta respuesta:

"Di por sentado que cuando me plantaste querías un corazón. Si hubieras deseado un roble, una vid o una rosa, los habrías plantado. Así que pensé que, ya que me habías puesto aquí, debía hacer todo lo posible por ser lo que tú querías. No puedo ser otra cosa que lo que soy, y trato de serlo lo mejor que puedo".

El bienestar del corazón es decir lo que Buda ha dicho. Estás aquí porque esta existencia te necesita tal como eres. De lo contrario, ¡otra persona habría estado aquí! - la existencia no te habría ayudado a estar aquí, no te habría creado. Estás cumpliendo algo muy esencial, algo muy fundamental, TAL COMO ERES.

Y tus supuestos mahatmas siguen enseñándote: "Conviértete en un Buda, conviértete en un Cristo, conviértete en un Krishna". Nadie te dice que seas tú mismo. ¿Por qué deberías convertirte en Buda? Si Dios hubiera querido un Buda, podría haber producido tantos Budas como hubiera querido. Sólo produjo un Buda, y eso fue suficiente. Y quedó totalmente satisfecho. Desde entonces no ha producido otro Buda ni otro Cristo. Te ha creado a ti. Piensa en el respeto que el universo te tiene. Has sido elegido. - Ni Buda, ni Cristo, ni Krishna.

Se te necesitará más, por eso. USTEDES caben más ahora. Su trabajo está hecho, aportaron su fragancia a la existencia. Ahora tienes que aportar TU fragancia.

Pero los moralistas, los puritanos, los curas, te siguen enseñando, te siguen volviendo loco.

Le dicen a la rosa: "Conviértete en loto". Y le dicen al loto: "¿Qué haces aquí?

Tienes que convertirte en otra cosa". Vuelven loco a todo el jardín, todo empieza a morir... porque nadie puede ser otra persona, eso no es posible. La rosa es una rosa y el loto es un loto. Y el loto es bueno como loto, sólo puede vivir como loto. Si intenta ser una rosa, morirá, se paralizará, eso no es posible porque no es intrínseco a él, no puede surgir.

Y si el loto se convierte realmente en una víctima de los sacerdotes y empieza a intentar ser una rosa, o la rosa intenta ser un loto, ¿qué va a pasar? El loto se convertirá en pseudo; como loto empezará a morir, y como rosa fingirá.

Eso es lo que le ha pasado a la humanidad. Todo el mundo finge. Se ha perdido la autenticidad, se ha perdido la verdad, todo el mundo intenta demostrar que es otra persona. Mírate a ti mismo: estás fingiendo ser otra persona. Y sólo puedes ser tú mismo: no hay otra manera, nunca la ha habido, no hay posibilidad de que puedas ser otra persona. Seguirás siendo tú mismo. Puedes disfrutarlo y florecer, o puedes marchitarte si lo condenas. La humanidad es tan fea por esta sencilla razón.

Un joven artista pidió a una casamentera que le encontrara una pareja adecuada. "Conozco a la chica perfecta para un hombre creativo como tú", le dijo el casamentero.

Al día siguiente, el casamentero llevó a la chica a casa del artista. El joven quedó impresionado por su aspecto y, a la primera oportunidad, atrajo a un lado a la casamentera.

"¿Qué clase de monstruo llamas a eso?", siseó.

"Un ojo inclinado hacia arriba, el otro hacia abajo; la oreja izquierda aquí arriba, la derecha allí abajo; la frente inclinada hacia atrás como un..."

"Mira, eres un artista", interrumpió la casamentera. "Deberías saberlo mejor que nadie: ¡o te gusta Picasso o NO te gusta!".

Y cada hombre en esta tierra se ha convertido en un Picasso, una perversión. La belleza se ha perdido - porque la belleza siempre sigue a la integridad, la belleza es una sombra de una presencia integrada. Estás desintegrado, estás dividido contra ti mismo. Eres una rosa que intenta ser un loto, una caléndula que intenta ser una rosa, un roble que intenta ser un pino. Estás dividido, estás luchando contra ti mismo.

Esta lucha está destruyendo tu alegría, esta lucha está disipando tus energías, esta lucha es suicida. ¡NO te mates más! Deja de luchar y empieza a vivir. En este mismo momento se puede dejar.

Pero, ¿por qué no pueden dejarlo? ¿Por qué estos sacerdotes son realmente tan influyentes? Debe haber alguna razón en ti también. La razón es que su idea de que debes convertirte en esto y aquello, ayuda a tu ego. Si escuchas al Buda o si me escuchas a mí, eso no ayudará a tu ego en absoluto. Entonces eres simplemente lo que eres: relájate y vive. Entonces eres ordinario. Entonces, ¿cómo vas a ser alguien especial?

Y el ego anhela la especialidad, el ego siempre está tratando de ser alguien en PARTICULAR. Y esta gente Zen dice: Come cuando tengas hambre. Y esto parece tan ordinario. Y los sacerdotes dicen:

Ayuna cuando tengas hambre. Eso parece especial, extraordinario: algo que hacer, algo que ser. Cuando todo el mundo es un comensal ordinario, tú estás ayunando. Te da una altivez, te da un gran sentimiento del ego: eres especial, no eres ordinario.

Cuando todo el mundo está disfrutando, los sacerdotes dicen: "Vive con cara larga, sólo así podrás alcanzar a Dios".

Eso te atrae. Cuando todo el mundo está bailando, cantando -y eso es la vida, una danza y una canción- los sacerdotes dicen: "Vete al Himalaya y siéntate en silencio en una cueva con los ojos cerrados mirándote el ombligo". Eso atrae.

Observa. Te atraen las cosas extravagantes, antinaturales, porque sólo las cosas extravagantes y antinaturales, las cosas raras, pueden darte la sensación de que eres especial. Y tratando de ser especial, nunca serás capaz de saber lo que es. Estarás tan preocupado por ser especial y alguien, que no serás capaz de vivir y amar y ver y comprender y ser.

El famoso sabio parecía profundamente dormido. Cerca de él estaban sentados algunos de sus seguidores. Conversaban en voz baja sobre las virtudes sin par del sabio.

"¡Qué generosidad!", exclamó uno. "No hay otro como él en toda la tierra".

"¡Y su piedad no tiene límites!", exclamó un segundo.

"¡Y su educación!", gritó un tercero. "Es un verdadero genio".

"¡Y su paciencia! Nunca se excita".

Guardaron silencio durante un minuto. Entonces el sabio abrió lentamente un ojo y dijo: "¡Y ni siquiera mencionas mi modestia!".

Así son las cosas, todo el mundo quiere ser especial. Todas las tonterías que se hacen en nombre de la religión y la espiritualidad no son más que decoración del ego.

Un hombre realmente religioso está destinado a ser muy ordinario. Este es el estribillo de los sutras de Ikkyu en la actualidad.

LO QUE FUNCIONA EN CONTRA
A LA MENTE Y LA VOLUNTAD DE LA GENTE CORRIENTE
OBSTACULIZA LA LEY DE LOS HOMBRES
Y LA LEY DE BUDA.

UNA GRAN DECLARACIÓN. Una declaración rara. Sólo un hombre que sabe puede decir tal cosa. No puede ser pronunciada por los expertos y los eruditos, sólo puede ser dicha por un vidente. Tiene el sabor de lo que uno ha conocido, de lo que uno ha vivido, de lo que uno ha experimentado. Es una afirmación rebelde. Piensa en sus implicaciones: "Todo lo que va en contra de la mente y la voluntad de la gente corriente va en contra de la Ley de Buda". Así que todo lo que está en sintonía con la mente ordinaria, con la gente ordinaria, está en sintonía con la Ley de Buda.

Vea la inmensidad de las implicaciones. NO intentes ser especial - porque la única manera de ser especial es ir en contra del hombre ordinario. Si el hombre ordinario está interesado en el sexo, tú estarás interesado en el celibato. Si al hombre ordinario le interesa comer, beber y divertirse, deja todo eso. Si el hombre ordinario está interesado en cosas pequeñas, tú simplemente permanece interesado en cosas grandes - Dios, nirvana, moksha, verdad. Si el hombre ordinario vive en el mercado, tú vas a un monasterio.

Simplemente haz el REVERSO, esa es la única manera de ser especial. Si el hombre ordinario simplemente se para sobre sus pies, tú párate sobre tu cabeza, haz SIRSHASANA. Si el hombre ordinario se siente bien acostándose en una cama cómoda, tú haz una cama de espinas. Si el hombre ordinario quiere que su cuerpo sea hermoso, tú haces que tu cuerpo sea feo, destruyes su gracia. Si el hombre ordinario está haciendo algo, entonces sólo estar en contra de ello, sólo estar en contra de ello, es tu religión. Y en eso consiste la religión, no en festejar, sino en ayunar.

En eso se ha convertido la religión.

Pero esta no es la verdadera religión, no es la religión de los Budas, de los que saben. Ikkyu está diciendo:

LO QUE FUNCIONA EN CONTRA
A LA MENTE Y LA VOLUNTAD DE LA GENTE CORRIENTE
OBSTACULIZA LA LEY DE LOS HOMBRES
Y LA LEY DE BUDA.

¿Qué es la Ley de los Hombres y la Ley de Buda? ¿Qué es el Tao, qué es el Dhamma? Ser simplemente natural, fácil. Ser lo que eres, sin ansias de ser otra persona. Entonces surge una gran alegría. Por supuesto, nadie te conocerá, nadie sabrá que eres una gran persona histórica. Nadie sabrá que eres una de esas pocas personas que hacen o estropean la historia. Puede que nadie te conozca, ni siquiera tu mujer, tu marido o tus hijos, porque serás sencillo y vivirás tu vida con naturalidad.

¿Quién sabe de un rosal que florece? Nadie toma nota de ello en la historia. Nadie tomará nota de ti tampoco, pero no hay necesidad. La historia es cosa de tontos, la fama es cosa de tontos, el nombre es cosa de tontos.

La persona realmente sabia no está interesada en la fama, el nombre, etcétera. Simplemente vive el momento:

A veces se hace famoso, pero eso es otra cosa. Buda se hizo famoso, pero no lo intentaba; no lo deseaba. Si se hace famoso, está bien; si no se hace famoso, está bien. Todo está bien, SIEMPRE está bien. Su sabor es el de la bondad, todo está bien.

Disfruta de tu comida, disfruta de tu baño, disfruta del sol, disfruta del viento y de las lluvias, y disfruta de todo lo que esté a tu disposición. Y sigue siendo quienquiera que seas, fiel a ti mismo, sin hipocresía, sin pretensiones, sin fachada, sin rostro. Y la alegría absoluta será tuya, Dios será tuyo.

Dios sólo viene a aquellos que están en una relajación total con su ser. Y la persona que anhela algo no puede estar relajada, porque ese anhelo crea tensión.

LO QUE FUNCIONA EN CONTRA

A LA MENTE Y LA VOLUNTAD DE LA GENTE CORRIENTE...

Sólo hay que ver a la gente corriente. Pero es muy difícil encontrar gente normal, muy difícil, porque todo el mundo se ha vuelto extraordinario. Es muy difícil encontrar una persona cuerda, porque todo el mundo se ha vuelto loco. Siglos de sacerdotes, mahatmas y santos han sacado a todo el mundo de su alma, de su hogar.

En la Tierra sólo hay neuróticos. Se dice que Friedrich Nietzsche dijo que todo el mundo es neurótico, y que si uno cree que no lo es, debe de tratarse de otro tipo de neurosis. Pero todo el mundo es neurótico.

¿Qué es la neurosis? No estar contento contigo mismo es neurosis, no estar satisfecho contigo mismo es neurosis. Y entonces te metes en confusión y problemas. Entonces pierdes toda la paz mental, toda la alegría de vivir.

Entonces existes en la angustia, entonces te creas un infierno.

Conviértete en alguien corriente. Esa es también mi enseñanza, si es que puede llamarse enseñanza, porque hasta ahora las enseñanzas han sido para conducirte hacia algún objetivo extraordinario. Pero si preguntas a los despiertos, ellos siempre han dicho: Sólo sé ordinario. NO te esfuerces. Vive sin esfuerzo, vive en un let-go. Y entonces la naturaleza se apodera de ti. Tu vida se vuelve espontánea, vives momento a momento, sin ideología que seguir, sin conclusiones. Vives sin conclusiones; cada momento trae su propia realidad y tú respondes a ella. Y respondes desde todo tu ser: cada célula de tu cuerpo, de tu mente y de tu alma está implicada en ello.

Entonces nunca te arrepientes, porque ¿cómo puedes arrepentirte? Has respondido totalmente, así que pase lo que pase está bien, porque no había otra cosa posible. Lo habías hecho TODO - respondiste totalmente, aceptaste el reto. No puedes arrepentirte si vives espontáneamente. La gente que se arrepiente es la que vive a través de conclusiones. Entonces una mente dice "Haz esto", otra mente dice "Haz aquello"

- porque han escuchado a tantos mahatmas y han leído tantos libros y han escuchado a tantas ideologías y a tantos maestros, y todas esas cosas vagan por sus mentes, tratando de imponerse en la mente.

Eliges una cosa contra otra. Si fracasas, esa otra cosa que habías negado se vengará con una venganza. Volverá a la mente y hará que te arrepientas.

Te dirá: "Te lo he estado diciendo, elígeme a mí. Y fuiste un tonto por haber elegido al otro. Ahora recuérdalo en el futuro". Y haces un voto: "Entonces ahora te escucharé". Te arrepientes.

Pero aún no lo has entendido. El arrepentimiento siempre vendrá si tu decisión es parcial. Y ninguna decisión tomada a partir de conclusiones puede ser total, porque la conclusión viene del pasado y la situación es nueva, ¿cómo puede encajar totalmente? Tienes que responder de nuevo desde tu novedad de este momento, entonces la respuesta es total. Y la respuesta total es alegría - si falla o tiene éxito, es irrelevante. En su totalidad ya ha tenido éxito, y no habrá arrepentimiento.

Walt Whitman dice: "Sólo es verdad lo que nadie niega". Sólo escucha tu núcleo más íntimo, tu naturaleza ordinaria, y sabrás lo que es la verdad. El cristiano niega al hindú, el hindú niega al mahometano, el mahometano niega al cristiano, y siguen peleando y discutiendo. Pero mira al hombre natural ordinario, no es ni cristiano ni hindú. Cuando tiene hambre, come, y eso es cierto para un cristiano, para un hindú y para un mahometano.

Nadie lo niega: es la verdad.

Cuando te sientes cansado te duermes - nadie lo niega. Esta es la verdad. La verdad es simple. Las teorías son complejas y complicadas. Los teóricos no paran de discutir, la verdad no se discute.

NO escuches lo que la gente dice, escucha lo que son. Y te sorprenderás: no hay ninguna diferencia entre un hindú y un mahometano y un cristiano y un judío, ninguna diferencia en absoluto.

Van a diferentes iglesias, obviamente, y leen diferentes libros, ciertamente, pero observa su naturaleza. Cuando hace calor, el hindú transpira tanto como el mahometano; eso es natural. El mahometano no puede decir: "Yo no soy hindú, y los hindúes transpiran. No puedo transpirar, al menos ahora; eso sería estar de acuerdo con los hindúes". Cuando hace frío, el cuerpo tiembla; el cuerpo no sabe si es cristiano, judío o jainista; tiembla. Sólo observa las cosas naturales, mira en la naturaleza.

Y poco a poco, comprenderás el Dhamma - la verdadera religión, la Ley de los Budas.

Ikkyu dice:

OBSTACULIZA LA LEY DE LOS HOMBRES

Y LA LEY DE BUDA.

Eso también es tremendamente importante. Lo hace equivalente: la Ley de los Hombres y la Ley de Buda no son dos cosas distintas. Para Ikkyu no hay otro mundo, éste es el único mundo, y el otro mundo está oculto en él: tienes que buscar en él para encontrarlo. No debes renunciar a él: renunciando a él, se renunciará a ambos.

La gente Zen tiene un dicho tremendo: "Samsara es nirvana". Este mundo es aquel mundo, y no hay distinción entre esto y aquello, y aquello no es superior y esto no es inferior. La Ley de los Hombres y la Ley de Buda son la misma ley, vista desde ángulos diferentes. Puede que te resulte difícil comprender la Ley de Buda, pero puedes comprender la Ley de los Hombres y seguirla, sintonizar con ella.

Vive unos días con naturalidad. Y te sorprenderás de que todo lo que has estado pensando que está lejos empieza a suceder tan cerca. Te sorprenderá que el Dios que solías pensar que está muy, muy lejos y que te llevaría millones de vidas alcanzar, empieza a sucederte en tu respiración, en el latido de tu corazón. Dios empieza a latir en tu sangre. Él ya está latiendo allí, pero tú estás lejos - NO prestas atención a lo cercano.

La naturaleza es lo que está aquí. Entra en sintonía con ella. Nunca escuches nada que cree una dicotomía entre tú y la naturaleza: que ésta sea un factor decisivo, un criterio. Juzga siempre las cosas según este criterio, es una piedra de toque. Si algo se demuestra con esta piedra de toque, entonces es oro; de lo contrario, tíralo. Si alguien intenta decirte que te vuelvas antinatural, ¡evítalo! Su apelación es a tu ego, te está volviendo neurótico y debe tener alguna inversión en tu neurosis.

Hay gente que vive de las neurosis de la gente, hay gente que vive de las locuras de los demás. El sacerdote vive de eso, ha vivido a lo largo de los siglos de eso - una sutil explotación de la impotencia del hombre. Y hace al hombre cada vez más indefenso, porque sabe que sólo si el hombre es indefenso está entonces en SU poder.

Evita todo lo que te haga temer tu naturaleza, evita todo lo que te haga condenar tu naturaleza, porque la Ley de los Hombres es la Ley de Buda. Y si puedes leer el libro de la naturaleza dentro de ti, tienes todas las Biblias y todos los Coranes y todos los Vedas ahí; no necesitas consultar nada más, tu verdadero maestro está ahí. Y el verdadero maestro siempre te lleva allí.

Eso es lo que está haciendo Ikkyu.

La verdad de los seres humanos es la única verdad que existe. Al encontrar esa verdad, conocerás también la verdad de los árboles y las rocas y los ríos, porque no hay muchas verdades, sólo hay una verdad. Pero a esa verdad sólo se puede llegar a través de la naturaleza. No hay forma de acercarse a ella siendo antinatural, artificial, plástico.

Un esnob entró en la consulta de un médico y le dijo: "Doctor, me encuentro fatal. Quiero que me examine a fondo y me diga qué me pasa".

"Bien", dijo el médico. "Pero primero déjeme hacerle unas preguntas. ¿Bebe mucho licor?"

"Nunca he tocado esa porquería", respondió indignado el hombre.

"¿Fuma?", continuó preguntando el médico.

"Nunca he tocado la hierba sucia".

"¿Corres mucho por la noche?"

"¡Claro que no! Estoy en la cama todas las noches a las diez para descansar bien".

"Dígame", continuó el médico, "¿tiene dolores agudos en la cabeza?".

"¡Eso es!", respondió el esnob. "Tengo dolores agudos en la cabeza".

"Ese es el problema, mi querido hombre", aconsejó el doctor. "¡Tu aureola está demasiado apretada!"

Evita a estas personas con halos apretados, evita a las personas que tienen aspecto de ser más santas que tú. Ellos son los envenenadores, los verdaderos enemigos. Pero son muy influyentes, y su influencia consiste en darte nuevos puntales para tu ego. Si puedes evitar todo lo que te hace antinatural, tarde o temprano tropezarás con la verdad: ¡la puerta está abierta! Pero estas personas te están contando complejas teorías sobre la cerradura y cómo encontrar la combinación correcta. Y discuten entre ellos, porque cada uno cree haber encontrado la combinación correcta.

Nadie ha abierto la puerta, están todos dentro, pero discutiendo, convenciéndose unos a otros, convirtiéndose unos a otros. Qué tontería... Un misionero cristiano convirtiendo a hindúes en cristianos, sin preocuparse de no haber abierto él mismo la puerta. O un hindú intentando convertir a un cristiano para que se haga hindú, sin pensar en absoluto que está perdiendo el tiempo, que sigue siendo un prisionero. ¿Cuál es su alegría? Su alegría también es del ego: "¿Cuántos seguidores tengo? ¿Cuánta gente cree en el cristianismo?". El número crece, y el ego crece con él. Su ego está implicado en los números. Y su ego se fortalece, se alimenta, con cualquier cosa que haga contra natura.

¿Alguna vez has respetado a alguien por ser natural? Fíjate qué locura: siempre se respeta a una persona si no es natural.

Me trajeron a alguien - unos cuantos seguidores vinieron con él y me dijeron: "Nuestro gurú es un gran hombre. Sólo come una vez cada tres días". ¿Respetarías a un hombre que come dos veces al día? Le pregunté a esa gente: "¿Respetarías a tu gurú si comiera dos veces cada día?". Y el gurú estaba casi MUERTO DE ESTRERZA, casi moribundo. Pero les interesa algo especial: su gurú es especial, sólo come una vez cada tres días.

Me encontré con un hombre, que tiene miles de seguidores, porque durante diez años no ha dormido. Es un maníaco delirante - seguro que lo es. Simplemente NO duerma durante diez días y lo sabrá. Y por miedo a que si se sienta o se acuesta se quede dormido, ¡durante diez años ha estado de pie!

Necesita apoyo con muletas, y la gente lo apoya por la noche y siguen haciendo KIRTAN toda la noche para mantenerlo despierto - a todo volumen altavoces. ¡Y están matando a este hombre!

Pero ellos son felices porque han encontrado al verdadero maestro, él es feliz porque ha encontrado a los verdaderos seguidores. Y ambos son completamente estúpidos. Su rostro no tiene ningún signo de inteligencia. ¿Cómo podría un hombre inteligente caer en semejante trampa? Pero el ego esta satisfecho. Ahora el miedo es que si lo deja caer, entonces todos sus seguidores desaparecerán. En realidad no le siguen, le siguen porque está haciendo algo antinatural.

A lo largo de los siglos, la gente ha estado haciendo cosas antinaturales. Y tú has estado respetando cosas antinaturales; SIEMPRE respetas cosas antinaturales. Si respetas algo antinatural, eso significa que tarde o temprano también te lo harás a ti mismo, porque no puedes respetar una cosa durante mucho tiempo sin hacerla. Te está afectando, se está filtrando en tu corazón.

Nunca respetes nada que no sea natural. Respeta la naturaleza, adora la naturaleza, pero recuerda siempre que tu respeto, tu adoración y tu amor deben ser por la naturaleza, y luego por Dios. De lo contrario, todo es un juego del ego.

Pero así es como funciona la mente. Si oyes que alguien vive sólo de agua, empiezas a excitarte.

La gente sigue yendo hacia estas personas antinaturales, artificiales, pervertidas. Es muy raro encontrar un santo natural, porque si es natural nadie creerá que es un santo. Para ser un santo él encuentra que no es natural.

Un santo cristiano permaneció treinta y siete años sentado en una columna de treinta pies de altura. Era venerado en todo el mundo. La gente venía de miles de kilómetros sólo para rendirle respeto. Y él simplemente estuvo sentado allí, arreglándoselas de alguna manera, durante treinta y siete años. Murió allí. Si hubiera sido un hombre sencillo y corriente, ¿crees que alguien se habría tomado la molestia de ir a respetarle?

¿Para qué?

La mente está muy interesada en la perversión. Los cristianos no pueden creer que Jesús nació normalmente; tiene que nacer de una madre virgen, entonces es especial. Entonces es contra natura - pero entonces es extraordinario. Buda no nació de una madre virgen, entonces se convierte en ordinario, Cristo se convierte en especial. Los budistas tienen sus historias para hacer especial a SU Buda: nació mientras su madre estaba de pie. E inmediatamente, cuando salió del vientre materno, caminó, ¡siete pasos! Tenía que andar, de lo contrario sería un niño normal y corriente. Siete pasos caminó y declaró: "No hay nadie más alto que yo, nunca ha habido nadie más alto que yo".

Ahora, estas tontas historias tienen que ser inventadas por tu mente pervertida. Entonces pareces atraído. No respetarás a Jesús si simplemente va en una barca por el lago de Galilea. No lo respetarás, dirás: "¿Y qué? Todo el mundo hace eso". Pero si camina sobre las aguas, entonces hay algo especial. Pero fíjate bien: todo lo que no es natural te parece un milagro.

Y lo que Ikkyu está diciendo y lo que yo insisto una y otra vez es: el mayor milagro en esta vida y en esta tierra es relajarse en la naturaleza - el mayor milagro, porque eso es lo más difícil de hacer para el ego.

A ti también te gustaría caminar sobre las aguas, ¿verdad? Si ahora mismo empiezo a enseñar a caminar sobre el agua, todas las personas que se han dormido se despertarán inmediatamente. Entonces no fallarán. ¿A quién le importa la iluminación? - puedes seguir durmiendo y siempre hay un mañana. ¿Pero caminar sobre el agua? Entonces inmediatamente tomarás conciencia.Dirás: "Esto no hay que perdérselo, sólo ocurre de vez en cuando".

Sólo hay que ver cómo te interesa lo antinatural: lo llamas milagroso. No hay milagros, nunca han ocurrido, NO ocurren, no pueden ocurrir. Porque la ley de la naturaleza es absoluta:

no hay excepciones posibles. NO se deje engañar por los cuentos.

Pero un milagro es posible, y eso no va contra la ley de la naturaleza. Pero es milagroso porque rara vez ocurre, por eso es milagroso. Puedes entrar en sintonía con la naturaleza. Inmediatamente te conviertes en lo que eres. Y de repente toda la miseria y todo el infierno desaparecen, todas las pesadillas desaparecen, estás completamente despierto. Y la vida toma un nuevo color, un nuevo sabor. Ese sabor es divino, pero proviene de la ley natural.

Para mis sannyasins, este es mi mensaje: Vive naturalmente, tan naturalmente como sea posible. Evitad la atracción hacia lo antinatural. El deseo de ser especial, alguien en particular, es patológico. Si quieres ser especial tendrás que ir en contra de la naturaleza. E ir contra la naturaleza es ir contra Dios, porque Dios ES naturaleza.

George Gurdjieff solía decir que todos los mahatmas están en contra de Dios. Y estoy de acuerdo con él, in toto - porque todos te enseñan a ir contra la naturaleza, condenan la naturaleza. Todo lo que es natural es inmediatamente condenado. Han hecho a Dios absolutamente opuesto a la naturaleza.

Dios no es opuesto a la naturaleza, la naturaleza ha surgido de Dios. La naturaleza es una onda de Dios, y desaparecerá en

Dios de nuevo. No está en contra, NO PUEDE estar en contra de Dios.

La gente viene y me pregunta: "¿Qué clase de sannyasins estás creando que NO renuncien a la vida?". Yo digo: Renuncian a formas de vida antinaturales. NO renuncian a la vida, ¿por qué habrían de hacerlo?

DIOS no ha renunciado a la vida, de lo contrario habría parado todo el asunto. Sigue creando personas; sigue creando nuevas flores, nuevos árboles, nuevos animales, nuevos pájaros, nuevos planetas - no está cansado. No le importa lo que digan tus supuestos religiosos, no le importa en absoluto. Si hubiera escuchado a vuestros mahatmas habría dejado de crear el mundo, porque ¿qué sentido tiene? Él crea el mundo y luego los mahatmas persuaden a la gente para que renuncie a él. Sigue creando, porque él es la vida; no puede evitarlo. No es que él esté creando; él es la creatividad, que surge de él de forma espontánea, natural. Y continuará.

No hay que renunciar a la vida. Y el sannyas que enseñaba a la gente a renunciar a la vida iba contra la vida, contra Dios, contra la Ley de los Budas y la Ley de los Hombres. Yo te enseño un nuevo sannyas: amar la vida, vivir la vida, ser la vida. Renuncia a los métodos y formas antinaturales; sé natural.

Y hasta ahora te han dicho justo lo contrario. Dicen: "Renuncia a lo natural y vuélvete antinatural". Por eso, si están contra mí, muy preocupados por mí, parece natural; que estén contra mí parece muy lógico. Yo les pongo las cosas absolutamente patas arriba. Yo digo: "Vive la vida, eso es el verdadero sannyas". Ellos dicen: "Renuncia a la vida". Ahora bien, su sannyas y mi sannyas no son sinónimos en absoluto, son polos opuestos, diametralmente opuestos.

En este país, el sacerdote ha sido muy importante durante siglos, muy dominante. Todavía domina; este país todavía no se ha librado de las garras del sacerdote. Está en mi contra, sigue creando problemas para mi trabajo, porque sabe que si tengo éxito, todo el negocio del sacerdocio quedará destruido para siempre. El sacerdote tiene miedo, el político tiene miedo.

Habéis oído una y otra vez que estoy intentando encontrar un lugar al que mudarme. Pero Delhi está muy en contra: NO quieren que tenga un lugar más grande, un espacio más grande; siguen creando nuevos tipos de obstáculos. Y pueden crearlos: legales, esto y lo otro; al menos pueden retrasarlos y posponerlos. Todo su esfuerzo es para que de alguna manera el mundo no sepa de mí.

La televisión australiana venía a filmar el ashram, pero se lo impidieron. La gente de la BBC había venido, habían filmado la mitad, y ahora han sido detenidos por el gobierno y no pueden filmar. Y la gente llama a esto la mayor democracia del mundo.

Se impide a los periodistas venir aquí: el mundo no debe saber lo que ocurre aquí, la gente no debe venir aquí. Pero la razón es clara, obvia. La razón es: lo que han estado pensando que es religión, yo digo que NO es religión. De hecho, lo que ellos dicen que es religión es exactamente antirreligión.

Te estoy enseñando una nueva religión, una nueva dispensación, nueva en el sentido de que los sacerdotes no te han permitido verla hasta ahora - vieja y la más antigua en otro sentido, porque los que han despertado siempre han enseñado lo mismo.

Recuerda estos sutras de Ikkyu, son de inmensa importancia. Si decides ser especial entonces irás en contra de la naturaleza y crearás patología en tu conciencia y te pervertirás.

He oído hablar de las monjas católicas... Ahora, han sido forzadas a una especie de celibato. El celibato surge, no se puede forzar. Es un fenómeno espontáneo: si has vivido tu vida correctamente, el celibato llega por sí solo. Igual que a los catorce años el sexo llega por sí solo, si has vivido tu vida correctamente, hacia los cuarenta y dos el celibato empieza a llegar por sí solo. Son fenómenos naturales. No hay que enseñar ni practicar el celibato. Sería tan tonto como enseñar a un niño de siete años a practicar el sexo: sería igual de tonto y estúpido. No hay necesidad de enseñar al niño a practicar el sexo, llegará a su debido tiempo, llegará la primavera.

Pero ninguna primavera dura para siempre. La primavera que llega a los catorce años desaparecerá a los cuarenta y dos; desaparece naturalmente si has vivido naturalmente. Pero si no has vivido naturalmente y has estado reprimiendo tu sexo, entonces puede continuar hasta los ochenta y dos años. Entonces también morirás pensando en el sexo.

El último pensamiento en la mente de la mayoría de la gente cuando muere es el sexo, nada más. Tiene que serlo, porque es lo que más reprimen. Y cuando se están muriendo se aferran al sexo: el sexo es justo lo contrario de la muerte. Con el sexo comienza la vida, con la muerte termina la vida. Así que cuando se están muriendo, para evitar la muerte empiezan a pensar en el sexo.

Es muy raro encontrar a un hombre que muera sin pensar en el sexo. Esto es perversión, perversión universal.

El celibato llega por sí solo: cuando llega el momento, cuando has vivido tus sueños, tus ilusiones, y has visto que son ilusorios, un día de repente ves que algo ha desaparecido de ti. Entonces casi te desconcierta su desaparición, porque hasta ahora era muy importante.

Era el centro de tu vida, el eje sobre el que girabas, y de repente ya no está.

El celibato viene, no tiene que ser practicado.

Sólo hay que vivir con naturalidad y confiar, y todo llega a su tiempo. El celibato llega, la meditación llega, Dios llega, a su tiempo. Todo llega, igual que naces y mueres, todo lo demás también llega. Pero en algún lugar te perviertes y entonces las cosas naturales NO suceden.

Entonces te quedas en una especie de estado colgado.

El celibato fue impuesto a las monjas cristianas. ¿Y qué ocurrió? ¿Conoces la historia de la Edad Media? Entonces esas monjas empezaron a tener alucinaciones: Jesús viene y acaricia sus pechos. Ahora, ¿qué tontería - Jesús viene y acaricia sus pechos? Esto es perversión. Jesús viene y les hace el amor por la noche; no sólo eso, las monjas empezaron a crear falsos embarazos. Sólo aire caliente - nada. Pero sus vientres se hinchaban.

Y la iglesia se preocupó mucho, ¿qué hacer? Ahora, estas pobres mujeres, han sido forzadas al celibato, ahora están alucinando. El deseo natural ha sido aplastado; ahora viene por la puerta de atrás. Entonces se prohibió - porque esto no es moral por parte de Jesús acariciar los pechos de las monjas, esto no se ve bien. Y venir por la noche y hacer el amor - ¡y las dejará embarazadas! Esto no es bueno por parte de Jesús. Así que fue prohibido.

Entonces las monjas empezaron a pensar que ahora viene el Diablo. Finalmente, si no puedes contar con el apoyo de nadie, el Diablo siempre está disponible. El Diablo es un tipo tan agradable, el último recurso - cuando no puedes encontrar refugio en ninguna parte, puedes encontrar refugio en el Diablo. Entonces el Diablo empezó a venir. Y cuando el Diablo viene, viene a su manera. Jesús debe haber venido de una manera suave - bienaventurados los mansos. Cuando el Diablo viene, viene con fanfarria. Tiene un pene bífido - un diablo es un diablo.

Ahora, estas alucinaciones son feas, antinaturales. Pero recuerda, no son creadas por las monjas, son creadas por la gente que obligó a estas pobres chicas a convertirse en monjas. Fue una imposición antinatural.

¿Y por qué, a lo largo de los siglos, las religiones han intentado reprimir su sexo? Por una razón muy básica: te sorprenderá saberlo, es uno de sus secretos comerciales. Siempre han estado en contra del sexo. ¿Por qué? Porque si se reprime la energía sexual, es fácil que una persona se interese por Dios. Si no queda otra salida, toda la imaginación, toda la capacidad de soñar, se centra en Dios.

Esto es engañar, engañar a Dios. La persona no está realmente interesada en Dios, simplemente no le queda ningún otro interés, así que todo su interés empieza a fluir hacia Dios. Empieza a alucinar, entonces surgen visiones de Jesús y Krishna. Estas visiones son absolutamente imaginarias, y si permites a la persona el sexo natural estas visiones desaparecerán inmediatamente.

Es como si ayunas durante unos días: alucinarás con la comida. Y si ni siquiera se te permite alucinar con la comida, entonces la alucinación tendrá que encontrar otra cosa como objeto en el que centrarse. Esto es un truco.

Si a una persona no se le permite ninguna aventura amorosa, empezará a amar a Dios, ¿qué otra cosa puede hacer? Entonces es casi inevitable amar a Dios. Así que las religiones han estado utilizando este dispositivo - engañoso, alucinatorio: detener la imaginación de la gente sobre el sexo y luego la imaginación encontrará su propia salida. Y dejar sólo una salida abierta Dios - y cerrar todas las puertas.

Es como si todas las puertas estuvieran cerradas y sólo quedara una ventana: tendrás que salir por esa ventana. Si quieres salir, si te sientes asfixiado, ¿qué harás? Tendrás que salir por esa ventana. Puede que sea arduo, puede que sea feo, puede que sea peligroso, puede que te caigas, puede que te rompas las piernas, pero tendrás que salir por esa ventana.

Esta es una estratagema muy muy astuta: reprimir el sexo de la gente y automáticamente empezarán a pensar en Dios. Pero este no es el verdadero Dios, es solo un sustituto del sexo.

El verdadero Dios no surge como sustituto. El verdadero Dios surge cuando has vivido tus ilusiones y has terminado con ellas, cuando has visto a través y a través y todas las ilusiones han sido abandonadas. En ese estado de conciencia no ilusorio, ves a Dios. Entonces ese Dios no es una proyección de tu mente.

ME GUSTARÍA
PARA OFRECERTE ALGO,
PERO EN LA SECTA DARUMA
NO TENEMOS NADA.

IKKYU DICE: No podemos ofrecerte nada especial, sólo podemos ofrecerte lo natural. Pero eso no es nada que ofrecer, porque ya está contigo - lo tienes.

ME GUSTARÍA
PARA OFRECERTE ALGO...

Por su amor y compasión quiere ofrecerte algo. Yo quiero ofrecerte algo, pero tampoco tengo nada que ofrecerte. Al contrario, un verdadero maestro tiene que quitártelo todo. Lentamente, pero con certeza, te quita cosas. Te convence para que sueltes toda la basura que llevas encima. Te deja completamente vacío.

En ese vacío, Dios sucede. Pero Dios no puede ser dado, la verdad no puede ser transferida. Es intransferible.

ME GUSTARÍA
PARA OFRECERTE ALGO,
PERO EN LA SECTA DARUMA
NO TENEMOS NADA.

Una hermosa declaración: Nada de nada. Sí, eso es lo que un verdadero maestro te da: nada. Te lo quita todo, no te deja nada. De esa nada tu naturaleza empieza a fluir - porque todo lo que hay ahí está impidiendo que tu naturaleza hable. Todo es un impedimento para que tu naturaleza cante.

COMO IKKYU NO PIENSA EN SU CUERPO
COMO SI FUERA SU CUERPO,
VIVE EN EL MISMO LUGAR,
YA SEA EN LA CIUDAD O EN EL CAMPO.

E Ikkyu dice: No hay necesidad de ir a un monasterio de montaña, puedes vivir en el mercado.

Dios está disponible en todas partes, porque la ley de la naturaleza funciona en todas partes. Y las personas que cambian un lugar por otro están equivocadas desde el principio, porque no se trata de cambiar de LUGAR, sino de cambiar de conciencia.

Si crees que eres el cuerpo, entonces parece pertinente no vivir en el mercado: vete a vivir a una cueva del Himalaya. Pero tú no eres tu cuerpo. Así que cambiando - trasladando el cuerpo del mercado a las cuevas del Himalaya - nada cambiará, seguirás siendo el mismo. No puedes irte a ninguna parte, ¡irás contigo! Tú eres tu consciencia.

COMO IKKYU NO PIENSA EN SU CUERPO
COMO SI FUERA SU CUERPO,
VIVE EN EL MISMO LUGAR...

Vive en el mundo. Pero como NO es el cuerpo y no está confinado en él, conoce su infinitud e inmortalidad. Conoce su no-nacimiento, su no-muerte. Conoce su absoluta vacuidad que no puede ser destruida, cambiada o modificada. Conoce su naturaleza celeste: las nubes van y vienen, pero NO dejan ninguna huella en el cielo. El cielo permanece intacto, inmutable.

VIVE EN EL MISMO LUGAR.
YA SEA EN LA CIUDAD O EN EL CAMPO.

Entonces no hay diferencia; puedes vivir dondequiera que estés. Una vez que te has relajado en la naturaleza, una vez que te has relajado en tu conciencia natural, una vez que ya no intentas ser alguien especial, puedes vivir dondequiera que estés - porque todo es una ley, la Ley de los Hombres y la Ley de Buda. En esa misma Ley has alcanzado, has entrado en el santuario de Dios.

LA MENTE DEL HOMBRE NO TIENE SONIDO,
SIN OLORES;
EL QUE RESPONDE CUANDO SE LE LLAMA
NO ES MÁS QUE UN LADRÓN.

TU CONCIENCIA INTERIOR NO TIENE OLOR, ni sabor, ni sonido. Es intocable, es invisible. Toma conciencia de ella. Y ser natural es la mejor manera de ser consciente de ello, porque al ser natural te relajas, y cuando te relajas puedes ver quién eres. Cuando estás tenso y luchando por algo, no puedes relajarte y no puedes ver quién eres. Tu interés está más en quién te gustaría ser, estás centrado en eso. Y debido a ese enfoque te pierdes lo que ya eres.

Cuando no estás tratando de convertirte en nadie, cuando A no está tratando de convertirse en B, ¿cuánto tiempo puede evitar ver que "yo soy A"? Si A está tratando de convertirse en B, puede seguir evitando ver que "yo soy A".

Y A nunca puede convertirse en B es imposible. A es A, B es B.

Al relajarse en la naturaleza, uno toma conciencia de su propio ser.

LA MENTE DEL HOMBRE NO TIENE SONIDO,

SIN OLORES;

EL QUE RESPONDE CUANDO SE LE LLAMA

NO ES MÁS QUE UN LADRÓN.

Y entonces, cuando sepas "¿Quién soy?" NO pienses que serás capaz de responder a la pregunta. Si alguien te pregunta: "¿Quién eres?" NO pienses que serás capaz de responder.

El emperador Wu de China le preguntó a Bodhidharma: "¿Quién eres?". Y Bodhidharma respondió: "No lo sé, señor". Y él era el hombre que sabía; estaba entre los pocos hombres que saben. Pero dijo: "NO LO SÉ".

Wu no podía entenderlo, Usted también habría perdido. Usted también habría pensado que si él sabe, entonces él debe decir. "¿Quién soy yo?" Si vas a un swami tradicional, a un sannyasin, a un mahatma, y le preguntas: "¿Quién eres?", te dirá: "¡SHIVOHUM! Yo soy Dios. ¡AHAM BRAHMASMI! Yo soy el absoluto, yo soy el alma suprema" - y todas esas tonterías. Bodhidharma dijo: "NO LO SÉ".

Ikkyu está diciendo:

EL QUE RESPONDE CUANDO SE LE LLAMA

NO ES MÁS QUE UN LADRÓN.

Estas personas que dicen AHAM BRAHMASMI son sólo ladrones - han tomado prestadas palabras de otros. Uno que sabe, no puede decir. Él te mirará a los ojos con todo su vacío derramándose a través de sus ojos... él puede sostener tu mano, él puede sentarse en silencio contigo. Pero no podrá responder a la pregunta: "¿Quién eres?". Si insistes, dirá: "NO LO SÉ", porque es tan vasto que no puede formar parte del conocimiento. Y sólo se conoce cuando desaparecen todas las palabras, por lo que utilizar palabras para designarlo es ser un ladrón. Esas palabras son relevantes en el mundo, no lo son en esa conciencia.

Es robarle palabras al mundo, a esto, para explicar aquello. Y eso no es posible.

SI DECIMOS "HAY"
LA GENTE PIENSA QUE "LO HAY";
PERO AUNQUE RESPONDE,
NO LO ES,
EL ECO DE ESTA MONTAÑA.

El problema es, dice Ikkyu, que si decimos "Hay alguien en mí" - un yo, un dios o algo así...

SI DECIMOS "HAY"
LA GENTE PIENSA QUE "HAY";
PERO AUNQUE RESPONDE,

NO LO ES,
EL ECO DE ESTA MONTAÑA.

Lo que se dice no es más que el eco de una montaña; no es la verdad. Es el eco de las palabras, el silencio es el eco de las palabras, lo insonoro es el eco de las palabras: es un eco, el eco de una montaña. Recuerda esta frase: ESTE ECO DE MONTAÑA.

Pero la gente empieza a creer en ello. Y ese es el peligro de decir: "Yo soy el yo supremo". Entonces empiezan a creer que son yoes supremos; entonces se crea la creencia. Y alrededor de la creencia surgen sacerdotes, se construyen templos. Alrededor de la creencia se crean iglesias, y alrededor de la creencia surge la politica.

SI DECIMOS, " NO HAY,"
LA GENTE PIENSA QUE "NO HAY"
AUNQUE RESPONDE,
EL ECO DE LA MONTAÑA.

Si decimos "lo es", la gente empieza a creer que lo es. Si decimos "no lo es", la gente empieza a creer que no lo es. Ambas cosas son falsas, porque la verdad es tal que no hay forma de decirla, ni por la vía positiva ni por la negativa. Todas las palabras la falsifican, la desmienten.

Y estos son los dos tipos de personas en el mundo. En Rusia creen que no, en China ahora creen que no. En India, en América, en Alemania, creen que sí. ¿Pero cómo creen? Si observas profundamente no encontrarás ninguna diferencia entre un indio y un ruso. Al ruso se le dice "Dios no existe", así que repite "Dios no existe". Al indio se le dice "Dios existe" así que repite "Dios existe". "¿Crees que hay alguna diferencia? En apariencia parece haber una gran diferencia: uno es ateo, otro es teísta; uno cree, otro no cree. Pero, ¿crees que REALMENTE hay alguna diferencia? A ambos se les ha dicho algo, y ambos lo han creído.

Antes de 1917, antes de la revolución en Rusia, la gente era tan religiosa como en la India. De hecho, Rusia era uno de los países más religiosos del mundo. ¿Qué ocurrió entonces? En diez años, toda esa religión, esa religión centenaria, desapareció como el vapor, como si nunca hubiera existido.

¿Qué ocurrió? La gente en el poder empezó a decir "Dios no es". Y las masas sólo repiten, las masas sólo siguen ciegamente. La religión desapareció en diez años. El trabajo de siglos, tal vez de diez mil años, ¡desapareció en diez años! ¿Qué clase de religión es ésta?

Y esto ha vuelto a ocurrir en China. China es uno de los países más antiguos, quizá el más antiguo: tiene las escrituras más antiguas, la tradición más larga: de religión - confucianismo, taoísmo, budismo - ha creado grandes iluminados, siempre ha vivido de forma religiosa. ¿Y qué ocurrió? De repente todas las Biblias, Coranes, Dhammapadas, Vedas, Tao Te Ching, ANALECTOS de Confucio - todos desaparecieron. Y la gente empezó a llevar un pequeño libro rojo escrito por Mao Zedong; que se convirtió en su Biblia. De repente, Dios ya no existe, el alma no es más que una tontería, la meditación una pérdida de tiempo; la oración, una tontería. Los templos se derrumbaron, los monasterios se evaporaron: en pocos años, todo había desaparecido.

¿Y cree que si el comunismo llega a la India, las cosas serán diferentes? En absoluto. Veo en los ojos de la gente que su religión es tan falsa como lo era en Rusia o en China. Si la gente que tiene autoridad y poder empieza a decir que Dios no existe y a gritar en la televisión y la radio: "¡Dios no existe!", la gente empezará a repetirlo. La gente siempre lo ha repetido.

Ikkyu tiene razón, dice:

SI DECIMOS "HAY"
LA GENTE PIENSA QUE "HAY";
PERO AUNQUE RESPONDE,
NO LO ES,
EL ECO DE ESTA MONTAÑA.

Aunque hayamos dicho "Es", esto no es más que un eco. No creas en un eco; un eco es un eco. Tendrás que ir tú mismo para ver cuál es el caso.

SI DECIMOS, "NO HAY,"
LA GENTE PIENSA QUE "NO HAY"
AUNQUE RESPONDE,
EL ECO DE LA MONTAÑA.

Eso es lo que sois, creyentes en ecos de montaña: en eso consiste vuestra religión. Os estáis engañando a vosotros mismos. Dejad todos esos engaños. No hay manera de creer en nadie, sea quien sea - Cristo o Buda o yo. No hay forma de creer en nadie. El único camino hacia Dios es a través de la experiencia, no a través de la creencia. Creyendo, fallarás.

Deja las creencias - de esta manera o de aquella, a favor o en contra. Y recuerda, la persona que dice "yo NO creo en Dios" no es realmente la persona a la que me refiero. Cree que no hay Dios: esa es SU creencia. El comunista cree que NO hay Dios, no que no crea.

Una persona de verdad no tiene creencias, ni a favor ni en contra. No puede decir que Dios es, no puede decir que Dios no es. ¿Cómo puede decir sin saber "Dios no es"? ¿Y cómo puedes decir sin saber "Dios es"? Ambas son afirmaciones estúpidas.

Sólo puedes decir "NO LO SÉ" - eso será auténtico, verdadero, honesto. Y sólo puedes empezar desde ahí: "NO LO SÉ".

Y ver la belleza de ello. Uno empieza diciendo "NO LO SÉ" porque realmente no lo sabe.

Entonces uno empieza a profundizar más y más, y un día llega a saber. Y entonces el Emperador Wu le pregunta a Bodhidharma: "¿Quién eres?" y Bodhidharma dice: "Señor, NO LO SÉ".

Empieza en "NO LO SÉ", termina en "NO LO SÉ", pero con una gran diferencia. Al principio cuando dices "NO LO SÉ" es sólo una afirmación de un hecho, que NO LO SABES, ¿cómo puedes decir sí o no? Pero cuando terminas y dices "NO LO SÉ" es una declaración de verdad, no de hecho. Has sabido - pero lo que se ha sabido es tan vasto, que ninguna palabra puede contenerlo. Sólo tu ser puede decirlo, tu presencia puede decirlo.

Leyendo sutras como los de Ikkyu, o leyendo las palabras de Bodhidharma, o escuchándome a mí, recuerda siempre que estamos utilizando las mismas palabras que tú utilizas pero el significado es diferente. Para ello, hay que estar muy alerta, pues de lo contrario surgen malentendidos.

Lo he oído:

Era una conferencia internacional de televisión en Estados Unidos y los delegados estaban cenando la cena de despedida de la conferencia.

Un caballero japonés estaba sentado junto a un delegado de Portland, Oregón. Cuando el japonés terminó su sopa, el estadounidense le preguntó: "¿Te gusta la sopa?". El japonés asintió.

A lo largo de la comida, el americano hizo preguntas como: "¿Te gusta el pescado?" y "¿Te gusta la bebida?".

Cuando terminó la comida, el presidente de la conferencia se puso en pie y presentó al caballero japonés como orador invitado de la reunión.

El caballero oriental pronunció un discurso ingenioso y excelente sobre el futuro de la radiodifusión, hablando en inglés mucho mejor que cualquier estadounidense haya pronunciado jamás.

Tras su discurso, el caballero japonés volvió a su asiento y preguntó a su compañero de mesa americano: "¿Te gusta el discurso?"

La comunicación es un problema, un gran problema.

Estas personas como Ikkyu hablan el mismo idioma y sin embargo NO HABLAN el mismo idioma. Tendrás que ser muy paciente, muy cariñoso, abierto y comprensivo para entender.

Sólo entonces estos sutras revelarán su significado en tu ser. Estos sutras pueden abrir la puerta que nunca ha estado cerrada.

La huida de los solos hacia los solos

La primera pregunta

Pregunta 1:

TODO PARECE TAN SENCILLO, PERO NO PUEDO ENTENDERLO. ME AFERRO A ELLA Y SE ME ESCAPA, UNA MÚSICA QUE CASI SE PUEDE OLER, UN SABOR QUE CASI SE PUEDE SENTIR.

A VECES ESTOY EN EL UMBRAL MISMO; OTRAS, NI EN UN MILLÓN DE AÑOS, NO PARA MÍ.

KRISHNA PRABHU, ES SIMPLE, de ahí que sea imposible comprenderlo. Si fuera complejo, la comprensión sería posible. Sólo una cosa compleja puede ser comprendida, porque una cosa compleja puede ser analizada, dividida, partida en partes. Una cosa simple es indivisible; no puedes analizarla, no puedes diseccionarla. Simplemente está ahí; es imposible comprenderla.

Por eso todo lo que es simple elude el conocimiento. Dios es simple, por eso la ciencia no puede conocerlo.

El amor es sencillo, por eso la ciencia no puede tener ni idea de lo que es. Siempre que te encuentres con algo sencillo tienes que dejar de esforzarte por comprenderlo; sólo entonces podrás entenderlo. Se necesitará un tipo de comprensión totalmente nuevo: una comprensión del corazón, que no analice, que no diseccione.

Mira: la ciencia disecciona, analiza, divide. Sigue intentando encontrar la parte más y más pequeña, llega hasta el átomo, hasta el electrón, y sigue dividiendo. Nunca conocerá el todo, sólo conocerá las partes. Y una vez que se encuentra con una parte que no puede dividirse, vuelve a eludirla.

Ahora bien, la ciencia aún no sabe nada de los electrones, porque aún no se pueden dividir. Una vez que se dividan, se sabrá cómo están compuestos, de qué están compuestos. Pero entonces te enfrentas a otra cosa -la nueva división- y eso elude el conocimiento.

La religión se mueve de una manera totalmente diferente. No va a la parte, va al todo. "Dios" significa el todo, el todo indiviso, la totalidad de todo. ¿Cómo puedes comprender a Dios? En el mismo esfuerzo por comprender, te has separado de él; Dios ya no es total. El que está intentando comprender está separado - la división ha comenzado, estás en el camino de la ciencia. Lo conocido y el conocedor se han separado; la primera división ha ocurrido. Ahora es un proceso AD INFINITUM.

Sólo se puede conocer a Dios si permaneces en una relación indivisa con el todo. NO te conviertes en un conocedor,

NO te conviertes en un observador. NO te apartas de él, no puedes. Estás en ello, lo ERES - ¿cómo puedes conocerlo? Puedes SERLO. Y ése es un tipo totalmente diferente de conocimiento, un tipo diferente de comprensión: la comprensión que surge del ser.

No puedes conocer el amor desde fuera, pero puedes ser amor, y entonces lo sabrás. Pero ese conocimiento no formará parte de tu cabeza. La cabeza seguirá siendo ignorante; tú sabrás, pero no podrás traducirlo al lenguaje que la cabeza puede entender.

Tú me preguntas: TODO PARECE TAN SENCILLO...

No es que PAREZCA sencillo, ¡es sencillo! Pero te han enseñado una y otra vez que si algo es sencillo podrás entenderlo inmediatamente. Eso es una absoluta tontería. Lo simple es imposible de comprender. Lo simple es escurridizo; no hay encuentro entre el esfuerzo por comprender y lo que es simple. O hay que negar lo simple... Si dices que no existe entonces estás bien, entonces el problema ha sido abandonado.

Eso es lo que ha estado haciendo la ciencia: "No hay Dios, no hay alma, no hay amor". Niega todas esas cosas simples, entonces al menos podrás tener tu paz mental; no queda nada que te atormente. La ciencia niega a Dios sólo en defensa propia; de lo contrario, Dios permanece ahí como un problema imposible. Y el científico no puede convertirse en un conocedor si ni siquiera Dios ha sido comprendido. Y Dios no puede ser comprendido. El camino más sencillo es: decir que Dios no existe, por lo que no hay cuestión de comprensión. Entonces estarás tranquilo.

La religión dice: Dios es, sólo Dios es. De hecho, decir "Dios es" es repetitivo, porque Dios significa ser.

Todo lo que es, es Dios; Dios no es una entidad separada. Este ser, sólo ESTO, es Dios. ¿Cómo puedes comprenderlo? Tienes que abandonar la comprensión, tienes que volverte ignorante. Si te acercas a Dios con tu conocimiento, con tu capacidad de conocimiento, te perderás. Tienes que abandonar todo tu conocimiento.

Tienes que dejar que tus escrituras desaparezcan, que tus doctrinas se vayan; despídete de ellas, y para siempre.

Y de repente, en el momento en que estás en un estado de no-conocimiento, ese es el estado de meditación - el estado de no-conocimiento, el estado de inocencia.

Bienaventurados los ignorantes. ¿Por qué? Porque sólo ellos pueden saber. Jesús sigue diciendo a sus discípulos: "Si no sois como niños pequeños, no entraréis en mi reino de Dios". ¿Por qué niños pequeños?

Inocente, ignorante, sin conocimiento. Sin nada en la mente, vacío, sin ideas, sin pensamientos que proyectar, sin intentar comprender.

La inocencia te maravilla, te sobrecoge. Simplemente sientes un gran ¡Ajá! como un maremoto que surge en tu ser. Cuerpo, mente, alma, todos están involucrados en este ¡Ajá! Todo se ha detenido. Tú estás ahí, no como conocedor, sino disuelto como conocedor. Y entonces ocurre el conocimiento, porque entonces ocurre el ser. Entonces estás en sintonía con el todo.

Esa armonía, ese ritmo, esa unión con el todo, es lo que la religión llama comprensión.

No debes ser un observador, de hecho no debes serlo en absoluto. Entonces se comprende lo simple. Y lo simple es grande, y lo simple tiene esplendor.

Tu dices: TODO PARECE TAN SIMPLE - NO PUEDO ENTENDERLO.

Cierto. No puedes, nadie puede. Deja el esfuerzo - ese esfuerzo te cansará. Y cuando uno se cansa demasiado haciendo algo imposible, empieza a negarlo. Si no puedes saber, no puedes saber, no puedes saber... llega un momento en que es demasiado tolerarlo. La pregunta se vuelve pesada en tu corazón. Por pura autodefensa empiezas a decir: "No está ahí.

Si existiera, lo habría entendido. Como no puedo entenderlo, no puede estar ahí. Es un pseudo-puzzle. Dios no está ahí - un problema creado".

Entonces podrás descansar. Puedes volver a dormir, puedes volver a caminar, puedes volver a vivir tu vida mediocre. Son los cobardes los que niegan a Dios - cobardes porque no pueden reunir el valor para ser lo suficientemente ignorantes como para conocer lo simple.

Lo he oído:

El granjero acababa de regresar de un paseo en su carruaje. Su perro, que había corrido a su lado, se echó sobre la hierba, con los costados agitados por su fuerte jadeo. "No es el camino lo que le cansa -explicó el granjero-, sino su zigzagueo. Hemos cabalgado unas cinco millas, pero el perro ha recorrido veinticinco. No hubo gato que no persiguiera, ni perro al que no ladrara, ni camino que no investigara. Los viajes en línea recta no le cansan, sólo el zigzag".

La filosofía es zigzagueante. La religión es recta.

Jesús dice: "Mi camino es recto y estrecho". La religión es el camino más corto posible entre dos puntos: entre el conocedor y lo conocido, el camino más corto posible. Une el conocedor y lo conocido DIRECTAMENTE, sin zigzagueos. La filosofía zigzaguea, y zigzaguea tanto que finalmente pierde la pista de la meta.

¿Cuál es la distancia más corta entre dos puntos? El amor es la distancia más corta entre dos puntos: dos puntos vivos, dos seres, dos existencias. El amor es la distancia más corta, el conocimiento la más larga.

Y por eso la religión tiene una dimensión totalmente diferente en la relación con la existencia. Los que se han acostumbrado a zigzaguear -analizar, interpretar, filosofar- seguirán persiguiendo a todos los gatos, a todos los perros, seguirán explorando todos los caminos, y se cansarán y no llegarán a ninguna parte. NO tienen sentido de la orientación.

El hombre sencillo, el hombre inocente, simplemente va recto.

Y Jesús también dice: "El camino es recto y ESTRECHO". ¿Por qué estrecho? Es tan estrecho que no puede contener tu ego. Solo tu puedes ir - pero tendras que dejar tu ego afuera, fuera de la puerta.

Es tan estrecho que dos personas no pueden caminar juntas. No puedes llevar a tu hijo contigo, no puedes llevar a tu madre anciana contigo, no puedes llevar a tu amado contigo.

Ni siquiera un Buda puede llevarte con él. Los Budas sólo señalan el camino, porque dos personas no pueden recorrerlo, es muy estrecho. Uno tiene que ir solo: el vuelo de lo solo a lo solo. Y tan solo que ni siquiera tu ego está contigo, y tan solo que ni siquiera tu mente está contigo, y tan completamente solo que ni siquiera tu YO está contigo.

Entras en ella como silencio absoluto, como una persona que desaparece, como una presencia que aparece.

TODO PARECE TAN SIMPLE - NO PUEDO ENTENDERLO. ME AFERRO A ELLO Y SE ME ESCAPA...

Por eso te elude. No es que sea elusivo; esa no es su naturaleza. Parece que te elude, Krishna Prabhu, porque estás tratando de agarrarlo. Tú creas la elusividad en ella por tu aferramiento.

Hay cosas que no se pueden agarrar. No puedes coger el cielo con la mano, ¿o sí?

No puedes cogerlo con el puño; si lo intentas, fallarás. Cuanto más fuerte sea el puño cerrado, menos cielo tendrá en él. Abre el puño y tendrás todo el cielo disponible.

Pero la mente es muy avara, muy acaparadora. Siempre acapara; inmediatamente se cierra sobre las cosas. Si sabes algo, inmediatamente te cierras sobre ello, inmediatamente lo reduces a conocimiento. Por eso el saber se reduce constantemente a conocimiento, y en el momento en que reduces el saber a conocimiento lo has matado. Entonces sólo tienes un pájaro muerto en tus manos: no puede volar hacia el cielo; entonces nunca volverás a verlo sobre sus alas.

El conocimiento está vivo, es un pájaro en vuelo. El conocimiento es un pájaro muerto: está en tus manos, pero sólo puedes tener el cuerpo muerto. El alma ha volado, y eso era lo real, lo esencial. Te has perdido lo real y estás acaparando lo irreal. Pero así somos nosotros, así hacemos con todo. Saber se reduce inmediatamente a conocimiento.

¡Deja tu saber como saber! La existencia no consiste en sustantivos, sino en verbos. Todos los sustantivos son falsos:

ningún sustantivo es verdadero, puede ser verdadero. No existe ningún árbol, sólo existen fenómenos arbóreos. No hay ríos, sólo hay fenómenos fluviales.

Cuando dices: "Esto es un hombre", ¿qué estás diciendo? Estás reduciendo un verbo a un sustantivo, ¡porque el hombre está creciendo! Es un crecimiento, es un proceso. No es el mismo ni siquiera durante dos segundos, es un flujo.

Dices: "Este es mi amigo", pero el tiempo que tardas en decir "Este es mi amigo" puede bastar para convertirlo en tu enemigo.

¿Dices "amor"? No hay amor, sólo amar. Mira la vida y te sorprenderás: no hay vida, sólo vivir.

Reduce todos los sustantivos a verbos y tendrás una perspectiva mucho más clara de la vida. Pero no se puede captar ningún verbo. Los sustantivos pueden ser captados; debido a la mente avara, el hombre vive a través de los sustantivos y ha olvidado los verbos.

Y esta tacañería penetra en todo lo que haces. ¿Por qué agarrar? Ves una hermosa flor e inmediatamente vas a arrancarla. ¿POR QUÉ? Era hermosa en el tallo, viva, enraizada en Dios.

Y lo mataste. ¿Y estás pensando que se lo vas a dar a tu novia? ¡Le estás regalando la muerte a tu novia! ¿O crees que vas a poner esta flor a los pies del dios en el templo? Ese dios esta muerto, esta flor esta muerta, y entre estas DOS muertes tu estas muerto. La flor ya fue ofrecida a Dios en el arbusto - estaba CON Dios, tú la quitaste de Dios para ofrecérsela a una piedra. ¿Por qué este deseo inmediato de arrancar la flor?

Lo he oído: Un amigo estaba visitando a George Bernard Shaw. Estaba muy en contra de que la gente arrancara flores de su jardín - había puesto carteles por todo el jardín: "NO ARRANCAR FLORES". El amigo le preguntó: "¿No te gustan las flores? ¿No te gusta que pongan flores en tu mesa?".

Bernard Shaw dijo: "Me encantan las flores, por eso. También me encantan los niños, pero no me gustaría que nadie les cortara la cabeza y dispusiera esas cabezas en mi mesa."

La idea del ego es siempre matar y destruir. ¿Por qué? Porque una vez que una cosa es destruida, tú tienes el control. Sólo puedes controlar cosas muertas. Por eso la gente adora a dioses muertos en los templos, y adora a maestros muertos.

Cuando Buda esté vivo no lo adorarán, adorarán a Krishna. Cuando Buda se haya ido adorarán a Buda, no adorarán a Cristo. Cuando Cristo se haya ido, adorarán a Cristo, pero no adorarán a Kabir, y así sucesivamente. Una vez que un maestro se ha ido, se levantan grandes santuarios en su nombre y la gente empieza a adorarlo. Pero mientras está vivo lo apedrean hasta la muerte, lo crucifican, lo rechazan, lo niegan. ¿Por qué? ¿Por qué te interesa tanto la muerte?

Con la muerte os convertís en amos. Con un maestro vivo no puedes tener el control, él lo tendrá.

Con una flor viva, la flor tiene el control, no tú; una vez arrancada, tú tienes el control. Entonces puedes seguir haciendo cualquier tontería - puedes llamarlo IKEBANA y puedes seguir arreglando flores y puedes seguir aprendiendo arreglos florales, y todo eso son tonterías.

Has destruido la flor, ahora te sientes culpable. De ahí IKEBANA - es por culpa. Ahora intentas fingir que estás creando belleza de nuevo. Hay un profundo sentimiento de culpa: has destruido la belleza. Era perfectamente bella en el arbusto, en el tallo, con el viento, con el sol.

Pero la mente tiene un constante deseo de aferrarse. Vigila esta tacañería.

Lo he oído:

Un viejo avaro y rico enfermó gravemente y el médico le recetó un medicamento con la siguiente advertencia:

"Si después de tomar el medicamento transpiras, es señal de que te recuperarás. Si NO transpiras, sólo Dios puede ayudarte".

El avaro tomó la medicina, pero no sudó. Parecía que el rico estaba a punto de morir.

"Llamémosle", dijo el alcalde a los ancianos de la ciudad. "Quizá ahora se arrepienta de su conducta y deje algo para la iglesia".

Lo visitaron y lo encontraron arrepentido. Trajeron papel y tinta y el alcalde se dispuso a escribir. "La iglesia", dijo, "necesita reparaciones urgentemente".

"Cien dólares para la iglesia", dijo el avaro, y gimió.

"El fondo de viudas y huérfanos está agotado", dijo el alcalde.

"Cien... ¡un momento, un momento!", gritó de repente el avaro. "¡Táchalo! ¡Estoy sudando!

Estoy sudando".

La mente siempre se aferra a las cosas. Puede ser dinero, puede ser meditación. Puede ser el conocimiento, puede ser el amor. Observa que la mente siempre quiere aferrarse, tener las cosas en la mano.

Ahora, no puedes tener a Dios en tu mano. Puedes sostener una flor, puedes arrancar una flor, pero no puedes sostener a Dios en tu mano. Dios es demasiado grande para eso. Dios significa totalidad. ¿Cómo puedes sostener esta totalidad en tu mano? Hay que acercarse de otra manera: hay que entregarse a las manos de Dios. En lugar de agarrar a Dios, tienes que rezar para que Él te agarre.

No puedes sostener el océano en tus manos, pero puedes dejarte caer en él y desaparecer. Esa es la manera de serlo.

SIGO AFERRÁNDOME A ELLA Y SE ME ESCAPA, UNA MÚSICA QUE CASI SE PUEDE OLER, UN SABOR QUE CASI SE PUEDE SENTIR.

Si sigues aferrándote, eso seguirá siendo así, y para siempre. Siempre te quedarás a las puertas y te faltará. Será una música que CASI se puede oler, pero una música que casi se huele no se ha oído en absoluto. Y casi es casi; es sólo una forma de engañarse a uno mismo. O lo tienes o NO lo tienes - no puedes decir: "CASI lo tengo". O estás vivo o no estás vivo - no puedes decir: "Casi estoy vivo". No puedes decir: "Casi estoy enamorado". O esto o lo otro, es lo uno o lo otro, y no hay término medio. Siempre estarás en el umbral y te faltará.

Deja de aferrarte a ella, abandona ese mismo esfuerzo por aferrarte. Deja que entre en ti, ábrete a él, sé vulnerable. Deja que te agarre, deja que te posea - NO intentes poseerlo.

A VECES ESTOY EN EL UMBRAL MISMO; OTRAS, NI EN UN MILLÓN DE AÑOS, NO PARA MÍ.

Y estarás en este balancín. Una y otra vez creerás que estás en el umbral: un paso más y el pájaro estará en tus manos. Pero ese paso seguirá siendo imposible. Y entonces, por supuesto, te sientes frustrado: ¿cuánto tiempo puedes mantener la esperanza, quedándote en el umbral? Te cansas. Cuando te cansas, estás a un millón de años de distancia... De nuevo empiezas a esforzarte, de nuevo un día sentirás que está justo en el umbral. Así es como los buscadores se pierden.

Buscar no es la manera de encontrar a Dios. Si quieres encontrarlo, deja de buscar y encuéntralo. Deja de buscar, y se le encuentra inmediatamente, al instante - no se pierde ni un solo momento. ¿Por qué? Porque en el mismo esfuerzo de buscarlo estás olvidando una cosa, que él ya está en ti. Lo buscado está en el buscador - pero el buscador no puede verlo, está demasiado absorto en su búsqueda. Esta corriendo detras de el, lo esta buscando - su busqueda lo mantiene tan ocupado, tan comprometido, que no puede mirar dentro y ver quien esta ahi.

Dios ya está en ti, Dios ya es el caso. Simplemente deja de buscar. Y ese es el mayor mensaje del Zen: Deja de buscar. "Sentado en silencio, sin hacer nada, llega la primavera y la hierba crece por sí misma". El Zen no te da ninguna búsqueda, te quita toda búsqueda. Los buscadores son los perdedores, porque en su búsqueda siguen mirando tierras lejanas. Siguen mirando las estrellas, pero NO miran dentro de sí mismos.

¿Y sabes? Hay una antigua parábola:

Al principio, cuando Dios creó el mundo, vivía en MG Road. Pero luego se cansó, porque la gente le daba la lata continuamente. En mitad de la noche empezaba a sonar el teléfono, y las quejas....

"¿Por qué no lo has hecho?" y "¿Por qué lo has hecho y cuál es la razón?". Naturalmente se cansó.

Pidió ayuda a sus consejeros: "Ayudadme. Me gustaría ir a algún sitio y esconderme de la gente". Confesó: "Al crear al hombre he cometido mi mayor error". ¿Sabes? Desde entonces no ha creado nada más; sigue arrepintiéndose. Eso fue lo último que hizo: se asustó tanto del hombre que dejó de ser creador.

Le sugirieron: "Puedes ir al Himalaya, nadie vendrá allí". Y él respondió: "Tú NO lo sabes, en sólo unos segundos"... y millones de años luz son sólo unos segundos para Dios - una escala de tiempo diferente. Para alguien que vive en la eternidad, millones de años luz son sólo momentos. Él dijo: "Dentro de unos momentos, NO sabes, un hombre estará allí - Hillary. Y Tensing estará allí, y llegarán al Everest y me encontrarán. Y una vez que me hayan encontrado entonces todo el camino MG - entonces la gente comenzará a moverse allí. Eso no ayudará."

Alguien sugirió: "Entonces, ¿por qué NO vais a la Luna?". Él respondió: "Sólo unos segundos más, y la gente llegará allí. Llegarán a todas partes".

Entonces un viejo consejero se le acercó y le susurró algo al oído. Se puso muy contento y dijo: "Esto es lo que hay que hacer". El centro comercial le había susurrado al oído: "Mi sugerencia es:

¿por qué NO te escondes en el hombre mismo? Allí nunca irá. Irá a las montañas, irá al Everest, irá a la luna y a Marte e irá a los planetas y a las estrellas - irá a todas partes. Una cosa que nunca sospechará es que puedes estar escondido dentro de su propia alma".

Dios aceptó. Y desde entonces se esconde en ti, Y tú lo buscas en el Everest, en la luna, en las estrellas, en las escrituras, en los templos, en las mezquitas, en las iglesias... Sigue buscando y no lo encontrarás.

Un buscador nunca encuentra. Buscar es una forma segura de perder. Entonces, ¿quién lo encuentra? El que se relaja, el que abandona toda búsqueda, simplemente se sumerge en lo más profundo de su propio ser, se sienta allí en silencio, comienza a moverse hacia el fondo, hacia el suelo mismo de su propio ser. Sentado en tu núcleo más profundo, lo encuentras. No hay necesidad de ir a ninguna parte.

Si eres un buscador, y Krishna Prabhu parece ser un buscador...

A VECES ESTOY EN EL UMBRAL...

Sí, ocurrirá una y otra vez. Una y otra vez pensarás: "Esta vez lo voy a conseguir, va a suceder". Y nunca sucederá. Entonces de nuevo vendrá la frustración y la noche oscura del alma. Muchas veces verás que casi lo has conseguido, el noventa y nueve por ciento lo ha conseguido, pero nunca será el cien por cien. Y a menos que sea el cien por cien, no es nada. "Casi" no significa nada, "aproximadamente" no significa nada. Ese

ÚNICO paso está tan lejos como millones de años luz, porque no se puede dar.

Así que después de cada euforia, euforia, éxtasis, después de cada sensación de "Ahora he llegado", habrá una gran depresión. Volverás a caer en un agujero oscuro. De nuevo tendrás que buscar a tientas, de nuevo tendrás que alcanzar ese umbral, y de nuevo caerás.

Esto ha continuado durante tantas vidas - no eres nuevo aquí. Has estado jugando este juego durante millones de vidas: acercándote, acercándote, acercándote, y sientes el éxtasis, ahora estás justo ahí... y todo se pierde de nuevo, estás cayendo lejos, lejos, desapareciendo de nuevo. Esta rueda sigue moviéndose.

Tienes que saltar fuera de esta rueda. No está fuera, así que nunca puedes acercarte a él. Si estuviera lejos de ti, entonces a veces existiría la posibilidad de acercarte, y existiría la posibilidad de cruzar el umbral y alcanzarlo y abrazarlo. No está fuera, es tu núcleo más íntimo. Es el latido de tu corazón, la vitalidad de tu respiración y el enrojecimiento de tu sangre. Es la pulsación de tu ser. ¿Cómo puedes quedarte justo en el umbral?

Tienes que olvidar todos esos umbrales y tienes que olvidar todas esas distancias. Y recuerda siempre: estar cerca es también estar lejos. La cercanía es una especie de distancia; aún no lo eres.

Te enseño el camino de la no búsqueda. Te enseño a relajarte. Te enseño a olvidarte de Dios y a ser tú mismo.

Y un día, de repente, como una gran sorpresa, llega la bendición.

La segunda pregunta

Pregunta 2:

¿QUIÉN ES MÁS ESTÚPIDO, EL HOMBRE O LA MUJER?

PREM PUNEETA, he oído una anécdota:

Un hombre le decía a su mujer: "¿Por qué Dios os ha hecho tan hermosas a las mujeres?". La mujer respondió: "Para que los hombres os enamoréis de nosotras".

El hombre dijo entonces: "Entonces, ¿por qué os ha hecho tan estúpidos?". Y la mujer respondió: "Para que nosotros también nos enamoremos de ti".

Pero en realidad, la estupidez no tiene sexo. La hay de todos los tipos, formas y tamaños.

La tercera pregunta

Pregunta 3:

¿CUÁL ES LA DIFERENCIA ENTRE APRENDER Y ACUMULAR CONOCIMIENTOS?

HAY UNA GRAN DIFERENCIA. Son polos opuestos, diametralmente opuestos entre sí.

Aprender nunca es saber, aprender es conocer. El conocimiento nunca es aprendizaje, es una pretensión de aprendizaje. el conocimiento es pseudo, prestado. Te conviertes en un loro, te conviertes en un imitador. Te conviertes en un ordenador, funcionas como una máquina de memoria - NO sabes exactamente lo que crees que sabes, simplemente lo repites. Y puedes llegar a ser muy inteligente repitiendo, muy hábil, pero sigues siendo un loro.

Aprender es encontrar la verdad por uno mismo. El conocimiento es prestado, el conocimiento es de otros.

Si escuchas a Ikkyu y aprendes sus hermosos sutras -y puedes aprenderlos de memoria y puedes repetirlos; no sólo repetirlos, puedes incluso intentar seguirlos- puedes crear un personaje de acuerdo con ellos. Puedes vivirlos también, pero aún así es prestado. No sólo tu conocimiento será falso y plástico, tu carácter también será plástico y prestado, forzado.

En el fondo, seguirás siendo el mismo, nada habrá cambiado. Te habrás enriquecido en cuanto a información, pero no te habrás transformado con ella. Ninguna información transforma a nadie.

El conocimiento es la recopilación y acumulación de información. El aprendizaje es la disponibilidad para transformarse. El conocimiento siempre va a los maestros muertos, el aprendizaje siempre va en busca de maestros vivos, porque sólo se puede aprender a través de un fenómeno vivo. No hay forma de aprender de un fenómeno muerto; es barato.

Un discípulo de un maestro zen tiene que pasar por mil y un dolores. Y tú simplemente lees toda la historia en cuestión de minutos, pero él tardó treinta años en iluminarse. Y esos treinta años de agonía y éxtasis, esos treinta años de enamorarse del maestro y odiarlo desde las entrañas -de acercarse a él y alejarse de él, de caer en su ser y, sin embargo, luchar con él-, esos treinta años de meditación y amor constantes, de gran esfuerzo y, finalmente, de conocer la inutilidad de todo esfuerzo; de gran búsqueda y búsqueda, y, finalmente, llegar a darse cuenta de que no es necesaria ninguna búsqueda -pero uno llega a ello por el camino difícil.

Entonces, un día, esos treinta años de maduración traen consigo una integración. Uno florece. Se produce el satori. Uno comprende, uno ve.

Simplemente lo lees en una página de un libro, y esto se convierte en conocimiento para ti. Y a veces puedes decir cosas....

Una vez sucedió, un joven vivió conmigo durante tres años, y estaba profundamente enamorado del enfoque zen. Y cada vez que veía una historia -y hay miles- en la que el maestro golpea al discípulo en la cara o lo golpea con su bastón, el joven me traía la historia y me decía: "¡Qué mono!".

Un día le di una fuerte bofetada. Se enfadó y olvidó todas esas historias. Y me dijo: "¿Estás enfadado o qué? ¿Por qué me has pegado? Yo no había hecho nada".

Y le pregunté: "Ahora di "¡Qué mono!"".

Entonces no queda bonito. El conocimiento es barato, NO pagas nada por él. Aprender es duro, arduo; tienes que pagar por ello. Pulgada a pulgada, tienes que morir en ello. El conocimiento es acumulación, el aprendizaje no es realmente acumulación en absoluto, al contrario, es sólo un proceso inverso.

El maestro te va quitando cosas. No te da algo que añadir a tu personalidad, te quita todos los puntales de tu personalidad. Y un día, de repente, te encuentras derrumbado...

Sólo se puede permitir ese colapso si ha surgido una gran confianza. Y cuando te has derrumbado, entonces como un ave fénix llega el nuevo ser. Recuerda siempre que el nuevo ser no es ningún cambio en el viejo ser. El nuevo ser es absolutamente nuevo, no es un cambio en el viejo ser. Lo viejo está muerto y lo nuevo ha llegado; son discontinuos.

El verdadero cambio sólo se produce con la muerte. A menos que la muerte haya sucedido, sólo estarás acumulando, decorando, dando toques finales a tu personalidad. Sí, cambiarás pequeñas cosas aquí y allá, pero no será gran cosa. Cambiar cuadros de una pared a otra, o pintar las paredes con un color nuevo, renovar las ruinas, cambiar la alfombra o disponer los muebles con un nuevo estilo... Pero básicamente, en lo fundamental, sigues siendo el mismo. Estos cambios no son aprendizaje.

Un estudiante es alguien que está dispuesto a morir. Si buscas el conocimiento, eres un estudiante. Si eres un aprendiz, eres un discípulo. Y es tan fácil ser un estudiante, es tan difícil ser un discípulo. Uno se pierde...

Justo la otra noche, sucedió. Una hermosa mujer vino unos días antes, y empezó a sentir un gran impulso de convertirse en sannyasin, el impulso de convertirse en discípula. Entonces ella venía a tomar sannyas pero no podía entrar por el olor de su cuerpo o algo así. Al día siguiente cambió de opinión. Dijo: "Me alegro de no haber podido entrar, de lo contrario me habría convertido en sannyasin.

Y no puedo llevar ropa naranja todo el tiempo en mi trabajo; quedaría muy raro, ridículo, la gente se reiría".

Ahora no se puede pagar ni siquiera eso. No es mucho. La gente se ríe de ti incluso sin tu ropa naranja - NO te preocupes por eso; se ríen igual. Igual que tú te ríes de ellos, ellos se ríen de ti. Así es como la gente consigue reírse un poco; de lo contrario, la vida es tan mala, una agonía, una pesadilla, que si NO se ríen unos de otros se suicidan. Ayuda; sólo riéndose unos de otros se sienten desahogados. Al ver lo ridículo de la vida, consiguen reírse un poco.

Les da ánimos para volver a vivir mañana.

El hombre puede vivir sin la Biblia y sin el Gita, pero no puede vivir sin chistes: esos pequeños chistes son mucho más importantes. ¿Y te has dado cuenta de que los judíos tienen los mejores chistes del mundo? ¿Por qué? Porque son los que más han sufrido. Tenían que crear chistes, de lo contrario se habrían suicidado mucho antes. Esos chistes los han mantenido vivos. Han sido torturados a lo largo de los siglos, han vivido contra viento y marea. ¿Qué les ha ayudado a seguir viviendo? ¿Cree que es el Antiguo Testamento?

¿Crees que es el Talmud?

No. Es su capacidad de reír. Es su capacidad de seguir teniendo sentido del humor lo que les ha mantenido vivos. Por eso tienen los mejores chistes del mundo.

Los hindúes NO tienen bromas. Han vivido una vida muy, muy cómoda: no necesitaban bromas; la vida era cómoda, confortable. Cuando la vida es demasiado pesada, uno tiene que crear algo para reírse un poco y desahogarse.

La gente ya se está riendo de ti, tienen que reírse, es su supervivencia, no pueden sobrevivir sin ello. Así que NO te sientas ofendido cuando la gente se ría de ti, en absoluto. En realidad no se ríen de ti, simplemente encuentran cualquier excusa para reírse: eres tan bueno como cualquier otro. Si no estás de naranja encontrarán otra cosa. Y NO creo que seas tan perfecto como para que no encuentren nada más en ti de lo que reírse.

Pero sólo un pequeño precio, que se rían, y uno puede abandonar la idea de convertirse en sannyasin.

No hay más que ver lo barata que queremos la transformación. Queremos que nos la den, que nos la den en biberón. Queremos que nos la den, inyectada, digerida por otra persona. Entonces se convierte en conocimiento. Buda ha dicho algo, Krishna ha dicho algo, Cristo ha dicho algo - puedes aprender esas palabras, puedes convertirte en un charlatán. Y no importa lo que sea ese parloteo - mundano o de otro mundo, es parloteo de todos modos. Porque no has experimentado nada por ti mismo.

La primera honestidad para un hombre que realmente quiere conocer la verdad es saber perfectamente "lo que sé por mí mismo", y "lo que sé sólo como prestado". Y todo lo que es prestado, ¡tíralo! Todo es basura. Es mejor ser ignorante por cuenta propia -porque eso es verdadero, auténtico, sincero- que ser conocedor por experiencia ajena. ¿Y quién sabe si esa experiencia fue verdadera o no? ¿Quién sabe? - ese hombre puede haber estado repitiendo él mismo experiencias ajenas.

A menos que lo sepas por ti mismo, no hay manera.

Usted me pregunta: ¿CUÁL ES LA DIFERENCIA ENTRE APRENDER Y ACUMULAR CONOCIMIENTOS?

Prem Nath, la diferencia es grande, tan grande como puede ser. El aprendizaje necesita coraje, el aprendizaje necesita una transformación en tu conciencia - una muerte y una resurrección. El conocimiento no necesita nada, sólo un poco de capacidad para memorizar - y cualquier persona mediocre puede hacer eso. El conocimiento no necesita inteligencia, sólo memoria. El aprendizaje necesita inteligencia.

Y son dos cosas distintas. La inteligencia es una cualidad de tu alma, y la memoria es sólo un mecanismo cerebral.

La memoria es sólo un bio-ordenador - el ordenador puede hacerlo mucho mejor de lo que tu bio-ordenador lo ha estado haciendo hasta ahora. Tarde o temprano, la gente llevará pequeños ordenadores en el bolsillo en lugar de leer libros, ir a la universidad... todo eso ya está realmente pasado de moda.

No hay futuro para las escuelas y universidades; el ordenador las destruirá todas.

¿Para qué sirve conocer la historia? Puedes tener un pequeño ordenador en el bolsillo y preguntar siempre que sea necesario; basta con preguntar al ordenador.

Se puede preguntar cuándo nació Napoleón el Grande, en qué fecha, qué día, de qué mujeres se enamoró... se puede preguntar de todo. Un ordenador puede transportar millones de datos en una pequeña caja. Toda la información que usted transporta, un ordenador puede transportarla mejor. ¿Cuál es la necesidad?

Este es un camino muy, muy carreta de bueyes - veinticinco años estudiando en un colegio, escuela, universidad. ¿Y qué se hace realmente allí? Te alimentan con conocimientos; entrenan tu bioordenador.

Tarde o temprano, podrá comprar un bioordenador preparado y entrenado, ¡y le responderá!

Ese día va a ser un gran día revolucionario en la historia de la humanidad, porque a partir de ese día será sencillo saber cuál es la diferencia entre aprendizaje y conocimiento. Un hombre que lleva un ordenador es un hombre de conocimiento, y un hombre que tiene su propia EXPERIENCIA de la vida es un hombre sabio.

Y recuerda que un ordenador puede darte información, pero no puede darte experiencia. Puedes preguntarle al ordenador: "¿Qué es el amor?" y el ordenador puede informarte de todo lo que se ha dicho sobre el amor. Pero eso no te dará la experiencia del amor; experiencia que sólo puedes tener por ti mismo. Tendrás que enamorarte y conocerlo; ningún ordenador puede dártelo.

El ordenador puede dar toda la información SOBRE Dios, pero saber sobre Dios no es conocer a Dios.

Conocer a Dios es totalmente distinto. Es un encuentro: es personal, íntimo, inmediato.

Y puedes verlo. El hombre que sabe casi siempre se comporta estúpidamente. Tiene que comportarse así, porque su conocimiento es prestado; no puede comportarse inteligentemente. Los expertos son las personas más estúpidas del mundo.

Dos hombres caminaban. Uno sostenía un paraguas cerrado: era un gran experto, profesor de filosofía. De repente empezó a llover. "Abre el paraguas, rápido", le dijo un hombre al otro.

"No servirá de nada", fue la respuesta.

"¿Qué quieres decir con que no ayudará? Nos protegerá de la lluvia".

"Es inútil, el paraguas está lleno de agujeros como un colador".

"Entonces, ¿por qué lo cogiste en primer lugar?

Y el profesor dijo: "Porque no creía que fuera a llover".

El hombre que lleva información sólo hace cosas así. No sabe cómo utilizarla, no sabe por qué la lleva. No sabe nada. Le han dado la información sus padres, los profesores y los sacerdotes, y la ha estado llevando sin ni siquiera darse cuenta de por qué la está llevando.

Sólo mira en tu cabeza, cuántas cosas estás cargando. ¿Para qué? Esos problemas ya NO existen, y tú llevas las soluciones de esos problemas. Te has vuelto maduro, y todavía llevas contigo el consejo que tu madre te dio cuando eras un niño. Ahora que ya no eres un niño, puedes olvidarlo todo, y será bueno, creará un espacio en tu cabeza. De lo contrario, se habrá convertido en un depósito de chatarra.

Escucha de vez en cuando, sentada en silencio: aún se oye la voz de tu madre. Tu padre te dice cosas y tú tienes que seguirlas, y si NO las sigues ¡te sientes culpable! porque estás traicionando a tu padre. Y el padre, el pobre padre, está muerto y no sabe nada de lo que le ha hecho al hijo. De hecho no ha hecho nada; su padre se lo ha hecho a él, te lo ha hecho a ti, etcétera, etcétera.

Muchas veces vienen a verme sannyasins, sobre todo mujeres, y me dicen: "Queremos tener hijos".

Y todo lo que veo... Piensan que están pidiendo hijos porque están en un gran espacio de amor. En absoluto. Cuando las miro, lo único que veo es que quieren vengarse de sus madres. Todo lo que sus madres les han hecho, ahora quieren hijos para poder hacérselo a ellas. Si no, ¿cómo se van a librar?

Los niños dependen tanto de ti que puedes hacerles cualquier cosa. No pueden tomar represalias, no pueden decir que no. Y tú estás ansiosa, llena de los conocimientos que te ha dado tu madre; te pesa la cabeza, y quieres a alguien en quien verter todas esas tonterías. Y te sentirás muy aliviada; las mujeres se sienten muy aliviadas cuando tienen hijos.

¿Qué alivio viene? Es una catarsis, un vómito. Es muy raro que por amor pienses en un niño, porque NO sabes lo que es el amor. ¿Cómo puedes pensar por amor? Nunca has amado. Pero todo lo que necesitas es un niño indefenso y dependiente que siempre te admire, y tú siempre serás el jefe y podrás moldear y aporrear y fabricar al niño a tu antojo. Sólo así podrás vengarte de tu madre; no hay otra manera.

He oído una historia; sucedió en la corte del gran Akbar. Estaba con él un hombre muy sabio, Birbal. Estaban de pie hablando de algo, y Birbal dijo algo y Akbar se enfadó tanto que le golpeó con fuerza en la cara, le abofeteó, ante la corte. Birbal estaba rojo de rabia, pero devolverle el golpe sería demasiado costoso. Pero si NO haces nada, parece demasiado humillante. Así que golpeó a otra persona que estaba a su lado y le devolvió el golpe.

Y el hombre le dijo: "Pero, ¿por qué me pegas?".

Birbal dijo: "Pásaselo a otro".

Así es como suceden las cosas. Ahora, tu madre te ha pegado fuerte: sigues llorando. Quieres pegar a alguien, quieres entregarlo todo; te sentirás aliviado.

Tus padres siguen vivos en ti. Tus maestros, los maestros de primaria -que no sabían gran cosa, si no, ¿por qué habrían sido maestros de primaria? - siguen vivos y te dominan. Tus profesores de universidad, no sabían nada, eran tan prestados como tú.

Es muy raro encontrar a un hombre que se conozca a sí mismo. Sólo hay imitadores por todas partes, y tú sigues cargando con la sabiduría que ellos te han dado. Ellos nunca VIVIERON su sabiduría, y tú estás intentando vivirla; tampoco puedes vivirla. Cuando no puedes vivirla te sientes culpable, si la vives te sientes antinatural: estás en un aprieto.

Este es el aprieto en el que se encuentra todo ser humano. Si sigues lo que te han dicho que hagas, es antinatural; nunca te hace feliz, nunca te da alegría. Sólo hay una cosa buena, nunca te hace sentir culpable, pero te entristece, te deprime. Si NO lo sigues, entonces te sientes culpable, y eso también produce una especie de tristeza.

¿No lo has visto en tu vida? Es tan difícil ser feliz - ¿por qué? Porque la felicidad y la culpa se han asociado en ti. Así que siempre que te sientes feliz sientes que algo malo debe de haber ahí, que debes de estar haciendo algo mal. Mira en tu interior, en tus archivos, e inmediatamente te encontrarás con una voz paternal: "NO hagas esto". Por eso te sientes culpable.

La felicidad nunca te ha sido permitida en tu infancia. Tampoco te la permites a ti mismo.

Todo mi trabajo aquí consiste en esto: ayudarte a permitirte la felicidad, prepararte para que puedas darte el don de la felicidad a ti mismo. Dios te lo ha dado, pero tus padres lo han perturbado.

Y NO te enfades con ellos, porque también fueron víctimas de SUS padres. Es un círculo vicioso; es un círculo muy, muy largo, que ha existido a lo largo de los siglos. No te enfades, ¡deshazte de ellos! Suelta sus voces. Empieza a vivir tu vida.

Un hombre de conocimiento nunca vive su propia vida. Un hombre que aprende empieza a vivir su propia vida, aprende viviendo su propia vida. Sí, a veces está dispuesto a cometer errores; es bueno cometer errores a veces, es la única manera de aprender. El hombre de conocimiento nunca comete errores - pero ha cometido el mayor error, el error de permanecer siempre prestado.

Y estos hombres de conocimiento son muy peligrosos, porque no dejan de verter sus conocimientos unos sobre otros. Es un fenómeno extraño. Cuando te sientes demasiado agobiado necesitas a alguien para poder verter tus conocimientos y sentirte un poco desahogado.

Lo he oído:

Un comerciante fue a ver a un granjero para comprarle medio kilo de mantequilla. El granjero insistió en cambiarle la mantequilla por un par de calcetines de lana. Cuando el mercader informó de esto a su mujer, ella le dijo: "Desharé un poco de lana de nuestra colcha y le tejeré un par de calcetines". Cuando lo terminó, el par de calcetines fue canjeado por una libra de mantequilla.

Cuando el mercader necesitó más mantequilla, su mujer volvió a desenredar más de la colcha y tejió más calcetines, que se cambiaron por mantequilla. Finalmente, sólo le quedaba lana para un calcetín.

El comerciante llevó el calcetín al granjero y le pidió media libra de mantequilla por él.

"Nada que hacer", respondió el granjero. "Te doy una libra entera. Verá, en realidad NO llevo los calcetines.

Mi mujer desenreda la lana y la utiliza para tejer una colcha, y en este calcetín hay suficiente para terminarlo".

Así es esta estúpida sociedad.

Evita el conocimiento y sumérgete en el aprendizaje.

La última pregunta

Pregunta 4:

¿POR QUÉ TE TENGO TANTO MIEDO?

ES UNA BUENA SEÑAL: el comienzo de una relación conmigo. Es natural que me tengas miedo, porque voy a ser una muerte para ti. Voy a destruirte. Totalmente. Sólo entonces podré ayudarte. Sólo entonces podrás tener una nueva vida, un nuevo ser, un nuevo comienzo.

Así que el miedo es natural. A pesar del miedo, sigue acercándote cada vez más a mí. NO escuches al miedo.

El miedo es simplemente decir que todo lo que has tenido hasta ahora te será quitado: "¡Escapa!" Tienes una cierta cantidad de conocimiento, te será arrebatado. El miedo es simplemente una indicación de la cabeza, una señal del ordenador, que dice: "Escapa de este lugar. Este hombre es peligroso, puede destruir tus conocimientos. Y entonces tendrás que aprender del ABC, conocer bien, y todo lo que has hecho hasta ahora será un puro desperdicio. Escuchar a este hombre es peligroso - te hará sentir que todo lo que tienes es inútil, y tarde o temprano tendrás que renunciar a ello. Antes de que ocurra, ¡escapa! Evita a este hombre".

Tienes un cierto carácter, una cierta moralidad, y yo estoy empeñado en destruirla, porque NO creo en la moralidad. Creo en la conciencia, no en la conciencia; la conciencia es de nuevo prestada, como el conocimiento. La conciencia es aprendizaje.

Me gustaría que vivieras de acuerdo con tu conciencia. Esa es la buena vida para mí, la vida verdadera, auténtica, espontánea. Nunca hace daño a nadie, no puede hacerlo. Pero la vida de conciencia es una mala vida; aunque seas moral, aunque sigas haciendo el bien, sólo eres un bienhechor. Y haces daño. Y haces daño de formas tan sutiles que no eres consciente, y tus víctimas tampoco se dan cuenta nunca de lo que les has estado haciendo.

Te quitaré tu moralidad. Te daré religión, pero te quitaré tu moralidad, porque para una persona moral es muy difícil; tener la experiencia de la religión es casi imposible para él. Una persona moral vive de acuerdo con la sociedad; nunca se rebela. Y la religión es sólo para aquellos que están dispuestos a rebelarse. Una persona moral vive sólo como una oveja, con la multitud; todo lo que la multitud dice que está bien, él dice que está bien, y todo lo que la multitud dice que está mal, él dice que está mal.

Observa. ¿Eres parte de la multitud? ¿O también tienes conciencia de ti mismo?

Si la multitud va a destruir, tú estás dispuesto a destruir. Si la multitud hindú va a destruir una mezquita mahometana, tú estás dispuesto a destruirla, porque eres hindú y todo lo que hace la multitud hindú es correcto. Si la multitud mahometana va a matar hindúes, tú estás dispuesto a matar hindúes.

A lo largo de los tiempos, los llamados religiosos han sido grandes asesinos. Hablan de amor y crean odio y nada más. Hablan de paz y crean la guerra. Mira qué hipocresía. Vienen con Biblias en las manos, pero pronto esas Biblias se convierten en espadas.

Esas Biblias son sólo fachadas - detrás se esconde el imperialista, el que quiere dominar el mundo entero. En nombre de Dios simplemente intentan imponer su ego al mundo. Y entonces los egos luchan. No se trata de que el hindú luche contra el mahometano o el cristiano contra el mahometano, es la lucha de muchos egos.

Observa: cuando una multitud está haciendo algo, ¿puedes pensar por ti mismo? Vuestras religiones son multitudes, vuestras naciones comieron multitudes. Si India está luchando contra China, entonces todos los indios están con el gobierno indio, bien o mal - es la madre patria, bien o mal. Y todos los chinos están con el gobierno chino, bien o mal.

Nadie piensa por su cuenta.

Todo mi enfoque consiste en hacerte CONSCIENTE de lo que estás haciendo, de cómo lo estás haciendo. ¿Estás siendo un cobarde, una oveja y un seguidor de la multitud? ¿O piensas por ti mismo?

Os quitaré todas vuestras psicologías mafiosas. Surge el miedo, porque ahí es donde siempre has pertenecido. De repente te quedarás solo. Si no eres cristiano no sabrás quién eres.

Un gran temor te sacude, te estremece. Si no eres católico, ¿quién eres? Si no eres indio, pierdes tu identidad. Surge en ti una gran crisis de identidad, ése es el miedo.

Y siempre tienes miedo de la verdad, porque vives a través de mentiras, y cuando surge la verdad empiezas a ver tus mentiras. Se hace difícil, se hace casi imposible seguir llevándolas; tienes que abandonarlas. Pero has invertido toda tu vida en ellas.

Un rico terrateniente irrumpió un día en su casa y, con voz llena de desesperación, gritó a su asustada esposa: "Marushka, hay un rumor terrible en la ciudad: ¡viene el Mesías!".

"¿Y qué tiene de terrible?", preguntó la esposa. "¡Creo que es maravilloso! ¿Por qué tienes miedo?"

"Tengo buenas razones para tener miedo", gimoteó. "Tenemos un buen rebaño lechero, un granero lleno de grano y nuestros huertos están cargados de fruta. Ahora tendremos que dejarlo todo y seguirle".

"Tranquilízate", dijo la esposa con tono tranquilizador. "El Señor, nuestro Dios, es bueno. Él sabe cuánto sufrimiento hemos tenido que soportar los judíos. Tuvimos un Faraón, un Amán - siempre alguien; pero nuestro querido Señor se deshizo de todos ellos. Ten fe, mi querido esposo. También se librará del Mesías".

Crea un gran temor si oyes que el Mesías ha llegado. Entonces, ¿qué pasará con todas las inversiones que has hecho? Tendrás que dejarlo todo y seguirle. ¿Quién quiere que venga un Mesías? A la gente siempre le gusta la idea de que vendrá algún día, pero no hoy: algún día lejano, distante, entonces podrán tolerar la idea de que vendrá.

Por eso, cuando Cristo declaró: "¡Yo soy el Mesías que estabais esperando!", los judíos no podían fiarse de él. Dijeron: "No puede ser. Vendrá, ciertamente, pero tú no eres eso".

Y hay lógica en ello. La lógica es: la gente sólo ESPERA al Mesías, NO QUIEREN REALMENTE que venga. Esperar es bueno, hace que uno se sienta bien - "Soy religioso y estoy esperando al Mesías.

Y cuando venga voy a renunciar a todo". Y en el fondo uno espera que nunca venga. Hasta ahora no ha venido; nunca vendrá. En la superficie uno pretende que vendrá, en el fondo uno sabe que nunca vendrá. Y una cosa siempre está ahí: aunque venga siempre podremos decir: "Tú no eres el Mesías".

Llevaban siglos esperando, y cuando Jesús declaró: "Yo soy el Mesías", se enfadaron.

Este hombre estaba destruyendo todo su juego de espera. Esperar es tan bonito; nada cambia nunca, uno sigue esperando y uno sigue haciendo lo que quiere hacer. Y de repente llega este hombre y dice: "Yo soy el Mesías, ahora sígueme. Ven, sígueme".

Y tienen miedo. Sus cosechas están listas y sus huertos llenos de frutos. "¿Es éste el momento de que venga el Mesías? Y el negocio va tan bien..." Y uno está persiguiendo a una mujer y va por buen camino y sólo faltan unos días y será suya - ¿y éste es el momento de que venga el Mesías? ¿"Ven y sígueme"? ¿No puedes esperar un poco?

Surge un gran temor. Por ese miedo mataron a Jesús. Sólo para defenderse mataron a Jesús - sólo para defender sus frutos que estaban maduros, y a la mujer que justo iba a estar en su mano, y al hombre que justo iba a tener éxito. No era el momento adecuado para que viniera el Mesías. Nunca es el momento adecuado.

Un Mesías es aceptable en el futuro, siempre en el futuro, nunca en el presente - o en el pasado, pero nunca en el presente. Los judíos tuvieron que negar a Jesús. Dijeron: "Él vendrá, pero tú no eres el Mesías". Los cristianos dicen que ERA el Mesías, pero ahora está en el pasado, ahora no hay miedo.

Te estoy diciendo: Yo soy el Mesías ahora. Crea miedo, crea gran angustia y ansiedad:

"¿Qué hacer? Y los frutos están maduros, y el éxito está al alcance de la mano. Y este hombre ha venido a perturbarlo todo, y dice: "Ven, sígueme"".

Por eso tienes miedo. Todo el mundo tiene miedo. Recuerda siempre, la persona valiente no es aquella que no tiene miedo - no, no existe un hombre así, que no tenga miedo. El hombre valiente es aquel que va a pesar del miedo. Siente el miedo, pero la atracción del amor es mayor que la atracción del miedo. Elige el amor antes que el miedo.

El hombre valiente también tiene miedo. NO pienses que sólo tú tienes miedo; todo el mundo tiene miedo, es natural. Y NO esperes a que llegue el momento en que no haya miedo, ¡y entonces lo seguirás! Ese momento nunca llegará. Tienes que seguir a pesar del miedo. Y si lo sigues, pronto verás que cuanto más te adentras en el amor, la energía que estaba implicada en el miedo se libera del miedo y se convierte en energía de amor.

Y cuando todo el miedo se transforma en amor, ese fuego es sannyas, ese fuego es discipulado. Ese fuego lo purifica a uno. Pasando a través de ese fuego de amor, uno se convierte en oro puro.

El secreto del ahogado

MÁS FRÁGIL E ILUSORIA QUE LOS NÚMEROS ESCRITOS EN EL AGUA, NUESTRA BÚSQUEDA DE LA FELICIDAD DEL BUDA EN EL MÁS ALLÁ.

YA, SOBRE EL CORAZÓN NO SE CIERNE NI UNA NUBE, NI HAY MONTAÑA TRAS LA QUE SE ESCONDA LA LUNA.

EN NUESTRO CAMINO POR ESTE MUNDO DE NACIMIENTO Y MUERTE, NO TENEMOS COMPAÑÍA; SOLOS MORIMOS, SOLOS NACEMOS.

LA INMENSA RIADA AVANZA, PERO RÍNDETE, Y ELLA TE HARÁ FLOTAR SOBRE TI.

QUE NO VE NADA, NO DICE NADA, NO OYE NADA, SIMPLEMENTE SUPERA AL BUDA.

EL PENSADOR ES CREATIVO CON SUS PENSAMIENTOS. Esta es una de las verdades más fundamentales que hay que comprender. Todo lo que experimentas es tu creación. Primero lo creas, luego lo experimentas, y entonces quedas atrapado en la experiencia - porque NO sabes que la fuente de todo existe en ti.

Hay una famosa parábola:

Una vez un hombre estaba viajando y accidentalmente entró en el paraíso. En el concepto indio del paraíso hay árboles que cumplen los deseos, los KALPATARUS. Basta con sentarse debajo de ellos, desear cualquier cosa, e inmediatamente se cumple - no hay espacio entre el deseo y su cumplimiento.

No hay espacio entre un pensamiento y una cosa. Piensas, e inmediatamente se convierte en una cosa; el pensamiento se realiza automáticamente. Estos KALPATARUS no son más que simbólicos para la mente. La mente es creativa, creativa con sus pensamientos.

El hombre estaba cansado, así que se quedó dormido bajo un KALPATARU, un árbol que cumple deseos. Cuando se despertó tenía mucha hambre, así que simplemente dijo: "Tengo mucha hambre, ojalá pudiera conseguir comida de algún sitio". E inmediatamente apareció comida de la nada, simplemente flotando en el aire, comida deliciosa.

Tenía tanta hambre que no prestó mucha atención a su procedencia: cuando uno tiene hambre no es filosófico. Inmediatamente empezó a comer, y la comida era tan deliciosa que quedó atrapado en ella. Cuando se le pasó el hambre, miró a su alrededor. Ahora que se sentía muy satisfecho, surgió en él otro pensamiento: "Si al menos pudiera beber algo...". - Y en el paraíso sigue sin haber ninguna prohibición; inmediatamente apareció el preciado vino.

Bebiendo el vino relajadamente a la fresca brisa del paraíso bajo la sombra del árbol, empezó a preguntarse: "¿Qué pasa? ¿Qué está ocurriendo? ¿He caído en un sueño, o hay algún fantasma por ahí jugándome una mala pasada?".

Y aparecieron fantasmas. Y eran feroces, horribles, nauseabundos. Y empezó a temblar, y un pensamiento surgió en él: "Ahora estoy seguro de que me matarán. Esta gente va a matarme".

Y fue asesinado.

Esta parábola es una parábola antigua, de inmenso significado. Representa toda tu vida. Tu mente es el árbol que cumple deseos, KALPATARU - todo lo que piensas, tarde o temprano se cumple.

A veces la brecha es tal que has olvidado por completo que lo habías deseado en primer lugar; a veces la brecha es de años, o a veces de vidas. Entonces no puedes conectar la fuente.

Pero si observas profundamente descubrirás que todos tus pensamientos te están creando a ti y a tu vida. Crean tu infierno, crean tu cielo. Crean tu miseria, crean tu alegría. Crean lo negativo, crean lo positivo. Ambos son ilusorios - el dolor y el placer, el dulce sueño y la pesadilla, ambos son ilusorios.

¿Qué significa llamar ilusorias a estas cosas? El único significado es que son tu creación. Estás creando un mundo mágico a tu alrededor - eso es lo que significa la palabra maya. Todo el mundo aquí es un mago. Y todo el mundo está hilando y tejiendo un mundo mágico a su alrededor, y luego queda atrapado - la araña misma queda atrapada en su propia tela.

No hay nadie que te torture excepto tú mismo. No hay nadie excepto tú mismo; toda tu vida es tu trabajo, tu creación.

El budismo insiste mucho en este hecho. Una vez que se comprende esto, las cosas empiezan a cambiar. Entonces puedes jugar; entonces puedes cambiar tu infierno en cielo - es sólo cuestión de pintarlo desde una visión diferente. O si estás demasiado enamorado de la miseria, puedes crear todo lo que quieras, hasta la saciedad. Pero entonces nunca te quejas, porque sabes que es tu creación, es tu pintura, no puedes hacer que nadie se sienta responsable de ella. Entonces toda la responsabilidad es tuya.

Entonces surge una nueva posibilidad: puedes dejar de crear el mundo, puedes dejar de crearlo. No hay necesidad de crear el cielo y el infierno, no hay necesidad de crear nada. El creador puede relajarse, retirarse.

Ese retiro de la mente es la meditación. Lo has visto todo, por aquí y por allá. Has disfrutado y has sufrido, y has visto las agonías y los éxtasis: amor y odio, ira y compasión, fracaso y éxito, lo has visto todo. Altibajos y subidas, bajadas y bajadas, lo has vivido todo. Poco a poco, esta experiencia hace que te des cuenta de que eres el creador.

Si has estado en algún viaje con drogas, lo sabes. La droga simplemente libera la energía de tu mente y empiezan a suceder cosas. Te transportas a otros mundos. Si una persona sufre de paranoia y se va de viaje con LSD, el viaje va a ser muy muy horrible. Será perseguido, estará rodeado de enemigos, sufrirá mucho. Si la persona no vive por miedo, sino por amor y alegría, tendrá experiencias hermosas.

Aldous Huxley dice que vivió grandes experiencias celestiales gracias al LSD. Pero Karl Reiner dice que pasó por el infierno. Y ambos tienen razón. Creen que están el uno contra el otro, criticándose mutuamente. Reiner cree que las drogas crean el infierno. Las drogas no crean nada. Todo lo que se crea es por tu mente; las drogas sólo pueden magnificarlo. Pueden exagerar, pueden hacer que las cosas aparezcan magnificadas, mil veces más grandes de lo que son. Los toperos se convierten en montañas, eso es todo. La droga sólo puede exagerar, pero la semilla es suministrada por tu mente.

Toda tu vida es una especie de viaje de drogas. Cuando estás bajo el impacto de una droga, las cosas suceden rápido;

inmediatamente; empiezan a suceder. Cuando llevas una vida normal y corriente, las cosas tardan un poco más, el tiempo convencional. Pero es el mismo viaje. Tu vida y tus experiencias con las drogas no están separadas, porque ambas están fuera de la mente, ¿cómo pueden estar separadas?

El budismo dice: Ver este punto es permitir un despertar en ti mismo. Entonces ambas cosas pueden desaparecer. Puedes simplemente dejar que las cosas desaparezcan no cooperando, retirándote tú mismo, convirtiéndote en un simple testigo, observando.

Los científicos dicen que cada día, en veinticuatro horas, cincuenta mil pensamientos pasan por el hombre medio. Cincuenta mil pensamientos pasan continuamente. Tú NO permites que todos los pensamientos se realicen; tú eliges. Hay pensamientos buenos, hay pensamientos malos, hay pensamientos hermosos y hay pensamientos feos - tú eliges.

Es casi como si tuvieras una radio y todas las emisoras estuvieran disponibles en la radio. Todo el ruido del mundo y de los políticos está disponible en la radio. Pero tú eliges la emisora, tú eliges. O puedes elegir no poner la radio; puedes elegir apagarla. Entonces todo ese ruido desaparece.

Esta es exactamente la situación. Un meditador decide no elegir ninguna emisora; simplemente apaga la radio o la desconecta. Y todo el ruido, los políticos y todas esas tonterías desaparecen.

Pero si quieres elegir, puedes elegir; puedes elegir cualquier emisora. La gente se vuelve adicta a las emisoras. Cuando entras en la habitación de alguien puedes ver su radio. Verás la aguja en la emisora a la que es adicto, tanto si la radio está encendida como si no. Poco a poco, la radio se queda siempre fija en la emisora que le gusta.

Esa es la situación de tu mente. Cuando miro dentro de ti veo tus agujas fijas. Alguien ha decidido vivir en el infierno; su aguja está fija. Y ha permanecido fija durante tanto tiempo que ahora incluso cambiar a otra estación va a ser difícil. Ha acumulado óxido; tal vez ha perdido la capacidad de moverse de aquí para allá, puede que se haya quedado fija. Puede que la hayas dejado ahí durante muchas muchas vidas; has olvidado que hay otras estaciones disponibles. Y crees que estás sufriendo, que tienes que escuchar este ruido. No te gusta nada, pero ¿qué puedes hacer? - tienes que escucharlo.

La gente se vuelve adicta a sus pensamientos. Entonces ese pensamiento viene más a menudo, se repite más, crea un surco en la cabeza, en las neuronas, y se convierte en tu realidad. Naturalmente, piensas ¿qué puedes hacer? - eres una víctima indefensa.

El budismo dice: No eres una víctima en absoluto - no una víctima del destino, no una víctima de Dios, no una víctima de la llamada teoría del karma. Son sólo trucos, estrategias, para evitar ver la ley fundamental de la vida.

Cuando sufres, intentas encontrar explicaciones. Hay hermosas explicaciones disponibles.

Alguien dice: "Así es como Dios quiere que sea, así que ¿qué puedes hacer? Tienes que vivirlo. No está en tus manos. El hombre es impotente y Dios es omnipotente. ¿Qué puedes hacer? Todo lo que puedes hacer es sufrir felizmente o sufrir infelizmente. El sufrimiento va a estar ahí, así que simplemente sufre, tan felizmente como puedas, tan a regañadientes como puedas, sin quejarte. Sufre con aceptación, eso es todo lo que puedes hacer. O puedes seguir llorando y llorando, pero nada puede cambiarlo. Está más allá de ti".

Esta explicación ayuda a la gente. Entonces se quedan fijas en su surco. Se olvidan de que pueden cambiar algo.

El budismo declara que el hombre es libre. Ésa es la mayor contribución del budismo a la conciencia humana y a la historia de la conciencia humana: que el hombre es totalmente libre, que el hombre es libertad. No hay ningún Dios que te esté programando, no hay programación en absoluto. Te estás programando a ti mismo, eres un auto-programador.

Hay otras explicaciones: los que NO creen en Dios, creen en el karma. Estás sufriendo, estás angustiado, y dices: "¿Qué puedo hacer? Es el karma de mi vida pasada, tengo que pasar por ello". Esto ayuda a la aceptación; es un consuelo. Te da cierto tipo de descanso, te hace la vida un poco más fácil; de lo contrario, sería demasiado difícil, sería imposible, sería insoportable.

Una vez que ves el punto de que está predeterminado de una manera u otra -ya sea por Dios o por el karma, es la misma estrategia, sin diferencia; el karma es otro Dios, sólo las palabras son diferentes- ahora no se puede hacer nada. Has hecho algo mal en la vida pasada, no hay manera de deshacerlo ahora; la única manera es pasar por ello. Pasa por lo peor y espera lo mejor. Quédate en una especie de consuelo de que algo bueno saldrá tarde o temprano.

Por eso la gente es tan desgraciada: ¡por sus explicaciones! Si has explicado tu miseria, ¿cómo vas a transformarla? Si tienes una cierta explicación que te ayuda a aceptarla tal como es, entonces no hay posibilidad de transformación.

El budismo quiere eliminar todas las teorías y consuelos. Todo eso son tranquilizantes, venenos mortales. Y la percepción que el budismo quiere compartir contigo es que tú eres el único agente, el único creador de tu vida; nada más la determina. En cada momento tienes el control. Sólo tienes que verlo y probar algunos cambios; esos cambios te ayudarán a ser más consciente.

Un día te sientes muy miserable: siéntate en silencio en la silla, relájate y empieza a disfrutar. Haz lo contrario: NO caigas en la trampa de la miseria: empieza a sonreír. Al principio parecerá falso.

Ponte eufórico, exultante. Empieza a balancearte, como si hubiera una gran energía danzante en ti. Y te sorprenderás de que, poco a poco, aquello que había empezado casi como una pretensión se va haciendo realidad.

La miseria está desapareciendo; ya no tiene su dominio sobre ti, algo ha cambiado. Una risa surge en ti.

Tu viejo hábito te dirá: "¿Qué estás haciendo? ¿Qué pasa con el karma? Esto no debe ser así; no deberías hacer esas cosas. Esto va en contra de toda filosofía y metafísica. ¡Vuelve a la vieja rutina! Esto no está bien, estás haciendo trampa, tienes que ser miserable cuando hay miseria. Esto es inauténtico, esto es pseudo".

La mente traerá todo tipo de cosas para crear la perturbación de nuevo. Pero insiste: "Esta vez voy a abandonar la teoría del karma. Voy a saltar de la rueda. Esta vez voy a elegir el polo opuesto". Empieza a bailar, a cantar, y verás, y te sorprenderás. Pero habrás experimentado una gran verdad, que cambia; que cambia el clima, que desaparecen las nubes, que hace sol, que eres diferente.

A veces te sientes muy feliz: haz lo contrario, vuélvete miserable, sin ninguna razón, simplemente vuélvete miserable. Al principio será sólo actuación. Pero pronto entrarás en el acto, porque todo lo que estás haciendo no es más que un acto, así que puede ser cambiado.

Lo que tú llamas tu vida auténtica también es sólo un ACTO. Tal vez lo hayas practicado durante mucho tiempo, eso es todo, pero es un acto. Así que puede cambiarse por otro acto. Y una vez que hayas aprendido el truco de cambiar tus actos de uno a otro, podrás ver tu libertad. Eres algo más allá de los actos.

La función de un maestro es destruir todos tus actos y hacerte capaz de ser libre. El budismo dice que eres libre, totalmente libre. Experimenta tu libertad, y poco a poco sal de las viejas rutinas.

Sucedió que un profesor de lengua inglesa fue invitado a hablar sobre la filosofía de la vida. Era un profesor jubilado, muy conocido, pero quiso hacer un pequeño cambio en el título de la conferencia. Dijo: "Que se llame "La gramática de la vida"". Un profesor de lengua inglesa: la gente que le había invitado pensó: "Está bien, es lo mismo: la filosofía de la vida o la gramática de la vida".

¿Y sabes lo que dijo el profesor cuando habló? Dijo: "Vive en voz activa, no pasiva. Piensa más en lo que haces que en lo que te pasa. Vive en indicativo, no en subjuntivo. Preocúpate de las cosas como son, no como podrían ser. Vive en presente, afrontando el deber sin lamentarte por el pasado ni preocuparte por el futuro. Vive en primera persona, criticándote a ti mismo en lugar de criticar a los demás. Vive en número singular, preocupándote más por la aprobación de tu propia conciencia que por el aplauso de la multitud. Y si quieres un verbo para conjugar, no puedes hacer nada mejor que tomar el verbo "amar"".

Esta es su gramática de la vida. Toda su vida debe haber estado enseñando gramática, gramática y gramática. Ahora se ha convertido casi en un hábito inconsciente; no puede pensar en otros términos.

Así es como estás atrapado, estás atrapado por los hábitos. No hay karma que te retenga, o si hay karma no es otra cosa que tus hábitos. Lo que has estado haciendo una y otra vez, se convierte casi en un factor determinante en tu vida, se vuelve decisivo.

Pero se puede abandonar cualquier hábito. Puede que lleves treinta años fumando, pero puedes tirar ESTE cigarrillo, a medio fumar, al suelo y no volver a coger otro en la mano. Eres libre. Si no puedes dejarlo, significa simplemente que has elegido no dejarlo. Si la gente dice: "¿Cómo podemos salir de la miseria?", simplemente están diciendo: "NO queremos salir de la miseria". Se están engañando a sí mismos.

La gente viene a mí y me pregunta: "¿Cómo salir de esto?". Y yo simplemente me quedo perplejo, porque sólo ellos se mantienen en ella; no hay nadie más. Pueden salir de él con la misma facilidad. La energía que están poniendo para estar en ella es más; se necesita menos energía para salir de ella. Pero han olvidado una cosa: han olvidado su libertad.

El mensaje del budismo es la libertad. Libertad respecto a Dios, libertad respecto al cielo y al infierno, libertad respecto al miedo, libertad respecto al futuro... libertad respecto a todas esas explicaciones que el hombre ha creado a lo largo de los tiempos y que le agobian y aplastan.

Lo he oído:

Un experto en eficiencia muere y es llevado a la tumba por seis portadores de féretros. Cuando se acercaban a su destino, la tapa del ataúd se abrió de golpe y el experto en eficiencia se incorporó y gritó: "¡Si hubierais puesto esto sobre ruedas podríais despedir a cuatro hombres!".

Sólo el hábito de toda la vida - un experto en eficiencia es un experto en eficiencia. Y NO te rías de ello, esto es lo que estás haciendo. Vives en hábitos, morirás en hábitos. Y debido a estos hábitos te perderás la vida real. La vida real consiste en libertad. Y una vez que sabes que eres libre entonces no hay obsesión por elegir esto o aquello. Puedes elegir NO elegir.

Ese estado se llama Budeidad.

MÁS FRÁGIL E ILUSORIA
QUE NÚMEROS ESCRITOS EN EL AGUA,
NUESTRA BÚSQUEDA DEL BUDA
FELICIDAD EN EL MÁS ALLÁ.

ESTE ES UN SUTRA IMPORTANTE. Analízalo despacio. Lo primero: pedirle a Buda que nos ayude es una tontería, por tres razones. Primero, no puede. Segundo, aunque pudiera, no lo haría. Tercero, no necesitamos que nos ayude, puesto que todos somos ya Budas.

La gente Zen dice: Debido a estas tres razones, pedir ayuda al Buda es una tontería. Primero, él no puede. ¿Por qué no puede ayudar? Porque desde su punto de vista NO necesitas ninguna ayuda. Desde su punto de vista, toda tu situación es ridícula. Toda tu miseria es falsa. En lugar de ser amable contigo, le gustaría reírse de ti, aunque no se ríe. Sigue mostrándose amable contigo, sólo para no ofenderte innecesariamente.

Pero lo fundamental es que, desde el punto de vista de un Buda, toda tu miseria es una estupidez. Es como si estuvieras en una casa en llamas, con las puertas y las ventanas abiertas, pudiendo saltar desde cualquier sitio, y estuvieras sentado gritando: "¡Ayudadme! ¿Cómo voy a salir de esta casa? ¡Mi casa está ardiendo! Tráeme mapas, guías; enséñame técnicas, métodos, para salir". Y la casa está ardiendo y tú estás de pie en medio de ella. Y las puertas y las ventanas están abiertas: puedes salir inmediatamente, no hay que perder ni un momento. Toda la situación es ridícula.

Un Buda sabe que todos vosotros sois Budas. El día en que un hombre se ilumina, para él el mundo entero se ilumina. Entonces puede ver a través y a través: puede ver vuestra eternidad, puede ver vuestra pureza eterna, puede ver escondida dentro de vosotros la fuente, el Dios. Y tú estás llorando, y llorando, y él puede ver tu tesoro y tu imperio. Y estás suplicando, suplicando ayuda.

El Buda no puede ayudarte, porque puede ver que tu miseria es autocreada, ilusoria. Y tampoco puede ayudarte por otra razón: el maestro mismo ha desaparecido como ego, como yo.

No hay nadie que esté dentro; un Buda es puro vacío. ¿Quién está ahí para ayudarte?

Puedes tomar toda la ayuda que necesites, pero nadie está ahí para ayudarte. Que quede muy claro: puedes participar de la energía de un Buda, puedes comer tanta de su energía como sea posible, puedes beber de él y puedes intoxicarte con él - pero él no puede hacer nada por sí mismo. La puerta ya no existe.

Un Buda es simplemente una disponibilidad. El maestro permanece disponible en SATSANGA; su presencia, o su ausencia, está ahí. Puedes asimilar todo lo que quieras, puedes permitir que esa presencia penetre en ti tan profundamente como abras tu corazón. Pero todo depende de ti. Sí, puedes ayudarte a ti mismo a través del Buda, pero el Buda no puede ayudarte a ti. No hay actividad posible por parte de Buda.

A veces, cuando vienes a mí y me preguntas: "Maestro, ¿me ayudarías?", me creas un problema.

Si digo que lo haré, soy falso. Si digo que no lo haré, te sientes herido: soy poco amable, poco cariñoso. La situación es: estoy disponible. Puedes ayudarte a ti mismo a través de mi presencia; yo no puedo HACER nada.

El maestro es un agente catalizador. Su presencia puede desencadenar un proceso en ti, pero no puede ser un hacedor. No puede tomar ninguna iniciativa, no puede ser un manipulador, no puede imponerte ninguna disciplina o carácter, no puede obligarte a cambiar: toda esa violencia desaparece. La violencia es una sombra del ego; el día que el ego desaparece, toda la violencia desaparece.

Por eso digo que un bienhechor no es un buen hombre. Y el hombre que te persigue e intenta cambiarte no es el hombre con el que hay que estar. El hombre que ansía cambiarte es un egoísta, quiere hacerte según sus ideas. Es peligroso, te destruirá, no te será útil. Cortará de ti esta parte y aquella parte, cambiará cosas en ti. El tiene un plano con el, el tiene una cierta idea que tiene que ser implementada. No se preocupará por ti. Toda su preocupación está en su idea; tú eres sólo un juguete.

Eso es lo que hacen los llamados mahatmas. Siguen dándote patrones de vida, siguen forzándote a hacer cosas: "Haz esto, NO hagas aquello. Si haces esto serás recompensado, si NO haces esto serás recompensado. Si obedeces, el paraíso es tuyo. Si desobedeces, caerás en el infierno".

Esta gente es peligrosa. Son políticos, no son personas religiosas en absoluto. Todo su esfuerzo es cambiar a la gente; disfrutan con ello. Pero las personas no son cosas. Un hombre no es un lienzo, no puedes pintarlo como quieras. El hombre es Dios, la mujer es Dios, cada persona es divina. ¿Quién puede cambiar a una persona? La sola idea de cambiar a una persona es sacrílega, es un pecado.

Mucha gente viene a mí y me dice: "¿Por qué NO das disciplina a tus sannyasins?". ¿Quién soy yo para dar disciplina a mis sannyasins? Yo estoy disponible. Pueden tener lo que quieran; esa es su elección y su libertad. Estoy aquí para enseñar una sola cosa: Libertad. Ninguna interferencia en ella. Si eligen permanecer en el mundo, bien. Si eligen salir de él, bien. Conmigo, todo está bien. Pero el mayor valor es la libertad.

A un Buda no se le puede pedir que te ayude. Es una ayuda, pero una ayuda pasiva, sólo una presencia, una puerta.

Puedes pasar a través de ella, pero la puerta no puede arrastrarte por sí misma. Sé consciente del hecho: si estás con un verdadero maestro, no te arrastrará a ninguna parte. Derramará su presencia sobre ti, estará disponible de mil y una maneras, pero te dará libertad para elegir, libertad para ser. Su presencia no es activa, no puede serlo; toda accion es violenta. Su presencia es pasiva. Así que, por tres razones, no es posible.

Ikkyu dice:

MÁS FRÁGIL E ILUSORIA
QUE NÚMEROS ESCRITOS EN EL AGUA,
NUESTRA BÚSQUEDA DEL BUDA
FELICIDAD EN EL MÁS ALLÁ.

En segundo lugar, no te ayudaría, porque cualquier cosa que te sea dada desde el exterior no puede convertirse en tu naturaleza eterna. Ni siquiera un Buda puede darte la verdad, porque la verdad no es algo que se pueda dar o tomar, es una experiencia que surge en ti. El Buda es una ocasión en la que puedes florecer. Pero nada puede serte dado, nada puede ser transferido.

Hay cosas que son intransferibles. Surgen, crecen. No son mercancías, crecen como crece una fragancia en una flor.

La verdad es tu fragancia. Así que aunque quisiera, un Buda no te ayudaría - porque cualquier cosa dada desde fuera, sólo porque ha sido dada desde fuera, se convierte en falsa. Ya no es el verdadero regalo. El verdadero don tiene que surgir en ti, tiene que nacer de ti, a través de ti. Como mucho, el maestro puede ser una comadrona.

Eso es lo que Sócrates dice que es: una comadrona. El niño crece en el vientre de la madre: la comadrona puede convertirse en una ocasión para sacar al niño del vientre de forma más cómoda, más conveniente. Ésa es la función de un maestro.

Dios está creciendo en tu vientre. El maestro puede ser una ocasión para que este nacimiento se produzca con comodidad, con el menor dolor posible, con la mayor alegría posible, con celebración.

En tercer lugar, no puede ayudar, porque ve que no necesitamos ayuda. Todo lo que necesitamos es ser conscientes de nuestra libertad, conscientes de la ley fundamental de que el pensamiento crea la realidad, de que somos creadores, de que todos y cada uno de nosotros somos creadores.

No pienses ni por un momento que Dios ha creado el mundo. Tú has creado tu mundo. Y no hay un mundo, hay tantos mundos como personas aquí. Tú vives en tu mundo, tu mujer vive en el suyo. Por eso el choque - esos dos mundos están continuamente chocando. Tienen que chocar, están superpuestos.

A ti te gusta una cosa, a tu mujer le gusta otra. No hay manera de convencerse mutuamente, de una manera o de otra

- un gusto es un gusto. A ti te gustaría ir a este cine, a esta película; ella quiere ir a otro cine, a otra película: un gusto es un gusto. Dos mundos juntos, que se superponen, que interfieren entre sí, de ahí el conflicto. NO vivimos en un solo mundo. Hay tantos mundos como personas.

Y el Buda es alguien que ha visto la verdad de ello, que él es el creador de su mundo, y se ha retirado de él. No crea más. Un Buda vive aquí, en el mundo, sin mundo. Ese es el significado de ser un Buda: vive en el mundo pero no hay mundo para él. Vive en el mundo, pero el mundo no está en él. Su propia creación ha desaparecido por completo. Su lienzo está vacío: ya no crea, ya no proyecta ningún sueño.

Acercarse a un Buda significa acercarse a un vacío. De ahí el miedo. Uno siente miedo.

Si miras a los ojos de un Buda sentirás un vacío absoluto, un abismo. Y sentirás que, si caes en él, nunca llegarás a ningún fondo. No hay fondo. No hay fondo, es un vacío eterno: uno cae y cae y cae. Uno desaparece pero nunca llega al fondo.

El Buda no puede ayudarte, porque ve tus sueños. Es como si estuvieras dormido y vieras un sueño muy peligroso. Un tigre te persigue y tú gritas, y en sueños gritas: "¡Socorro! Socorro!" Y alguien está sentado a tu lado despierto. ¿Qué crees que debe hacer? ¿Debería intentar ayudarte? Entonces será tan estúpido como tú. Entonces estará tan dormido como tú, o incluso más.

Se reirá. Sabe que no hay ningún tigre; es tu creación, es tu imaginación. Puede que se ría. Pero tú estás sufriendo; puede que tu tigre sea imaginario, pero por el momento tu sufrimiento parece ser cierto. Se te saltan las lágrimas, tiemblas y te estremeces.

¿Qué debe hacer el hombre que está despierto? No puede salvarte del tigre, porque en primer lugar no hay tigre. Pero puede hacer una cosa: ayudarte a estar despierto.

Por eso estos sutras son tan deprimentes, te sientes triste. Pradeepa me ha escrito una carta; su hermano y la mujer de su hermano están aquí y ella ha escrito: "Maestro, la última vez que estuvieron aquí estuviste hablando de los sufíes, y les encantaron las charlas - por eso han venido otra vez. Y ahora estos sutras de Ikkyu: son tristes y crean tristeza". Me ha pedido que haga algo para que su hermano y la mujer de su hermano NO se sientan tristes aquí. Nada; se puede hacer. Con Ikkyu, yo soy Ikkyu.

Pero esta tristeza tiene un valor inmenso. Y no estás aquí sólo para entretenerte, estás aquí para iluminarte. No hay nada malo en ser entretenido -si decides serlo, bien- pero entonces has perdido una gran oportunidad. Necesitas ser iluminado.

Y antes de que uno se vuelva despierto tiene que pasar por muchas capas tristes de su ser. Hay capas y capas de tristeza que has reprimido, porque nunca has querido estar triste, nunca te has enfrentado a ella.

Buda trae toda tu tristeza delante de ti, porque su compromiso no es con tu sueño y tus sueños. Puede que esos sueños a veces sean dulces, pero un sueño es un sueño, sea dulce o amargo. Aunque sea muy entretenido es un sueño, y el tiempo se pierde.

Puede que la verdad no sea muy entretenida, pero es esclarecedora. Y una vez que has visto la verdad, la vida pasa a una dimensión totalmente nueva. Esa dimensión es la felicidad. Y recuerda de nuevo, felicidad no significa felicidad, porque lo que tú entiendes por felicidad es entretenimiento. Lo que entiendes por felicidad no es más que placer, sensación, emoción.

La felicidad tiene la cualidad de la paz, el silencio, la quietud, la imperturbabilidad. No hay dolor ni placer: ese estado de no dualidad es el que interesa a Buda. Y para alcanzarlo, si uno tiene que pasar por la tristeza, vale la pena. Cualquier coste está bien, porque lo que vas a realizar está más allá de todos los valores; está más allá de toda tu comprensión.

La Vía de Buda es la vía del despertar. Pero sólo se puede estar despierto cuando se enfatiza totalmente la tristeza. De lo contrario, ¿quién querría estar despierto? Tienes que estar alerta sobre tu tristeza, sobre tu infierno. Tienes que ser consciente de tu muerte, de tu enfermedad. Tienes que ser consciente de todas las agonías por las que has pasado y por las que estás pasando y por las que tendrás que pasar. Hay que hacer hincapié en todo esto.

Lo he oído:

Un productor de Broadway decidió que estaba harto de la extravagante publicidad de tantos espectáculos. Decidió incluir una cláusula en su contrato que le daba derecho a aprobar toda la publicidad de la nueva obra que estaba produciendo.

Un escritor tras otro prepararon anuncios que encarnaban la honestidad y sinceridad que él decía querer en sus anuncios.

Las rechazó todas. Finalmente, uno trajo una copia que decía así:

"He aquí una obra que combina el drama de Shakespeare, el ingenio de Rostand, la fuerza de Tennessee Williams, el intelecto de Marlowe y el misterio argumental de Dickens. Más grande que Hamlet, más conmovedora que la Biblia, ésta es una obra destinada a vivir para siempre".

"¡Eso es!", gritó el productor. "¡Sin exageraciones! Sólo la pura verdad".

Vives en una esperanza exagerada que sólo puede ser destruida por una tristeza exagerada. Hay que introducir la polaridad opuesta. Escondes todas tus heridas, a Buda le gustaría abrirlas. Naturalmente, a uno no le gusta. Ver las propias heridas duele. La vida empieza a parecer muy, muy dolorosa, uno se siente letárgico para vivir. Entonces, ¿qué sentido tiene? Uno empieza a pensar en suicidarse.

Ese es el punto al que Buda quiere que llegues. Cuando empiezas a pensar en el suicidio, sólo ahí es posible sannyas - no antes. Cuando piensas que toda la vida carece de sentido, sólo entonces tu energía comienza a concentrarse en un punto - que ahora hay que buscar algún otro significado. "Esta vida ha fracasado, in toto. Ahora hay que buscar otra vida. He vivido fuera de mí y he visto que todo es tristeza y agonía. Ahora tengo que volverme hacia dentro: un giro de ciento ochenta grados".

Por eso estos sutras parecen tan tristes. Ponen de relieve la verdad de tu vida.

MÁS FRÁGIL E ILUSORIA
QUE NÚMEROS ESCRITOS EN EL AGUA,
NUESTRA BÚSQUEDA DEL BUDA

FELICIDAD EN EL MÁS ALLÁ.

Y LA GENTE ES TAN ESTÚPIDA que incluso cuando se acercan a un Buda -que no conoce el futuro, que no conoce el pasado, que vive en el momento eterno- siguen preguntando por la otra vida. Quieren tener alguna felicidad en el más allá. No les interesa despertar ahora, sino crear un mundo hermoso después de la muerte.

Buda está absolutamente interesado en el ahora. Quiere que estés despierto en el ahora. Pero tú vas a él y le preguntas: "¿Es el alma inmortal? ¿Viviré después de la muerte? ¿Qué pasará después de la muerte? ¿Qué pasa después de la muerte? ¿Adónde va la gente?

Y Buda solía reírse de todas estas preguntas y simplemente las hacía a un lado. De hecho, ésta era su manera habitual: cada vez que entraba en una ciudad, sus discípulos iban por ella declarando a todos y cada uno: "NO hagáis estas once preguntas". Y estas once preguntas eran todas cuestiones de metafísica: el más allá, Dios, el cielo, el infierno, el karma... todo ese tipo de basura.

Buda solía decir: Sólo pregunta sobre lo inmediato, eso que es la pregunta ahora mismo. Déjame convertirme en la respuesta para eso.

La gente NO quiere preguntar eso, quiere evitarlo. Estás en la miseria y preguntas: "¿Qué pasará después de la muerte?". La gente también viene a mí; dicen: "¿Qué pasará después de la muerte?". Yo les digo: "Primero mira lo que pasa antes de la muerte". Eso no les interesa. ¿Antes de la muerte? ¿A quién le importa antes de la muerte? La verdadera cuestión es después de la muerte.

Si no puedes ver lo que está ocurriendo ahora, y NO quieres verlo, la historia también será la misma más adelante. Alguien ha preguntado: "Esta pregunta me persigue desde mi infancia:

¿cómo se siente la piedra por dentro? Dentro de la piedra, ¿cómo es?"

Investiga primero qué se siente cuando eres un hombre, porque una vez tú también fuiste una piedra, pero entonces estabas preocupado, lo sé, entonces estabas preocupado por lo que se siente al ser un hombre. Ahora que eres un hombre, te preocupa lo que se siente al ser una piedra. ¿Vas a perder todas las oportunidades?

Y recuerda, se siente igual. Si puedes saber cómo se siente por dentro ahora mismo, sabrás cómo se siente por dentro en cualquier otro lugar. El interior es el mismo, sólo difiere el exterior. Uno es una mujer desde fuera, otro es un hombre desde fuera; desde dentro, nadie es un hombre y nadie es una mujer. Y el hombre está continuamente desconcertado por la mujer. Incluso tus hombres más grandes, los llamados hombres más grandes, están continuamente desconcertados por el misterio de la mujer.

¿Cómo se siente? Por dentro es lo mismo, incluso en una piedra. El interior es siempre el mismo; sólo la periferia exterior, la forma, es diferente. Dentro está Dios. Dios es el interior de todas las cosas.

¡Pero estas preguntas! Piensa que una persona ha estado pensando continuamente desde la infancia -debe haberse convertido en una obsesión- cómo se siente dentro de una piedra. Y la persona aún no se ha preguntado: "¿Cómo se siente ahora mismo dentro de mí?".

A Buda le interesa lo inmediato, lo inminente. Entra en el aquí-ahora: entra en tu realidad y mira. Y lo que sepas resolverá todos tus problemas. No hace falta metafísica, basta con meditar.

Pero la gente solía pedirle: "Ayúdanos para la vida futura". Y él estaba listo aquí, disponible aquí, para transformarte. Pero tú no estás interesado en ser transformado aquí, porque tienes mil otras cosas que hacer. Usted está pensando que después de que la vida ha terminado y todas las cosas bellas de la vida se han hecho, entonces descansando en la tumba, sí, entonces uno puede meditar. Entonces uno puede pensar en grandes cosas. ¿Por qué preocuparse ahora? Ahora mismo hay tantas cosas que hacer, tantas cosas INTERESANTES que hacer.

Buda no puede ayudarte para el futuro, porque para un Buda no hay futuro. El único tiempo para un Buda es el presente. No puede ayudarte con el pasado, porque no hay pasado. Todo es un AHORA.

YA, SOBRE EL CORAZÓN
NO CUELGA NI UNA NUBE,
Y NO HAY MONTAÑA
PARA QUE LA LUNA SE ESCONDA DETRÁS.

Y si puedes verlo, y si puedes entrar en el ahora mismo de las cosas dentro de ti ESTE momento, te sorprenderás...

YA, SOBRE EL CORAZÓN
NO CUELGA NI UNA NUBE,
Y NO HAY MONTAÑA
PARA QUE LA LUNA SE ESCONDA DETRÁS.

¡Todo está claro allí! ¡En este mismo momento! Sólo que tú no estás allí. Todo está claro allí - sólo claridad, transparencia, claridad cristalina. Y ha sido así desde el principio de los tiempos. Tu pureza interior es absoluta, no puede ser contaminada.

Es como si un hombre durmiera, lo sacudieras y despertara. Incluso mientras dormía, su capacidad de despertar no se destruyó. Estaba ahí; era como un sustrato. Puede que en la parte superior hubiera una capa de sueño, de sueños, pero en el fondo estaba despierto. Si no, ¿cómo se le puede despertar simplemente sacudiéndole? Sólo una alarma, sólo alguien llamando desde fuera, y él abre los ojos y pregunta: "¿Quién me llama?". Y estaba dormido y soñaba mil y una cosas, y estaba completamente perdido en esas cosas. Pero algo seguía siendo consciente.

Ese algo siempre es consciente. Ese algo nunca pierde la conciencia.

Estás perdido en pensamientos; los pensamientos son sueños. Estás perdido en la cabeza, y esa claridad existe en el corazón. La cabeza es tu confusión, naturalmente: cincuenta mil pensamientos pasan por tu cabeza cada día, es realmente siempre hora punta, veinticuatro horas. Y estos cincuenta mil pensamientos de los que hablo son para el hombre medio muy muy normal. No estoy diciendo nada de los neuróticos, los filósofos y los pensadores, los locos; no estoy diciendo nada de ellos, esto es sólo la media.

Tantos pensamientos pasando por la cabeza: ¿cómo puedes permanecer despejado? Tantas nubes: ¿cómo puedes ver el sol?

Pero hay un espacio dentro de ti, una fuente de claridad: tu corazón. Sal de la cabeza y entra en el corazón. Y de repente uno es consciente.

YA, SOBRE EL CORAZÓN
NO CUELGA NI UNA NUBE...

Porque ni un solo pensamiento pasa por el corazón. El mecanismo del pensamiento está en la cabeza, y el mecanismo de la conciencia está en el corazón. El corazón siempre es consciente. Por eso siempre que haces algo desde el corazón tiene una belleza, una belleza trascendental, una gracia. Tiene algo de lo divino - tal vez una pequeña cosa, un pequeño gesto, pero en ese gesto Dios se revela.

Y todo lo que haces desde tu cabeza es siempre calculado, astuto, inteligente, y sigue siendo profano y feo.

YA, SOBRE EL CORAZÓN
NO CUELGA NI UNA NUBE,
Y NO HAY MONTAÑA
PARA QUE LA LUNA SE ESCONDA DETRÁS.

Allí está todo despejado. Y estos dos espacios están a tu disposición, pero de alguna manera te quedas parado al borde de la carretera, rodeado por el tráfico y el ruido.

Sal de tu cabeza y entra en tu corazón. Piensa menos, siente más. NO te apegues demasiado a los pensamientos; profundiza en las sensaciones. Sólo observa el cambio: es sólo un cambio de gestalt. Estás perdido en tus pensamientos, no puedes oír el canto de los pájaros. Entonces cambia la gestalt. Sólo cambia el enfoque, es un cambio. Ya no te preocupan los pensamientos: de repente todos los pájaros cantan, las flores florecen, los rayos del sol atraviesan los árboles y el viento juega con las viejas hojas muertas. Es sólo un cambio...

Y eso es exactamente lo que hay que hacer. Por lo tanto, el que realmente quiere despertar necesita aprender todas las formas de sensibilidad. Sentir más, tocar más, ver más, oír más, saborear más. Y todos tus mahatmas han embotado tu sensibilidad. Te han estado diciendo: "NO pruebes, el gusto es peligroso". Te han estado diciendo: "NO escuches música; olvida tus sentidos". Y como te has cerrado a todos tus sentidos, tu sentimiento ha desaparecido, porque el sentimiento sólo puede vivir a través del alimento que le dan tus sentidos.

Así que cuando una persona nueva viene aquí y ve a la gente abrazándose, cogiéndose de la mano, bailando, cantando, se queda perpleja, porque sólo conoce un tipo de ashram, el del cementerio, donde la gente está muerta, sentada bajo los árboles, aburrida, sin sentir nada, sólo cantando "Rama-Rama-Rama".

Y ese canto es sólo una especie de canción de cuna para que puedan forzar todos sus sentidos a dormirse.

Si quieres ser consciente, tienes que ser sensible. Tienes que permitir que todos tus sentidos se enciendan. Entonces el corazón empieza a vivir. Entonces el loto del corazón se abre y nunca hay confusión.

EN NUESTRO CAMINO POR ESTE MUNDO
DE NACIMIENTO Y MUERTE,
NO TENEMOS COMPAÑERO;
SOLITARIOS MORIMOS,
SOLOS NACEMOS.

NO TE PIERDAS demasiado en el mundo de las relaciones, porque toda relación es un sueño.

Recuerda tu absoluta soledad.

SOLITARIOS MORIMOS,
SOLOS NACEMOS.

Y esta vida es sólo una noche de estancia. NO te comprometas demasiado con ella, NO te involucres demasiado. Pasando la noche en un SARAI, NO te involucras. Pasas allí la noche y sabes que por la mañana tienes que irte, así que NO te preocupes por la caravana SARAI.

Esta vida es sólo un viaje, esta vida es sólo un puente. Atraviésala; NO te involucres demasiado en ella. Mantente distante, desapegado. Y esa distancia y ese desapego no tienen que ser algo forzado.

Si es forzado, no has entendido nada. Tiene que estar fuera de tu entendimiento. Si es forzado, matará tus sentidos; si está fuera de tu entendimiento, tus sentidos se volverán más vivos.

LA GRAN INUNDACIÓN

ROLLS ONWARD

PERO RÍNDETE;

Y TE HACE FLOTAR SOBRE ELLA.

Y recuerda, si no participas, no hay lucha ni combate que valga.

Son las personas implicadas las que se vuelven muy muy luchadoras, porque tienen ciertas ideas de lo que hay que hacer. Quieren que el mundo sea de una determinada manera; hay que cambiarlo. Se implican tanto que no pueden dormir. Tienen que pintar las paredes del CARAVANSARAI, tienen que decorar las paredes, tienen que cambiar la cama, tienen que arreglar los muebles... y por la mañana tienen que irse. Y se pierden toda la noche arreglando, peleando y cambiando cosas.

Por comprensión, no por práctica forzada, empiezas a flotar con la vida. Entonces todo está bien; entonces NO empujas el río...

LA GRAN INUNDACIÓN
ROLLS ONWARD
PERO RÍNDETE;
Y TE HACE FLOTAR SOBRE ELLA.

Y si empiezas a luchar con ella simplemente estás luchando contigo mismo y con nadie más. Si empiezas a luchar con la vida te cerrarás cada vez más, naturalmente, en defensa. Si empiezas a luchar con la vida serás derrotado, porque disiparás tu energía en la lucha.

Si NO luchas con la vida, flotas con la corriente, vas con el río, vas río abajo - NO intentas ir río arriba, no tienes ideas, simplemente estás en una especie de rendición con la vida - esto es confianza, esto es rendición. Y eso es todo. Entonces ocurre un milagro: si NO luchas con la vida, la vida simplemente te ayuda, te lleva sobre sus hombros.

¿Has visto algún cadáver flotando en el río? ¿Y has observado el secreto del muerto? Cuando estaba vivo le ahogó el río, naturalmente. Quizá no sabía luchar, no sabía nadar: se ahogó en el río. Debió de luchar, debió de esforzarse por salir de él: se ahogó.

Ahora está muerto y flota en la superficie. ¿Qué ha ocurrido? Parece que cuando estaba vivo no conocía el secreto. Ahora lo sabe; ahora el río no le ahoga. El mejor nadador es el que sabe comportarse con el río como si estuvieras muerto - COMO SI estuvieras muerto - entonces el río te lleva.

Esto es let-go: vivir como si estuvieras muerto, vivir sin apego, vivir sin posesividad, vivir sin aferrarse. Vivir con alegría.

QUE NO VE NADA,
DICE NAUGHT,
OYE CARCAJADAS,
SIMPLEMENTE SUPERA
EL BUDDHA.

Y si puedes flotar con el río sin hacer una casa en él, se producirá este milagro:

QUE NO VE NADA...

Podrás ver lo que no se puede ver. Y serás capaz de ver que cuando esto ocurre, el vidente también desaparece. Podrás ver lo que no puede llamarse lo visto.

Esta es la trinidad de la experiencia: el conocedor, lo conocido y el conocimiento. Esta es la trinidad de la experiencia. Si uno se relaja totalmente, esta trinidad desaparece. Entonces no hay nadie que sea un conocedor y entonces no hay nadie que sea conocido; simplemente hay conocimiento. El conocedor y lo conocido se han disuelto en el conocimiento. Todos los sustantivos se han disuelto en los verbos de la vida.

QUE NO VE NADA,

DICE NAUGHT...

EXISTE UNA EXPERIENCIA que no es una experiencia, que no puedes llamar experiencia.

Por eso Buda nunca habla de Dios, porque hablar de Dios es erróneo, es falsificar, es desmentir, es traicionar. Es algo que nadie ha visto nunca. Es algo que sólo se ve cuando el vidente ha desaparecido, es algo que llega a tu visión sólo cuando no estás allí. Es la unidad absoluta: no hay división entre la experiencia y lo experimentado, entre lo observado y el observador. Todas las distinciones, todas las dualidades, han desaparecido. ¿Cómo puedes decir algo al respecto?

DICE NAUGHT...

Por eso el sabio dice mil y una cosas sobre mil y una cosas, pero nunca dice nada sobre la verdad. No se puede decir nada sobre ella. El sabio es la verdad. Puedes participar de él, puedes beber todo lo que quieras de él, puedes vivir en su vecindad y puedes ser transformado por estar cerca de él - pero no hay nada que se pueda decir sobre la verdad.

El Tao que se puede decir no es el verdadero Tao. La verdad que se pronuncia se convierte inmediatamente en mentira.

QUE NO VE NADA,
DICE NAUGHT,
OYE CARCAJADAS,
SIMPLEMENTE SUPERA
EL BUDDHA.

La Budeidad es la trascendencia absoluta de todo, incluso Buda está incluido en ese todo. Uno se convierte en Buda sólo cuando supera incluso la Budeidad. Trata de verlo. Si alguien dice "he alcanzado la Budeidad" y se aferra a ella como una experiencia, aún no la ha alcanzado; todavía forma parte del mundo de la experiencia. El ego aún persiste, tal vez se haya vuelto muy sutil, pero está ahí.

El verdadero Buda es aquel que ha desaparecido, que ha desaparecido como experimentador. Esa es la superación total. Y en esa superación, uno es Dios.

El Dios al que nos hemos acostumbrado tanto es nuestra propia imaginación; no es el Dios verdadero. El Dios de los cristianos, los hindúes y los budistas no es el Dios verdadero. El Dios verdadero es el Dios del que nunca se ha pronunciado una sola palabra. El Dios de la Biblia, de los Vedas y del Corán no es el Dios verdadero. El verdadero Dios es aquel sobre el que siempre ha existido un silencio absoluto. Nuestros dioses son creaciones nuestras.

Lo he oído:

Una mujer de Manhattan murió y legó sus bienes a Dios. Para liquidar la herencia se presentó una demanda en la que se nombraba a Dios como parte. Se emitió una citación y el tribunal hizo todo lo posible por notificarlo. El informe final decía: "Tras la debida y diligente búsqueda, Dios no puede ser encontrado en la ciudad de Nueva York".

Pero ése es el tipo de Dios que busca la gente. ¿Qué clase de Dios buscas tú? Tienes una cierta imagen en tu mente, que tocará la flauta, que será como Krishna, o que será sólo una forma magnificada de Jesucristo, o que será así o asá... Estás simplemente pasando por los gestos vacíos de la religión; la verdadera religión no ha poseído tu vida todavía.

El Dios real no puede ser imaginado; el Dios real sólo sucede cuando toda imaginación ha dejado de serlo. El Dios real no puede ser VISTO; el Dios real sólo puede ser visto cuando el vidente ya no existe. El Dios real no puede convertirse en un objeto; reducir a Dios a un objeto es destruirlo, es matarlo, es asesinarlo. El Dios real siempre sucede como el núcleo más íntimo de tu subjetividad - no allí, sino aquí. No entonces, sino ahora. No fuera, sino dentro. Y ese "dentro" también es sólo por un momento: una vez que Dios ha sucedido, ese "dentro" también desaparece. Entonces no hay nada exterior, nada interior: todo es uno.

Esta es la funcion de un maestro: hacerte consciente de lo que no se puede decir, de lo que no se puede describir. Se necesita un gran amor, una gran simpatia hacia el maestro. Solo entonces estas cosas inimaginables, cosas indescriptibles, cosas indefinibles, pueden ser comprendidas.

El maestro no puede darte a Dios, pero puede hacer que tu corazón arda en anhelo por él.

El joven vendedor estaba perturbado. Había perdido una venta importante que creía asegurada.

Mientras discutía el asunto con su supervisor, el vendedor se encogió de hombros y dijo: "Puedes llevar un caballo al agua, pero no puedes hacerle beber".

"¡Por el amor de Dios!", gritó el supervisor. "¿Quién te dijo que le hicieras beber? Tu trabajo era hacer que bebiera".

Ese es el trabajo de un maestro: hacer que tengas sed de algo invisible. Es una sed de locura, no se puede demostrar nada lógicamente. Es una especie de infección. Por lo tanto se necesita satsanga - tienes que estar en profunda comunión con el maestro. Poco a poco, algo contagioso entra en tu ser. La mirada del maestro, un gesto captado en un momento en el que estabas completamente en silencio y el trafico de la mente ya no se movia - solo una pausa, un silencio, un periodo... y algo empieza a agitarse en ti.

El maestro está ahí fuera de ti. Su sola presencia comienza a llamar a algo que ha estado dormido durante mucho tiempo. Uno empieza a levantarse, uno abre los ojos.

Es una relación muy extraña estar con un maestro, la más extraña - porque el maestro no es, y el discípulo es demasiado. Y, poco a poco, la nada del maestro abruma al discípulo:

al ver la belleza de la nada, empieza a abandonar su "algo".

Se cuenta que se declaró un incendio en una casa. Dentro dormía un hombre. Intentaron sacarlo por la ventana, pero no pudieron. El hombre era pesado, grande, corpulento. Lo intentaron por la puerta, pero no pudieron. Estaba profundamente dormido.

Y ya sabes, cuando un hombre está profundamente dormido se vuelve muy pesado; si está despierto puedes cargarlo fácilmente. ¿Has observado este hecho? Basta con llevar a un niño pequeño cuando está despierto, y es ligero. Y lleva al mismo niño cuando está profundamente dormido, y es pesado. Tal vez el sueño esté más en sintonía con la gravitación de la tierra y la consciencia con la levitación del cielo. Estas palabras no se usan de forma científica, sólo metafóricamente, pero siempre que una persona se despierta se vuelve muy ligera. Y si has cargado a alguien que está en coma, sabrás que es casi imposible cargarlo.

Lo intentaron desde la ventana, no pudieron. Lo intentaron por la puerta, no pudieron.

Un sabio dijo: "¡Despiértalo, saldrá solo!".

Ese es el propósito de un maestro. Por su consciencia, por el impacto de su consciencia, tu cualidad dormida lentamente se disipa, se dispersa. Su luz provoca tu luz, su silencio llama a tu silencio.

Y recuerda, el maestro no está haciendo nada en particular. Simplemente está aquí: todo sucede por sí mismo. Pero el discípulo tiene que ser muy vigilante, el discípulo tiene que estar muy muy atento, el discípulo tiene que estar muy muy enfocado y concentrado. El discípulo tiene que permanecer con los ojos sin pestañear. El discípulo tiene que estar casi en una especie de profundo enamoramiento, todo alerta - como cuando estás enamorado, el mundo entero desaparece, sólo está tu amado.

A menos que el maestro sea tu amado, tu amante, a menos que toda tu energía se dirija hacia él, la transformación no será posible. Tienes que observar cada gesto, cada matiz.

Después de que Billroth, el cirujano vienés, dijera a sus alumnos que un médico necesita dos dones: no tener náuseas y poder de observación, sumergió sus dedos en un líquido que provocaba náuseas y se lo lamió, pidiéndoles que hicieran lo mismo. Lo hicieron sin inmutarse. Con una sonrisa, Billroth dijo: "Habéis superado bien la primera prueba, pero no la segunda, pues ninguno de vosotros se dio cuenta de que mojé el primer dedo, pero lamí el segundo".

Sí, hay que estar muy muy atento con un maestro para ver cada gesto, porque en esos gestos está el verdadero mensaje. La forma en que camina, la forma en que se sienta, la forma en que te mira, su forma de ser.

Lo que dice es secundario. Lo que ES es primario, muy fundamental. Así que los que se pierden en sus argumentos y en sus palabras y en sus teorías, en sus expectativas, siguen perdidos.

MÁS FRÁGIL E ILUSORIA
QUE NÚMEROS ESCRITOS EN EL AGUA,
NUESTRA BÚSQUEDA DEL BUDA
FELICIDAD EN EL MÁS ALLÁ.

YA, SOBRE EL CORAZÓN
NO CUELGA NI UNA NUBE,
Y NO HAY MONTAÑA
PARA QUE LA LUNA SE ESCONDA DETRÁS.
EN NUESTRO CAMINO POR ESTE MUNDO
DE NACIMIENTO Y MUERTE,
NO TENEMOS COMPAÑERO;
SOLITARIOS MORIMOS,
SOLOS NACEMOS.
LA GRAN INUNDACIÓN
ROLLS ONWARD
PERO RÍNDETE,
Y TE HACE FLOTAR SOBRE ELLA.
QUE NO VE NADA,
DICE NAUGHT,
OYE CARCAJADAS,
SIMPLEMENTE SUPERA
EL BUDDHA.

¡Supera al Buda! Lo digo en serio. Superar a Buda, porque ésa es la verdadera Budeidad, cuando has superado incluso a Buda.

Esa fuente eterna está a tu disposición. Eres afortunado. NO te lo pierdas.

Budas con los ojos cerrados

La primera pregunta

Pregunta 1:

¿CUÁL ES LA DIFERENCIA ENTRE ESPERAR A GODOT Y ESPERAR A DIOS?

NINGUNA DIFERENCIA EN ABSOLUTO. Toda espera es esperar a Godot, porque toda espera es en vano. No se puede esperar a Dios, porque Dios ya ha llegado. Dios ya es el caso; Dios no está en el futuro.

Dios es sólo ESTO, todo esto: ¿cómo puedes esperarlo?

Si lo esperas te lo pierdes. Esperar a Dios es una forma de escapar de Dios, una forma muy astuta y tramposa, muy inteligente y sutil - tan sutil que uno puede engañarse a sí mismo a través de ella. ¿Qué quieres decir cuando dices "esperar a Dios"? Dios no está allí, lejos, distante. No vas a viajar hasta Dios, no va a haber ninguna peregrinación. Dios está donde tú estás; tú ERES gracias a Dios. Dios está en tu respiración, Dios es tu vida. No hay más Dios que la vida.

Para evitar la vida, la gente ha creado imágenes de Dios; no son imágenes de Dios, son escapes de Dios. La gente evita a Dios, por eso han creado templos, mezquitas, gurudwaras e iglesias. No están hechos por gente religiosa, recuerda, están hechos por gente irreligiosa.

Los que NO quieren involucrarse con Dios, los que quieren posponerlo, han creado los templos y las llamadas religiones. Esas religiones te dan la sensación de que Dios estará en el futuro - en algún otro país, en alguna otra tierra, en algún otro espacio, en algún otro mundo, pero nunca aquí. Y Él está aquí.

Y está aquí, en el canto de los pájaros y en el verde de los árboles y en el rojo de los árboles y en el oro de los árboles. Está en el pájaro al vuelo... está en todas partes. Ni siquiera necesitas salir de ti mismo para encontrarlo. Es tu núcleo más íntimo, tu sustrato, tu propio ser. ¿Cómo puedes esperarle? Sería como un pez en el océano esperando al océano; sería una completa tontería.

Así que toda espera es para Godot. Toda espera es inútil. Si esperas, estás perdiendo el tiempo. Espera, y estás evitando al invitado que ya ha llegado - está llamando a la puerta en el viento, en la lluvia, en el sol; quiere entrar en ti. Y estás rezando en un santuario, aislado. O estás sentado en tu cueva esperando a Dios. ¿A quién intentas engañar? Ahora mismo NO quieres recibir al huésped: sé sincero. Tienes miedo de recibir al invitado; puede perturbar todo tu modelo de vida. CERTAMENTE va a perturbar todo tu patrón de vida.

Recibir a Dios significa una muerte, una desaparición - porque los dos no pueden existir juntos, tú y Dios.

Martin Buber, uno de los grandes pensadores de este siglo, dice que la relación entre el hombre y Dios es la de yo-tú. No lo es, porque no hay ni yo ni tú. No es una relación en absoluto, porque la relación necesita al menos dos.

Dios es cuando no hay dos. Cuando no lo eres, entonces se hace claro algo que siempre ha estado ahí, pero por tu culpa -la confusión que eres, la angustia que eres, la pesadilla que eres- por tu culpa era imposible verlo. Tú eres el polvo en los ojos; tú eres la oscuridad que te rodea Dios está disponible, pero tú no estás disponible para Dios. No puedes esperar a Dios; Dios te está esperando a ti.

Pero, ¿por qué la gente sigue pensando en términos de espera? Da grandes ilusiones: algún día va a suceder. Basta con ver el funcionamiento de la mente, el funcionamiento de la mente. La mente es siempre una buscadora, siempre deseando algo u otra cosa; existe a través del deseo y la búsqueda. A veces busca dinero, a veces busca meditación, pero no hay ninguna diferencia básica. Es el mismo juego, jugado con palabras diferentes pero sin cambiar nada, jugado con nombres bonitos pero el mismo juego.

Alguien busca poder aquí, y alguien busca poder allá - poder allá en el otro mundo - y lo llama "Dios". Alguien quiere ser especial aquí, y otro quiere ser especial allí. Los discípulos de Jesús le preguntan una y otra vez: "Sabemos que estarás exactamente a la derecha de Dios, estarás a su derecha. Pero entre tus discípulos, ¿quién estará a tu lado allí en ese otro mundo, en ese reino de Dios? ¿Quién estará a tu lado?".

¿Qué es este deseo? La misma política de poder, la misma jerarquía, el mismo viaje del ego.

La mente sigue siendo una buscadora. La mente no puede existir con plenitud, sólo puede existir con hambre.

La mente sólo puede existir en un estado de inanición. Si estás completamente satisfecho y no hay hambre ni inanición y estás contento, la mente desaparece como las gotas de rocío en el sol de la mañana: nunca volverás a encontrar la mente.

La mente mira al futuro, busca en el futuro. Y cuando estás enfocado en el futuro - alguna meta, meta lejana... Y cuanto más lejana sea la meta, mejor para la mente - porque si la meta no está muy lejos, entonces tarde o temprano la alcanzarás.

Dios, la idea de Dios, es la mejor meta para la mente. El hombre mundano no tiene una idea tan grande, porque sus ideas no son imposibles, son factibles. Quiere hacer una casa un poco más grande - no es para tanto, se puede hacer. Un día tendrá una casa más grande, ¿y entonces? Entonces la mente tiene que volver a crear un nuevo deseo.

Fíjate: ¿por qué la mente tiene que crear nuevos deseos? Porque tu viejo deseo se ha cumplido, y la mente sólo puede existir deseando. Tienes mucho dinero y la mente quiere duplicarlo. Entonces un día lo HAS doblado: ¿ahora qué hacer? La mente ha llegado a un punto en el que automáticamente se va a suicidar. Si la mente quiere volver a vivir, de nuevo un nuevo deseo tiene que ser liberado, proyectado:

otra vez quieres duplicar el dinero, y así sucesivamente.

El hombre mundano tiene que cambiar sus deseos muchas veces, una y otra vez; tiene que renovar constantemente su deseo. ¿Y quién es este hombre de otro mundo, el llamado religioso, el santo, el mahatma? Es más astuto. Desde el principio ha elegido algo; está esperando lo imposible.

No va a suceder, nunca ha sucedido, porque YA ha sucedido. No hay forma de que suceda, es imposible. Puede vivir una y otra vez -esta vida, otra vida y otra vida- y su meta es tan absolutamente imposible que no necesitará cambiarla. Tiene un objetivo permanente.

El hombre mundano tiene metas temporales, no muy muy lejanas. El hombre mundano piensa en plazos:

un deseo, luego otro deseo, un coche mejor, una casa mejor, una mujer más guapa...

El hombre de otro mundo ha elegido lo último en deseo. Dios es lo último en deseo - no el verdadero Dios, el Dios de tu idea es lo último en deseo. Es intrínsecamente imposible. Puedes seguir esperando y puedes seguir esforzándote, puedes seguir buscando.

Verlo, que buscar es el camino de la mente, que buscar es mente, que buscar es la fuente de todas las tensiones y angustias y ansiedad, es darse cuenta de un gran fenómeno. Entonces NO empiezas a buscar a Dios, porque eso es buscar de nuevo. Entonces toda búsqueda simplemente desaparece, se marchita. En el conocimiento del hecho de que la búsqueda crea mente y la mente es angustia, la búsqueda desaparece. Y con la búsqueda desaparece la sombra, la mente.

Y cuando no hay búsqueda, ¿cómo puede haber espera? Cuando no hay deseo, ¿cómo puede haber espera? Cuando no hay deseo, no hay búsqueda, no hay espera. De repente estás aquí y ahora.

No puedes moverte ni un centímetro, no puedes ir a ninguna parte, ya no hay ningún sitio al que ir.

En esa inmediatez, Dios se vuelve disponible. Es mejor decir que te vuelves disponible para Dios - Dios siempre ha estado disponible desde su lado.

Es como si el sol hubiera salido por la mañana y tú estuvieras sentado en tu habitación con las puertas y ventanas cerradas, en la oscuridad. Si abres las puertas, estarás disponible para el sol. El sol ya estaba disponible, sólo tiene que producirse el encuentro.

No puedes esperar a Dios. Toda espera es para Godot. Godot significa aquel que nunca llega, que NO PUEDE llegar, cuya llegada es imposible. Y lo único imposible es lo que ya ha sucedido, ¿cómo puede volver a suceder? Estás vivo, y estás esperando la vida, Ahora, esto es ridículo.

El verdadero hombre de religión no piensa en términos de Dios. Piensa en términos de vida o, mejor aún, de vivir, porque la vida puede volver a ser una idea abstracta. Vivir, vivir momento a momento. En ese mismo vivir, uno sabe qué es Dios, porque uno sabe quién es.

Tu idea de Dios es una huida de la vida. Tienes miedo de la vida, del amor, tienes miedo de la muerte. Tienes miedo a diez mil cosas, y están ahí y NO quieres verlas cara a cara.

Usted NO quiere saber cuál es exactamente el caso. ¿Cómo evitarlo? Te dedicas a otra cosa. Creas un gran deseo en tu mente, un deseo lejano -en algún lugar del futuro se cumplirá- y te obsesionas con él. Entonces adoras a Dios, y estás adorando a un Dios falso.

Toda adoración es falsa, porque la verdadera adoración consiste en vivir, no en adorar. La verdadera adoración consiste en pequeñas cosas. No es que hagas rituales - todos los rituales son sólo estrategias para crear la creencia de que estás haciendo algo especial, algo sagrado. Simplemente eres estúpido, nada más. Puedes decorar tu estupidez - puedes cantar Vedas y puedes leer Biblias y puedes hacer grandes rituales en las iglesias y templos y puedes sentarte alrededor de un fuego y cantar grandes canciones - pero simplemente estás siendo estúpido; esto no es ser religioso en absoluto.

Pero un hombre religioso vive el día a día, momento a momento. Limpia el suelo, y hay adoración.

Preparar comida para el marido, y hay adoración. Tomar un baño, y hay adoración. La adoración es una cualidad, no tiene nada que ver con el acto en sí, sino con la actitud que se adopta ante él. Si amas al hombre y preparas comida para él, es adoración, porque el hombre es divino.

El amor hace divinos a todos, el amor revela la divinidad. Entonces no es sólo tu marido, es Dios en la forma de tu marido. O está en tu mujer en forma de mujer - pero es Dios, en última instancia Dios y siempre Dios. Un hijo, tu hijo: Dios ha venido a ti en una forma determinada.

¡Reconocer! ¡Vean! Y hay adoración. Puedes estar simplemente jugando con tu hijo y es adoración - mucho más significativa que lo que haces en los templos; la adoración en los templos es sólo plástico.

La verdadera vida hay que vivirla de forma auténtica y sincera, con totalidad, con alegría, con fiesta. Y entonces puedes olvidarte por completo de Dios, porque en cada momento te encontrarás con él, en cada momento te cruzarás con él. Entonces todo es sólo una manifestación de Dios. Dios es la condicion previa de todo - nada puede existir sin el. Así que sólo él existe, y todo lo demás es sólo una forma.

Surge una ola, un maremoto, o una pequeña ondulación, pero ambos son el océano. La pequeña ondulación es tan océano como el maremoto. Un Buda camina, puede ser un maremoto. Y luego, un hombre corriente, el hombre que viene a remendarte los zapatos, también es Dios; puede ser una ondulación, pero ninguna ondulación es menos océano. No hay cuestión de ser menos o más - una ondulación es tan oceánica como el maremoto, y la partícula más pequeña es tan divina como la montaña más grande. No hay duda, porque Dios no es una cuestión de cantidad, es una cuestión de calidad.

Todo lo que está vivo es divino. Esta visión es religión.

Así que, Chinmaya, ninguna espera es esperar a Dios. Toda espera es para Godot. NO esperes, ya has esperado bastante. ¿No ves la inutilidad de esperar? Acepta mi invitación a vivir a Dios. NO esperes.

Esperar no es el camino, vivir es el camino. ¡Vive Dios! ¡Empieza en ESTE momento! ¿Qué más necesitas?

Yo estoy aquí, tú estás aquí, los árboles están aquí, los pájaros cantan y el inmenso cielo te rodea. ¿Qué MÁS necesitas? ¿Qué MÁS crees que puede haber? Nada se le va a añadir y nada se le va a quitar; esta totalidad permanecerá tal como es.

Yo existo en la misma totalidad en la que tú existes. Pero yo existo con los ojos abiertos y tú con los ojos cerrados; ésa es la diferencia, la única diferencia; no hay mucha.

Sois Budas con los ojos cerrados.

Y sólo es cuestión de que decidas abrir los ojos. Tienes la capacidad de abrirlos, porque si puedes cerrarlos, puedes abrirlos. La posibilidad misma de cerrarlos está ahí porque también puedes abrirlos. Es tu decisión, es tu elección.

Has elegido vivir sin Dios porque tienes miedo de Dios. Y luego dices: "Estoy esperando a Dios". Muy engañoso. Ni siquiera quieres aceptar la verdad, que has estado escapando de Dios. Así que creas dioses falsos - ikons e ídolos y templos - y vas allí y haces cosas estúpidas allí y las llamas yagnas, oración, y todas esas cosas.

VER que has estado escapando. Esto duele, porque al verlo, toda tu mente se derrumba. Toda tu vida se basa en esta estrategia de seguir escapando, de seguir posponiendo. "Mañana viviré", esa es tu forma de vivir. Mañana, nunca en este momento. La próxima vida, después de la muerte, en otro tiempo, en otro mundo...

No hay otro mundo. Este es el único mundo que existe. Y todos esos paraísos y cielos son sólo tu imaginación, para escapar, para involucrarte - sueños para evitar la realidad.

Todo mi proceso consiste en llevarte a ESTE momento. Sólo ESTE - y Dios se derrama sobre ti y Dios surge en ti. Y el Dios interior se encuentra con el Dios exterior, y entonces hay una gran alegría.

En resumen, ¡deja de ser un buscador! Ahora, Chinmaya es un buscador, de ahí la pregunta. ¡Deja de ser un buscador!

La gente disfruta mucho con estas ideas: "Soy un buscador de la verdad" o "Busco a Dios". Y entonces te miran con esa mierda de más santo que tú, un buscador de la verdad, un buscador de Dios. Pero buscar es básicamente un error. Buscar está mal - lo que estás buscando es irrelevante.

NO seas un buscador. Has sido un buscador durante muchas muchas vidas. Ya es hora. Despierta de tu búsqueda y empieza a vivir. ¿Cuándo vas a vivir si sigues buscando y buscando y buscando?

Empieza a vivir. Come cuando tengas hambre, y mientras comas sumérgete totalmente en ello, y se convertirá en adoración. Duérmete cuando estés cansado, pero duérmete totalmente. Y si no tienes sueños, eso es sueño total; es adoración.

Si el sueño es sin sueños tiene la cualidad de la meditación. Por eso Patanjali dice que SAMADHI y SUSHUPTI - el estado último de éxtasis, y el sueño profundo sin sueños - son muy similares. ¿Por qué similares? Porque en el sueño profundo desaparecen los sueños, desaparece el pensamiento. Lo mismo ocurre en el samadhi:

todo pensamiento desaparece, toda imaginación desaparece, todo sueño desaparece. La única diferencia es que en el sueño profundo estás inconsciente y en el samadhi estás consciente. Por lo demás, ambos te llevan al mismo hogar, a la fuente.

Duerme totalmente. Cuando camines, camina totalmente, deja que todo lo demás desaparezca. Disfruta de la totalidad de un paseo matutino, de todo lo que implica: los niños jugando y los perros ladrando y los pájaros al vuelo y las nubes en el cielo, y tú allí. ¿Qué más puedes pedir? ¿Qué más alegría? Si no puedes ser feliz con un mundo tan hermoso, con tantas cosas que se te dan continuamente, ¿dónde crees que vas a ser feliz?

Caminar, sólo caminar. Escuchar, sólo escuchar. Hablar, sólo hablar. Estar totalmente en ello - entonces cada acto se transforma, se vuelve luminoso. Esta es la manera de vivir a Dios.

NO te enseño a buscar a Dios, te enseño a vivir a Dios. Vivir empieza en este momento. Buscar por supuesto tiene que empezar mañana, siempre mañana. Y el mañana nunca llega.

La segunda pregunta

Pregunta 2:

QUIERO SER MAESTRO. LA IDEA DE SENTARME Y NO HACER NADA ME ATRAE MUCHO. ¿QUÉ ME DICES AL RESPECTO?

¡GRAN IDEA! ¡ALGUNA IDEA! Pero es muy difícil simplemente sentarse. Estás tan inquieto. Si puedes simplemente sentarte, ¡eres un maestro! Pero piensa en sentarte sin hacer nada, ¿puedes permitirte tanto descanso aunque sólo sea por un momento?

Eso es lo que sigo diciéndote: Siéntate en silencio, pasivamente, sin hacer nada, sólo ser. Y tú me miras con ojos desconcertados: "¿Sólo sentarse, sin hacer nada?" La gente me pregunta: "¿No podemos cantar un mantra?

Por favor, danos un mantra, para que al menos podamos cantar un mantra cuando estemos sentados". Ese mantra no sirve para nada más que para tu inquietud.

La meditación trascendental de Maharishi Mahesh Yogi tiene atractivo en América porque América es muy inquieta. La gente no puede sentarse en silencio; tiene que hacer algo. Si no hay nada que hacer entonces tienen que repetir Rama-Rama-Rama o Coca-Cola-Coca-Cola-Coca-Cola - pero algo. Coca Cola es un gran mantra: repítelo y tendrás todos los beneficios de la meditación trascendental.

¿Qué ocurre cuando repites un mantra? Sólo le da a tu inquietud algo que hacer. Se concentra y puedes sentarte. Pero esto no es sentarse de verdad; te has vuelto a escapar. Ahora has escapado hacia el mantra. Un mantra es un viaje mental. Sólo sentarse significa no mantra, no pensamiento, no movimiento. Sólo sentarse significa exactamente sólo sentarse.

Sí, entonces puedes convertirte en un maestro; TIENES que convertirte en un maestro. La gente empezará a venir a ti por su propia voluntad, porque cuando alguien se sienta, surge tal gracia en esa energía inmóvil porque está completamente en el presente. No puede moverse a ninguna parte - no puede moverse al pasado, no puede moverse al futuro. Simplemente está completamente aquí, es totalmente uno con este momento. En eso, es un puente con la realidad, es uno con Dios.

Y un hombre que es uno con Dios es un maestro. En ese momento, surge en él una gravitación tan grande que la gente se sentirá atraída, la gente empezará a moverse hacia él. El puede estar sentado en lo profundo de una cueva en los Himalayas y la gente empezara a llegar alli, la gente empezara a encontrar el camino hacia donde el esta. Hay una atracción inconsciente.

En tiempos de Buda no había manera, porque el mundo estaba realmente muy desconectado. Las naciones existían aisladas; no había nada como periódicos, radio, televisión... no había forma de difundir el mensaje. Pero la gente empezó a moverse. Desde casi todos los rincones del mundo conocido, la gente acudía a Buda. De algún modo funciona, se extiende; tiene su propio impulso.

Serás un maestro si puedes sentarte en silencio. Pero la idea misma de ser maestro no te permitirá sentarte en silencio. Abrirás los ojos para ver si los discípulos han empezado a venir o no: "¿Y qué hago yo aquí? Es la hora, y no ha venido nadie - NO veo que vengan fotógrafos ni gente de los periódicos ni de los medios de comunicación...". No podrás sentarte en silencio. Empezarás a esperar discípulos: ése es el significado del deseo de ser maestro.

Un maestro es aquel que no tiene deseos. Ahora, incluso el deseo de ser un maestro es suficiente; no te permitirá ser un maestro. Un maestro no esta tratando de ser un maestro - el es. No lo está gestionando, es espontáneo. No esta buscando y buscando discipulos, ellos vienen. Sucede por sí mismo. La energía silenciosa de un maestro, esa energía luminosa de estar alerta, en paz, a gusto, en reposo, en casa, hace que mucha gente se dirija hacia esa fuente. Esta atracción no se produce realmente en la mente. Ocurre más profundamente que en la mente: ocurre en tu inconsciente.

Tú dices: QUIERO SER UN MAESTRO.

Eso será una barrera. Y la razón es la idea de sentarse y no hacer nada. Debes ser una persona muy perezosa. Sólo sentarse y no hacer nada no es un estado de pereza, fíjate. Es de energía total, energía suprema. No es una especie de sueño, una especie de coma; no es letargo. Es una reserva de energía. La energía no se mueve a ninguna parte, la energía se acumula. Y cuanto más se acumula, más poderosa se vuelve.

Debes de ser una persona perezosa. La idea te atrae, porque ser discípulo parece difícil, arduo -tienes que hacer esto y tienes que hacer aquello, y tienes que meditar, y tienes que pasar por tantas cosas, y aquí está el Yoga y el Zen y el Tantra y el Sufismo y tienes que encontrar y buscar y vagar y vagar e indagar, y te parece un largo viaje.

Te gustaría ser simplemente un maestro.

Lo he oído:

Un millonario amante de la música se hizo amigo de un pobre mendigo que tenía una orquesta privada. Un día, el mendigo se presentó ante su benefactor y le pidió un puesto en su orquesta.

Asombrado, el rico le dijo: "No tenía ni idea de que supieras tocar un instrumento".

"No puedo", fue la respuesta. "Pero veo que tienes un hombre allí que no hace más que agitar un palo mientras los otros juegan. Puedo encargarme de su trabajo".

Ese trabajo no es fácil, es el más difícil de todos; desde fuera parece muy fácil.

Estar sentado es lo más difícil del mundo, lo más arduo del mundo. Se puede hacer de todo, se puede subir al Everest, se puede ir a la Luna, pero sentarse es imposible.

Puedes dedicarte a cualquier tipo de actividad -que encaje, que encaje con el ego, que potencie el ego: te conviertes en un gran hacedor.

Pero cuando estás sentado sin hacer nada, ¿qué ocurre? ¿Cuál es la dificultad? La mayor dificultad es que, cuando no haces nada, empiezas a desaparecer, porque el hombre existe a través de sus actos.

Jean Paul Sartre tiene razón cuando dice que el hombre se define a sí mismo a través de su actividad. Uno es lo que hace.

Eres médico porque haces un determinado tipo de trabajo. Eres pintor porque pintas, eres cantante porque cantas. Tu identidad viene dada por tu acción. TÚ eres esto, tú eres aquello: tu definición viene de tus actividades. Cuando no hagas nada, ¿quién serás? Un médico, un pintor, un ingeniero, un cantante... ¿quién? No serás nadie. Simplemente no serás nadie. Tu identidad empezará a desaparecer, tu definición se escapará de tu ser. Estarás completamente desnudo y sin saber quién eres.

Y eso es lo arduo, es muy arduo. Te verás inmerso en un gran caos, y surgirá en ti un gran temor: ¿qué está pasando? Inmediatamente te precipitarás en algún acto, empezarás a hacer algo. Y una vez que empiezas a hacer algo, vuelves a estar tranquilo, porque de nuevo sabes quién eres.

¿No lo has observado? Simplemente sentado en silencio en tu habitación, ¿no has observado una y otra vez que empiezas a hacer algo sin sentido? La gente empieza a mover los muebles, a arreglar de nuevo los cuadros o a limpiar los libros o el armario: tienen que hacer algo. Porque cuando están haciendo algo, están perfectamente asentados en su conocimiento de quiénes son.

Eres ama de casa: cuando haces algo, lo sabes. Eres madre: cuando el niño está contigo, sabes quién eres. Eres marido: con la mujer sabes quién eres. Cuando la mujer muere, algo en el marido muere inmediatamente, porque se asusta mucho: ¿quién es ahora? Se había acostumbrado a vivir con la idea de que era un marido.

La esposa de Mulla Nasruddin murió y él estaba llorando a mares. Uno de sus amigos más cercanos no podía creer lo que veía: de los ojos de Mulla salían lágrimas tan grandes que nunca había visto llorar a ese hombre. Y él siempre había pensado que este hombre es un hombre valiente - ¿simplemente llorando como un niño?

Para consolarlo, el amigo le dijo: "No te preocupes, Nasruddin, el tiempo lo cura todo. Dentro de tres o seis meses habrás olvidado a esa mujer. Y yo te digo que aún eres joven, te volverás a enamorar, te volverás a casar. Así que NO te desesperes".

Mulla miró con ira al amigo y le dijo: "¿De qué estás hablando? ¿Seis meses? ¿Y qué voy a hacer esta noche?".

Si te has acostumbrado a una esposa, se ha convertido en parte de tu definición. Por la noche, solo, tendrás miedo - miedo del hecho de que de nuevo su definición ha desaparecido.

¿Qué ocurre cuando un hombre muy rico quiebra? ¿Por qué se suicida la gente cuando quiebra? ¿Es el dinero tan valioso, más valioso que la vida? El problema es que ésa era su definición.

Ahora no hay dinero en el banco, su alma ha desaparecido, NO saben quiénes son. Y parece tan arduo definirse de nuevo, empezar desde ABC, empezar a mendigar de nuevo. Y tardarán treinta o cuarenta años en poder volver a ganar tanto dinero y tener de nuevo esa definición.

Parece demasiado tiempo y demasiado; es mejor desaparecer, es mejor abandonar todo el esfuerzo.

Tu actividad te mantiene definido; te da una certeza, una seguridad. Cuando no haces nada, te sientes inseguro. Un abismo empieza a bostezar en tu ser y sientes que estás cayendo en el abismo, e inmediatamente te lanzas a hacer algo.

¡He vuelto a ver a gente leyendo el mismo periódico! Viajé durante quince años seguidos: casi tres semanas al mes viajaba y observaba a la gente. A veces ocurría que sólo había un pasajero más conmigo en el compartimento, y yo le observaba. Leía el mismo periódico una y otra vez y se avergonzaba un poco de que yo estuviera allí. Abría la ventanilla y la cerraba, abría la maleta, la ordenaba y la volvía a cerrar, y también se avergonzaba mucho porque alguien estaba sentado allí sin hacer nada. Y él no podía sentarse. Intentaba dormir, pero no podía, se levantaba, iba al baño y volvía. Y no era un demente, sólo una persona normal, durante veinticuatro horas enjaulada en un compartimento, sin saber qué hacer.

¿No has visto a la gente? - sus vacaciones son los días más difíciles; NO saben qué hacer.

Toda la semana piensan que llega el domingo y que van a descansar, ¡y nunca descansan el domingo! Empiezan mil y una cosas: empiezan a cortar el césped o a arreglar cosas de la casa. Se cansan más el domingo que en la oficina, porque ¿quién trabaja en la oficina? Simplemente se pospone. Los archivos se mueven de una mesa a otra, se mueven y se mueven y se mueven, y nunca pasa nada. En la oficina, la gente se vuelve muy hábil para evitar, ése es su trabajo. Evitar, decir que no, no hacer nada: ésa es su actividad allí.

Los psicólogos saben perfectamente que una vez que una persona se jubila muere antes de lo que habría muerto si hubiera seguido en su trabajo. Ocurren diez años de diferencia. Si un hombre iba a vivir naturalmente ochenta años, y a los sesenta se jubila... Y él había estado esperando esa jubilación toda su vida - pensaba: "Sólo unos años más y me jubilaré y entonces descansaré y haré todas esas cosas que siempre quise hacer. Leeré gran poesía, escucharé gran música, tocaré la guitarra o haré un hermoso jardín, o iré a las montañas y descansaré al sol, al viento..."

Y cuando se jubila, lo único que ocurre es que simplemente tiene miedo a la muerte, no pasa nada más. Una vez jubilado, empieza a perder su identidad. Fue recaudador o comisario o algo así, primer ministro, presidente...

Cuando los políticos están en el cargo gozan de muy buena salud. Cuando pierden su cargo, enferman y mueren pronto. Enjaezados, pueden vivir mucho tiempo. Desenjaezados, NO ven qué sentido tiene vivir.

La gente empieza a descuidarte, la gente empieza a ignorarte, te conviertes en una nulidad. Y no sólo te conviertes en una nulidad para la gente, sino también para ti mismo, porque ahora NO sabes quién eres. Habías sido primer ministro, ahora no eres primer ministro, ¿entonces quién eres? Y no hay respuesta.

No, sentarse en silencio es muy difícil, casi imposible, a menos que estés dispuesto a morir en silencio, a menos que estés dispuesto a perder toda identidad, todo ego. Sí, si estás dispuesto a perder toda identidad, el maestro surgirá en ti. Pero no puedes convertirte en maestro.

Cuando has desaparecido, viene el maestro. El maestro es siempre Dios. Por eso en Oriente llamamos divino al maestro. Occidente no puede entenderlo, porque allí el fenómeno se ha dado muy raramente. Occidente conoce a los obispos, los sacerdotes, los rabinos; no conoce realmente el fenómeno de un maestro, es muy raro que ocurra allí. Conoce a los profetas, a los videntes, conoce a los predicadores, a los sacerdotes, pero muy raramente, sólo de vez en cuando, Occidente se ha encontrado con un maestro.

Y siempre que Occidente se ha encontrado con un maestro se ha comportado muy mal con él. con Jesús se comportó de una manera muy incivilizada, porque el fenómeno era muy desconocido. Si Jesús hubiera sido sólo un rabino, todo habría sido perfecto. Pero era un maestro. Había desaparecido, Dios había aparecido en él. Ahora Dios hablaba, ahora Jesús no hablaba.

Y cuando Dios habla, Dios habla con gran autoridad. Cuando Dios habla, Dios habla en términos absolutos. Cuando Dios habla, Dios habla como Dios. Jesús dice: "Yo soy la verdad". Esto es Dios hablando.

No Jesús, no el hijo de José, Jesús. Cristo, no Jesús. Es Dios quien habla: "Yo soy la verdad". AHORA, ningún rabino ha dicho eso - ¿cómo pueden los judíos perdonar a este hombre? Parece ser muy arrogante y egoísta.

Ahora, mira lo ridículo de esto. Siempre que el ego desaparece, Dios aparece. Y Dios habla de tal manera que parece como si el hombre se hubiera vuelto muy egoísta: "¡Yo soy la verdad! ¡Yo soy el camino! Y nadie llega a Dios si no es a través de mí". Basta con ver estas palabras: "He venido a liberaros. Yo y mi Padre celestial somos uno". Ahora, estas declaraciones no pueden ser toleradas. Este hombre parece neurótico, loco, un megalómano, ha perdido todo el sentido, está demente.

Todavía los psicoanalistas siguen llamando loco a Jesús. Y parece una locura, porque ¿quién en su sano juicio puede decir: "Yo soy el camino, yo soy la verdad, y nadie llega jamás a Dios si no pasa por mí"? ¿Quién en su sano juicio puede decir semejantes cosas?

Sí, no estaba en sus cabales. No estaba en absoluto - ¿cómo podría estar en sus sentidos? Dios estaba hablando, él era sólo un portavoz.

Un hombre se convierte en maestro sólo cuando el hombre desaparece. Así que si tienes el deseo de ser un maestro, ese mismo deseo te lo impedirá.

Ahora mismo, conviértete en discípulo. Poco a poco, el discípulo desaparece y llega el maestro. El primer paso hacia la maestría es el discipulado.

La tercera pregunta

Pregunta 3:

ME SIENTO COMO SI ME AHOGARA E INTENTO AFERRARME A ALGO.

NADA VIENE A MI MANO. ME SIENTO SOFOCADO. DAME ALGO, MAESTRO. ES PESADO. MORIRÉ O ME VOLVERÉ LOCO. AYÚDAME, POR FAVOR.

LA ÚNICA AYUDA REAL será ayudarte a que te ahogues por completo. Y de eso tienes miedo. Estoy aquí para ahogarte, no para salvarte de ahogarte, porque sólo se salvan los que están totalmente ahogados.

Usted pregunta: ME SIENTO COMO SI ME HUNDIERA...

Algo grande va a suceder: ¡permítelo! ¡ahógate! ¿Qué hay que salvar? ¿Qué tienes que perder? Sólo has conocido miserias; eres un manojo de miserias y sueños y esperanzas y frustraciones y expectativas - eres un manojo de todas estas cosas. ¡Deja que este manojo se ahogue!

¿Por qué estás preocupado? ¿Por qué quieres salvarte? Y si tú te salvas, este fardo se salvará.

No - porque te amo, no puedo salvarte. Porque te amo, te ayudaré en todo para que puedas desaparecer.

ME SIENTO COMO SI ME AHOGARA E INTENTO AFERRARME A ALGO.

No hay nada a lo que puedas aferrarte. Puedes imaginar, y la gente, cuando está desesperada, sigue imaginando.

Mi trabajo aquí consiste en quitarte todas esas imaginaciones, poco a poco, una a UNA.

Todos los juguetes tienen que ser destruidos, para que un día puedas ver el hecho de que no hay nada a lo que aferrarse.

Sólo entonces te relajarás y permitirás este ahogo. Sólo entonces te relajarás y morirás.

Y después de esa muerte está la resurrección.

Vedanta, baja. Y NO intentes aferrarte a NADA, porque no hay nada a lo que aferrarse.

NADA VIENE A MI MANO...

Porque no hay nada. Nada puede venir.

ME SIENTO ASFIXIADO.

Lo sé. Yo mismo he pasado por la asfixia - puedo entender tu miseria, puedo entender tu impotencia. Pero no puedo darte mi mano, porque si te la doy seguirás siendo el mismo. Tengo que dejarte como estás. Tengo que sentarme en la orilla y ver cómo te ahogas.

Claro que te enfadarás conmigo.

Lo he oído: Un maestro sufí estaba sentado en la orilla de un río, y un hombre se estaba ahogando. El hombre empezó a gritar: "¿Qué haces ahí? ¡Me estoy ahogando y NO sé nadar!

¡Ven y sálvame!"

Y el maestro se rió y dijo: "Yo tampoco sé nadar, pero no estoy gritando. ¿Y qué?

Si NO sabes nadar, ¡NO sabes nadar! Yo mismo NO sé, pero no estoy gritando.

No hay necesidad de gritar".

Parece muy duro - la historia parece muy cruel. Pero no se trata de un caso real, es sólo metafórico.

¡Esta es la situación! Vedanta se está ahogando allí y está gritando pidiendo ayuda y gritando, y yo le digo: NO grites y NO chilles. Simplemente desaparece. Relájate y déjate llevar. NO intentes aferrarte a nada.

Esta es la última lucha del ego por salvarse. Esta es la muerte que trae el samadhi.

NADA VIENE A MI MANO.

Sí, no va a venir nada. No estoy aquí para proporcionarte nuevos juguetes, nuevos soportes, nuevos accesorios.

ME SIENTO ASFIXIADO.

Lo sé. NO intentes salvarte, de lo contrario estarás simplemente prolongando tu miseria. Muere. Uno tiene que aprender el arte de morir - y ese es todo el arte del discipulado.

DAME ALGO, MAESTRO.

No puedo darte nada. Sólo puedo quitarte cosas. Tengo que dejarte absolutamente desnuda, completamente vacía.

Eso es lo que los sutras de Ikkyu dicen una y otra vez: el Buda no puede ayudar. Toda ayuda será una ayuda equivocada, porque a través de la ayuda se apoyará tu vida equivocada.

DAME ALGO, MAESTRO. ES PESADO. MORIRÉ O ME VOLVERÉ LOCO.

No puedes morir, eso es seguro, porque nadie ha muerto nunca. No puedes morir, porque la muerte es imposible. La muerte nunca ocurre. Todo es vida, la vida sólo cambia de forma.

Cuando un niño nace del vientre de su madre, piensa "voy a morir", como es natural. Durante nueve meses, el niño ha vivido de una determinada manera y ahora toda esa manera se ve alterada. ¿Cómo puede pensar que ésta va a ser una nueva vida? El niño piensa "esto va a ser la muerte".

Estás exactamente en la misma situación. Ahora estás siendo sacado de un útero: el útero de la sociedad, el útero de las religiones, el útero de los conceptos, las abstracciones, las filosofías. Te estoy sacando del útero en el que has vivido hasta ahora. Es duro, pesado. Y el niño piensa, al salir del vientre de su madre, que va a morir. El nacimiento parece ser como la muerte.

Y de nuevo, cuando un día mueras de verdad -viejo, anciano, y mueras- ¿crees que es la muerte? Es de nuevo el comienzo de un nuevo nacimiento. Cada muerte es el comienzo de un nuevo nacimiento, y cada nacimiento parece al principio como si fuera muerte. Pero todo es vida. La vida sigue cambiando de forma, de una forma a otra. La forma muere y la vida salta a otra forma.

La vida es una llama que vive eternamente.

No puedes morir, NO te preocupes por ello, porque nadie ha muerto nunca. La muerte es un mito.

Tú dices: MORIRÉ O ME VOLVERÉ LOCO.

No puedes morir, porque la muerte no existe. Y no puedes volverte loco, porque ya lo estás. Ahora no hay más que hablar. El hombre, tal como existe normalmente, está loco. ¿Qué más locura puede sucederte?

Siéntate en silencio en tu habitación durante una hora y escribe todo lo que te venga a la mente; escribe todo lo que te venga, sin editarlo. Sigue escribiendo lo que se te ocurra: relevante, irrelevante, coherente, incoherente, absurdo, sin sentido, basura... sigue escribiendo. Y te sorprenderás: al cabo de una hora, cuando lo mires pensarás "¿Lo ha escrito algún loco, o qué?".

Mantenemos nuestra mente reprimida. Tenemos miedo: si miramos en ella, se vuelve loca.

Lo he oído: Una mujer tocaba el armonio y cantaba. Y su voz era tan fea, nauseabunda, que el vecino no podía dormir - y se estaba haciendo tarde, eran las dos de la mañana. Entonces llamó a su puerta y le dijo: "¡Por favor, para ya! Si no, me volveré loco".

La mujer salió, abrió la puerta y dijo: "¿De qué estás hablando? Hace una hora que paré".

¡El hombre ya se ha vuelto loco!

Tal como es el hombre, ya está loco. No puedes volverte loco - NO tengas miedo de la locura. Si permites esta muerte te volverás cuerdo por primera vez. El ego está loco, el ego es locura. Y el ego tiene miedo de morir - el ego está pidiendo ayuda.

Y has caído en una compañía muy peligrosa, Vedanta. Aquí no se da ninguna ayuda, hay que quitar todas las ayudas. Yo quito, sigo quitando todas las muletas. Sé que si te quitan todas las muletas serás capaz de valerte por ti mismo, porque no eres un lisiado sino que la sociedad te ha convertido en un lisiado.

Y la sociedad te ha dado todo tipo de muletas, y has vivido con esas muletas tanto tiempo que no puedes imaginarte sin ellas. Naturalmente, cuando le quitas las muletas al lisiado se siente asfixiado, siente que se muere.

Vas por buen camino. Siempre que esto le ocurre a alguien aquí me pongo muy contento, porque entonces sé que ha llegado el momento: si puedes tener el valor suficiente para pasar por este momento renacerás.

Y tú dices: AYÚDAME, POR FAVOR.

Justo el otro día, los sutras de Ikkyu decían que no hay ayuda posible, por tres razones. En primer lugar, NO necesitas la ayuda; de hecho, te han perjudicado todos los tipos de ayuda que te han prestado.

Nadie te ha permitido estar solo; has tenido mucha ayuda a tu disposición: tu madre, tu padre, tus profesores, tus sacerdotes. Incluso antes de que surgiera el problema, se te han dado respuestas, todo tipo de ayuda. Esta sociedad que te ayuda, estos consejeros que te rodean, te han estado ayudando y NO se preocupan de si lo necesitas o no. Siguen ayudando, tienen una obsesión crónica por ayudar. Se les conoce como servidores sociales: son las personas más traviesas del mundo. Su maldad es tal que no puedes verla: te ayudan, te dan buenos consejos, te enseñan carácter, moralidad y esto y aquello - y destruyen toda tu posibilidad de crecimiento.

Te hacen falso, pseudo, te hacen de plástico.

Cuando caes en manos de un maestro, el proceso debe invertirse. Toda ayuda debe ser retirada. Se te deja en una soledad tan profunda que TIENES que crecer, que tienes que aceptar el reto de la vida. Y en ese mismo reto la energía empieza a moverse, empieza a tomar forma, se integra.

¿No lo has visto? Siempre que hay una dificultad y te enfrentas a ella, algo en ti se hace fuerte. Siempre que hay un gran reto, te da acero en tu ser. Y este es el mayor desafío que puedes encontrar: el desafío de un maestro, de estar con un maestro.

NO necesitas ayuda.

En segundo lugar, el maestro no puede imponer nada. Ni siquiera impondrá lo que se conoce como bueno, porque la imposición hace que todo sea malo. Tienes que participar; el maestro es una especie de disponibilidad. Puedes tomar tanto como necesites, lo que necesites, puedes beber, puedes comer, puedes digerir al maestro - pero nada se puede hacer desde el lado del maestro de una manera muy activa, no. El es una presencia pasiva.

Y cuando alguien está activo se vuelve violento. Empieza a paralizarte; empieza a vigilarlo todo, se convierte en una especie de policía. Empieza a interferir en todo: debes comer esto, no debes comer aquello, debes acostarte a esta hora y levantarte a esta hora... empieza a interferir en tu vida. Se vuelve totalitario, dictatorial, destruye tu libertad. En nombre de los grandes valores te lisia, te paraliza.

El verdadero maestro es sólo una presencia. Puedes beneficiarte, pero depende de ti. Él está disponible: puedes tomarlo o dejarlo, pero no se puede hacer nada activamente desde el lado del maestro.

En tercer lugar, todo lo que estás pensando que es tu problema, tu angustia, tu ansiedad, es ilusorio. Te has vuelto muy, muy listo para crearte ilusiones. La ilusión básica es el ego. Y una vez creada esa ilusión, surgen muchas otras ilusiones a partir de ella.

Ahora, tú no estás muriendo - sólo el ego está muriendo. Pero piensas: "Me estoy muriendo". Si puedes verlo, ¿cómo puedes morir? Nunca has nacido. ¿Recuerdas algún momento en el que naciste? ¿Tienes idea de lo que es el nacimiento? Si naciste, entonces debe haber algún recuerdo -no estabas, y de repente apareciste-, pero ¿lo recuerdas? Todos los que han profundizado en el trabajo interior han dicho que nunca naciste.

El nacimiento no ha ocurrido, así que ¿cómo puedes morir? No has nacido, no mueres.

Ikkyu lo llama "la gran medicina". No se necesita ayuda. A lo sumo se necesita un despertar - no una ayuda en particular, en detalle, sino sólo un despertar. Para eso, la presencia del maestro es la alarma.

Por eso sigo gritándote continuamente, me escuches o no. Sigo llamándote. Algún día, a pesar de tu sueño, a pesar de ti, puede que me escuches. En ese mismo momento, abrirás los ojos y todas las pesadillas que sufrías desaparecerán.

Este ahogamiento, esta asfixia, es sólo una pesadilla.

Y recuerda que uno se despierta sólo cuando la pesadilla alcanza su punto álgido, nunca antes.

¿Has observado o no? - A veces, en tu sueño, cuando estás atravesando una gran pesadilla, llega un momento en que la intensidad de la pesadilla, su intensidad misma, se convierte en una ruptura: de repente estás despierto. Tu sueño sólo puede tolerar hasta cierto punto la pesadilla, sólo puede asentarse y permanecer ajustado hasta cierto punto de agonía. Una vez que el punto de agonía llega más allá de la capacidad del sueño, éste tiene que romperse -se romperá por sí solo.

Te persiguen unos tigres, corres por un terreno accidentado, montañoso, te caes, sangras y te sientes cada vez más cansado.

Es una tarea cuesta arriba y los tigres se acercan cada vez más y puedes oír sus rugidos y su aproximación se acerca cada vez más y más... y de repente te atrapan esos tigres. Uno acaba de saltar sobre tu pecho, te está desgarrando... y en ese mismo instante el sueño desaparece y tus ojos se abren. Estás sudando, el corazón te late deprisa, todo el cuerpo tiembla, pero no hay ningún tigre; sólo estás sujetando tu propia almohada.

Estoy sentado a tu lado, totalmente despierto, viendo toda la miseria. ¿Crees que debería sentir compasión? Estás sufriendo mucho, este tigre va a matarte, así que ¿debería traer un revólver o hacer algo? Te mataré si traigo un revólver; para matar al tigre tendrás que morir tú, porque es tu sueño; el tigre no es real. Así que me divierto. Sentado a tu lado disfruto de todo el viaje que estás viviendo. Puedo ver a través y a través y sé que tarde o temprano el tigre va a atraparte, ¿cuánto tiempo puedes escapar? Puedes escapar de un tigre real, hay una posibilidad; pero no puedes escapar de un tigre irreal, no hay posibilidad. Es tu creación, dondequiera que vayas te seguirá. Es tu mente. ¿Cómo puedes escapar? Tarde o temprano te cansarás, te fatigarás. Te caerás, te resbalarás de una roca y te atrapará el tigre. Y entonces los tigres hacen lo que saben: el tigre te destrozará.

Y en ese momento en que el tigre te está destrozando, el sueño no puede continuar; es demasiado. El sueño se rompe.

De hecho, ese es el propósito de muchos grupos que te digo que recorras. Primal, Encounter, Samarpan - estos son solo para aumentar tus pesadillas. Estás viendo esas pesadillas, pero muy suavemente; nunca llegan a un pico, así que el sueño continúa. Tienen que ser llevadas a un pico, tienen que ser llevadas a un clímax - porque sólo del clímax viene el cambio, el cambio de conciencia.

Vedanta, bien. Estoy feliz, estoy complacido. Ahógate, con todas mis bendiciones, y el sueño desaparecerá. Y la desaparición del sueño es la única manera de conocer lo que es. La desaparición del sueño es la aparición de Dios.

La cuarta pregunta

Pregunta 4:

¿QUÉ ES ESTE EGO?

Una historia antigua:

Un joven pájaro carpintero, que se sentía excesivamente vigoroso una mañana, echó un vistazo al bosque y decidió empezar el día picoteando un enorme roble. Acababa de empezar bien cuando un rayo partió el árbol de arriba abajo. El pájaro salió a toda prisa de debajo de los escombros, miró lo que quedaba del árbol y murmuró con un estremecimiento: "¡Caramba! Ni siquiera conocía mi propia fuerza".

Esto es lo que es el ego. Es una mala interpretación - lo que ya está sucediendo, crees que lo estás haciendo.

Sólo una traducción de suceder a hacer es la creación del ego. Observa, y siempre que sientas que estás haciendo algo tradúcelo a "Está sucediendo". Lee "Está sucediendo" y el ego desaparecerá.

Todo sucede, nada se hace. No hay hacedor ni hacedor, todo está sucediendo.

Quinta pregunta

Pregunta 5:

POR FAVOR ¿PUEDO SER SIMPLEMENTE NORMAL?

NORMAL ESTÁ BIEN, pero ¿qué es SIMPLEMENTE normal? De nuevo estás poniendo una condición; lo estás haciendo complejo. ¿Simplemente normal? ¿No basta con ser normal? ¿Qué más se añade poniendo "simplemente" delante de "normal"?

La mente es tal que no puede ser feliz con lo natural, lo normal. Siempre pone condiciones y a través de esas condiciones lo falsifica todo. Lo normal es posible, pero simplemente normal no es posible. Ese "simple" será algo traído desde fuera.

El hombre se ha acostumbrado tanto a lo artificial que incluso cuando a veces surge en él el deseo de ser natural, lo que él considera naturaleza no es naturaleza, es de nuevo su IDEA de la naturaleza. Lo que él dice que es natural es de nuevo su idea de lo natural, no lo natural, porque lo natural no necesita ninguna idea.

No necesitas volverte natural, ya ERES natural; simplemente deja de ser artificial, eso es todo. No se necesita ningún esfuerzo positivo para llegar a ser natural - simplemente NO intentes ser antinatural.

¿Me sigues? Un esfuerzo positivo siempre te llevará a la artificialidad. Ahora bien, si preguntas "¿Cómo ser natural?", habrás hecho una pregunta equivocada, habrás empezado por el camino equivocado. Y entonces alguien te dará la respuesta, porque donde hay demanda, hay oferta.

Si haces una pregunta equivocada, encontrarás a alguien que la responda, porque la gente está ansiosa por aconsejar, por responder, por demostrar que son sabios, más sabios que tú. Están deseando que alguien les haga la pregunta. Pregunta: "¿Cómo ser natural? ¿Cómo ser normal?" y alguien te mostrará el camino. Pero no hay manera de ser natural; todos los caminos conducen a la antinaturalidad.

Abandona todos los caminos, NO intentes ser nada. Olvídate de llegar a ser, y entonces lo que queda es natural.

El camino hacia lo natural es negativo.

Por eso Buda hace hincapié en la VÍA NEGATIVA. Nunca habla de positividad. Siempre dice: "No, no. Ni esto ni aquello: NETI NETI". Sólo sigue cayendo.

Pero el hombre se ha vuelto tan antinatural que su idea de la naturaleza también lo es. No sólo el hombre se ha vuelto antinatural, incluso los animales que viven con el hombre se vuelven antinaturales. Tu perro empieza a aprender de ti y se vuelve antinatural, se vuelve diplomático, político. Se siente enfadado contigo: no le permites sentarse en el salón donde él quiere sentarse, porque vienen invitados. Está enfadado. Si fuera natural, se abalanzaría sobre ti. Pero sólo está moviendo la cola, mostrando un gran amor por ti. Ahora has creado una división en la mente del pobre perro. Está intentando ser muy educado contigo, y en realidad quiere hacerte daño.

Lo he oído:

Se cuenta la historia de una anciana que alquiló un chalet amueblado para pasar el verano, y junto con el chalet iba un perro grande. En el salón de la casa había un sillón muy cómodo. A la anciana le gustaba este sillón más que cualquier otro de la casa. Siempre se sentaba en él.

Sin embargo, muy a su pesar, casi siempre encontraba la silla ocupada por el gran perro. Como el perro le daba miedo, nunca se atrevía a decirle con dureza que se levantara de la silla. En cambio, se acercaba a la ventana y gritaba: "¡Gatos!". Entonces el perro corría a la ventana y ladraba, y la anciana se deslizaba en la silla vacía.

Un día, el perro entró en la habitación y encontró a la anciana en posesión de la silla. Se acercó a la ventana y, al asomarse, pareció muy excitado y lanzó un tremendo ladrido.

La anciana se levantó y corrió a la ventana para ver qué ocurría, y el perro se subió tranquilamente a la silla.

Incluso los animales se vuelven astutos, inteligentes, calculadores. En los zoológicos, donde los animales tienen que vivir con otros animales y en un espacio humano, empiezan a volverse neuróticos, se vuelven locos, incluso a veces también cometen asesinatos o suicidios. Esto nunca ocurre en estado natural; ninguna especie animal mata a sus congéneres, nunca. Pero en un zoo sí ocurre. Ningún animal se vuelve loco en estado natural, pero en un zoo ocurre.

El hombre se ha vuelto muy antinatural. NO me preguntes cómo ser natural, sólo observa cómo te has vuelto antinatural. Observa cada acto, cada gesto, y ve lo antinatural que es. Y cuando veas que no es natural, que no es verdadero, auténtico, que no proviene de tu ser, que sólo estás fingiendo, que estás siendo un hipócrita, ¡déjalo!

Sigue cayendo. Poco a poco verás que todo lo que era artificial se ha ido cayendo. Y de repente un día la naturaleza florece en toda su grandeza. No necesitas hacer nada por ella - la naturaleza es aquello que no puede ser traído. Lo antinatural es lo que TIENE que ser traído. Lo antinatural necesita un camino positivo, lo natural no necesita ningún camino positivo. Basta con no ser antinatural para que la naturaleza se apodere de ti.

Y la última pregunta

Pregunta 6:

AMADO MAESTRO, DESDE QUE ESTOY AQUI, UN SENTIMIENTO SE HACE CADA VEZ MAS FUERTE - LO UNICO QUE REALMENTE QUIERO HACER ES SENTARME EN TU REGAZO.

USHA, ¡MUY LEJOS! Pero, por favor, no empieces a hacerlo. Tengo cincuenta mil sannyasins: piensa en mí también, de lo contrario me matarán en una estampida. Pero la idea es genial, solo como idea - NO la practiques.

La idea es simbólica: un gran amor está surgiendo en ti. Es bueno, tiene que ser así. A menos que estés profundamente enamorado de mí, no sucederá nada. Sólo a través del amor se produce la transformación. Y es bueno que no lo hayas proyectado en mí, de lo contrario, eso también ocurre...

El otro día leí en el último número de YOUTH TIMES una declaración de una actriz de cine india, Pratima Bedi. Ella dice: "el Maestro es sexy". Eso sí que me gustó. Vino a verme una vez; debió de estar cuatro o cinco minutos delante de mí. Dice que intentaba hipnotizarla y que yo era muy sexy y la vibración era sexual.

Si el mono se mira en el espejo, el mono no puede ver al ángel que mira desde el espejo. ¡Esta Pratima Bedi es una mujer maravilla! Pero déjame explicarte lo que es una mujer maravilla. Conocí a la mujer maravilla a través de Mulla Nasruddin. Un día él estaba diciendo: "Mi esposa, Maestro, es una mujer maravilla." Conociendo a su mujer, le dije: "¿Qué quieres decir?", porque nunca había visto una mujer tan fea. "¿Mujer maravilla?"

Dijo: "Sí, mujer-maravilla, porque a veces me pregunto si es mujer o no".

Y también dijo: "Sólo hay una palabra que puede explicarla: "temperamental"". Le dije: "Me desconciertas otra vez, ¿qué quieres decir?".

Dijo: "Ella es cincuenta por ciento temperamento y cincuenta por ciento mental.

Ahora, esta Pratima Bedi - No puedo pensar en un pato más feo. Y ella piensa que yo estaba siendo sexual con ella. Pero algo debe haber pasado en su mente.

Un retrasado mental fue acusado de violar a una joven, por lo que la policía le hizo participar en una rueda de reconocimiento.

La pobre víctima iba a ser conducida a la habitación donde se suponía que debía elegir a uno de los diez hombres como su agresor, pero en cuanto entró en la habitación, el hombre la señaló y dijo: "¡Es ésa!".

¡Es bueno, Anand Usha, que NO lo proyectes sobre mí!

La gente sigue proyectando su mente. Yo soy un espejo: puedes ver en mí lo que quieras ver.

Y cuando lo ves, naturalmente piensas que debe pertenecerme. Nada me pertenece. Este hombre aquí, hablando contigo, sentado frente a ti, sólo está vacío. Nada me pertenece - o, sólo nada me pertenece.

Podéis ver vuestras caras, podéis ver vuestros instintos más íntimos, podéis ver vuestro inconsciente, reflejado en mí. Recordad siempre no proyectarlo, de lo contrario será un malentendido. Tu amor es bueno: deja que este amor vaya cada vez más alto - porque siempre, casi siempre, empieza por el cuerpo. El cuerpo no tiene nada de malo, pero es un tipo de amor muy, muy grosero.

Estar en las alas, moverse un poco más alto que el cuerpo, desplegar las alas en el cielo. Deja atrás los límites. NO pienses que te gustaría sentarte en mi regazo, piensa en reunirte conmigo en las alturas - ¡porque yo estoy allí! Si estoy aquí en el cuerpo estoy aquí sólo por tu bien, un ratito más. Este cuerpo es sólo una excusa para estar contigo. Estoy casi aislado de él, sólo merodeando un poco, porque sé que muchos están muy necesitados. Y los estoy esperando, y ya vienen.

Pero búscame en altitudes mayores, avanza conmigo lo más alto posible. Entonces tendrás una visión cada vez más clara. En la cima más alta, encuéntrate conmigo y ése será el encuentro con Dios mismo.

Romper el fondo

EN EL MAR DE LA MUERTE Y DE LA VIDA, LA BARCA DEL BUCEADOR ESTÁ CARGADA DE "ES" Y DE "NO ES".

PERO SI SE ROMPE EL FONDO, "ES" Y "NO ES" DESAPARECEN.

LA MENTE NO PUEDE CONVERTIRSE EN BUDA; EL CUERPO NO PUEDE CONVERTIRSE EN BUDA; SÓLO LO QUE NO PUEDE CONVERTIRSE EN BUDA PUEDE CONVERTIRSE EN BUDA.

COMO EL RELÁMPAGO QUE DESAPARECE COMO EL ROCÍO, QUE SE DESVANECE COMO UN FANTASMA - ASÍ PIENSA EN TI MISMO.

UNA MENTE QUE BUSCA AL BUDA EN OTRA PARTE ES LA ESTUPIDEZ EN EL CENTRO MISMO DE LA ESTUPIDEZ.

EL ROCÍO EN LA HOJA DE LOTO SIN TEÑIR POR SU COLOR, TAL COMO ES, ES LA FORMA REAL DE BUDA.

Una anciana entró en la consulta de un médico exclamando: "¡Doctor, me duele el estómago!".

El médico dijo: "Pero señora, yo soy doctor en filosofía".

Por un momento olvidó el dolor, y luego pareció desconcertada. "¿Filosofía? ¿Qué clase de enfermedad es ésa?"

SÍ, LA FILOSOFÍA ES UNA ENFERMEDAD, y no una cualquiera. No es un resfriado común, es cáncer - cáncer del alma. Una vez que una persona se pierde en la jungla de la filosofía se enreda más y más en palabras, conceptos, abstracciones. Y eso no tiene fin, uno puede seguir y seguir toda la vida.

La filosofía es todo un juego mental; la mente se perpetúa a través de ella. Y la verdad sólo puede conocerse cuando se está en un estado de no-mente. Así que el filósofo nunca llega a conocer la verdad. A menos que se abandone la filosofía por completo, in toto, no se puede saber qué es la verdad o qué es Dios.

La filosofía piensa SOBRE Dios y, por tanto, sigue sin encontrarlo. Da vueltas y vueltas a las teorías; nunca da en el blanco. Se mueve en círculos: crea una idea sobre Dios, y luego esa idea crea otra idea... y las ideas NO creen en el control de la natalidad; siguen reproduciéndose a sí mismas.

La mente segrega filosofía, crea filosofía, vive a través de ella. Sin filosofía, la mente no puede existir ni un solo instante. La mente TIENE que ser hindú, mahometana, cristiana o comunista. La mente no puede permanecer ni un solo momento en la existencia si no es hindú, mahometana, jainista o cristiana. Si la mente no tiene una filosofía de la que depender, muere de inanición. Si no hay apoyos que la sostengan, si no se le da un alimento continuo para que pueda pensar más y más, el proceso se detiene. La filosofía la mantiene en marcha.

El budismo no es una filosofía - no al menos en el ser de Buda o en el ser de Ikkyu. Aquellos que se han dado cuenta han comprendido una cosa absolutamente, que la verdad ocurre en un estado no filosófico. La verdad ocurre en un estado de no-saber, la verdad ocurre en la inocencia. La verdad ocurre cuando no hay nubes de pensamientos moviéndose en tu conciencia, cuando el cielo está absolutamente claro, cuando no hay abstracción, cuando no tienes idea de lo que Dios es o lo que Dios no es - cuando NO crees en Dios y NO crees en el no-Dios, cuando simplemente estás en un estado de no-saber. NO reclamas ningún conocimiento: esa conciencia de no reclamar comienza a abrirse. Todo conocimiento te carga y te cierra.

Y el Zen es una de las medicinas para salir de la enfermedad llamada filosofía. Ninguna otra escuela ha sido capaz de idear medicinas tan poderosas para salir del mundo de la filosofía como lo ha hecho el Zen.

Buda no enseñó nada en lo que creer. No era un maestro en ese sentido, porque no enseñaba. Fue, por el contrario, un antimaestro: eliminó todas las enseñanzas que la gente llevaba consigo. Poco a poco, ayudó a sus discípulos a desnudarse por completo.

La filosofía es un hermoso vestido al que se aferra la mente. Una vez que se abandona la filosofía, la mente es fea.

A nadie le gustaría, es nauseabundo. Entonces, abandonar la mente se vuelve muy fácil; de hecho, aferrarse a ella se vuelve imposible. Uno TIENE que abandonarla; ese abandono llega inevitable y necesariamente, por sí mismo.

¿Qué es exactamente la filosofía? Es una pretensión de saber, sin saber nada en absoluto. Es pensar. Pensar siempre significa que el hombre es ignorante, pero está tratando de inventar algo. Siempre que piensas, eso simplemente demuestra que NO sabes. O sabes o NO sabes. ¿Cómo puedes pensar?

¿Qué se te ocurre?

Si yo digo: "¿Dios existe o no?" y tú me dices: "Lo pensaré", ¿qué vas a pensar? O lo sabes o NO - así de simple. ¿En qué vas a pensar?

Y todo lo que creas que será tu fabricación, será mentira. Pensar consiste en mentir.

Pero uno puede demostrarse a sí mismo que esas mentiras son verdades; puede argumentar a favor de ellas. De hecho, la verdad no necesita argumentos. La verdad es evidente por sí misma; sólo las mentiras necesitan argumentos; no son evidentes por sí mismas, necesitan testigos. Una verdad es simplemente verdad; indiscutiblemente está ahí.

Por eso las mayores declaraciones de verdad carecen absolutamente de argumento. En el Antiguo Testamento no hay ningún argumento a favor de Dios. Simplemente afirma: Dios es. No hay argumentos ni pruebas. Los Upanishads simplemente declaran; son declaraciones, anuncios al mundo en general, pero sin ninguna argumentación detrás. No son silogismos, sino afirmaciones poéticas.

Alguien lo ha sabido y lo declara. Si le preguntas: "¿Cuál es la prueba?", dice: "Tú también puedes saberlo".

Cuando Vivekananda llegó a Ramakrishna, le hizo esta pregunta: "¿Puedes probarme que Dios existe?" Y Ramakrishna dijo: "No puedo probar que Dios existe, pero puedo hacer que lo sepas. ¿Estás preparado? Ahora mismo".

Vivekananda se estremeció hasta las raíces. El hombre estaba allí de pie y le preguntó: "¿Estás listo? ¡En este mismo momento puedo mostrarte a Dios! Pero no hay pruebas". Vivekananda no esperaba esto. Él había visto a muchos otros filósofos antes; él esperaba algo como que Ramakrishna daría algunas pruebas, argumentaría a favor de Dios, destruiría las pruebas que dicen que Dios no existe. Nunca se había topado con un hombre de verdadero conocimiento; ésta era la primera vez.

Se le secó la garganta, no pudo pronunciar una sola palabra, se quedó simplemente mudo. Por un momento todo se detuvo. Ramakrishna le tocó el pecho con los pies y cayó en un profundo éxtasis. Cuando volvió, estaba temblando. Lo que había visto era imposible de creer: había perdido la razón por un momento. Ese toque de los pies de Ramakrishna: por un momento se había salido de la mente.

Anoche ocurrió exactamente lo mismo. Sarjano estaba allí -y Vivekananda debía de estar exactamente en la misma situación que Sarjano anoche- y le dije que me cogiera los pies con las manos un momento, y sucedió. Por un momento se deslizó fuera de la mente.

El impacto de la no-mente, si estás preparado, puede llevarte a un estado de no-mente. Y ahí está el saber.

Conocer no es a través de la mente, es siempre a través de la no-mente; no es a través del conocedor, es sólo cuando el conocedor no es.

Y la filosofía sigue aceptando al conocedor y sigue intentando fabricar algunos juguetes -teorías, doctrinas en las que creer- para que uno pueda engañarse a sí mismo. Y uno puede seguir y seguir, por los siglos de los siglos.

Lo he oído:

Un ignorante consiguió que le invitaran a una fiesta a la que asistían científicos de renombre mundial.

Entre ellos estaba Albert Einstein. El analfabeto invitado no tardó en molestar al ilustre físico, pisándole los talones y haciéndole observaciones que él consideraba muy profundas.

"Dígame, doctor Einstein", preguntó la peste, "¿cuál es, en su opinión, la diferencia entre el tiempo y la eternidad?".

"Señor", respondió Einstein, "si me tomara el tiempo de explicar la diferencia, ¡me llevaría una eternidad!".

De hecho, Einstein está siendo muy suave, apacible, generoso. Incluso en una eternidad, la diferencia no puede explicarse. Incluso a través de una eternidad, si sigues discutiendo "¿Qué es el tiempo?" y "¿Qué es la eternidad?"

no llegarás a ninguna conclusión.

Cinco mil años de filosofía, y ni una sola conclusión en las manos. Sí, ni una sola conclusión. No hay dos filósofos de acuerdo; sólo están de acuerdo en estar en desacuerdo. Discuten constantemente entre sí. No hay posibilidad de acuerdo, porque dos mentiras no pueden estar de acuerdo. Y dos verdades están tan profundamente de acuerdo que se convierten en una verdad - entonces no son dos, el acuerdo es tan total.

Por eso se dice que sólo hay una verdad. No puede haber muchas, porque el acuerdo es tan infinito y tan total y tan entero que siempre que hay dos verdades saltan inmediatamente a una y se convierten en una sola llama.

Todos los Budas están de acuerdo. ¿Pero en qué? Eso no se puede decir. Si lo dices, se convierte en parte de la filosofía.

No se dice, pero se experimenta.

Porque la filosofía es una pretensión, cree en las grandes palabras. Cree en la fraseología: crea, fabrica, grandes palabras que puedan impresionar a la gente.

Crítico de arte I: "Creo que el neoplasticismo del diseño abstracto demuestra el enfoque místico, metafísico y no humanista del concepto objetivo de abstracción".

Crítico de arte 2: "¡Sí, tiene razón! De hecho, es obvio incluso a simple vista que este cuadro fue creado por una actividad paranoico-crítica, provocada por sensaciones dinámicas espontáneas, a veces realizadas por campanólogos inclinados al sonambulismo, que crean un cuadro de objetos trascendentales no curvilíneos y curvilíneos que expresan sentimientos subjetivos de forma cubista."

Crítico de arte 3: "Estoy totalmente de acuerdo con los dos: ¡es un cuadro basura!".

La filosofía sigue creando palabras grandilocuentes; nunca es sencilla, no puede serlo. No puede permitirse el lujo de ser simple, porque si lo es se verá que es mentira. Tiene que ser muy, muy indirecta, zigzagueante, nunca directa, nunca al grano. Todo su esfuerzo es no ir al grano: seguir en todas direcciones, pero nunca volver a casa. Y crear palabras tan grandilocuentes que puedan impresionar a los idiotas: sólo los idiotas se dejan impresionar por esas palabras grandilocuentes.

La verdad es simple. Muy simple, tan simple que un niño puede entenderla. De hecho, es tan simple que sólo un niño puede entenderla. A menos que vuelvas a ser un niño, no serás capaz de entenderla. Es una experiencia, no una especulación.

Pero una vez que te vuelves adicto a las grandes palabras es muy muy difícil bajarte a la tierra. Esas grandes palabras dan gran satisfacción a tu ego. Una vez que la mente de una persona comienza a disfrutar de grandes palabras y grandes ideas y complicadas teorías, es muy difícil que descienda a la tierra. Vuela por los cielos, permanece en las altas torres de su mente; nunca llega al hecho, a la verdad. Porque la verdad es simple - ¿y qué pasará con su filosofía?

Samantha era una niña de seis años a la que le gustaba exagerar casi todo lo que veía o hacía. Un día estaba mirando por la ventana cuando llamó a su madre: "¡Mamá, mamá! ¡Ven rápido!

Hay un león caminando por la carretera frente a nuestra casa".

La madre de Samantha miró por la ventana pero sólo pudo ver un pequeño gato pelirrojo.

"¡Samantha! Estás mintiendo otra vez!", la regañó. "Sube inmediatamente a tu habitación y ruega a Dios que te perdone por ser una niña tan traviesa, y ruégale que te impida decir tantas mentiras".

Samantha corrió a su habitación sollozando. Poco después bajó junto a su madre y le dijo: "He rezado a Dios como tú dijiste, mamá. Y me ha dicho que él también pensaba que el gato pelirrojo se parecía bastante a un león".

Cuando empieces a disfrutar con las exageraciones, las palabras grandilocuentes y las teorías grandilocuentes, te resultará difícil. Intentarás reunir todo tipo de pruebas para convencerte a ti mismo y a los demás de que vas por buen camino. Una vez que te haces la ilusión de que sabes -y ésa es la ilusión que da la filosofía, que sabes-, entonces es muy difícil abandonar esa ilusión, porque entonces vuelves a ser ignorante.

Esa es una de las cosas más difíciles para ti al estar conmigo. Cuando vienes, vienes con conocimiento. Y todo el esfuerzo aquí es ayudarte a abandonar ese conocimiento. Vienes aquí para adquirir un poco MÁS de conocimiento, no para abandonar el que tienes. Vienes a acumular un poco más; vienes a reunir unos cuantos argumentos más para lo que ya crees. Y yo te digo que abandones todo lo que sabes, porque en realidad NO lo sabes; es una falsa alucinación. Tú has creado la idea de que sabes. Sí, duele dejarlo, porque entonces vuelves a ser ignorante. Y te ha llevado toda la vida adquirir pequeños conocimientos de aquí y de allá -de la escuela, del colegio, de la universidad y del sacerdote y de los libros- has estado estudiando y has estado buscando y con gran esfuerzo has acumulado un poco de conocimiento. Y sientes que puede que no conozcas la verdad absoluta, pero sabes lo suficiente para avanzar hacia la verdad.

Cuando vienes a verme, te quedas estupefacto, porque te repito una y otra vez que todo lo que sabes no son más que tonterías: ¡déjalas! Tu Dios es sólo una ficción, tu oración es sólo tu miedo, tu amor es sólo tu pretensión. Eres pseudo, de raíz y todo; no eres más que una falsedad.

Deja todo esto. Y vuelve a ser ignorante, porque desde esa ignorancia puedes crecer. las técnicas de meditación budista no son más que técnicas, para ayudarte a salir del viaje del conocimiento. Todo el viaje no es más que basura.

Y recuerde que saber y conocer no son sinónimos. Conocer es existencial, saber es sólo intelectual. El saber es inteligencia, el conocimiento es sólo memoria, no necesita inteligencia.

De hecho, para evitar la inteligencia la gente se vuelve adicta al conocimiento - es una cosa barata volverse conocedor. Y entonces se entusiasman con cosas inútiles.

Hace años, Art Buchwald contó en el New York HERALD TRIBUNE la historia de un productor de Hollywood cuya afición era coleccionar libros raros. Le gustaba tanto su afición que hablaba constantemente de ella, aburriendo a sus amigos, que estaban hartos de oír hablar de ella. Un día, decidieron gastarle una broma. Contrataron a un actor y le invitaron a comer. Cuando, inevitablemente, salió el tema, el actor dijo que había tenido una vieja Biblia alemana en casa durante años, pero que olía tan mal que al final la regaló a una tía de Santa Bárbara.

"¿Quién lo imprimió?", preguntó el coleccionista de libros raros.

"No sé... "Guten" algo", dijo el actor.

Al productor se le cayó el tenedor. "¿No es Gutenburg?" El actor dijo que creía que ése era el nombre.

El productor se levantó de la mesa de un salto. "¡Vamos!", gritó. "¡Alquilaremos un avión!"

"¿Adónde?", preguntó el actor.

"¡Para conseguir la Biblia, tío! ¿No te das cuenta de que tienes uno de los primeros libros jamás impresos? Vale trescientos mil dólares!"

El actor se levantó emocionado. Luego, de repente, volvió a sentarse. "No puede valer nada", dijo.

"¿Por qué no?", preguntó el productor histérico.

"Porque", respondió el actor, "alguien llamado Martin Luther lo garabateó todo".

Ahora el productor se habrá vuelto loco, ¡se habrá desmayado! La gente se entusiasma con trivialidades y cree que está haciendo un gran trabajo. Todas tus aficiones, toda tu búsqueda, todo tu supuesto trabajo espiritual, pueden reducirse a una sola cosa: decoración para el ego. Y el ego es la única barrera que te impide conocer aquello que es.

Estos sutras de Ikkyu son muy pragmáticos. Ese es el clima de Buda. Buda es un hombre muy práctico, por eso no es filosófico. Es un pragmático, quiere los hechos y la verdad. Y quiere ir directamente, no quiere ir de aquí para allá y de aquí para allá. Quiere ir al grano, no dar rodeos.

El primer sutra:

EN EL MAR DE LA MUERTE Y DE LA VIDA,

EL BARCO DEL BUZO ESTÁ CARGADO

CON "ES" Y "NO ES".

PERO SI SE ROMPE EL FONDO,

"ES" Y "NO ES" DESAPARECEN.

ASÍ SE DEJA CAER LA FILOSOFÍA. ¿Qué es la filosofía? Es una lucha constante entre dos bandos: el bando que cree en el "Es" y el bando que cree en el "No es". Uno dice "Dios es".

otro dice "Dios no es". Uno dice esto y el otro dice exactamente lo contrario. Uno propone la tesis y otro propone inmediatamente la antítesis. Este juego entre tesis y antítesis es lo que se llama filosofía.

Todo el juego puede reducirse a una simple fórmula: "Es/No es". El teísta dice "ES", el ateo dice "No es". Uno dice que el alma existe, el otro dice que no hay alma. Uno dice que la vida tiene una meta, el otro dice que no hay meta. Uno dice "El alma es inmortal", el otro dice "Tonterías". Y esto ha continuado a través de los siglos, a través de los siglos. Y sin conclusión.

Buda dice: Todo el juego es inútil. Por ciertas razones básicas, el juego es inútil. La vida, en su propia estructura, es dialéctica, depende de los polos opuestos: tesis, antítesis. Todo se convierte automáticamente en su opuesto: el nacimiento se convierte en muerte, el día en noche, el amor en odio, la esperanza en desesperación. Y viceversa: la desesperación vuelve a convertirse en esperanza, y la noche vuelve a convertirse en día, y el odio vuelve a convertirse en amor, y la muerte vuelve a convertirse en nacimiento. Toda la rueda está formada por los polos opuestos.

Buda dice: Elegir entre estos polos es estar equivocado. Míralo todo; NO digas "Es" o "No es". NO formes parte de un bando, NO formes parte de una escuela o de una doctrina - porque todas las doctrinas son parciales y cada doctrina está tratando de probar que esto es el todo. Esta es la trampa de la filosofía.

Naturalmente, cuando se dice "Dios es luz", ¿cómo se puede creer a alguien que dice "Dios es oscuridad"?

Es obvio que te está negando; estáis a puñetazos el uno con el otro.

Pero Buda dice: Sólo mira - la luz se convierte en oscuridad cada día, la oscuridad se convierte en luz cada día.

Así que en realidad no se contradicen, sino que se complementan.

Los polos opuestos no son realmente opuestos, sino complementarios. Así que no hay forma de elegir - y si eliges estarás en dificultades...

Eliges el amor y entonces el amor se convierte en odio e ira. Y entonces te encuentras en una dificultad, porque pensabas que el amor seguiría siendo amor para siempre. No puedes aferrarte al amor para siempre; en tu misma elección has elegido también el odio. Amor/odio es una relación. De hecho, deberíamos eliminar "amor" y "odio" como dos palabras, deberíamos hacer una sola palabra: "amor-odio". Deberíamos dejar "día" y "noche" como dos palabras, deberíamos hacer una palabra: "día-noche". "Nacimiento-muerte". Eso será más verdadero, más cercano a la realidad: nuestra división es falsa.

Cuando estás enamorado piensas: "Ahora amaré para siempre jamás", y has olvidado cómo funciona la vida. Por la noche, el amor desaparece y surge la ira, que está OBLIGADA a surgir; no puedes hacer otra cosa. Al elegir el amor, también has elegido el odio; es la otra cara de la misma moneda. Pero ahora estás en la miseria, piensas que estás traicionando. Piensas: "¿Cómo está sucediendo? ¿Por qué está sucediendo? ¿Por qué a mí? ¿Por qué no puedo amar para siempre? ¿Por qué mi amante no puede amarme para siempre? Por la mañana estaba tan interesado en mí, y ahora quiere estar solo, quedarse solo.

¿Qué ha ocurrido? ¿En qué me he equivocado?"

Nadie se ha equivocado, no ha pasado nada, todo está sucediendo como debería. Y pronto este enfado desaparecerá y volveréis a abrazaros y el amor estará ahí... y volveréis a olvidar.

Para entender la vida, este es uno de los fundamentos para ver, que cada cosa implica su opuesto y cada cosa automáticamente se convierte en su opuesto. Si NO quieres enemigos entonces NO hagas amigos - haz un amigo, y habrás empezado a hacer un enemigo. Sólo los amigos pueden convertirse en enemigos.

Si no quieres ser infeliz nunca, entonces NO busques la felicidad: si buscas la felicidad, también estás buscando la infelicidad. La infelicidad viene en el trato, es parte del juego de la felicidad, la felicidad no puede existir sin ella.

La vida existe en medio de la muerte.

Esta es una de las más grandes intuiciones de Buda. Así que él dice: No tiene sentido elegir. Alguien dice que Dios es, y alguien dice que Dios no es - simplemente están eligiendo un aspecto de la realidad. Dios es la totalidad: "Es" más "No es". Así que si le preguntas a Buda: "¿Qué dices de Dios?", te dirá: "¿Qué puedo decir? Si digo "Es" estoy equivocado. Si digo "No es", me equivoco. Si digo que es ambas cosas, te desconcierto - entonces dices que te estoy confundiendo. Así que será mejor que me calle. No diré nada; estaré en silencio y también os enseñaré el silencio. Cuando quieras saber qué es Dios, guarda silencio.

NO elijas esto o aquello".

La filosofía es una elección. Cuando dices "soy hindú" has elegido - en eso, estás diciendo "no soy mahometano". Y Dios es hindú, es mahometano, es cristiano, es jainista, es comunista, y todos, y ninguno.

¿Por qué todo se convierte en lo contrario? Nadie quiere que sea así; sin embargo, gira. Así es la existencia, Tao, Dhamma; así es como se mueven las cosas. Así como el fuego se mueve, es la naturaleza del fuego, así es la naturaleza de la existencia, que automáticamente se convierte en su opuesto. ¿Por qué se convierte en su opuesto?

Porque lo opuesto sólo es opuesto visto desde la superficie. Visto desde el núcleo profundo de la realidad no es opuesto sino complementario.

Piensa en un mundo en el que no exista el odio: ¿crees que habrá amor? Eso es lo que dirá la filosofía. Hay filósofos del amor, filósofos de la paz, que dicen que si no hay guerra en el mundo habrá paz. Y parece tan lógico, tan matemático, tan atractivo: que si no hay guerra ciertamente habrá paz; cuando desaparezca la guerra todo será paz y paz y paz. Eso no es cierto.

Escucha a Buda. Buda dice: La guerra y la paz están juntas. Si la guerra desaparece, la paz desaparecerá automáticamente: no habrá ni guerra ni paz. ¿Cómo sabrás que esto es la paz?

Te olvidarás por completo de la paz.

Piensa: si la muerte desapareciera del mundo, ¿podrías saber que estás vivo? Imposible.

¿Cómo sabrás que estás vivo? La muerte es necesaria para definir la vida. La guerra es necesaria para definir la paz, la enemistad es necesaria para definir la amistad y el odio es necesario para definir el amor. Por tanto, no están separados.

Se definen mutuamente, dependen el uno del otro: si uno desaparece, el otro está abocado a desaparecer.

La filosofía elige. Hay filosofías pacifistas que piensan que no debe haber guerras, sólo paz, que entonces sólo habrá paz. Eso es lo que decía Bertrand Russell. No es posible.

Krishna está mucho más cerca de la verdad cuando dice que a veces hay paz y a veces hay guerra. Ambas existen juntas.

Nuestras mentes eligen lógicamente; la lógica nunca permite lo contrario. La existencia DEPENDE de lo contrario.

Por lo tanto, la lógica y la existencia nunca se encuentran. Y la filosofía es una empresa lógica. Cuanto más lógico se es, menor es la posibilidad de saber cuál es la verdad.

Buda dice: Este es el dilema, el predicamento de la mente humana - ser o no ser. Pero ambos están juntos; no puedes decidir. Si decides ser, también has decidido no ser, y viceversa.

Ninguna elección parece ser la correcta; elige, y siempre eliges algo equivocado. sólo la falta de elección es correcta. NO elijas, deja que las cosas sean como son. Cuando haya guerra, déjalo estar. Cuando sea paz, déjalo ser. Cuando sea amor, déjalo ser; cuando no sea amor, déjalo ser. Permanece distante, observando, como testigo.

Compréndelo: sólo eres un testigo, y las cosas se convierten en sus opuestos por sí solas. A los picos les siguen los valles, a los altos los bajos, y así sucesivamente. No hay nada que puedas hacer. Si NO eliges, el hacedor desaparece, empieza a evaporarse. Entonces sólo puedes ser consciente de lo que sea.

Esto es "romper el fondo".

EN EL MAR DE LA MUERTE Y DE LA VIDA,
EL BARCO DEL BUZO ESTÁ CARGADO
CON "ES" Y "NO ES".
PERO SI SE ROMPE EL FONDO,
"ES" Y "NO ES" DESAPARECEN.

La falta de elección es el camino para salir de todos estos aferramientos. La falta de elección es el camino para salir de este mundo. La mente siempre elige.

Lo he oído:

Mulla Nasruddin caminaba con su hijo por un camino rural detrás de su burro, que mordisqueaba contento la hierba por el camino. Un hombre, al ver a Mulla y a su hijo caminando y sudando profusamente, comentó: "Mira qué tontos son, caminando en vez de cabalgando".

Al oír este comentario, Mulla y su hijo subieron al burro y atravesaron el siguiente pueblo, donde oyeron exclamar a un anciano: "Debería darles vergüenza hacer que el pobre burro lleve dos jinetes".

Mulla desmontó y caminó mientras su hijo montaba en el burro hasta la siguiente aldea. Allí, Mulla oyó este comentario: "Pobre viejo. Ese chico debería avergonzarse, haciendo caminar a su padre".

Entonces Mulla subió al burro, mientras su hijo se apeaba y caminaba un trecho.

Finalmente, otro aldeano observó: "Mira a ese viejo cabalgando, mientras su hijo tiene que caminar. Qué cruel".

Mulla se frotó la barba, sacudió la cabeza y se dijo: "No se puede complacer a toda la gente en todo momento".

¿Qué ocurría en esta historia? Es una de las historias sufíes más famosas, ¿qué ocurría?

Mulla estaba haciendo una cosa, la gente estaba sugiriendo la antítesis. Y, viendo el punto, eligió la antítesis. Entonces alguien sugirió la antítesis de la antítesis, y así sucesivamente - siempre estaba eligiendo y eligiendo.

Así es como se mueve la gente; así es la mente. Siempre eliges. Eliges una cosa, y tarde o temprano de alguna parte vendrá la sugerencia: elige la otra - porque te cansas de aquello que has elegido, y la otra es tan significativa como esto. Y cuando estás cansado de una cosa, naturalmente empiezas a pensar en la contraria.

Has estado ayunando demasiado, entonces naturalmente empiezas a pensar en comida. Cuando comes demasiado, empiezas a pensar en ayunar. Cuando has estado corriendo demasiado detrás del dinero, un día decides huir del mundo, del mundo del dinero y de todo, e irte al Himalaya. Cuando llegas al Himalaya, para cuando llegas y te sientas en tu cueva, ni siquiera te has instalado allí y empiezas a pensar en el mundo y en el dinero y en todo. Sentado en la cueva, tienes miedo de lo que pueda ocurrirte: ¿cómo vas a conseguir comida mañana si no tienes dinero? Y por la noche tienes miedo, solo en el bosque sin protección.

Ahora ves el punto, lo que era hermoso en la casa: estabas protegido y había un refugio y seguridad. Ahora bien, cuando estabas en la casa nunca pensaste en la protección y la seguridad; se aceptaba, se daba por sentado. Pensabas en otras cosas: pensabas que estabas casi encerrado en una prisión, pensabas en los cielos abiertos y en los picos iluminados por el sol y en los hermosos bosques, y en el silencio, el silencio primordial del Himalaya, y en los picos nevados y en esa belleza eterna. Pensabas en esas cosas.

Y cuando estés sentado en medio de esa belleza eterna te olvidarás de ella. Sólo percibes lo que NO tienes; lo que tienes desaparece de tu percepción. La percepción ocurre sólo cuando ocurre algo nuevo. Sólo ves lo nuevo. La mente tiende a no ver lo viejo - ¿para qué? ya lo has visto. Ahora, por primera vez, empiezas a pensar en la casa y en su belleza. Allí no había miedo. Ahora aquí hay más y más miedo, no puedes dormir por la noche. Aunque el silencio primordial está ahí, el silencio es demasiado; es pesado, no puedes tolerarlo. Te crea miedo.

Siempre que te encuentras con el silencio primordial empiezas a sentir mucho miedo, porque has vivido en el mundo del lenguaje; te has acostumbrado a él. ¿No has visto esta inquietud?

Cuando conoces a una persona en el tren, en el autobús, un extraño, empiezas a sentirte inquieto, él empieza a sentirse inquieto... a menos que os presentéis el uno al otro, a menos que introduzcáis el lenguaje. El silencio perjudica a ambos. Tú estás inquieto, él también, y al final alguien tiene que romper el hielo. Ese hielo es el silencio. Alguien tiene que preguntar: "¿Adónde vas?". - Alguien tiene que introducir el lenguaje. Una vez que entra el lenguaje, se produce la comunicación. Entonces formas parte de un mundo humano.

¿No has oído la famosa historia zen?

Cuatro personas decidieron guardar silencio durante una semana. Pasaron unas horas y entonces una dijo: "Me pregunto si habré apagado el fuego de mi casa o lo habré dejado encendido".

El otro dice: "¡Tonto, has hablado! Y habíamos decidido no hablar".

El tercero dijo: "¿Qué crees que estás haciendo? Tú también has hablado".

Y el cuarto dijo: "Soy el único que aún no ha hablado".

Es difícil guardar silencio. El lenguaje está en nuestra sangre, en nuestros huesos, en nuestra médula. El hombre vive en un mar de lenguaje.

¿No ves que ocurre continuamente? Las personas que son muy muy elocuentes se vuelven muy importantes. El hombre que puede usar el lenguaje con inteligencia se convierte en un líder, un gran líder de hombres - y toda su habilidad puede ser sólo lingüística. Un hombre que no es muy eficiente en el lenguaje sigue siendo un hombre de tercera categoría, porque esta sociedad vive a través del lenguaje.

Se dice de Josef Stalin que siempre solía preguntar a sus compinches cada vez que surgía algún nombre nuevo en las conversaciones -alguien, algún autor, algún poeta, algún filósofo, algún pensador- siempre hacía la misma pregunta: "¿Es un genio?" Y si la respuesta era afirmativa, el genio desaparecía en cuestión de días. No se le encontraría más; se le mataría. ¿Por qué? ¿Por qué Sta]in temía tanto a un genio? Porque estas personas son peligrosas. "Genio" significa alguien que es muy, muy inteligente con el lenguaje, que puede escribir maravillosamente, que puede hablar maravillosamente, que es elocuente. Estas son las personas peligrosas. Crean rebeliones, revoluciones; se convierten en líderes de los hombres.

Si la respuesta era negativa, que no era un genio, sólo un autor o un poeta de segunda fila, entonces no había problema.

El hombre vive a través de la lengua. Y sólo sabrás que tu lengua es tan esencial para ti cuando te hayas trasladado al

Himalaya, nunca antes. Aquí se da por sentada. Aquí, a veces, sentado en tu habitación, te sientes muy bien cuando estás solo, tan silencioso. Pero eso también se debe a que hay mucho ruido alrededor; en contraste, es hermoso. Si vas al Himalaya, en pocos días te asustarás, porque ya no hay contraste.

Es bueno estar en silencio durante unas horas, porque te relaja del lenguaje. Pero entonces vuelves a estar listo para hablar, para comunicarte.

La gente que vive en el mundo piensa en las bellezas de los que han renunciado y se han ido a los monasterios. Y la gente que vive en los monasterios simplemente siente que ha perdido esta oportunidad de vivir: la vida está ahí fuera, donde la gente está disfrutando, regocijándose, complaciéndose, comiendo, amando; la vida real está ahí. Los monjes se entristecen y piensan constantemente en el mundo. Esta es una de las cosas básicas que hay que ver sobre la mente.

Buda dice: Una vez que elijas una cosa, tarde o temprano tendrás que elegir la opuesta. Te cansarás de ella, empezarás a olvidarla, dejarás de percibirla... y empezarás a pensar en las bellezas de lo opuesto. Y cada cosa que eliges es sólo una parte, nunca es el todo. Si es el todo, no hay necesidad de elegir. La elección es de la parte, sólo puede ser de la parte. No puedes elegir el todo, porque entonces no tiene sentido elegir.

Si dices: "Elijo la vida, elijo la muerte", entonces lo que estás diciendo es: "No me importa lo más mínimo: si es vida o muerte, para mí es lo mismo. NO elijo".

La falta de elección te lleva al todo. La elección es siempre de la parte, necesariamente. Y entonces una persona va de una elección a otra, se convierte en una madera a la deriva - de este banco a otro banco, de ese banco a este banco. Así es como te has estado moviendo, a través de los tiempos, durante tantas vidas.

EN EL MAR DE LA MUERTE Y DE LA VIDA,
EL BARCO DEL BUZO ESTÁ CARGADO
CON "ES" Y "NO ES".
PERO SI SE ROMPE EL FONDO,
"ES" Y "NO ES" DESAPARECEN.

¡SALTA! exactamente al medio, por el medio. NO elijas. Permanece alerta y NO elijas.

Deja que la vida ocurra sin elección por tu parte, como si estuvieras sentado en una película: no depende de tu elección. La película se mueve, las imágenes van y vienen, la historia se desarrolla; no depende de tu elección.

Pero incluso viendo una película empiezas a elegir. Empiezas a pensar: "Si este hombre tuviera un carácter un poco mejor, si este hombre fuera un poco más moral"... has empezado a elegir. Y sabes que no depende de tu elección. Ya está ahí, va a suceder como va a suceder, puedes relajarte y disfrutar de lo que esté sucediendo.

Sí, al no elegir, la película no se detendrá, continuará. Pero ya no tendrá ningún efecto sobre ti.

Permanecerás sin distracciones, sin perturbaciones; permanecerás centrado.

Esa es la belleza de la falta de elección. Krishnamurti tiene razón cuando enfatiza una y otra vez la falta de elección. Ese es también el sabor del Zen.

El Zen ha creado muchos métodos para romper el fondo, para que puedas saltar fuera de la elección, de la dualidad, de los opuestos. El koan es uno de los métodos más importantes. El maestro da un cierto enigma, no es un enigma ordinario, al discípulo para que medite sobre él. Lo extraordinario es que no puede resolverse. Se ha hecho con todo cuidado para que la mente no pueda darle ninguna respuesta; no tiene respuesta.

Por ejemplo, "el sonido de una mano aplaudiendo": el discípulo debe meditar sobre el sonido de una mano aplaudiendo. Ahora bien, no puede haber sonido, es lógicamente imposible: se necesitarán dos manos.

El sonido no puede existir a menos que dos cosas choquen; sólo entonces puede crearse el sonido. Una mano no puede crear sonido; eso es imposible. Ahora, eso tiene que ser meditado.

El discípulo sabe que es imposible, el maestro sabe que es imposible. Día tras día, el discípulo meditará sobre el sonido de una mano. Y sabe que es imposible, pero el maestro le dice: "Sigue meditando. Porque es imposible, es importante". Sigue meditando, meditando; se vuelve casi loco.

Naturalmente, si piensas en ello, poco a poco te volverás loco. Tu mente dirá: "¿Qué estás haciendo? NO puede haber sonido". Pero el maestro dice: "Sigue meditando, tienes que descubrirlo.

Hay un sonido", dice el maestro, "que no es creado por dos manos. Ve y descúbrelo".

A veces pasan meses y a veces años. Pero un día la mente llega a su cima definitiva.

La mente empieza a enloquecer de verdad: da vueltas y vueltas, gira y gira y se mueve, y no puede producir ninguna respuesta. Llega a su máxima capacidad. A partir de esa capacidad, la ruptura y el avance.

De repente todo es silencio. La pregunta ha desaparecido, el que pregunta ha desaparecido, la mente ya no está, no hay pensamiento, todo es silencio absoluto.

Es el sonido de una mano aplaudiendo.

Esto es satori. Esto es "romper el fondo". Entonces no hay "Es" ni "No es". Entonces no puedes decir "Dios es" y no puedes decir "Dios no es". Entonces el todo es, entonces el uno es - indiviso.

Este todo es Dios, o nirvana o Tao.

LA MENTE NO PUEDE CONVERTIRSE EN EL BUDA...

Esto es un koan:

LA MENTE NO PUEDE CONVERTIRSE EN EL BUDA;
EL CUERPO NO PUEDE CONVERTIRSE EN EL BUDA;
SÓLO LO QUE NO PUEDE CONVERTIRSE EN BUDA
PUEDE CONVERTIRSE EN EL BUDA.

¡AHORA TODO EL SINSENTIDO! Pero el Zen utiliza el sinsentido de una manera muy sensata. Tiene sentido en sus tonterías. Ahora, no puedes hacer nada con esta afirmación:

LA MENTE NO PUEDE CONVERTIRSE EN EL BUDA;
EL CUERPO NO PUEDE CONVERTIRSE EN EL BUDA;
SÓLO LO QUE NO PUEDE CONVERTIRSE EN BUDA
PUEDE CONVERTIRSE EN EL BUDA.

Por eso gente como Arthur Koestler piensa que el Zen es una tontería. En la superficie, sí. En lo más profundo, lo más sensato que ha habido en esta tierra. ¡Es el sentido del sinsentido! No se trata de afirmaciones filosóficas: ahí es donde Arthur Koestler se pierde.

No son afirmaciones filosóficas, son dispositivos. Son dispositivos para volverte tan loco que, de pura locura, la mente se detenga.

¿Cuánto tiempo puedes seguir repitiendo este sutra?

LA MENTE NO PUEDE CONVERTIRSE EN EL BUDA;
EL CUERPO NO PUEDE CONVERTIRSE EN EL BUDA;
SÓLO LO QUE NO PUEDE CONVERTIRSE EN BUDA
PUEDE CONVERTIRSE EN EL BUDA.

¿Durante cuánto tiempo? Esto hay que meditarlo, es un koan. El maestro dirá: "Averigua su significado". Ahora, no hay significado; ¡nadie puede encontrar el significado! Pero tú INTENTA averiguar el significado, y no serás capaz de averiguarlo, pero el propio esfuerzo te llevará a un cierto estado.

He oído que sucedió: Una mujer estaba engordando mucho. Fue al médico, el médico le dio un frasco de hermosas píldoras rojas y le dijo: "Dentro de un mes, por lo menos quince libras" de peso desaparecerán. Y dentro de un año, poco a poco, te volverás normal".

Estaba muy contenta y se fue a casa. Tenía dos hijas, de uno y siete años, a las que les gustó tanto el frasco y las pastillas rojas que se tragaron todas las pastillas entre las dos. Ahora la mujer tenía mucho miedo. Llamó al médico y éste le dijo: "No te preocupes. Durante unos días las niñas se volverán locas; no podrán dormir en absoluto, permanecerán completamente despiertas. Tendrán mucha energía y estarán inquietas durante unos días; saltarán y gritarán y correrán por toda la casa. Pero nada realmente perjudicial: en siete días se calmarán. Así que NO te preocupes".

Pero esos siete días fueron un infierno. Las niñas no dormían nada; toda la noche gritaban, chillaban y saltaban. Tenían tanta energía que la mujer no podía controlarlas. Volvieron loca a la mujer. En siete días ELLAS se calmaron, pero la mujer estaba completamente destrozada.

Pero ocurrió una cosa: perdió cinco kilos de peso.

Ahora, eso es una cosa totalmente diferente - no es una conclusión lógica, puede que no haya sucedido a través de las pastillas en sí, pero eso es lo que realmente sucedió. Y el médico había dicho: "En un mes perderá quince libras". Ella los perdió en una semana.

Esto es lo que es un koan. No llegarás a la respuesta, pero ocurrirá otra cosa. Ese es el sentido del sinsentido. Estarás pensando en el significado y no vendrá ningún significado, porque no hay ninguno, así que ¿cómo puede venir?

Arthur Koestler tiene razón en que es una afirmación sin sentido. Y, sin embargo, no ha entendido nada. Es una afirmación sin sentido, pero si intentas encontrarle sentido volverás loca a tu mente. Te volverás tan inquieto, tan perturbado, tan agitado, que alcanzarás el clímax. Empezarás a hervir a cien grados, y en ese momento se produce la evaporación. Eso es un subproducto.

De repente toda la mente ha desaparecido, y todos sus problemas y toda su filosofía y todas sus respuestas y preguntas. Todo, raíz y todo, simplemente ha desaparecido. Simplemente miras a tu alrededor y ¡no hay mente!

Miras hacia fuera y no está ahí. Miras dentro, y no está ahí. Buscas por todas partes, y no está ahí: no puedes encontrarte a ti mismo.

Y éste es el momento del satori, cuando no puedes encontrarte a ti mismo. Cuando no puedes encontrarte a ti mismo, lo has encontrado. Ahora el ego no está ahí, hay un gran silencio.

LA MENTE NO PUEDE CONVERTIRSE EN EL BUDA;

EL CUERPO NO PUEDE CONVERTIRSE EN EL BUDA...

Obviamente, porque la mente es una mitad y el cuerpo es la otra mitad. Y se ha creído en ambas. Hay muchas religiones que creen en la mente - la mayoría de las religiones creen en la mente y están en contra del cuerpo. Todas enseñan prácticas anticuerpo. El cristianismo es anticuerpo, el jainismo es anticuerpo. Te enseñan a destruir tu cuerpo deliberadamente, te enseñan a destruir toda la energía que tiene el cuerpo, porque ese es tu enemigo: si puedes destruir el cuerpo conocerás a Dios o conocerás la verdad o lo que sea. Viven en la mente, han elegido la mente.

Hay religiones que han elegido el cuerpo, muy pocas, y tampoco se llaman religiones.

Los charvakas de la India: eran tan religiosos como los cristianos y los jainistas, pero su religión consiste en el cuerpo. Por eso la mayoría de las religiones los llamarán no religiosos, antirreligiosos. No lo son. Su religión es totalmente diferente, el polo opuesto, creen en el cuerpo. Dicen que no hay mente, ni alma, todo eso son tonterías. Sólo vive tu cuerpo: come, bebe y sé feliz. La religión de Epicuro es del cuerpo.

Pero ambos son erróneos según Ikkyu, según Buda, según yo también. Ambos son erróneos, porque el hombre es un todo, un todo orgánico: mente y cuerpo están juntos. De hecho, el hombre no es mente y cuerpo, sino mente-cuerpo. El cuerpo es sólo la parte visible de la mente, y la mente es la parte invisible del cuerpo. Son una sola energía.

LA MENTE NO PUEDE CONVERTIRSE EN EL BUDA...

Es cierto, no puede. Contra el cuerpo, la mente no puede convertirse en Buda.

EL CUERPO NO PUEDE CONVERTIRSE EN EL BUDA...

Contra la mente, el cuerpo no puede convertirse en Buda. Si creéis en lo primero, os convertiréis en espiritualistas. Si creen en lo segundo, se convertirán en materialistas. Pero de cualquiera de las dos formas os perderéis la verdadera religión.

SÓLO LO QUE NO PUEDE CONVERTIRSE EN BUDA
PUEDE CONVERTIRSE EN EL BUDA.

Y ahora la extraña declaración.

LA MENTE NO PUEDE CONVERTIRSE EN EL BUDA;
EL CUERPO NO PUEDE CONVERTIRSE EN EL BUDA...

Ambos no pueden convertirse en Buda por separado, tomados por separado. Pero ambos juntos PUEDEN convertirse en Buda.

De hecho ambos juntos YA son el Buda.

COMO EL RAYO
QUE DESAPARECE COMO EL ROCÍO,
QUE SE DESVANECE COMO UN FANTASMA -
PIENSA EN TI.

Esta es de nuevo otra meditación.

COMO EL RAYO
QUE DESAPARECE COMO EL ROCÍO,
QUE SE DESVANECE COMO UN FANTASMA -
PIENSA EN TI.

TODO ES MOMENTÁNEO. Sólo por un momento, como el rocío de la mañana, saldrá el sol, y luego desaparecerá. O el relámpago en las nubes: ni siquiera lo has visto, y ya se ha ido.

Todo es momentáneo; nada permanece, todo viene y desaparece. No sólo eso: todo desaparece y se convierte en su opuesto.

Viendo esto, no hay nada a lo que aferrarse; pensando esto, uno se desapega. Uno comienza a estar en una especie de let-go, uno permite lo que sea que suceda. No se tiene ninguna obsesión por que sea así, no se tiene ninguna pretensión sobre la existencia. Uno simplemente confía en la existencia y fluye con ella, dondequiera que le lleve y pase lo que pase o vaya a pasar. No se tiene un objetivo predeterminado.

COMO EL RAYO
QUE DESAPARECE COMO EL ROCÍO,
QUE SE DESVANECE COMO UN FANTASMA -
PIENSA EN TI.
UNA MENTE PARA BUSCAR EN OTRA PARTE
PARA EL BUDA,
ES LA NECEDAD
EN EL CENTRO MISMO DE LA NECEDAD.

Y esta es la mayor estupidez, buscar a Buda, porque ya lo eres. Hay que repetirlo una y otra vez: ésta es la mayor afirmación, el mayor potencial. Algún día puedes oírla, algún día puede golpearte, algún día puede penetrar en tu corazón como una flecha caliente. Y en ese mismo momento te transformarás. Por eso hay que repetirlo una y otra vez.

UNA MENTE PARA BUSCAR EN OTRA PARTE
PARA EL BUDA, ES LA TONTERIA
EN EL CENTRO MISMO DE LA NECEDAD.

La mayor locura es una. Todas las demás necedades surgen de ella, es la madre de todas las demás necedades. ¿Qué es eso? Buscar a Buda. Nunca encontrarás a Buda en ninguna parte, porque él ya eres tú. Si lo buscas, fallarás. El que busca nunca va a encontrar, los que encuentran son los que dejan de buscar.

De nuevo, hay dos partes, dos filosofías. Algunos dicen: "Busca fuera". Hay religiones que dicen: "Dios está ahí arriba, en el cielo, fuera de ti". Adora a Dios: crea un templo, haz una estatua, una imagen, un ikon. Aprende la oración correcta y la forma correcta de ritual, y sirve a Dios, y lo encontrarás en algún lugar fuera". Este es un tipo de religión que busca fuera: el hinduismo, el cristianismo, el mahometismo.

Hay otro tipo de religión que busca en el interior. El jainismo: dice: "Mira dentro. Dios no está fuera. Tu ser es el ser supremo, Dios reside en ti. Así que entra, pero sigue buscando".

Unos buscan fuera, otros buscan dentro.

Zen dice: ¡NO busques en absoluto! Buscar fuera, buscar dentro, no hay diferencia. En la medida en que sabemos que todo es sueño, en esa medida nos desapegamos de todo lo que sucede, de las cosas y del yo. Cuanto más te desapegas de las cosas y de ti mismo, empiezas a perder la idea del interior y el exterior. Esa división es de nuevo la misma dualidad: dentro, fuera. No hay nada dentro, nada fuera, todo es uno. Nuestro error es buscar la verdad fuera O dentro. El gran error es BUSCAR en absoluto. ¿Qué hacer entonces?

La fórmula Zen es sencilla: no hacer, WU-WEI. Sentarse en silencio sin hacer nada -ni mirar hacia fuera ni hacia dentro, sin buscar nada en absoluto, sólo ser uno mismo- y en ese momento, Buda es conocido. Buda es tu propio ser. "Buda" en el budismo significa exactamente lo mismo que "Dios" en otras religiones.

EL ROCÍO EN LA HOJA DE LOTO

DESTEÑIDO POR SU COLOR,

TAL CUAL,

ES LA FORMA REAL DE BUDA.

Y UNA GRAN DECLARACIÓN REBELDE, para recordar siempre. De alguna manera, muy dentro de ti, persiste la idea de que Buda es alguien especial, que cuando te conviertas en Buda serás alguien extraordinario. Esa es de nuevo la vieja mente del buscador que no puede creer en lo que es, sino que siempre anhela lo que no es.

Escucha esta afirmación:

EL ROCÍO EN LA HOJA DE LOTO
DESTEÑIDO POR SU COLOR,
TAL CUAL,
ES LA FORMA REAL DE BUDA.

¡Despierta! Y escucha. Tal como eres, tal como eres, repito, eres el Buda. Nada hay que añadirte, nada hay que quitarte. Tal como eres, exactamente como eres, en tu absoluta ordinariez, eres Buda.

El día que lo reconozcas te sorprenderás: empezarás a reírte. ¡Qué ridícula ha sido toda la búsqueda, y qué ridículos han sido tus problemas!

Escucha estas dos historias:

Un monje preguntó una vez a un maestro zen: "¿Tiene un perro la naturaleza de Buda?".

Me contestó: "Sí, así es".

El monje preguntó entonces: "¿Tienes la naturaleza de Buda?".

Él respondió: "No, NO LO HAGO".

El monje dijo entonces: "¡Pero yo creía que todo el mundo tenía la naturaleza de Buda!".

El maestro respondió: "Sí, ¡pero yo no soy todo el mundo! De hecho, no soy nadie, así que ¿cómo puedo tener la naturaleza de Buda?".

¡TIENE la naturaleza de Buda! Así se expresan los zen, en rompecabezas. Pero él lo ha dejado muy claro. En tu nobleza, o en tu ordinariez... Y la ordinariez tiene que ser tal que ni siquiera pretendas que eres un Buda. Si lo afirmas, no lo eres. Por eso dice: "Sí, pero yo no soy todo el mundo. De hecho no soy nadie - ¿cómo puedo ser un Buda?".

Cuando uno sabe, no reclama.

Otra historia:

Un maestro zen estaba adorando a una estatua de Buda. Un novicio se acercó y le preguntó: "¿Por qué adoras a Buda? Creía que el Zen nos enseñaba a no hacerlo. ¿No escupen algunos maestros zen a Buda?".

El maestro respondió: "Algunos escupen a Buda y otros adoran a Buda. Yo prefiero lo otro".

Pero todo sigue igual. La vida sigue como está. Algunos adoran a Buda, otros escupen a Buda, la vida sigue como está.

El hombre del Zen no tiene elección, sólo preferencias -y aclárate a ti mismo la diferencia entre una elección y una preferencia. Una elección dice "Me lo tomo muy en serio". Una elección dice "De esta manera me gustaría vivir, de la otra manera no me gustaría vivir en absoluto. Así es como hay que vivir; así no vale nada".

Una preferencia simplemente dice "me gusta esto, pero si no ocurre lo otro también está bien". No hay seriedad en ello. Naturalmente, un maestro zen también tiene preferencias. Cuando duerme no lo hace sobre espinas, sino sobre su cama. Se trata de una preferencia, no de una elección: si TIENE que dormir sobre las espinas, dormirá allí también. Si la cama no está disponible y el sueño se acerca, también dormirá sobre las espinas. Pero, de nuevo, no es una elección, sino que en esas circunstancias es lo único que puede hacer.

Come comida, no come piedras: es una preferencia, no una elección. Recuerda, un maestro Zen también camina y pasa por la puerta, no por la pared. Eso es sólo una preferencia. Eso es lo que dice este maestro: "Sí, algunos escupen a Buda y otros adoran a Buda. Yo prefiero la adoración".

Pero no se lo toma en serio. Un cristiano no puede ser tan fácil: si alguien escupe a Cristo, se volverá loco, ¡lo matará! No será capaz de tolerarlo, aunque el cristianismo siga hablando de tolerancia y amor y de perdonar al enemigo. Pero no perdonará a ESTE enemigo, sino que lo matará.

Si escupes a Buda y un maestro zen está adorando, simplemente te mirará y pensará: "Él prefiere escupir, yo prefiero adorar". No hay elección, sino un gran desapego. Ves el punto, es de inmenso valor. La preferencia está bien, la elección no es buena.

Y cuando se dice "Volverse sin elección" unas pocas personas tontas empiezan a pensar que ahora no pueden preferir - porque piensan que la preferencia es elección. Empiezan a pensar que ahora no pueden preferir.

En la India ha sucedido: hay mahatmas en la India, santos -muy conocidos, venerados por miles- cuyo prestigio entero se debe a que NO prefieren. Si están comiendo y te sientas delante de ellos y meas allí, no pasa nada. O si simplemente se sientan en la suciedad, no pasa nada, porque piensan que esto es no tener elección. Debido a esta idea, la India se ha ensuciado tanto. Si los mahatmas están haciendo cosas tan grandes, entonces los seguidores, si no son TAN grandes, también los siguen un poco - ellos tampoco deben elegir.

India se ha empobrecido mucho.

No es necesario que cometas este error. Si existe la posibilidad de ser rico, ¡prefiere ser rico! NO prefieras ser pobre. Pero recuerda que se trata de una preferencia, no de una elección. Si un día la riqueza desaparece -porque todo es efímero, EL ROCIO EN LA HOJA DE LOTO-, entonces está perfectamente bien, entonces sé pobre.

NO elijas la pobreza, NO elijas la riqueza. Pero la preferencia es perfectamente buena y sana.

Si puedes estar sano, prefiere estarlo. Si no puedes estarlo, no pasa nada, acepta tu enfermedad.

Pero no digo que elijas la enfermedad.

Esa calamidad ha ocurrido en este país. Durante al menos cuatro o cinco mil años, este país ha vivido en una filosofía tan disparatada: "NO elijas". Por eso este país siguió siendo pobre.

"Ni siquiera prefiero". Así que lo que sea, está bien. La gente se ha estado muriendo y muriendo de hambre, la gente es fea, la gente está enferma, su vida es una vida de perros - pero siguen adelante. Han perdido la energía para vivir, para cambiar, para transformarse.

La religión se volvió muy venenosa en la India. ¡Esto no debería repetirse! He vivido en la pobreza, he vivido en la riqueza. Y para ser franco contigo, la riqueza es mejor. También lo es la salud, también lo son todas las cosas buenas de la vida - pero esto es sólo una preferencia.

Preferencia significa simplemente que no te lo tomas muy en serio. Si juguetonamente es posible, bien. Si no eres el hombre más rico del mundo, te gustaría no vivir, eso es una tontería.

Las personas Zen NO eligen - NO eligen el mundo, NO eligen la renuncia al mundo.

Pero han vivido en el mundo; lo prefieren. Dicen: "Esto parece más natural". Viven como la gente corriente, igual que tú. Pero viven con una inteligencia extraordinaria, viven con una gran conciencia.

A medida que la elección desaparece cada vez más y la preferencia ocupa su lugar, te vuelves cada vez más inteligente, más alerta, más consciente. Una lucidez, una gracia, surge en tu ser.

EL ROCÍO EN LA HOJA DE LOTO

NO TEÑIDO POR SU COLOR...

Ikkyu está diciendo: Sé el rocío en la hoja de loto. Aunque desde fuera el rocío parezca coloreado por la hoja de loto -si la hoja de loto es verde, la gota de rocío parecerá verde, parecerá esmeralda-, no está coloreado, permanece incoloro. No le afecta la hoja de loto; es sólo una apariencia.

El hombre Zen vive en el mundo, pero incoloro. Puede tener mujer, puede tener hijos, pero permanece incoloro:

EL ROCÍO EN LA HOJA DE LOTO

NO TEÑIDO POR SU COLOR...

Se mueve por el mundo, incontaminado, no contaminado por él. El mundo nunca entra en él.

Por eso no le preocupa salir de él. No le interesa ir al Himalaya.

¿Para qué? ¿Para qué? Sabe que el mundo no está en él, así que ¿qué sentido tiene ir a otra parte?

La persona que huye del mundo tiene miedo del mundo, porque cuando está en el mundo el mundo entra en ella y no puede resistirse. Es incapaz, es impotente, aún no es lo suficientemente consciente como para que el mundo no pueda entrar en él. Para evitarlo, se escapa al Himalaya.

Pero, ¿cómo va a ser más consciente en el Himalaya?

Si el mundo no puede hacer que seas más consciente, el Himalaya tampoco puede hacerlo. El mundo es un desafío. Y la inteligencia sólo existe cuando hay desafíos. Se agudiza con los retos: a mayores retos, mayor inteligencia.

EL ROCÍO EN LA HOJA DE LOTO
DESTEÑIDO POR SU COLOR,
TAL CUAL,
ES LA FORMA REAL DE BUDA.

El tendero en la tienda y el trabajador en la fábrica y el agricultor en el campo - el rocío en la hoja de loto, si no está coloreado por la hoja, entonces no hay problema. Puedes ser un granjero, un tendero, un empleado o un obrero, puedes ser cualquiera, eso es sólo la forma. En el fondo, no te preocupes por lo que ocurre a tu alrededor. La preferencia está bien - NO elijas. Y tú eres Buda.

Este mismo cuerpo el Buda, y esta misma tierra el paraíso del loto.

Y los dos siempre se encuentran

La primera pregunta

Pregunta 1:

¿ES LO MISMO "SENTARSE EN SILENCIO SIN HACER NADA" QUE "MIRAR DENTRO DEL PROPIO SER"?

NO, NO ES LO MISMO. Mirar dentro de uno mismo sigue siendo hacer algo. No hacer nada es precisamente eso: no hacer nada, ni mirar hacia fuera ni mirar hacia dentro. Mirar es un tipo de hacer - incluso si estás intentando observar, estás INTENTANDO; hay un esfuerzo implicado. Y el esfuerzo conlleva tensión, expectativas, frustración... todo eso. Un pequeño esfuerzo puede atraer al mundo entero. Si tienes éxito, te sentirás genial; si TÚ tienes éxito, el ego tendrá éxito. El esfuerzo es irrelevante: el éxito trae ego.

Sí, incluso si tienes éxito en la meditación, te trae ego. Si fracasas, trae frustración. La frustración no es más que el ego sintiéndose mal: no pudo lograrlo; el ego está herido, lastimado.

Con esfuerzo, entra el mundo entero. No hacer nada significa simplemente eso: ningún esfuerzo, no ir a ninguna parte, no desear nada - ni siquiera el nirvana, Dios, samadhi. El deseo es deseo - lo que deseas, ¿qué diferencia hay en desear?

TÚ deseas dinero, alguien desea meditación. Tú deseas placeres de este mundo, otra persona desea placeres en el otro mundo - ¿cuál es la diferencia? No hay ninguna; todo es lo mismo. La mente deseante está ahí, y la mente deseante es el mundo. Así que aunque desees el otro mundo, sigue siendo el mundo. No hay otro mundo. El deseo crea el mundo, toda su miseria.

No hacer nada significa no desear. No hay movimiento en ti, en NINGUNA dirección. No hay futuro en tu conciencia, no hay nada más allá de este momento - sólo esto. No hay marcha atrás, no hay marcha adelante, no hay memoria, no hay imaginación, no hay salida, no hay entrada. Todo está en silencio. No hay movimiento; no surge ninguna onda. Eso es no-hacer. Eso es lo más grande que puede sucederle a la conciencia humana.

Mirar dentro del propio ser no es nada comparado con no hacer nada. Sí tiene algo en comparación con los movimientos hacia el exterior. Es mejor, relativamente, moverse hacia dentro: un buen paso, pero no es la meta, es parte del camino. Alguien mira hacia fuera, tú miras hacia dentro: es mejor que mirar hacia fuera, pero recuerda, sólo relativamente. Todavía hay que dejarlo. Pero te estás acercando a casa; al salir, estás más lejos.

Mirando hacia dentro, sigues estando lejos, pero no tan lejos: cada vez estás más cerca.

Pero recuerda que la cercanía es también distancia. Incluso cuando estás muy cerca, noventa y nueve grados -sólo un grado más, y el acontecimiento y la trascendencia- sigues estando lejos. Puede que no seas capaz de llegar a ese grado; puede que te alejes de nuevo. El agua está llegando al punto en el que puede evaporarse, pero puede que no se evapore; puede que empiece a enfriarse antes de que se produzca la evaporación.

Puede seguir siendo agua, puede ser agua CALIENTE, pero el agua es agua, caliente o fría. Pero es relativamente mejor, porque el agua fría habrá que calentarla; ésta ya está caliente.

Esa es la única diferencia entre el hombre mundano y el hombre espiritual. El hombre espiritual es como el agua caliente - está muy cerca del salto, del salto cuántico. Un paso más, y todo dentro y fuera desaparecerá. No quedará ninguna división - ni cuerpo/mente, ni este mundo/ese mundo. Todas las divisiones en todas las dimensiones simplemente desaparecerán.

Ese es el estado de samadhi o nirvana. No puedes desearlo, sólo puedes comprenderlo.

Comprenderlo es entrar en él. Cuando lo comprendes totalmente, de repente está ahí. No necesita ningún esfuerzo por tu parte; no es algo que haya que cultivar, practicar. Es algo que hay que PERMITIR.

En la comprensión profunda, te abres. En este mismo momento, sólo ESTO, y hay samadhi.

Pero si hay una leve ondulación - "Debería cogerlo"- te lo has perdido. "Si está tan cerca, ¡debería cogerlo!" - no lo has visto. Si empiezas a mirar a tu alrededor - "¿Dónde está?" - si cierras los ojos y empiezas a buscarlo a tientas, lo has perdido.

Buscar no es la forma de encontrar. La no búsqueda. Ese momento de no búsqueda es el momento en el que estás sentado en silencio sin hacer nada... y llega la primavera y la hierba crece sola.

La segunda pregunta

Pregunta 2:

¿POR QUÉ SIEMPRE HABLAS EN CONTRA DE LA LÓGICA?

NO ESTOY EN CONTRA DE LA LÓGICA, es la VIDA la que está en contra. Hablo de la vida, no contra la lógica. Hablar de la vida, viene como un subproducto, el hablar contra la logica. La lógica es un mundo hecho por el hombre; no es fiel a la facticidad de la existencia. La lógica es una imposición del hombre sobre la realidad.

La realidad es muy ilógica, misteriosa; no sigue ninguna regla. Y cuanto más te adentras en ella, más y más te das cuenta de que quizá en la superficie hay algunas reglas, pero a medida que profundizas, las reglas empiezan a desaparecer. Y llega un punto en la profundidad de la realidad en el que todas las reglas son inválidas.

Los físicos están llegando a ella, porque han penetrado profundamente en la materia. Y están hablando casi como místicos. Este es uno de los mayores fenómenos que le ha ocurrido a este siglo - la contribución de este siglo a la conciencia humana. Los místicos siempre han hablado así, y siempre se les ha tenido por locos. Ahora bien, es muy difícil llamar loco o místico a Albert Einstein en algún sentido peyorativo; es imposible. Pero él habla de la misma manera que habla un Buda o un Meister Eckhardt o Ikkyu.

La física moderna dice: Cuanto más penetramos en la materia, más nos damos cuenta de que todas nuestras reglas impuestas son inadecuadas. La realidad es más grande que nuestras reglas. Y la realidad es tan vasta que contiene contradicciones. No es lineal, no se mueve en una dirección, se mueve en todas las direcciones simultáneamente. No hay forma de abordarla lógicamente. Hay que abandonar toda lógica; la física moderna ha abandonado toda lógica. Para ser fiel a la realidad, hay que abandonar la lógica. De lo contrario, no serás fiel a la realidad, sino a una realidad ficticia que has creado.

Así ha sido para los místicos a lo largo de los tiempos: lo que la física acaba de descubrir, los místicos lo han sabido siempre. Ellos han sido los pioneros de lo ilógico. Su enfoque era diferente - se acercaban a través de la conciencia - pero también llegaron a la misma profundidad. Y de repente se dieron cuenta de que tu lógica está bien en el mercado -ayuda, es utilitaria; será difícil manejarse en el mundo sin lógica. Pero cuando profundizas, la lógica se convierte en un obstáculo.

Cuanto más profundo empiezas a moverte, más ves que los polos opuestos no son sólo opuestos, sino complementarios. Y una vez visto eso, que los polos opuestos son complementarios, TIENES que comprender que la vida no es lógica.

La lógica dice que A es A y no puede ser B. Un hombre es un hombre y no puede ser una mujer, obviamente. Pero si profundizamos en la realidad, A se transforma en B y B en A. De hecho, se transforman constantemente el uno en el otro: A no es más que un camino hacia B y B no es más que un camino hacia A.

Y observa dentro de tu propio ser: no eres veinticuatro horas un hombre o una mujer - cambias.

El hombre tiene momentos en los que es mujer, y la mujer tiene momentos en los que es hombre.

Estas divisiones son sólo utilitarias; en el fondo, todo es uno. Son expresiones de una realidad.

Basta con ver a una mujer enfadada: ¿crees que es una mujer? En cólera puede ser más agresiva que cualquier hombre, más cruel que cualquier hombre. Y por una cierta razón - porque su virilidad es muy, muy virgen, virgen, intacta, sin usar. Ese poder permanece sin usar en ella. Cuando lo usa es realmente feroz.

Y cuando un hombre está enamorado es tan suave. Cuando está enamorado, es más femenino que cualquier mujer.

No es casualidad que Buda tenga un aspecto tan femenino. Está inmensamente enamorado de la existencia; ha llegado a ese orgasmo último que se produce entre lo individual y lo universal. Ha sucedido. Es orgásmico las veinticuatro horas: cada momento es de gran alegría en su interior y de gran amor. Él llama a ese amor "compasión", sólo para diferenciarlo de tu supuesto amor, tiene que llamarlo compasión.

Es pasión transformada, ése es el significado de la palabra "compasión": pasión transformada, pasión que se ha vuelto luminosa, pasión que ya no se dirige a ningún individuo en particular, pasión que simplemente se desborda. Es femenina.

Sólo para indicar esta feminidad en Buda, en Krishna, en Mahavira, los pintores indios, los escultores indios, no les han puesto ningún bigote o barba - sólo para indicar esta feminidad.

No es que Buda no tuviera bigote ni barba. Es posible que de vez en cuando un hombre no tenga bigote ni barba, pero no puede ser siempre así. De los veinticuatro TEERTHANKARAS jainistas, nadie tiene bigote ni barba: Buda, Krishna, Rama, todos los avataras hindúes, nadie. Esto no es posible.

¿Por qué no han sido representadas, pintadas, con bigote y barba? Sólo para mostrar, sólo para dar una idea de su feminidad absoluta, de su suavidad, de su cualidad acuática, de su fragancia de loto, de su redondez, de su totalidad.

Pero la lógica dice que A es A y nunca puede ser B. Y la lógica dice: "Esto es esto, y lo contrario es lo contrario, nunca se encuentran".

La famosa afirmación de Rudyard Kipling es lógica. "Occidente es Occidente, Oriente es Oriente, y los dos nunca se encontrarán" es una afirmación lógica, pero totalmente falsa. Occidente no es Occidente, y Oriente no es Oriente, y los dos han estado encontrándose todo el tiempo.

Todas las polaridades están unidas, puenteadas. Por eso sientes que siempre hablo contra la lógica.

La lógica te hace sentir como si las cosas estuvieran divididas, absolutamente divididas, insalvablemente divididas. No es así. El nacimiento se transforma en muerte, ¿cómo pueden estar divididas? Y la mente lógica celebra cuando nace un niño y llora cuando muere un anciano. Esto es lógico. Pero el nacimiento y la muerte son dos aspectos de la misma realidad: cuando llega un aspecto, lo celebras; cuando llega otro, ¡lloras y lloras!

¡Qué ridículo! O lloras en ambas ocasiones o celebras en ambas ocasiones. O si no puedes hacerlo, entonces olvídate de la celebración y del llanto, simplemente guarda silencio. Pero NO hagas una división, porque el día que el niño nace empieza a morir; cuando lo estás celebrando ya ha empezado a morir. ¿Qué estáis haciendo? Si tiene un día, ha muerto un día; ahora tiene un día menos de vida.

Con la primera respiración del niño algo ha empezado a morir. Ha muerto una respiración, está una respiración más cerca de la muerte - si cuentas la vida en respiraciones, hay una respiración menos. Uno no va a morir de repente un día a los setenta años. Uno muere cada día, sigue muriendo, y un día todo el proceso se completa y el péndulo oscila hacia el polo opuesto.

Lo mismo ocurre con el amor y el odio. La lógica divide. La lógica dice que el amor es amor, el odio es odio, y que nunca se encontrarán. Y siempre se encuentran. Escucha tu experiencia vital: odias a la misma persona que amas, no puede ser de otra manera. Todo el mundo odia a la misma persona que ama; el odio siempre se dirige a la misma persona.

Por eso el conflicto entre los amantes, las peleas constantes. Las peleas sólo cesan cuando el amor desaparece, recuérdalo. Sí, un día se acaba; todo el mundo se cansa. Tarde o temprano, el marido empieza a pensar "Ya es suficiente" y la mujer empieza a pensar "Es demasiado, ¿qué sentido tiene hacer lo mismo una y otra vez?". Y dejan de discutir. Pero el día que dejan de discutir, el amor desaparece.

El amor no puede existir sin odio. Esto es lo ilógico de la vida: el amor no puede existir sin odio, el odio no puede existir sin amor. Pero si vas a los libros y si miras a través de la lógica, divides. Dices: "Ama siempre, nunca odies". Esto no es cierto sobre la vida; estás creando una ficción del amor. Y estás creando dificultades para la gente.

A lo largo de los siglos, te han enseñado: Sólo ama, NO odies. Y esto es imposible. Es una forma segura de matar el amor: no serás capaz de gestionarlo, y te sentirás culpable porque no puedes gestionarlo. Y en realidad no hay nada malo en ti. La vida no puede gestionarlo, la vida no tiene ninguna obligación de cumplir las exigencias de la lógica. La vida no sabe nada de lógica, es felizmente inconsciente de ella.

Si amas, cuanto más intenso sea el amor, en la misma cantidad será intenso tu odio. Si te sientes feliz, tendrás que sentirte infeliz - esto es simple. Y la mente lógica dice: "Sólo seré feliz, NO quiero ser infeliz". Ahora bien, esto es ser tonto. La lógica es tontería. La mente dice: "Sólo quiero estar alto, siempre alto, nunca bajo". ¿Cómo puedes estar siempre arriba? Si NO bajas, tarde o temprano olvidarás que estás en lo alto. ¿Cómo sabrás que esto es alto? Tienes que bajar, tienes que caer en el valle de la tristeza, en la miseria. Y entonces un día de nuevo te elevas a las cumbres y a la belleza de las cumbres y al vuelo en el cielo. ¿Pero por cuánto tiempo? El valle está ahí, tienes que volver a él, te preparará de nuevo para volar, para llegar alto.

Cuando estás alto estás en camino de estar bajo, cuando estás bajo estás en camino de estar alto. Esto es lo ilógico de la vida.

Mi respeto es hacia la vida, estoy totalmente con la vida. De ahí que pienses, sientas, que estoy en contra de la lógica.

De hecho, no estoy en contra de la lógica, sólo estoy a favor de la vida. Eso naturalmente me hace estar en contra de la lógica, pero eso es sólo un subproducto.

Y mira que la mente lógica siempre cae en absurdos.

Lo he oído:

"¿Qué posibilidades tengo de recuperarme, doctor?", preguntó el paciente.

"Cien por cien", dijo el médico. "Los historiales médicos demuestran que nueve de cada diez personas mueren de la enfermedad que usted padece. El suyo es el décimo caso que he tratado y todos los demás murieron. Así que ya ves, seguro que te curas".

Esto es una estupidez lógica. La vida no sigue esas reglas, la vida no tiene ninguna obligación de seguirlas. Pero en la superficie, la lógica siempre parece ser cierta.

El diplomático se encontraba en su primera visita oficial al pequeño país de Bubonga. En la fiesta diplomática oficial, el presidente de la nación le entregó un vaso de la bebida nacional. El diplomático bebió un sorbo y miró a su alrededor con asombro mientras los muebles empezaban a moverse y las paredes temblaban.

"Esta es sin duda una bebida poderosa", dijo al presidente.

"En realidad no", respondió su anfitrión. "Resulta que esto es un terremoto".

En la superficie, la lógica siempre te da pistas. ¿Mm? Debe ser la bebida - ¡una bebida poderosa! Todos estamos enganchados a la lógica. Y el hombre que está enganchado a la lógica permanece desenganchado de la vida.

Por eso se ven tantos muertos caminando por las calles: haciendo la compra, trabajando en las fábricas, muertos, todos muertos. ¿Qué le ha pasado a esta gente? A esta gente le ha pasado la lógica; padecen la enfermedad llamada filosofía. Se han vuelto lógicos en su vida, y al volverse lógicos han perdido la noción de la vida. Ahora tienen un cierto enfoque fijo, se mueven según su lógica. Sus ojos sólo pueden ver a través de un estrecho agujero, el agujero de la lógica; no pueden ver nada más. Y una vez que tu lógica está fijada, tu percepción está fijada. Pierdes la libertad, la libertad de ver. Sigues viendo sólo las cosas que te permite tu lógica; sigues interpretando a tu manera lógica, sigues reaccionando a tu manera lógica. Y siempre te pierdes la realidad, porque la realidad es ilógica.

Y la persona lógica tarde o temprano empieza a sentir que la vida es absurda, sin sentido. La vida no es absurda ni carece de sentido. De hecho, tu mismo esfuerzo por imponerle una cierta lógica la hace parecer absurda. Tu mente quiere imponer un cierto sentido a la vida, y NO SE PUEDE imponer.

Entonces la vida parece carecer de sentido.

La vida no tiene nada de malo. Los pájaros NO sienten que la vida carezca de sentido, los tesoros NO sienten que la vida carezca de sentido, los ríos NO sienten que la vida carezca de sentido. ¿Por qué? Porque no tienen lógica. Todo está bien como está - están en una relación relajada con la vida. Están en sintonía con la vida; no tienen ideas que se lo impidan, que se conviertan en barreras entre ellos y la vida.

Un río viene de las montañas, empieza a moverse hacia el norte, y entonces llega un giro y empieza a moverse hacia el sur. El río no piensa: "¿Qué es esto? La vida parece muy absurda.

Primero iba hacia el norte, ahora voy hacia el sur. ¿Qué es todo esto? ¿Qué coherencia hay? ¿Cómo voy a llegar al océano si sigo por este camino?". Y de nuevo se produce otro giro, y se dirige hacia el este. Si el río tuviera una mente, una mente lógica, se volvería loco. Simplemente se volvería loco. Nunca llegaría al océano, estaría tan confuso, tan desconcertado, tan confundido, que se paralizaría. Es tan ilógico: si vas al norte, ¡ve al norte!

Pero los ríos NO piensan, NO tienen mente. Una mente significa tener una cierta idea de cómo deberían ser las cosas. A ellos NO les importa: permiten que la vida sea como quiera ser, siempre se relajan con ella. Si va hacia el sur, bien; si va hacia el norte, bien. NO crean ningún problema. Llegan, ciertamente; todos los ríos llegan al océano.

Sólo el hombre está perdido. El hombre ha perdido la pista de Dios, porque Dios está oculto en la vida y el hombre se ha obsesionado demasiado con la lógica. La logica te permite algunas cosas pero no te permite todas. Es muy exigente, intenta ser coherente.

Esa es la belleza del Zen: es paradójico, contiene contradicciones. Y recuerda siempre, muchas veces la gente me pregunta: "¿Cómo decidir que este hombre está iluminado, o que este hombre es realmente un maestro? ¿Cómo decidir?" Si puedes encontrar a un hombre que sea totalmente inconsistente, que contenga contradicciones, que sea paradójico, que te parezca ilógico -que no satisfaga tu mente lógica pero que de cierta manera sutil satisfaga tu corazón-, entonces él es la persona iluminada, entonces él es el maestro. Él satisface algo profundo en tu corazón; empiezas a sentir amor por él.

Tu mente sigue diciendo: "¿Qué vas a hacer? Este hombre parece tan absurdo, nada fiable; un día dirá una cosa, otro día dirá justo lo contrario. Entonces, ¿qué vas a hacer?". Pero tu corazón te dice: "Entonces está bien. Iré con este hombre, tanto si va al norte como al sur o a donde sea, o si deja de ir. Me he enamorado".

Cuando surge el amor, sólo entonces puedes salir de la lógica. De lo contrario, no podrás salir de la lógica. El amor te dará el valor para salir de los patrones de la lógica. La persona que vive en la lógica es un cobarde: la lógica protege contra las incoherencias, las contradicciones, las paradojas, los peligros. La lógica es una seguridad, una medida de seguridad; es una Muralla China a tu alrededor. Te protege no sólo de los peligros, sino también de la vida misma. Porque la vida contiene peligros. Empieza a protegerte de Dios, empieza a protegerte del amor. Y entonces estás muerto, eres un cadáver. TÚ puedes seguir respirando, no es imposible, los cadáveres respiran...

He visto millones de cadáveres respirar, caminar, hacer mil y una cosas... y seguir completamente muertos.

La lógica te protege. El miedo siempre quiere permanecer en la lógica. Cuando algo como el amor comienza a agitarse en tu corazon, entonces existe la posibilidad de salir de la logica. Entonces surge el coraje.

Estar con un maestro es estar enamorado -en un tipo de amor muy absurdo, sin ninguna razón en absoluto. Por eso ningún discípulo puede convencer a alguien de fuera de por qué se ha enamorado de este hombre o de aquel otro, de por qué ha elegido a este hombre como maestro. Ningún discípulo puede convencer a nadie que no esté ya convencido. Es imposible, porque la persona de fuera será lógica y tú serás ilógico. Sabrás que tienes razón pero no serás capaz de decir por qué, cómo. Y él será perfectamente capaz de decir que no tienes razón; será más elocuente. La logica es articulada, el amor es silencioso.

El amor puede reír, vivir. La lógica argumenta.

No estoy en contra de la lógica. Puedes ver en mis declaraciones que UTILIZO la lógica para ayudarte hacia el amor - ¿cómo puedo estar en contra de ella? Cuando ataco la lógica, lo hago muy lógicamente, porque es la única manera de que comprendas. Pero todo el esfuerzo es para sacarte de ella, de sus garras. Estoy a favor de la vida, pero no en contra de la lógica.

La tercera pregunta

Pregunta 3:

NO HE EXPERIMENTADO NADA DE LA TRISTEZA O DEPRESIÓN QUE USTED HA DICHO QUE MUCHOS ESTÁN SINTIENDO EN RESPUESTA A ESTA SERIE DE CONFERENCIAS. POR EL CONTRARIO, MÁS QUE EN NINGUNA OTRA SERIE, SIENTO QUE SURGE EN MÍ UNA SENSACIÓN DE LIBERTAD Y ALEGRÍA, COMO SI MI CORAZÓN TUVIERA ALAS. ¿ME ESTOY PERDIENDO ALGO?

ANEESHA, No, no te estás perdiendo algo. Estás recibiendo algo. Y no estás solo, hay algunas otras personas también - Vidya ha escrito, Savita ha escrito, y algunos otros, que están sintiendo una inmensa alegría con estos sutras. Pero hay algunos otros que se sienten deprimidos.

No dice nada sobre los sutras, simplemente dice algo sobre ti. Hay personas que son budistas naturales - Aneesha, Vidya, Savita, deben ser budistas naturales. El enfoque de Buda simplemente encaja con su ser, inmediatamente sintonizan con él. Es su clima, es su suelo: su semilla estalla inmediatamente, empiezan a crecer en libertad, en alegría. A estas personas que son budistas naturales les sucederá una gran percepción.

Y recuerde, estoy diciendo "budistas naturales", no budistas que nacen en una familia budista. Un budista natural es un fenómeno totalmente diferente, no tiene nada que ver con un budista de nacimiento. Para ellos, esta serie será deprimente.

Ese no es su clima. Vivek, Arup, Pradeepa y otros - ese no es su clima, no encaja con ellos. El clima sufí simplemente les llega al corazón.

Y estoy utilizando todos los climas, estoy trayendo todas las posibilidades para ti. Nunca ha sucedido antes.

Buda sólo creó un clima, un campo de energía, el campo de Buda. Mevlana Jalaluddin Rumi creó otro, el campo sufí. Con Jalaluddin sólo se reunieron aquellos que eran sufíes naturales, con Buda sólo aquellos que eran budistas naturales.

Conmigo va a ser totalmente diferente. Este lugar va a ser el primero en el mundo, en toda la historia de la humanidad, donde habrá todos los climas, todos los tipos de suelos, todas las posibilidades. Así que va a suceder una y otra vez, y tienes que recordar que tienes que aprender tolerancia, simpatía. Cuando algo no te guste, NO empieces a condenarlo, porque si yo hablo de ello, seguro que le gusta a otra persona. Y tengo que tener en cuenta las necesidades de todos.

Y esos antiguos tipos de campos especiales -el campo de Buda, el campo sufí- no pueden existir ahora en este mundo, porque la Tierra se ha vuelto muy pequeña. Los países ya no están aislados; el mundo se ha convertido en una aldea global. Estamos tan cerca unos de otros, y todas las antiguas barreras y fronteras se están rompiendo por sí solas. El hombre se ha hecho más adulto.

Así que a mi alrededor habrá todo tipo de gente. Judíos, mahometanos, cristianos, hindúes, parsis, sijs, jainistas, budistas, taoístas, todo tipo de gente. Gente que cree en el yoga, gente que cree en el tantra, gente que cree en el zen, gente que cree en el jasidismo... todos están aquí. Y tengo que alimentarlos a todos.

Por eso, cuando hable de sufismo, los budistas, los budistas naturales, no se sentirán muy bien. Tienen que aprender a respetar las necesidades de los demás. Y si son comprensivos, incluso ELLOS recibirán ayuda, porque esto les aportará claridad. Cuando entiendes algo que es polarmente opuesto a ti, te aporta claridad. Te define a ti mismo. Ya no estás en una especie de vaguedad, nublado, empiezas a tomar una forma. Esa es la función del polo opuesto.

Si un budista nunca ha oído hablar de los sufíes, permanecerá vago. Nunca sabrá cuáles son sus límites, cuál es su forma real. Permanecerá sin forma.

Así que cuando estoy hablando de Sufis, y eres un Budista natural y NO te sientes muy bien con ello, escucha atentamente - te dará una forma, una figura, una identidad, una visión clara. Y cuando estoy hablando de budistas, si eres un sufi natural

NO te deprimas. NO dejes de venir: "Estos sutras no son para nosotros, nos crean depresión". Sabe perfectamente que no son para ti, pero son para alguien - y puedes usar al menos esto, que puedes ver donde eres diferente, cuales son tus cualidades naturales que son diferentes. Y puedes alcanzar una identidad mejor.

Para saber "¿Quién soy?" te será útil conocer exactamente tus límites, tus limitaciones, tus tendencias, tu naturaleza, tus instintos.

Voy a seguir hablando de todo tipo de escuelas. Y aquí, si eres mahometano de nacimiento, tienes que desaparecer como mahometano de nacimiento. Si has nacido hindú, tienes que desaparecer como tal. Tienes que encontrar tus cualidades naturales, porque sólo la naturaleza crece. El nacimiento es accidental, el nacimiento no determina nada. Fue una coincidencia que nacieras en un hogar donde la gente era hindú, es tan coincidencia como que pertenecieran a un partido político concreto. Si tus padres eran comunistas, no tienes por qué ser comunista. Si tus padres eran católicos, tampoco tienes por qué ser católico.

Tienes que buscar tu propio camino; cada uno tiene que buscar su propio camino. Yo pondré a tu disposición todos los caminos, para que puedas ver y sentir. Y cuando se produzca el camino correcto, veréis inmediatamente surgir en vosotros una gran alegría. Eso es indicativo de que tu clima ha llegado, de que éste era el momento que estabas esperando, de que ésta es tu primavera.

Así que Aneesha, NO te preocupes por si te estás perdiendo algo. Por primera vez te estás acercando a tu clima natural. Ahora NO lo olvides, te será de inmensa ayuda. Una vez que sabes quién eres naturalmente, entonces las cosas cambian. Entonces NO vas a tientas en la oscuridad, entonces empiezas a seguir una dirección determinada. Entonces tu vida tiene un sentido de dirección. Entonces NO malgastas tus energías por todas partes. Entonces sabes lo que es para ti y lo que no es para ti.

Y recuerda siempre que lo que no es para ti no está MAL. Puede serlo para otra persona. Sólo porque no sea para ti, no tiene por qué ser falso. La verdad tiene múltiples facetas, multidimensional es la verdad.

TÚ has encontrado tu puerta - NO digas que las otras puertas están mal.

Jesús dice: "La casa de mi Dios, de mi Padre, tiene muchas puertas, muchas habitaciones en ella, muchas cámaras". De hecho, hay millones de puertas en el templo de Dios. Y cada uno tiene que encontrar su puerta, porque nadie puede entrar por la puerta de otro.

La identidad que has alcanzado a través del nacimiento es una identidad falsa - hay que soltarla, hay que perderla. Vuélvete libre. NO seas hindú, NO seas cristiano, NO seas mahometano. Y entonces, de repente, empezarás a sentir lo que es realmente para ti. Puedes ser hindú, e interesarte por los sufíes. Puedes ser mahometano e interesarte por Buda.

Puedes ser budista e interesarte por Krishna. No hay forma de saberlo de antemano; uno sólo tiene que ponerse en todo tipo de climas.

Y cuando llega el clima adecuado, de repente brotan, empiezan a salir hojas. Inmediatamente ocurren transformaciones. Esto te debe estar pasando a ti Aneesha, a ti Savita, a ti Vidya.

Usted dice: NO HE EXPERIMENTADO NADA DE LA TRISTEZA O DEPRESIÓN QUE USTED HA DICHO QUE MUCHOS ESTÁN SINTIENDO EN RESPUESTA A ESTA SERIE DE CONFERENCIAS.

Esos nacieron sufis - reaccionaron de acuerdo a su experiencia. Yo estaba esperando que ustedes escribieran - ustedes reaccionaron de acuerdo a su propia experiencia. Y a esto le llamo yo comprensión, que dejéis espacio también a los demás. Otros crecerán a través de otros sutras. Para alguien Patanjali es simplemente un gran esplendor, para otra persona Patanjali puede parecer seco. Para alguien Mahavira es el pináculo más grande, para alguien más parece no tener sentido estético, ni jugo, es como un desierto seco.

Para algunos, Krishna puede ser el que golpea más hondo en el corazón, el que toca lo más profundo de tu ser, el que empieza a tocar la flauta. Para otros, Krishna puede parecer superficial, indulgente, mundano.

Recuerda siempre que todo lo que encaje contigo, hazlo de todo corazón, todo el camino. Y NO condenes lo que no encaja contigo, porque puede encajar con otra persona. Y otras personas también tienen que llegar a Dios.

La cuarta pregunta

Pregunta 4:

QUIERO DIVORCIARME DE MI MARIDO. LLEVAMOS SIETE AÑOS VIVIENDO EN LA MISERIA, PERO SOY CATÓLICA Y TENGO MIEDO DE QUE A DIOS NO LE HAGA GRACIA.

¿QUÉ DEBO HACER?

ESO ES PROBLEMA DE DIOS. ¿Por qué debería preocuparte? Si él no se siente bien, puede vivir en la miseria, pero ¿por qué deberías vivir TÚ en la miseria? Siete años es realmente demasiado tiempo para haber vivido en ella.

Nunca vivas demasiado tiempo en un estado de miseria, porque entonces se convierte en algo habitual. Entonces, en el fondo, empieza a gustarte; entonces, en el fondo, empiezas a aferrarte a ella. Entonces empiezas a tener miedo: si lo pierdes, ¿qué harás? No tendrás nada que hacer. Tu miseria te estaba dando una gran ocupación, estabas continuamente ocupado con ella. Si de repente la miseria desaparece, ¿qué vas a hacer? Te sentirás muy vacío.

Recuerda siempre, en el momento en que seas consciente de que algo simplemente te crea miseria, sal de ello - cuanto antes mejor. Si tu relacion amorosa, tu matrimonio, te da tanto alegria como miseria entonces esta bien, puedes estar en el. No estoy diciendo que cualquier matrimonio pueda darte sólo alegría y alegría y alegría, ningún matrimonio puede. De lo contrario, los Budas no encontrarían seguidores. Ningún matrimonio puede darte sólo alegría pura.

¿De dónde sacan los Budas a sus clientes? ¿Quiénes son sus clientes? Personas que han vivido en el mundo y han visto su miseria.

Un matrimonio no es sólo un matrimonio entre un hombre y una mujer, es también un matrimonio entre la alegría y la miseria. Es un fenómeno mixto: es un matrimonio. Habrá momentos de alegría y momentos de desdicha. Si es al cincuenta por ciento está perfectamente bien, puedes continuar. Pero si es un cien por cien de miseria, estar en ello es neurótico. Y eso es lo que ocurre. La gente espera y desea que un matrimonio sea cien por cien feliz, lo cual no puede ser, no es naturalmente posible.

Ningún matrimonio lo ha sido nunca, ningún matrimonio lo será jamás. El matrimonio no puede ser cien por cien feliz, no está en la naturaleza de las cosas.

La gente espera un cien por cien de alegría. Eso es una tontería, no es práctico, es vivir en sueños.

Y si esperas tanta alegría crearás más miseria de la que era natural, porque habrá más frustración. Cuanto mayor sea tu deseo, más profundamente te sentirás frustrado. Cuanto mayor sea el objetivo, más lejos te sentirás de él. Cuanto más perfecto sea un ideal, más sentirás que no puedes lograrlo, que te quedas corto.

Luego hay otro tipo de tontería: la gente también sigue viviendo en la miseria al cien por cien. No pidas un cien por cien de alegría, eso no es posible, pero tampoco hay necesidad de vivir en un cien por cien de miseria. ¡Esta es tu vida! ¿Por qué ser patológico?

Debes ser una especie de masoquista. AHORA intentas ocultar tu masoquismo tras el bonito nombre de "católico". ¿Y por qué Dios va a ser infeliz? ¿Crees que Dios es un sádico, que quiere que sufras, que sigas siendo desgraciado? Vuestros mahatmas, tal vez sean sádicos, y vuestros sacerdotes y papas.

Pero puedo estar absolutamente seguro de que Dios no es un sádico. Él será completamente feliz cuando estés fuera de tu miseria.

Lo he oído:

Un infeliz marido calzonazos acude a su predicador pidiéndole el divorcio.

"¡Qué! ¡Cómo puedes tú, un hombre religioso, pensar tal cosa! ¿No te das cuenta de que nuestro buen libro nos dice que cuando un hombre se divorcia de su mujer, no sólo lloran los ángeles, sino que lloran las mismas piedras?".

"Escucha", replicó el marido, "si los ángeles y las piedras quieren llorar, que lloren. Yo quiero alegrarme".

¿Por qué deberías preocuparte por Dios? Ese no es tu problema. El nombre de Dios se utiliza simplemente para prolongar la miseria: los sacerdotes han estado utilizando ese nombre para torturarte, tú has estado utilizando ese nombre para torturarte a ti mismo y a los demás.

Dios no es un torturador; este mundo no es el campo de concentración de Dios. ¡Sal de tu miseria! Y no es matrimonio - si es sólo miseria ¿cómo puede ser matrimonio? ¿De qué matrimonio estás hablando? ¡No se ha celebrado! De hecho, el divorcio sólo será legal, porque el matrimonio no se ha producido en primer lugar.

Siete años son demasiado. Si un hombre vive hasta los setenta, entonces siete años son demasiado: una décima parte de tu vida desperdiciada. Si no puedes crear alegría en siete años, NO creo que seas capaz de crearla ahora. Déjalo. Inténtalo en otro sitio. Y deja que la otra parte también sea libre - porque no puedes ser el único miserable, el otro también estará en el mismo barco.

QUIERO DIVORCIARME DE MI MARIDO. LLEVAMOS SIETE AÑOS VIVIENDO EN LA MISERIA MATRIMONIAL, PERO SOY CATÓLICA Y TEMO QUE A DIOS NO LE HAGA NINGUNA GRACIA.

Puedo prometértelo: déjamelo a mí. Me ocuparé de que Dios esté contento con ello. Dios siempre está contento con tu felicidad. Dios no es una persona neurótica. Él es infeliz - lo has mantenido infeliz durante siete años.

Pero eso es lo que ocurre en nombre del matrimonio. La gente NO se casa por razones sanas, la gente se casa por razones malsanas. De ahí que se produzcan tantas desgracias en el matrimonio. ¿Has analizado alguna vez tus motivos, por qué querías casarte en primer lugar?

Alguien quiere casarse porque está solo y le duele la soledad y quiere estar con alguien, estar junto a alguien. Ahora, esto no va a ser un matrimonio real. Es una necesidad, solo quiere estar con alguien. No se está acercando a alguien con amor, sólo quiere explotar la presencia del otro para no sentirse solo. Quiere usar al otro como un medio. Y siempre que alguien utiliza a otra persona como un medio, hay miseria, porque nadie quiere ser utilizado como un medio. Es insultante, es impío, va contra la dignidad del hombre.

Y eso es lo que ocurre. La mujer quiere estar con el hombre porque sola se siente frustrada, el hombre quiere estar con la mujer porque solo se siente frustrado. No es que se sientan felices juntos, eso no existe. Lo único que los motiva a estar juntos es que solos se sienten frustrados. Ahora, veamos el punto de esto: si dos personas son miserables por separado, ¿cómo pueden crear felicidad juntas? "sólo crearán doble miseria, o incluso una multiplicación de ella.

Si dos personas están enfermas por separado, ¿cómo van a estar sanas y completas juntas? Se crearán infecciones mutuamente; se harán la vida aún más miserable. Solos, al menos eran simplemente responsables de su propia miseria. Ahora la miseria del otro también recae sobre ellos y su miseria recae sobre el otro. Y sigue multiplicándose, como si dos espejos se reflejaran y arrojaran basura el uno sobre el otro.

La gente se casa por mil y una razones, pero falta algo básico que debería ser la ÚNICA razón: no están enamorados. A veces la razón son las finanzas - es más barato tener una esposa que tener una criada, es más barato tener un marido que luchar por tu cuenta en este mundo competitivo, es más barato tener un marido que tener un criado. Pero falta el amor. Y cuando falta el ingrediente más básico, serás desgraciado, no serás feliz.

Lo he oído:

Cariño, imagínate, llevamos veinticuatro horas casados".

"Sí, querida, es increíble. Y parece que fue ayer".

Veinticuatro horas juntos bastan para saborear el infierno.

He oído hablar de otro católico...

Un conocido humorista cuenta de un joven que asistió a la celebración de unas bodas de oro y no pudo evitar preguntarse cómo dos personas podían permanecer felizmente casadas durante cincuenta años. Finalmente se armó de valor y preguntó al anciano "novio" si había pensado alguna vez en el divorcio durante esos cincuenta años de matrimonio. El anciano se lo pensó un momento y respondió: "Divorciarme, ¡nunca!

Usted sabe que soy católico practicante. Pero asesinar, muchas veces".

¿Crees que Dios estará más contento cuando pienses en asesinar? Eso es lo que la gente sigue pensando.

¿Qué podéis hacer si estáis enganchados el uno al otro y en una gran miseria, y no podéis divorciaros?

Naturalmente, se piensa en el asesinato o se piensa en el suicidio.

Los hombres piensan en el asesinato, las mujeres en el suicidio. Los hombres son más agresivos, así que empiezan a imaginar, incluso en la fantasía les alivia. Sólo pensar durante una hora que pueden matar a su mujer y ser libres para siempre, les da un gran alivio. No hay necesidad de matar de verdad, pero esa noche duermen mejor.

Y la mujer piensa en suicidarse; a veces se toma somníferos. Nunca demasiadas, porque ¿quién quiere morir de verdad? Pero incluso la idea de que uno intenta suicidarse ayuda; durante unos días, la vida fluye más rítmicamente. Al menos uno tiene la sensación de que puede morir y eso le dará libertad.

¿Qué clase de mundo hemos creado en el que la gente piensa continuamente en el asesinato y el suicidio?

¿Qué tontería hemos hecho? El divorcio parece sencillo. Si eres feliz con alguien, quédate con él. Si no eres feliz con alguien, INTENTA crear felicidad, pero si parece imposible, abandónalo. Al menos será un acto amistoso, compasivo.

Y NO metas a Dios en ello. El matrimonio es una creación del hombre - Dios no ha creado el matrimonio, recuerda.

Dicen que los matrimonios se hacen en el cielo: esto es falso, absolutamente falso. Tal vez se hagan en el infierno, pero no en el cielo. Dios no es parte de tu matrimonio. Cuando vas a la iglesia y al templo para casarte, simplemente estás creando una pseudo-atmósfera para impresionarte a ti mismo de que algo grande está sucediendo. No está pasando nada, simplemente estás creando una gran impresión sobre ti mismo - es una especie de auto-hipnosis. Ir a la iglesia, con tanta gente y velas y celebraciones y el sacerdote y todo eso, te da la impresión de que algo inmensamente valioso está sucediendo y Dios está mirando.

Cuando te casas, Dios llora. Se golpea la cabeza y dice: "¿Otra vez?".

El amor verdadero es un fenómeno totalmente distinto. No necesita el apoyo de la iglesia ni de la sociedad. El amor verdadero se basta a sí mismo. Si un matrimonio surge del amor, no es más que una formalidad social, no se obtiene ninguna sanción de él. La sanción es necesaria porque no la obtienes de tu corazón, la estás sustituyendo. Quieres la sanción del Estado, de la Iglesia, de Dios mismo -o al menos del representante de Dios, el Papa, el sacerdote- para sentir que se ha hecho algo grande.

Tienes miedo. No puedes confiar en tu propio corazón, así que necesitas todos estos apoyos y muletas. El matrimonio es una institución creada por el hombre; en la naturaleza no existe el matrimonio. Y cuando una vez más el hombre sea lo suficientemente valiente como para ser natural, el matrimonio desaparecerá.

Y no digo que las parejas vayan a desaparecer, pero el matrimonio DESAPARECERÁ. El matrimonio es una institución fea. La gente vivirá junta por amor, por pura alegría. Vivirán juntos porque QUIEREN vivir juntos, sin ninguna otra razón. Sólo entonces habrá felicidad.

NO tengas miedo al divorcio. Nunca has estado casado de verdad - de ahí siete años de miseria. Si hubierais estado casados de verdad, también habría habido una gran alegría: gran miseria, gran alegría, van juntas.

Quinta pregunta

Pregunta 5:

NO ESTOY INTERESADO EN LA VERDAD, EN LA MEDITACION, DIOS, NIRVANA, SANNYAS, ETCETERA.

¿POR QUÉ?

¿ENTONCES QUÉ HACES AQUÍ? ¿Estás loco? Si no te interesa, no te interesa. Espera, cuando surja el interés, ven.

Pero mi sensación es que debes estar interesado de alguna manera. Puede que el interés sea inconsciente. Quizá tu mente consciente dice "no me interesa" y tu mente inconsciente sí está interesada. Tal vez no haya un puente entre tu inconsciente y tu consciente; tal vez no puedas escuchar a tu inconsciente o los mensajes que te da.

Has olvidado el lenguaje del inconsciente, estás encerrado en tu consciente.

Y esta pregunta surge del miedo - miedo de que realmente puedas estar interesado en Dios, en la verdad, en el nirvana, en la meditación, en sannyas. ¿Quién lo sabe? Y el consciente tiene miedo. La mente consciente vive con miedo, siempre con miedo. Tiene miedo de todas las grandes cosas -del amor, de Dios, de sannyas-, siempre tiene miedo de las grandes cosas. Es una energía muy pequeña: es el ego. Siempre tiene miedo de cualquier cosa que pueda ahogarla. Sólo quiere cosas pequeñas -una casa, un coche, un buen saldo bancario-, sólo es feliz con las cosas que puede controlar. Quiere seguir siendo el amo.

Por eso la mente consciente crea barreras entre ella y su propia profundidad, el inconsciente, para que no llegue ningún mensaje. El inconsciente está NATURALMENTE interesado en Dios. Dios no es una creación de los pensadores; es un impulso profundo, un gran anhelo, en el núcleo mismo del ser humano. Ningún hombre es realmente hombre si no empieza a buscar a Dios. Ningún hombre ha tomado realmente conciencia de su humanidad hasta que no se interesa por la meditación. Ningún hombre es suficientemente valiente hasta que empieza a arriesgar su vida por lo desconocido.

El deseo surge de tu inconsciente. Viene como un maremoto, pero tú te cierras contra él. Así que no puedes salir de este lugar, y tampoco puedes entrar en meditación o en sannyas.

Mira. Relájate un poco más. ¿Por qué estás aquí en primer lugar? Nadie te ha obligado a venir y nadie te impide salir. De hecho hay muchos impedimentos cuando entras, no hay ningún impedimento cuando sales. Los guardias te impiden entrar: están ahí para controlar a los que aún no están preparados. Las excusas que utilizan para impedírtelo son sólo excusas. En realidad, a los que aún no están preparados no se les debería dejar entrar, porque simplemente pierden su tiempo, mi tiempo. Ocupan espacio y no están preparadas para cambiar, para mutar. Están aquí por accidente.

Hay muchos obstáculos que te impiden entrar, acercarte a mí. Pero no hay nadie que te impida salir; todo el mundo es totalmente libre de irse.

¿Por qué andas por aquí? Debe de haber un impulso profundo en alguna parte, del que no eres consciente, y estás intentando falsificarlo.

Lo he oído:

Una chica joven y guapa: "¿Qué vamos a hacer hoy?"

Joven: "¿Qué tal un paseo por el campo?"

Una chica joven y guapa: "¿Habrá besos y abrazos y aparcamiento en carriles solitarios y todo ese tipo de cosas?"

Joven: "¡Claro que no!"

Una chica joven y guapa: "Entonces, ¿a qué vamos?"

El que pregunta debe tener una mente muy femenina - quiere decir no, y quiere decir sí.

Medita sobre esta historia:

David y Debbie trabajaban en la misma oficina de Hong Kong y ambos eran chinos.

Durante más de seis meses, David había admirado a Debbie desde la distancia, sin conseguir nunca reunir el valor suficiente para pedirle una cita, pero todo el tiempo, su pasión por ella crecía más y más. Y también tenía miedo, porque Debbie era conocida en la oficina como "no ese tipo de mujer": se sabía que era virgen.

Por fin llegó el gran día en que, de alguna manera, consiguió garabatearle una nota preguntándole si le gustaría cenar en un restaurante con él.

"Me encantaría cenar contigo", le contestó ella, acercándose a su mesa en su despacho diáfano para decírselo en persona, y haciendo que él se sonrojara de placer.

Aquella noche, en el restaurante, él le preguntó qué le apetecía comer, y ella estudió atentamente el menú, y luego dijo: "Sopa de aleta de tiburón, por favor. Y pato pekinés con albóndigas, un poco de cochinillo, pescado al vapor y luego unos lichis frescos".

David se horrorizó, pues había estado calculando mentalmente el enorme coste de toda aquella comida, los platos más caros del menú y más adecuados para un banquete de bodas que para una cena para dos.

"¿Comes así en casa?", balbuceó, con la cara enrojecida de nuevo.

"No", respondió Debbie. "Pero entonces, nadie en casa quiere desesperadamente ir a la cama conmigo".

En lo más profundo del inconsciente, las cosas son diferentes de lo que son en la superficie. Y casi siempre ocurre que lo que está en la superficie, justo lo contrario, el polo opuesto, está en la profundidad.

Tu dices: NO ESTOY INTERESADO EN LA VERDAD, NO ESTOY INTERESADO EN DIOS, NO ESTOY INTERESADO EN LA MEDITACIÓN, EN SANNYAS, EN ABSOLUTO. ¿POR QUÉ?

Entonces, ¿por qué surge esta pregunta? ¿Por qué este "por qué"? Es la búsqueda de la verdad. Quieres saber por qué: éste es el deseo de la verdad. Pero quieres evitarla, quieres fingir que no te interesa. Eso te da seguridad, te mantiene alejado, te impide comprometerte. Y aquí se trata de un compromiso, de una implicación.

Sannyas es un compromiso, una implicación, jugarse la vida por la búsqueda. Adentrarse en lo desconocido, abandonar lo conocido y lo familiar. Es inseguro, es totalmente inseguro, no puede haber ninguna garantía. Hay que ir con confianza, y sabiendo perfectamente que tal vez no se pueda volver de nuevo al antiguo espacio. ¿Y quién sabe? El nuevo espacio puede ser mejor, puede no serlo... ¿entonces qué? Si no puedes volver a tu antiguo espacio seguro, y el nuevo espacio no es el que habías pensado que sería, ¿entonces qué? Ese miedo paraliza. Entonces uno empieza a ingeniárselas para meter en la mente consciente la idea de que "no me interesa la verdad".

Pero uno ESTÁ interesado. Entonces uno empieza a manejar la idea de que "no me interesan las meditaciones".

Pero tú ESTÁS interesado. Porque estás interesado, creas estas ideas de que no estás interesado. Tienes miedo de tu interés. El interés surge de forma sutil, como una pequeña onda que va creciendo. Tienes miedo, estás agitado. Puede que hayas venido aquí accidentalmente - un amigo simplemente me mencionó, o te encontraste con un sannyasin naranja en el aeropuerto o en algún lugar, y sólo por el camino te entró curiosidad.

Pero recuerda que en el aeropuerto había miles de personas, no ellos, sino tú. Debe haber algo en tu inconsciente que estaba esperando a ser activado por esta persona naranja. Oíste mi nombre y sentiste curiosidad. Millones de personas lo han oído y no han sentido curiosidad. Tú lo has oído y has sentido curiosidad: algo te ha llegado a lo más hondo, el nombre ha despertado en ti un deseo y un anhelo profundamente ocultos.

Has venido aquí sin saber perfectamente por qué. Pero yo sé por qué has venido: ¡te interesa la verdad, Dios, la meditación, el samadhi, sannyas! ¡Cuidado!

Sexta pregunta

Pregunta 6:

UNA SILLA BLANCA VACÍA

FLOTACIÓN,

PALABRAS DIVINAS

FUNDICIÓN CON

SILENCIOS DIVINOS.

MAESTRO, ¿A DÓNDE VAS TODOS LOS DÍAS ENTRE

TAMBIÉN PUEDES VENIR CONMIGO. Y esa es la única manera de saber adónde voy. No puedo decir nada al respecto - cualquier cosa que se diga al respecto no será verdad. Pero puedo invitarte: Soy una invitación abierta, una puerta que llama. Ven a través de mí.

En estos momentos en que estoy contigo, estoy en la fuente misma de las cosas. Si puedes sintonizar conmigo, si puedes armonizar conmigo, también estarás en la fuente misma de las cosas. Saborearás el Tao, el Dhamma o Dios, o como quieras llamarlo.

Estoy a tu disposición. En ese gesto, una gran puerta está a tu disposición. Puedes pasar de lo falso a lo verdadero, puedes pasar del sonido al silencio, puedes pasar de lo momentáneo a lo eterno. Puedes pasar de la vida y la muerte a lo que no conoce ni la vida ni la muerte, que es inmortal.

Estos momentos que estoy contigo no son para impartirte ninguna enseñanza, no tengo ninguna. No soy un profesor, soy un maestro. Un maestro enseña, un maestro hace que esté disponible. Un maestro habla de la verdad, un maestro ES la verdad. Un maestro te da ideas sobre eso, un maestro ES eso.

Esto es satsang, esto es comunión.

Sí, si vienes conmigo, si NO discutes conmigo -ahí es donde fallas- si NO decides si lo que este hombre está diciendo está bien o mal... Porque lo que estoy diciendo no es ni correcto ni incorrecto. Lo que estoy diciendo es sólo un dispositivo, un dispositivo hipotético, sólo para acercarte más y más hacia mí. Lo que estoy diciendo es sólo un juguete para que puedas seguir comprometida jugando conmigo.

Y en ese juego, a veces, cuando estás perdido en la obra, cuando estás absorto en la obra, vienes a través de mí. Esos momentos no pueden crearse directamente, sólo indirectamente. Estoy creando un campo búdico, una situación, una ocasión, una ocasión en la que a veces, sin darte cuenta, te transportas.

Y muchos de ustedes han sido transportados, muchos de ustedes lo SABEN, está sucediendo todos los días. NO me preguntéis a dónde voy. Primero tengo que ir a vosotros, porque tengo que llevaros allí. Así que vengo a ti a través de las palabras - no hay otra manera de llegar a ti. Y si tengo que llevarte a otro tipo de mundo, entonces tengo que ir a ti. Tendré que cogerte de la mano. Y el lenguaje es la única forma que conoces de comunicarte, por eso hablo.

Pero una vez que he hablado - he dado mi mano en tu mano, he usado TU lenguaje para estar contigo - ahora tienes que usar MI lenguaje para estar conmigo. Ahora dame tu mano. Mi lenguaje es silencio - como tu lenguaje es sonido, mi lenguaje es silencio. Si te hablo y estás en silencio, entonces tu mano está en mi mano. Si estoy hablando aquí y tú también estás hablando allí dentro de ti mismo, entonces mi mano permanece cerca de ti pero tu mano nunca entra en mi mano.

Cuando yo hablo, tú no tienes que hablar. Ya lo estoy haciendo, por ti y por mí, por los dos. Puedes guardar silencio. El silencio es mi lenguaje. A veces hablo tu lenguaje, y tú también tienes que hablar el mío.

Yo estoy hablando y tú estás escuchando, sin pensamientos en tu mente - ¡y serás transportado!

Poona desaparecerá, toda esta gente a tu alrededor desaparecerá. Sí, eso es lo que debe haber estado sucediendo ...

Pregunta tú:

UNA SILLA BLANCA VACÍA

FLOTANTE

PALABRAS DIVINAS

FUNDICIÓN CON

SILENCIOS DIVINOS.

MAESTRO, ¿A DÓNDE VAS TODOS LOS DÍAS ENTRE

Voy al hogar eterno. Primero voy a ti, a través de mis palabras. Y aquellos que pueden tomarme de la mano y guardar silencio comienzan a moverse conmigo hacia el hogar eterno. Ese es mi hogar y ese es tu hogar, ese es el hogar de todos. Ese hogar es Dios.

Simplemente colocados por la libertad

La primera pregunta:

Pregunta 1:

LA EMOCIÓN MÁS FUERTE QUE TENGO ES ODIAR LA MUERTE. ¡QUIERO MATARLA! ¡DE UNA VEZ POR TODAS!

LA SEGUNDA COSA ES: SIENTO UN DOLOR EXTREMO CUANDO ME DOY CUENTA DE QUE NO PODRE AGRADECERSELO. ¿HAY ALGUNA CONEXIÓN?

DEVA BHAKTA, ODIAR LA MUERTE ES ODIAR LA VIDA. No están separadas y no pueden separarse. La muerte y la vida existen juntas, no hay forma de separarlas. La separación es sólo una abstracción de la mente; es totalmente falsa. La vida implica muerte, la muerte implica vida. Son polos opuestos, pero complementarios entre sí.

La muerte es la cumbre de la vida. Si odias la muerte, ¿cómo puedes amar la vida? Y eso es un gran malentendido. Las personas que piensan que aman la vida siempre odian la muerte, y al odiar la muerte se vuelven incapaces de vivir. La capacidad de vivir, la capacidad de vivir al máximo, sólo llega cuando estás preparado para morir, y preparado para morir al máximo. Siempre es proporcional. Si vives de forma tibia, morirás de forma tibia. Si vives intensa, total, peligrosamente, morirás también en un orgasmo profundo.

La muerte es el crescendo. La vida alcanza su apogeo con la muerte. El orgasmo que conoces a través del amor no es nada comparado con el orgasmo que te proporciona la muerte. Todas las alegrías de la vida simplemente palidecen comparadas con la alegría que proporciona la muerte.

¿Qué es exactamente la muerte? La muerte es la desaparición de una entidad falsa en ti: el ego. La muerte también ocurre en el amor, a menor escala, de forma parcial. De ahí la belleza del amor. Por un momento mueres, por un momento desapareces, por un momento ya no eres, y el todo te posee. Desapareces como parte, te vuelves rítmico con el todo. NO existes como una onda en el océano, existes como el océano mismo.

Por eso todas las experiencias orgásmicas son experiencias oceánicas. Lo mismo ocurre en el sueño profundo; el ego desaparece, la mente ya no funciona, recaes en el gozo original. Pero esto no es nada comparado con la muerte, son cosas parciales. El sueño es una muerte muy pequeña, cada mañana volverás a estar despierto. Aún así, si has dormido profundamente, la alegría perdura durante todo el día, una cierta cualidad de tranquilidad continúa en lo más profundo de tu corazón. Si has dormido bien, ese día vives de otra manera. Si no has podido dormir bien, el día se altera. Te sientes molesto, irritado, sin ninguna razón. Las pequeñas cosas se convierten en grandes perturbaciones. Estás enfadado, no con alguien en particular, simplemente estás enfadado. Su energía no está en casa, está distraída. Se siente desarraigado.

La muerte es un gran sueño. Toda la agitación de la vida - setenta, ochenta o noventa años de agitación - y todas las miserias de la vida y todas las excitaciones y las distracciones y las ansiedades, simplemente desaparecen, ya no son relevantes. Vuelves a la unidad original de la existencia. Te conviertes en parte de la tierra.

Tu cuerpo desaparece en la tierra, tu respiración desaparece en el aire, tu fuego vuelve al sol, tu agua a los océanos, y tu cielo interior tiene un encuentro con el cielo exterior. Esto es la muerte.

¿Cómo se puede odiar a la muerte? Debes estar llevando un malentendido. Debes haber tenido la idea de que la muerte es el enemigo. La muerte no es el enemigo, la muerte es la mejor amiga. La muerte tiene que ser bienvenida, la muerte tiene que ser esperada con un corazón amoroso. Si piensas que la muerte es el enemigo, morirás, todo el mundo tiene que morir, tu forma de pensar no cambiará nada. Pero morirás en agonía, porque te estarás resistiendo, estarás luchando. En la resistencia, en la lucha, destruirás todas las alegrías que la muerte, y sólo la muerte, puede darte. La muerte que podría haber sido un gran éxtasis será sólo una agonía.

Y cuando algo es demasiado agonía uno cae inconsciente. La tolerancia tiene un límite, no se puede soportar más. De ahí que noventa y nueve de cada cien mueran en estado de inconsciencia.

Luchan hasta el final. Y cuando ya es imposible seguir luchando -han puesto en juego todas sus energías- caen en una especie de desvanecimiento. Mueren inconscientes.

Y morir una muerte inconsciente es una gran calamidad, porque no recordarás lo que ha sucedido. No recordarás que la muerte era una puerta hacia lo divino. Serás llevado a través de la puerta, pero en una camilla, inconsciente. Has vuelto a perder una gran oportunidad.

Por eso seguimos olvidando nuestras vidas pasadas. Si mueres conscientemente no olvidarás, porque no habrá un vacío, habrá una continuidad. Recordarás tu vida pasada - y recordar la vida pasada es de gran importancia. Si puedes recordar tu vida pasada no volverás a cometer los mismos errores. De lo contrario, seguirás moviéndote en un círculo vicioso: el mismo ciclo, la misma rueda se moverá una y otra vez. Volverás a acariciar las mismas ambiciones y volverás a cometer las mismas tonterías, porque pensarás que es la primera vez que las cometes...

Las has hecho millones de veces, pero cada vez que morías aparecía una brecha, porque estabas inconsciente. Te volviste discontinuo con tu pasado. Entonces la vida vuelve a empezar desde el ABC.

Por eso no se puede evolucionar hacia Budas. La evolución necesita una conciencia continua del pasado, para que no se vuelvan a cometer los mismos errores. Poco a poco, los errores desaparecen. Poco a poco, lentamente, se toma conciencia del círculo vicioso; poco a poco, lentamente, también se es capaz de salir de él.

Si mueres inconscientemente nacerás inconscientemente - porque la muerte es un lado de la puerta, el nacimiento es el otro lado de la misma puerta. De un lado la puerta dice "Muerte", del otro lado dice "Nacimiento". Es la entrada, es la salida, es la misma puerta.

Por eso naciste pero NO lo recuerdas. NO recuerdas esos nueve meses en el vientre materno, NO recuerdas tu paso por el canal del parto, NO recuerdas la agonía por la que pasaste, NO recuerdas tu trauma de nacimiento. Y ese trauma de nacimiento sigue afectándote: toda tu vida seguirá afectada por tu trauma de nacimiento.

Hay que entender ese trauma. Pero la única manera de entenderlo es recordarlo. ¿Y cómo recordarlo? Tienes tanto miedo a la muerte, tienes tanto miedo al nacimiento, que el propio miedo te impide adentrarte en él.

Devabhakta, dices: LA EMOCIÓN MÁS FUERTE QUE TENGO ES ODIAR LA MUERTE.

Es tu odio a la vida. Ama la vida, y entonces surge también un amor natural por la muerte. Porque es la vida la que trae la muerte. La muerte no está en contra de la vida, la muerte es el florecimiento de todo lo que la vida contiene en ella como semilla.

La muerte no viene de la nada: crece en ti, es tu florecimiento, tú floreces.

¿Has visto alguna vez morir a un hombre de verdad? Es muy raro ver morir a un hombre de verdad, pero si lo has visto, te sorprenderá que la muerte haga a la persona tan bella. Nunca antes había sido tan hermosa, ni en su infancia, porque entonces era ignorante, ni en su juventud, porque entonces la pasión era demasiada fiebre. Pero cuando llega la muerte, todo se relaja. La necedad de la infancia ya no está ahí, y la locura de la juventud también se ha ido, y las miserias de la vejez, las enfermedades y las limitaciones de la vejez, también se han ido. Uno se está liberando del cuerpo. Una gran alegría surge del núcleo más íntimo, se extiende por todas partes.

En los ojos del verdadero moribundo se puede ver una llama que no es de este mundo. Y en su rostro puedes ver una grandeza que es de Dios. Y puedes sentir el silencio, el silencio sin lucha, el silencio sin resistencia del hombre que se desliza, lentamente, hacia la muerte con una profunda gratitud y aceptación, por todo lo que la vida le ha dado y por todo con lo que Dios ha sido tan generoso. Una gratitud le envuelve.

Encontrará un espacio totalmente diferente a su alrededor. Morirá como uno DEBE morir. Y liberará tal libertad que los que estén cerca serán simplemente apedreados por esa libertad, serán transportados.

En Oriente, siempre ha sido un gran punto: siempre que muere un maestro, miles, a veces millones de personas se reúnen para contemplar ese gran fenómeno -simplemente para estar allí cerca, para ver cómo se libera la última fragancia, para ver la última canción que el hombre va a cantar, y para ver la luz que llega cuando el cuerpo y el alma se separan. Es deslumbrante; es una gran iluminación.

Ahora bien, los científicos saben perfectamente que si se divide el átomo, se libera una gran energía por la división, por la escisión. Una energía mucho mayor se libera cuando el cuerpo y el alma se dividen. Han estado juntos durante millones de vidas - ahora, de repente, ha llegado el momento en que se dividirán. En esa división, se libera una gran energía. Esa energía liberada puede convertirse en un maremoto para aquellos que quieran cabalgar sobre ella. Tendrán grandes experiencias extáticas.

NO ODIAN LA MUERTE. Y lo sé, no es sólo Devabhakta que odia la muerte, es casi todo el mundo.

Porque nos han enseñado una filosofía muy equivocada: nos han dicho que la muerte es contraria a la vida. No es así. Nos han dicho que la muerte viene y destruye la vida. Eso no tiene sentido. La muerte viene y realiza la vida.

Si tu vida ha sido bella, la muerte la embellece al máximo. Si tu vida ha sido una vida de amor, entonces la muerte te da la MÁXIMA experiencia de amor. Si tu vida ha sido una vida de meditación, la muerte te llevará al samadhi. La muerte sólo mejora. Por supuesto, si tu vida ha sido una vida equivocada, entonces la muerte también la mejora. La muerte es una gran lupa.

Si has vivido sólo en la ira entonces en la muerte sólo verás el infierno dentro de ti, sólo fuego. Si has vivido en el odio entonces la muerte magnificará el odio. ¿Qué puede hacer la muerte? La muerte magnifica, refleja, pero tú eres el culpable. La muerte es sólo un fenómeno de reflejo.

NO odies la muerte. De lo contrario, echarás de menos la muerte y también la vida.

Tú dices: LA EMOCIÓN MÁS FUERTE QUE TENGO ES ODIAR LA MUERTE.

Estás desperdiciando innecesariamente tu emoción más fuerte. Ama la vida. Nunca seas negativo, lo negativo no lleva a ninguna parte. NO odies la oscuridad, ama la luz. Pon toda tu energía en amar. Y te sorprenderás, te quedarás estupefacto: si amas la luz, un día reconocerás de repente que la oscuridad no es más que una fase de la luz, una fase de reposo de la luz.

NO odies al mundo, como te han dicho una y otra vez en el pasado tus supuestos santos.

Ama la vida, ama este mundo, porque cuando tu amor llegue a su total intensidad descubrirás ahora a Dios. Él está escondido.

Está escondido en los árboles, en las montañas, en los ríos, en las personas: en tu mujer, en tu marido, en tus hijos. Si odias la vida, si odias el mundo y huyes de él, te estás alejando de Dios.

Te enseño afirmación. Afirma. Deja que tus energías se centren en lo positivo. Lo negativo no es la forma de vivir;

nadie puede vivir en lo negativo. En lo negativo, la gente sólo se suicida. Todo lo negativo es suicida. Sólo la afirmación, la afirmación total, te lleva a la realidad.

Tú dices: LA EMOCIÓN MÁS FUERTE QUE TENGO ES ODIAR LA MUERTE. QUIERO MATARLA

¡DE UNA VEZ POR TODAS!

No puedes hacerlo. Nadie puede hacerlo, es imposible, no está en la naturaleza de las cosas. El día que naciste, la muerte se convirtió en algo absolutamente seguro. Ahora no se puede eludir. La muerte sólo puede disolverse cuando disuelves el nacimiento. Tú ya has muerto. El día que naciste, moriste - porque en el nacimiento, la muerte está determinada.

Si realmente quieres no volver a morir entonces tendrás que hacer algo para no volver a nacer.

Ese es todo el enfoque oriental: cómo no nacer de nuevo. Hay maneras de no volver a nacer.

Si el deseo desaparece, no volverás a venir. Es el deseo lo que te trae al cuerpo; el deseo es el pegamento que te mantiene pegado al cuerpo. Un cuerpo desaparece, y el deseo crea otro cuerpo, y así sucesivamente.

Disuelve el deseo, así no necesitarás ningún nacimiento. Si el nacimiento desaparece, la muerte desaparece por sí misma. Entonces hay vida eterna: no hay nacimiento, no hay muerte.

Ikkyu dice que ésta es la mejor medicina: la medicina de no nacer ni morir. Este es el sabor de todo el enfoque oriental, la realización oriental, la perspicacia oriental. Pero recuerda, no puedes luchar contra la muerte. TÚ puedes disolver el nacimiento, y entonces la muerte se disuelve.

Pero lo que ocurre es que normalmente amamos el nacimiento, amamos la vida y por eso odiamos la muerte. Ahora estás entrando en una imposibilidad - te volverás loco.

¡QUIERO MATARLO!

Si realmente quieres matar a la muerte, acéptala. Acéptala totalmente - y en esa misma aceptación la muerte desaparece. Porque tú nunca mueres realmente, sólo muere el ego. Y si aceptas la muerte totalmente, habrás renunciado al ego por ti mismo. Entonces no le queda nada que hacer a la muerte; tú has hecho su trabajo por ti mismo.

¿Qué puede quitarte la muerte? Se llevará tu dinero, se llevará a tu mujer, se llevará a tu marido, se llevará tus relaciones, se llevará tu mundo. NO te apegues a estas cosas, entonces, ¿qué le queda a la muerte para arrebatarte? Se llevará tu ego, tu identidad propia. La idea de que "existo como un ser separado" - la muerte se la llevará.

Puedes disolverlo. En eso consiste la meditación. Eso es sannyas: una decisión consciente y voluntaria de que "disolveré este ego, no me aferraré a él". Si NO te aferras al ego, ¿qué queda? Ya has muerto. Y sólo aquellos que ya han muerto, conquistan la muerte y alcanzan la vida abundante.

LA SEGUNDA COSA ES QUE, dices, SIENTO UN DOLOR EXTREMO AL DARME CUENTA DE QUE NO SERÉ CAPAZ DE DARTE LAS GRACIAS.

ESO TAMBIÉN ES PARTE DEL EGO. ¿Por qué deberías preocuparte por darme las gracias? Tu realización será suficiente gratitud, no necesitas usar palabras. Las palabras son muy pequeñas, triviales, mundanas. No pueden expresar nada que sea realmente grande, auténtico, verdadero, interior. ¿Cómo puedes expresar tu gratitud hacia mí?

Y cualesquiera que sean las palabras que utilices te parecerán inadecuadas, no te bastarán, no te harán sentir satisfecho.

Parecerán mentiras. Las palabras siempre son inadecuadas para expresar lo que es grande, lo que es infinito. Y la gratitud es grande, y la gratitud es infinita, porque la gratitud es lo último en amor.

Ni siquiera el amor puede expresarse con palabras. Por eso los amantes tienen que inventar formas de evitar las palabras y expresar su amor. Se cogen de la mano: es una forma de evitar las palabras. El calor que pasa de una mano a otra, la energía que se transmite de una mano a otra, el punto de encuentro de esa energía, ¿cómo se puede expresar con palabras?

Los amantes tienen que abrazarse, las palabras no bastan. Los amantes tienen que sentarse en silencio durante horas, mirando la luna o las estrellas o la puesta de sol. Escuchar a los pájaros, simplemente estar juntos en silencio, el silencio es más expresivo que cualquier expresión.

Si esto es así con el amor, ¿qué decir de la gratitud? Es imposible expresarla.

Devabhakta, tienes razón. No serás capaz de expresar tu gratitud. Sólo pueden expresar su gratitud aquellos que realmente no han sentido nada: ellos pueden dar las gracias fácilmente. "Gracias" es bueno para las cosas mundanas: tu pañuelo se ha caído y alguien lo recoge y te lo devuelve y tú dices gracias - es relevante.

Pero si te acercas a alguien y te da todo lo que has estado deseando, toda la vida, ¿cómo puedes darle las gracias? No parece correcto; parece casi profano, obsceno. Puedes quedarte callado. Puedes inclinarte, tus ojos pueden llorar, tu cara puede arder, pero habrá un silencio absoluto. Una cosa.

Lo segundo: hay una tragedia de gratitud que hay que entender.

Una vez vino a verme un hombre, un dirigente político. Sufría de insomnio y me dijo: "No me interesa Dios, no he acudido a usted para eso. Tampoco me interesa la meditación.

Todo mi interés está en una cosa: si puedo dormir bien estaré perfectamente satisfecho. Si puedes ayudarme a dormir bien, me habrás hecho un gran favor".

Estaba realmente hecho un lío. Ningún tranquilizante le ayudaba; había estado tomando grandes dosis y el sueño estaba tan lejos como siempre. Le dije: "¿De verdad, sólo quieres esto?". Me contestó: "Absolutamente esto, y nada más. Le estaré agradecido toda mi vida si puedo dormir sólo cuatro o cinco horas cada noche. Toda la noche doy vueltas en la cama, es una agonía, un infierno. Y todo el día estoy cansado. Me estoy volviendo loco, el día no está lejos, el ataque de nervios se acerca cada día más".

Le di una pequeña meditación, sólo una meditación autohipnótica: sólo tenía que afirmar diez veces por la noche que viene el sueño, y diez veces por la mañana que viene el sueño. La gran ley de la afirmación.

Parecía incrédulo, era escéptico. Dijo: "¿Sólo esta repetición ayudará?". Le dije: "Inténtalo, y después de tres semanas ven a verme".

Al cabo de tres semanas vino. Su cara era diferente, parecía relajado. Le dije: "¿Qué ha pasado?"

dijo: "Ha empezado a dormir, pero nada más".

Le dije. "No pediste nada más. ¿Te acuerdas?" Lo había olvidado por completo.

Recuerda, ésta es la gran tragedia de la gratitud. Cuando tienes un problema, parece muy grande. Cuando desaparece, simplemente no importa. Dijo: "Mi insomnio ha desaparecido, pero no ha pasado nada más".

Y me he encontrado con esto una y otra vez. He estado ayudando a la gente de diferentes maneras, pero siempre que la ayuda ha llegado a una persona, siempre que una persona ha sido realmente ayudada, se olvida de sentirse agradecida. Y lo comprendo, NO digo que sea desagradecido, lo comprendo. La tragedia de la gratitud es la siguiente: cuando tienes un problema, ese es todo tu mundo. Cuando una persona no puede dormir en toda la noche, ese es todo su problema - Dios es irrelevante, la meditación no tiene sentido, todo lo que necesita es dormir bien.

Pero cuando duermes bien, ¿crees que estás haciendo algo grande? Todos los demás duermen bien - nadie se siente agradecido a Dios. ¿Te sientes agradecido a Dios por la mañana cuando has dormido bien? NO te sientes agradecido. Cuando tienes buena comida y un frigorífico del que depender siempre, NO te sientes agradecido. Permanece hambriento durante tres o cuatro días y dirás: "Estoy dispuesto a perderlo todo con tal de tener una buena comida".

Si estás perdido en un desierto y no encuentras agua, y alguien te da un vasito de agua, lo mirarás como al salvador. Pero el agua siempre estuvo a tu disposición, y ni una sola vez le agradeciste a Dios: "Me has dado tanta agua". Y una vez que has conseguido el agua te olvidas de todo; entonces no importa.

Eso es lo que ha ocurrido también en la evolución social. El hombre ha conseguido muchas cosas grandes pero nadie se siente agradecido. Hace tres mil años había una gran esclavitud en el mundo; las personas se vendían como mercancías. Incluso en aquellos días que la gente piensa que fueron de belleza dorada, de grandeza -incluso en Ramarajya en la India- los esclavos se vendían en los mercados.

Mahatma Gandhi solía alabar mucho a Ramarajya; quería que Ramarajya volviera al mundo. Y él ignoraba felizmente que en Ramarajya había esclavitud, la gente era vendida en los mercados como si fuera ganado. Ahora no se vende a nadie, pero ¿te sientes agradecido por ello? ¿Alguna vez piensas: "Qué bonito es el mundo, ya no hay esclavos"? No, NO te sientes agradecido.

Ésa es la tragedia de la gratitud. Cuando no lo es, cuando algo no lo es, sientes demasiado por ello.

Cuando está ahí, te olvidas de todo.

La gente ha vivido en la pobreza durante millones de años, y siempre estaban pidiendo y rezando.

Los Vedas están llenos de oraciones de los pobres: "Da más comida. Dale más leche a mi vaca. Da más cosechas a mi campo". ¿Pero crees que América es feliz? Por primera vez ha surgido en la tierra una sociedad opulenta. Pero América parece ser el país más miserable del mundo. ¿Qué ha ocurrido? ¿No hay gratitud? La gente lo ha olvidado todo.

India estuvo sometida a la esclavitud durante casi mil años. Y la gente hervía: estaba dispuesta a dar todo lo que tenía para ser libre. Ahora son libres, pero nadie parece agradecer que haya llegado la libertad. La gente dice: "¿Y qué? Sí, somos libres, ¿y qué? ¿Qué nos ha aportado la libertad?".

La mente del hombre funciona así. Hay muchas personas aquí que se han transformado desde sus raíces. Pero han olvidado en qué agonías habían venido a mí, y en qué éxtasis viven ahora. Lo han olvidado por completo; ya no hay comparación. Ahora están preocupados por cuándo van a iluminarse.

Y me gustaría decirte que, incluso si te iluminas -y te vas a iluminar un día u otro-, entonces dirás: "¿Y ahora qué? ¿Y ahora qué?"

Esta es la tragedia de la gratitud.

Pregúntame a mí, Devabhakta: LO SEGUNDO ES QUE SIENTO UN DOLOR EXTREMO CUANDO ME DOY CUENTA DE QUE NO PODRÉ DARTE LAS GRACIAS.

No hay por qué preocuparse. Lo sabré. Cuando eres feliz, yo soy tremendamente feliz contigo. Que lo digas o no, no importa, que lo digas no va a servir de nada. Cuando te veo feliz y floreciente, radiante, soy feliz. Con cada discípulo que se acerca a la iluminación, yo me ilumino una y otra vez. Con cada discípulo que se acerca a la realidad, yo me acerco a la realidad una y otra vez. No necesitas decirlo en absoluto - y NO te preocupes por ello. Esta preocupación también forma parte del juego del ego: "Me gustaría darte las gracias, me gustaría hacer algo a cambio". No hay nada que se pueda hacer.

Y relájate, porque no te estoy haciendo nada. Lo que te vaya a suceder será tu propio agradecimiento a ti mismo, tu propio regalo a ti mismo.

El ego juega a muchas cosas. Primero se pone a pensar cómo dar las gracias, y se preocupa por ello. Y si llega el momento de dar las gracias, entonces el ego piensa: "¿Pero qué ha hecho el maestro?

Es mi propia experiencia la que ha florecido en mí. Iba a florecer de todos modos, el maestro era sólo un punto de activación. Incluso si el maestro no estaba allí, iba a suceder de alguna manera u otra, en algún otro lugar con otra persona - o tal vez habría sucedido si yo hubiera estado por mi cuenta también ".

Y entonces el ego es muy astuto, salta sobre todo. Los caminos del ego son muy sutiles...

Unos días antes hablé de Sarjano. Una tarde vino, y estaba en un estado tan hermoso que entregué mis pies en sus manos y tuvo un hermoso satori. Una puerta se abrió - por un momento fue transportado. Durante un día permaneció en un gran éxtasis. Pero al día siguiente el ego empezó a entrar, a jugar con él.

De hecho, ser agradecido con el maestro es muy difícil. Si puedes simplemente estar en un estado de perdonar al maestro, eso es más de lo que se puede esperar. Si puedes perdonar al maestro, ¡es suficiente! Eso es todo lo que espero de ti. Es muy difícil perdonar al maestro...

Después de sólo veinticuatro horas, Sarjano empezó a volverse loco. Empezó a escribirme cartas feas como venganza, porque "¿Cómo te atreves? ¿Quién eres tú para darme esta experiencia?". - no exactamente con esas palabras. Empezó a fingir que era mi amigo, no más un discípulo, porque está iluminado.

Esa pequeña ventana que se abrió creó un gran ego en él. Empezó a usar palabras abusivas hacia mí. ¿Y qué decir del agradecimiento? Empezó a pensar que ya no era un discípulo, sino sólo un amigo; había alcanzado el mismo estado, así que ¿por qué iba a seguir siendo un discípulo?

Y de una forma sutil el ego empezó a ser violento. Sus cartas se volvieron cada vez más feas y desagradables.

Y mientras tanto, debió de pensar que sólo estaba siendo zen. No es tan fácil ser zen.

Muchas veces me ocurre que tengo que resistir la tentación de darte una ojeada. Muchas veces veo que estás justo al borde - sólo un pequeño empujón, y tendrás una gran experiencia. Pero si veo que el ego se está quedando atrás, si te doy el empujón y alcanzas alguna experiencia, el ego saltará inmediatamente sobre ella, se apoderará de ella, te volverá loco.

Tengo que esperar, tengo que esperar mucho. Despacio, despacio, esa puerta tiene que abrirse -puede que no seas capaz de absorber la luz, tanta luz, de repente. Eso es lo que le pasó a Sarjano.

Olvídate de la gratitud. Si puedes perdonarme, eso es suficiente, más de lo que espero de ti. Cuando te ilumines, por favor, perdóname.

Y también preguntas: ¿EXISTE UNA CONEXIÓN ENTRE ESTAS DOS COSAS? - MI ODIO A LA MUERTE Y MI DOLOR EXTREMO CUANDO ME DOY CUENTA DE QUE NO PODRÉ DARTE LAS GRACIAS.

Sí, hay una conexión, porque ambas son muertes. Y la primera no es una muerte tan grande como la segunda. El discípulo tiene que morir en el maestro - y entonces no queda nadie a quien agradecer.

Eso es la iluminación, cuando no se encuentra a nadie dentro de ti. ¿Quién va a estar agradecido? y ¿a quién?

El discípulo, cuando desaparece, también llega a saber que el maestro nunca ha estado allí: ha desaparecido mucho antes. Son dos vacíos que se encuentran, que se abrazan. ¿Quién debe estar agradecido? y ¿a quién?

La segunda pregunta:

Pregunta 2:

¿POR QUÉ PIENSO CONTINUAMENTE EN SUICIDARME?

DEBES SER INTELIGENTE. Sólo la gente estúpida nunca piensa en el suicidio. La vida es tan fea, la vida es un infierno. Es muy difícil encontrar una persona inteligente que nunca piense en suicidarse. Cuanto más inteligente seas, más te asaltará la idea una y otra vez: ¿Por qué seguir viviendo? ¿Para qué? ¿Para esta misma rutina? - yendo a la oficina todos los días, haciendo los mismos expedientes todos los días, volviendo todos los días, hablando de las mismas cosas, leyendo el mismo periódico, escuchando la misma estúpida emisora de radio... yendo a dormir, sólo para levantarte temprano por la mañana y coger el tren a la oficina....

Y así todos los días, año tras año. Sólo una persona muy muy mediocre puede seguir viviendo. De lo contrario, un día u otro, surge la idea: "¿Qué estoy haciendo aquí? Si así va la vida, he vivido cuarenta años repitiendo lo mismo, puede que viva cuarenta años más, repitiendo otra vez las mismas cosas... ¿entonces qué? Entonces, ¿por qué no parar este juego? ¿Por qué no devolver el billete a Dios y decir: "He terminado. Ya basta".

La idea del suicidio se le ocurre a todo el mundo. Por eso sólo el hombre piensa en el suicidio, ningún otro animal. Sólo el hombre reflexiona sobre la idea del suicidio y a veces se suicida. Simplemente demuestra inteligencia y nada más.

Y particularmente en la sociedad moderna, el hombre piensa más en el suicidio - porque la sociedad moderna se ha vuelto más madura, más inteligente, más educada, más sofisticada. Antiguamente, la gente no pensaba tanto en el suicidio, por muchas razones. Antiguamente, las personas no eran individuos.

Pertenecían a grupos, castas, religiones, países. No tenían existencia individual como tales, y sólo los individuos pueden suicidarse, recuérdalo.

Cuando tienes la idea de que eres un individuo, entonces se abre la posibilidad: puedes destruirte a ti mismo. En el pasado, el hombre ha vivido como parte de una mente colectiva. Y una mente colectiva no es una mente muy inteligente. La mente colectiva vive según el denominador más bajo, no puede alcanzar las cimas más altas de la comprensión, de la visión, de ver. La mente colectiva vive en una rutina sin sentido, pensando que esto tiene sentido - porque todos los demás están haciendo lo mismo, así que debe tener sentido.

La mente moderna está perdida, el significado se ha perdido. Tienes que decidir tu propio significado. Antiguamente, cuando nacía un hijo de un carpintero, iba a ser carpintero. Estaba decidido, ya decidido. Sus padres, los padres de sus padres... desde que uno puede recordar, siempre han sido carpinteros. Así que él es carpintero - él conoce su identidad, quién es. Sabe lo que tiene que hacer. La sociedad prescribe cada regla, cada reglamento, él simplemente tiene que seguirlo. Es vivir por debajo de la individualidad, y nadie puede pensar en el suicidio cuando se vive por debajo de la individualidad.

Cuando empiezas a convertirte en individuo, cuando empiezas a valerte por ti mismo, entonces de repente ves el sentido: "¿Cuál es el propósito de todo esto? ¿Qué estoy haciendo aquí?".

En segundo lugar, en el mundo moderno, cada uno tiene que elegir su propia identidad. Es un gran esfuerzo. Y cuando eliges tu propia identidad es siempre con una sospecha: puede estar bien, puede no estar bien.

Antiguamente, cuando un hombre nacía en una familia brahmán sabía que era brahmán. No había necesidad de pensar en ello, estaba predeterminado. Todo le era dado como un plano, sólo tenía que vivirlo. Todo el guión se lo proporcionaba la sociedad, él no era más que un actor en un drama.

Ahora el problema es más complicado. Tienes que escribir el drama, tienes que crear el escenario, tienes que encontrar a los actores. Tú eres el director, el actor, el guionista y el compositor. Usted es el escenario, y no sólo eso, también es el público. ¿Cómo puedes estar absolutamente seguro de quién eres? El hombre moderno vive continuamente en lo que los psicoanalistas llaman "la crisis de identidad".

Antiguamente, la autoridad estaba ahí para decirte lo que estaba bien y lo que estaba mal. No te dejaban decidir solo. Las cosas estaban claras: "Esto está bien y esto está mal". La gente seguía a las autoridades.

Ahora que las autoridades han desaparecido, el mundo vive en una especie de libertad. Cuanto más libre es una sociedad, más gente piensa en el suicidio. cuanto más libre es una sociedad, más gente se suicida.

En Oriente, sobre todo en la India, los llamados santos religiosos se sienten muy engrandecidos por la idea de que la tasa de suicidios en la India es muy baja comparada con la de Estados Unidos. Y piensan que América se suicida porque es materialista. Son unos tontos, América se suicida más porque tiene más libertad. América está más tensa, en ansiedad, porque América está creando individualidad. India todavía no es tan libre; India todavía vive en el pasado. América está intentando vivir en el presente Y en el futuro - de ahí el problema: la angustia.

Estados Unidos está paralizado. Porque cuando tienes que decidir por ti mismo qué está bien y qué está mal, y ya no quedan criterios absolutos -ni Vedas, ni Manu, ni Moisés, ni Mahavir, nadie que te diga "Esto está bien"-, tienes que decidir por ti mismo. Surge la vacilación, surge la confusión.

La libertad es siempre confusa. Un esclavo vive de forma relajada; no necesita preocuparse: todo lo que dice el amo, él lo sigue. No tiene ansiedad. Si está mal, el amo es responsable. Si está bien, el amo lo sabe. Sólo tiene que seguirlo. No tiene que preguntar por qué, tiene que hacer y morir. Es un robot mecánico.

Lo he oído:

En la novela MADRE NOCHE, Kurt Vonnegut retrata a la desesperada Resi suplicando así a su amante:

"Entonces dime por qué vivir, cualquier cosa. No tiene por qué ser amor. Cualquier cosa". Señaló objetos alrededor de la destartalada habitación, dramatizando exquisitamente la sensación de que el mundo era una cacharrería. "¡Viviré por esa silla, ese cuadro, ese tubo de la caldera, ese sofá, esa grieta en la pared!

Dime que viva por ello, y lo haré", gritó. "¡Sólo dime lo que debe ser!"

No hay nadie que te lo cuente. Antiguamente, te lo decían todo, no te dejaban nada. Los padres te decían: "Cásate con esta mujer". Los astrólogos decidían que esa era la mujer adecuada para ti, y tú te casabas con una mujer determinada porque lo decidían tus padres, lo decidía el astrólogo, lo decidía tu carta astral. Tú no decidías. Cuando no decidías, no había ansiedad.

Ahora tiene que decidir usted mismo. Hay millones de mujeres en el mundo, ¿a quién elegir? ¿Cómo decidir si esta mujer va a ser un cielo o un infierno? No hay forma de predecirlo. Uno se encuentra en una confusión. Hay que decidir a qué profesión pertenecer. Las religiones ya no tienen asidero; un cristiano no tiene realmente ganas de pertenecer a la iglesia. Ahora todo el suelo bajo sus pies ha desaparecido.

A menos que seas una persona absolutamente mediocre, te resultará muy difícil no pensar en el suicidio.

El suicidio parece ser una gran liberación - una liberación de la ansiedad, una liberación de elegir, una liberación de alternativas.

En la novela CAT'S CRADLE (La cuna del gato), uno de los personajes afirma: "Hacemos lo que debemos hasta que se nos rompe el cuerpo".

Si eres una persona así, entonces no es cuestión de suicidio. La inteligencia piensa si merece la pena vivir; la inteligencia nunca da nada por sentado.

Así que lo primero que me gustaría decirle... usted pregunta: ¿POR QUÉ CONTINUAMENTE PIENSO EN COMETER SUICIDIO?... es que usted es una persona inteligente. NO te sientas culpable, toda persona inteligente piensa así. Es el principio de la inteligencia, aunque no el final. Y al suicidarte, nada cambia. Volverás a nacer, y empezará todo el sinsentido, desde el ABC.

Eso no tiene sentido. Cuando piensas en el suicidio, eso significa simplemente que piensas que esta vida que has vivido hasta ahora no merece la pena.

Pero hay posibilidades en él que aún no has probado. Yo te digo: Esta vida puede convertirse en una gran alegría. Se convirtió en una gran alegría para Krishna, se convirtió en un gran éxtasis para Cristo, se convirtió en un júbilo para Buda, es una bendición para mí - ¿por qué no puede ser así para ti?

Y todas estas personas habían estado pensando en el suicidio, recuerda. Pensar en el suicidio es buscar a tientas sannyas. Pensar en el suicidio simplemente significa que ESTA vida está acabada - pero hay otras vidas alternativas posibles. No es necesario destruir este hermoso regalo de Dios. La vida que has vivido no es la única alternativa. Se puede vivir de mil y una maneras - hay otras maneras de vivirla.

Puede que hayas vivido una vida sin amor. ¿Por qué no probar el amor? Puede que hayas vivido obsesionado por el dinero. ¿Por qué no vivir una vida sin obsesión por el dinero? Puede que hayas vivido una vida que ansía poseer. Ahora vive una vida que no se preocupe por poseer nada. Puede que hayas vivido una vida de respetabilidad, puede que siempre hayas estado pensando en lo que la gente piensa de ti, en cuál es su opinión. Hay una vida para vivir sin preocuparse por lo que los demás piensen de ti; hay una vida para vivir individual y rebeldemente.

Hay una vida que vivir que es de aventura y no de conformidad social. Hay una vida de meditación, de Dios, de búsqueda, de ir hacia dentro. Puede que hayas vivido una vida exterior, persiguiendo esto y aquello.

Pongo a tu disposición otra vida de no perseguir nada, sino sentarte en silencio, desaparecer dentro de tu ser. Una vida de interioridad.

Y te sorprenderás: toda la idea del suicidio desaparecerá como gotas de rocío al sol de la mañana, y tropezarás con una vida que es eterna.

Albert Camus ha dicho:

"Lo que cuenta no es vivir mejor, sino vivir MÁS. A dos hombres que vivan el mismo número de años, el mundo les proporcionará siempre la misma suma de experiencias. Depende de nosotros ser conscientes de ellas. Ser consciente de la propia vida, de la propia revuelta, de la propia libertad, y al máximo, es vivir, y al máximo.

Libérate de tu supuesta vida que has vivido hasta ahora. ¡NO te suicides! Deja que tu pasado se suicide. Empieza a vivir de nuevo, momento a momento. NO vivas en deseos, sino en una especie de ausencia de deseos.

Has vivido una vida de tensión, esfuerzo y lucha. Ahora empieza a vivir una vida de relajación, calma y tranquilidad.

Y te sorprenderás: te has estado perdiendo la vida, no porque la vida no valga nada. Te has estado perdiendo la vida porque te han enseñado a vivir un tipo de vida sin valor.

La tercera pregunta

Pregunta 3:

AHORA SOY SANNYASIN, PERO ¿POR QUÉ SIGO PENSANDO DE LA MISMA MANERA?

LOS VIEJOS HÁBITOS SON DIFÍCILES DE ERRADICAR. Convertirse en sannyasin por fuera no va a cambiar tus patrones internos de vida, de pensamiento, de ser. El sannyas exterior es sólo un gesto - un comienzo, no el final. Tendrás que hacer mucho.

El sannyas externo es sólo un gesto de que estás dispuesto a cambiar. Ahora tienes mucho trabajo por delante. Los viejos hábitos no están sólo en la superficie. No es sólo cuestión de cambiar de ropa - ayuda, ciertamente ayuda, pero no es suficiente. Tendrás que cambiar tu propia gestalt de conciencia.

De lo contrario, la gente sigue viviendo como antes. Detrás de nuevas etiquetas, detrás de nuevos nombres, siguen siendo las mismas personas de siempre.

Así que NO te sientas satisfecho con sólo convertirte en un sannyasin. Has entrado - ahora queda mucho por hacer. Pulgada a pulgada, tu pasado tiene que ser alejado de ti. Y pulgada a pulgada, tienes que destruir viejos patrones erróneos de ser.

Lo he oído:

Había tres socios en la empresa. Se dedicaban a la confección de ropa y parecía que nada de lo que hacían les salía bien. Era un desastre. Si cortaban cuadros escoceses, esa temporada eran lisos. Si cortaban lanas, eran algodones. Si hacían vestidos midi, serían piezas separadas. Podían robar un original de París, y si lo cortaban, sería el desastre del año.

Puedes imaginarte entonces cuánto más desalentador era que justo un piso por encima de ellos estuviera "La empresa que no podía equivocarse". Justo arriba había una empresa que, si cortaba algo, por loco que fuera, ¡sería automáticamente un éxito! ¡No podían hacer nada mal!

No importa lo que cortaran, fue un éxito.

No es de extrañar, pues, que uno de los socios de la empresa en quiebra, Harry -que en paz descanse-, perdiera la cabeza y decidiera suicidarse desde el tejado. Por supuesto, fue irónico que tuviera que caer junto a sus competidores, un piso más arriba, y que al pasar junto a su ventana mirara por casualidad al interior.

Así fue como, mientras se precipitaba al suelo, los otros dos compañeros pudieron oír su inquietante voz, llorando: "¡Nathan! ¡Sam! ¡Corta terciopelos!"

Ahora, está muriendo... Pero la vieja mente, incluso en el momento de la muerte, persiste. La mente no te abandona tan fácilmente. ¿Cómo puede abandonarte tan fácilmente? - La has cultivado durante mucho tiempo; toda tu vida ha sido cultivarla.

Poco a poco, tienes que tomar conciencia de tus viejos patrones y tienes que dejar de cooperar con ellos. Vive de tu cooperación, esto es seguro. Y esta es la única esperanza: si NO cooperas con la mente, ella muere por sí misma. Tú la alimentas. NO la alimentes más, eso es una cosa.

Y lo segundo: si NO la alimentas más y NO creas una NUEVA gestalt del ser, tendrás dificultades. Te quedarás con tanta energía que se volverá inquieta en ti, te volverá loco. Así que hay que recordar dos cosas NO cooperar con el viejo patrón, y empezar a crear una nueva gestalt en tu ser para que tu energía siga siendo absorbida en esa nueva gestalt.

Muchas personas intentan cambiar lo viejo, sin comprender el mecanismo de la energía. Alguien quiere cambiar un hábito y lucha contra él, pero no sabe que ese hábito contiene mucha energía. Si esa energía se libera, se sentirá inquieto.

¿No lo ha probado? Lleva mucho tiempo fumando y quiere dejar de hacerlo, porque el Cirujano General dice que los cigarrillos son perjudiciales para la salud. Y sé que el propio Cirujano General fuma, pero eso es otra cuestión. Son perjudiciales para la salud, así que dejas de fumar. Pero fumar implicaba una gran energía, liberaba una gran inquietud.

¿No lo has observado? Siempre que te sientes inquieto empiezas a fumar - tu inquietud tiene una salida a través del tabaco. Siempre que estás tenso, nervioso, empiezas a fumar - tu nerviosismo, tu tensión, se libera fumando. Si dejas de fumar,

¿dónde pondrás tu nerviosismo? ¿Adónde irá tu inquietud? Hervirá dentro de ti.

Eso es lo que se siente como un impulso. Empiezas a sentir una gran necesidad de fumar. Tendrás que poner esta energía en algún trabajo más creativo: empieza a pintar, esculpir, tocar la guitarra, cantar una canción, o bailar, o meditar - ¡haz algo! Siempre que quieras cambiar un hábito, crea una gestalt más bella - más creativa, más enriquecedora para la vida, más divina. Y nunca tendrás problemas.

Si sólo quiere dejar de fumar, tendrá problemas. Tendrás que hacer otra cosa: puedes empezar a mascar chicle, que es tan tonto como fumar. O puede que empiece a mascar PAN, lo que es aún más tonto. Pero tendrás que hacer una cosa u otra, tendrás que sustituirlo por algo, a menos que encuentres una salida creativa para esa energía.

Así que fíjate en lo que quieres cambiar. No sé exactamente lo que quieres cambiar...

Dices: AHORA SOY UN SANNYASIN, PERO ¿POR QUÉ SIGO PENSANDO DE LA MISMA MANERA?

Porque aún no has creado nuevas y mejores formas de pensar. Crea nuevas y mejores formas de pensar. La vida da inmensas oportunidades.

Se dice que Adolf Hitler al principio quería ser artista, quería ser pintor. Pero se le negó la admisión en la academia de arte y así ocurrió la gran calamidad en el mundo. Si hubiera sido aceptado por la academia de arte se habría convertido en pintor. Pero no podía crear, y tenía la energía, y la energía estaba hirviendo; era como un volcán dentro de él.

Estalló en destructividad.

Si estás siguiendo unos hábitos erróneos, insanos, neuróticos, destructivos, la única razón es que no has sido capaz de encontrar alguna salida creativa para tu energía. Y entonces lo familiar persiste - entonces lo familiar se vuelve automático, autónomo. Cuando una persona empieza a fumar, se vuelve autónoma.

Simplemente saca el cigarrillo, empieza a fumarlo, sin ser consciente en absoluto de lo que está haciendo. Simplemente sucede como un robot; es robopatología. Si se da cuenta de lo que está haciendo, puede que no fume.

Si toma conciencia de por qué fuma, de cuál es la raíz del problema, quizá pueda cambiarlo.

Los psicoanalistas dicen que la gente fuma, más o menos, porque no pudo tomar del pecho de su madre el tiempo suficiente. Fumar es un sustituto: las madres no permitían que los niños se alimentaran del pecho, y el niño quería alimentarse del pecho. Se lo quitaron; ahora hay que encontrar un sustituto. Un cigarrillo es un fenómeno muy, muy parecido: se parece al pezón cuando lo coges y el humo caliente que entra se parece casi a la leche caliente. Te relaja.

¿No lo has visto? Un niño llora, está inquieto: la madre le da el pecho y se duerme. Es tranquilizador. Los cigarrillos calman.

Observa, profundiza en tus patrones. Entonces se puede hacer algo - algo puede ser de inmensa ayuda y se puede cambiar el patrón. Mi propia experiencia al respecto es que siempre que alguien me pregunta "¿Cómo dejar de fumar?". Le digo, cada noche antes de ir a dormir, que chupe una teta falsa, un chupete.

Y también durante el día, cuando te entren ganas, bebe leche del biberón, como si estuvieras mamando del pecho de tu madre. Y funciona milagrosamente. En pocos días, el deseo de fumar desaparece.

Tendrás que analizar tus patrones. ¿Por qué piensas de una determinada manera? ¿Por qué se ha apoderado de ti un determinado hábito? No puedes simplemente abandonarlo, porque tiene raíces en ti, y las raíces son profundas y persisten.

Lo he oído:

Un hombre se iniciaba en el negocio de la prostitución. Encontró a tres mujeres para que trabajaran para él. La primera

era esteticista, la segunda telefonista y las dos eran muy guapas. La tercera era una maestra de escuela pública bastante sencilla. Tenía dudas sobre ella.

Al cabo de un tiempo, se dio cuenta de que la mayoría de los asuntos provenían del profesor, y eso le extrañó mucho. Así que escuchó a escondidas.

Primero oyó a la esteticista decirle a su clienta que tuviera cuidado porque le estaba estropeando el peinado y el maquillaje. Desde luego, eso podía desanimar a un hombre.

Luego oyó a la telefonista decir a su cliente: "Lo siento, señor, se han acabado sus tres minutos". Su actitud fue aún peor.

Entonces escuchó a la maestra y oyó: "¡No, no, no! Tendrás que hacerlo una y otra vez hasta que te salga bien!".

Los hábitos son difíciles de erradicar. Puede que te hayas convertido en sannyasin, pero no pienses que es el final. Este es el comienzo del trabajo; hay mucho que hacer ahora. No te conformes con eso.

Sannyas es sólo el comienzo - te mete en el problema de la transformación. Ahora tendrás que profundizar en los surcos de tu mente. Tendrás que mirar profundamente, tendrás que ver por qué algo está ahí - ¿por qué? Tendrás que encontrar la causa de ello.

Y a veces ocurre que, con sólo conocer la causa, el noventa por ciento de los problemas desaparecen. Y con el diez por ciento que queda, tu energía necesitará salidas alternativas.

Y la última pregunta

Pregunta 4:

MAESTRO, ¿CREES EN LOS MILAGROS?

YO SOY UN MILAGRO, tú eres un milagro, todo es un milagro. Sólo existen los milagros, no existe nada más.

Mira de nuevo, de nuevo, y verás que toda la vida consiste sólo en milagros.

¿Has visto algo en la vida que no sea un milagro? Que brote una semilla, ¿qué más milagro se puede pedir? Un pájaro al vuelo y las estrellas en la noche y la sonrisa en la cara de un niño, y la posibilidad del amor y la posibilidad del éxtasis y la posibilidad de conocer a Dios - milagros y milagros. Los milagros abundan.

Pero debes estar pensando en alguna otra tontería de esas que llamas milagros.

Lo he oído:

Una vez Jesús iba a dar un sermón desde una barca en el lago de Galilea. La barca se detuvo un poco más adentro del lago.

Jesús entró en el lago, caminando sobre el agua, y pidió a algunos de sus discípulos que le siguieran hacia la barca. Mientras se adentraban en el lago, un discípulo empezó a tener problemas: todos los demás seguían a Jesús caminando sobre el agua, pero él se estaba ahogando.

Era muy fiel y seguía avanzando... y el agua era cada vez más profunda. Cuando el agua se acercó a su boca y estaba casi perdido, gritó: "¡Maestro, Maestro, por favor sálvame!"

Jesús miró hacia atrás y dijo: "¡Pedro! Muéstrale a este estúpido el camino sobre las rocas, ¡de lo contrario se ahogará!".

Esta es una historia real, no relatada en la Biblia. Pero te digo en fuentes confiables, esto es cierto.

Los milagros están por todas partes. No necesitas caminar sobre el agua, no necesitas caminar sobre el fuego.

Mark Twain cuenta la historia de un hombre que iba al cielo. Cuando llegó, le dieron un par de alas y un arpa, y durante unos días utilizó las alas como medio para desplazarse, y pulsó las cuerdas del arpa intentando sacar de ella alguna música celestial. Ambas cosas le resultaron bastante molestas, y al final se dio cuenta de que en el cielo NO se necesitan alas para ir a ninguna parte; y simplemente con desear música celestial, los músicos celestiales aparecen y empiezan a tocar. Así que dejó las alas y el arpa, y empezó a disfrutar.

Y ésta es la verdadera historia de la vida. No necesitas tener alas para volar, y no necesitas tocar ningún arpa, ninguna tonta arpa, para crear música celestial. ¡Todo está disponible! Sólo tienes que abrir los ojos. Tú ESTÁS en las alas, y la música ya está ahí. Simplemente abre los ojos, abre los oídos, estate disponible.

Y te sorprenderás: los milagros ocurren a cada instante. Nunca ocurre nada más.

El voto misericordioso de los Bodhisattvas

LA MENTE QUE ESTÁ DESAPEGADA DE TODAS LAS COSAS DEL MUNDO, NO PIENSA, NO SIENTE, ES FLUIDA Y FLEXIBLE.

TODOS LOS BUDAS Y BODHISATTVAS ALCANZAN LA BUDEIDAD Y EL NIRVANA COMO RESULTADO DEL VOTO MISERICORDIOSO.

LA NATURALEZA BÚDICA SIGNIFICA NO NACIMIENTO, NO EXTINCIÓN; ENTONCES CONOCE QUE LA ILUSIÓN ES NACIMIENTO, MUERTE, REENCARNACIÓN.

AUNQUE PRACTIQUES LA VIRTUD, NO TE AFLIJAS PORQUE SURJA LA DESGRACIA; EL KARMA CULPABLE DEL MUNDO ANTERIOR SE DESVANECE.

CUANDO NO SON DOS COSAS, NO SON UNA COSA, Y EL VIENTO EN LA FOTO DE TINTA CHINA ES GENIAL DE VERDAD.

¿POR QUÉ A LAS PERSONAS SE LES LLAMA BUDAS DESPUÉS DE MORIR?

PORQUE YA NO REFUNFUÑAN, PORQUE YA NO DAN LA LATA.

EL MENSAJE DEL BUDA PUEDE CONDENSARSE EN UNA PALABRA. Esa palabra es libertad. Libertad absoluta e incondicional. Libertad no sólo de las ataduras externas, sino también de las internas. Libertad no sólo de los demás, sino también de uno mismo.

Otras religiones también hablan de libertad, pero no en ese sentido penetrante en el que Buda habla de ella. Otras religiones hablan de libertad en el sentido de que el yo tiene que ser libre. Buda habla en un sentido diametralmente opuesto, con una nueva dimensión. Dice: Hay que ser libre del propio yo.

El yo es la esclavitud. No estás en la esclavitud a causa de los demás, estás en la esclavitud a causa de ti mismo. A menos que TÚ desaparezcas, la esclavitud continuará. Puede cambiar de forma, puede modificarse aquí y allá, puede volverse más conveniente, cómoda, pero permanecerá.

En el momento en que desapareces, en el momento en que te ves a ti mismo como un vacío absoluto, ¿quién puede hacerte esclavo? ¿Cómo puede reducirse el vacío a la esclavitud? Cuando no lo eres, ¿cómo puedes estar preso? Cuando no lo eres, la libertad es total. La libertad del yo es la verdadera libertad.

Estos sutras tienen un valor inmenso. Recuerda, cuando Buda habla de libertad no se refiere a la libertad ordinaria de la que hablan los políticos, los sacerdotes y otros. La libertad social y política es: eres completamente libre mientras pienses, actúes, te vistas, ganes, hables y compres como todo el mundo. Eres libre, SIEMPRE Y CUANDO... Y las condiciones son tantas que la libertad sigue siendo falsa.

No puedes ser libre a menos que absolutamente todo lo que sucede espontáneamente en ti sea permitido y aceptado. El hombre ha sido programado, se te han dado planos - qué ser, cómo ser, qué es aceptable y qué no es aceptable. Y esos programas han sido puestos tan profundamente en tu ser que te has vuelto inconsciente de ellos. Parece como si estuvieras actuando desde la libertad; has sido tremendamente engañado.

Incluso cuando crees que actúas desde la libertad, incluso cuando crees que actúas desde tu propia conciencia, no es así. La sociedad te controla de forma muy sutil. En cuanto nace un niño, la sociedad empieza a programarlo. La sociedad te trata como a un ordenador, te alimenta y te programa. Cuando estás un poco alerta, ya estás programado: ya eres cristiano, hindú o jainista. Ya estás fijado; ya no eres líquido, ya no fluyes. Y funcionarás a partir de esta fijeza, de esta obsesión, que la sociedad ha puesto dentro de ti.

Es como un electrodo puesto dentro de tu cerebro. No sabrás nada de él, pero te controlará.

Eso es la conciencia.

Buda está absolutamente en contra de la conciencia. Está a favor de la conciencia, pero nunca de la conciencia.

Esa es su revolución. Su religión es la más revolucionaria que ha habido en el mundo hasta ahora. Te libera de la conciencia. Liberarse de la conciencia es liberarse de la política, de la sociedad, de las religiones, de los códigos éticos...

Pero el hombre se vuelve muy temeroso: ¿tanta libertad? Te entra un gran pánico, porque te han enseñado que en el fondo eres malo; a menos que te enseñen a ser bueno, que te obliguen a ser bueno, serás malo. A lo largo de los siglos, a todo el mundo se le ha metido en la cabeza esta tontería de que el hombre es malo por naturaleza, que la bondad hay que practicarla, cultivarla, que la santidad no es un fenómeno natural, que surge de un arduo esfuerzo. El mal es natural y el bien no es natural. Para el bien hay que trabajar duro. Para el mal no necesitas trabajar en absoluto, se apoderará de ti. A Dios hay que llegar a través de un gran cultivo de la oración, el yoga, la meditación. ¿Y el mal, el Diablo? Siempre está a tu disposición.

Es una imagen totalmente errónea de la naturaleza humana. Todo lo contrario: Dios es natural, el mal es antinatural.

Esta es la dignidad que Buda aporta a la humanidad, esta es la grandeza a la que te introduce de nuevo.

Esta es tu herencia, herencia natural. Buda dice: El hombre es naturalmente bueno. Nadie quiere ser malo - si la gente es mala, ha sido FORZADA a ser mala. El amor es natural, la compasión es natural, la misericordia es natural. El odio, los instintos asesinos, no son naturales; son pervertidos, forzados, obligados. Cuando una persona es obligada, se vuelve mala, tiene que volverse mala para sobrevivir.

Por lo demás, la floración natural espontánea se produce por sí sola.

La conciencia es el esfuerzo de la sociedad por hacer algo bueno de ti. La conciencia no es un esfuerzo para hacer algo bueno de ti, la conciencia es simplemente permitir que tu talidad florezca.

El primer sutra:

LA MENTE QUE ESTÁ DESAPEGADA DE TODAS LAS COSAS DEL MUNDO, NO PIENSA, NO SIENTE, ES FLUIDA Y FLEXIBLE.

ESTO ES LIBERTAD: una mente fluida y flexible. ¿Cómo puede una mente cristiana ser fluida y flexible? ¿Cómo puede ser fluida y flexible una mente hindú? Ya tiene ideas fijas sobre la realidad, sobre sí mismo, sobre cómo debe ser la vida. No puede ser fluido, no puede ser libre. Ha aceptado una cierta esclavitud ideológica; ha empezado a vivir en una prisión. Puede llamar a esa prisión su iglesia o su templo, puede llamar a esa prisión los sagrados Vedas, la santa Biblia... como quieras llamar a tu prisión, puedes llamarla. Estos son buenos nombres. Detrás de los buenos nombres se esconde la fea realidad.

Una persona realmente viva no puede ser hindú, ni mahometana, ni budista. Una persona realmente viva está simplemente viva, fluyendo, disponible, receptiva, espontánea. Vive en lo que es. Es como un espejo: no tiene una idea fija; todo lo que encuentra se refleja en su totalidad, en su veracidad, en su autenticidad.

¿Cómo conseguir una mente así? Cada niño trae al mundo una mente así. Ningún niño nace en ninguna ideología, con ninguna ideología. Todos los niños nacen inocentes, puros, impolutos, como un espejo. Pero la sociedad inmediatamente salta sobre ellos, los agarra, empieza a escribir en sus conciencias limpias, crea CONCIENCIA - les ayuda a apegarse a ciertas cosas, les ayuda a estar en contra de ciertas otras cosas, empieza a darles una forma.

La libertad es una especie de falta de forma. La esclavitud es una forma. La esclavitud tiene una claridad, recuerda, porque la esclavitud puede tener una definición. La libertad es vaga, nebulosa, no puede tener una forma determinada. Cambia, cambia con la situación. Permanece móvil, es un proceso, no es una cosa. Y es un dinamismo, no un fenómeno muerto y definido.

La libertad es indefinible, impredecible. Se puede predecir la vida de un preso, pero no la de un hombre libre. Uno nunca sabe lo que le deparará el mañana, nunca sabe cómo actuará mañana, cómo responderá, porque nunca responde desde el pasado. Y sólo disponemos del pasado. Sólo podemos juzgar desde el pasado, y su futuro nunca es una continuidad del pasado.

El prisionero vive de acuerdo con el pasado; tiene un carácter. Su futuro no será más que una prolongación del pasado: es predecible.

Se dice en las antiguas escrituras orientales que la astrología puede ser de ayuda para una persona que aún está inconsciente, pero carece absolutamente de sentido sobre un Buda. Una persona mecánica puede predecirse: su pasado está disponible, y su futuro no va a ser muy diferente de él -tal vez un poco diferente aquí y allá, en detalles, pero la tendencia general es fija.

Pero un hombre consciente es absolutamente impredecible. Nadie sabe cómo reaccionará, cómo responderá. Él MISMO no lo sabe - recuérdalo. ¿Cómo puede saberlo? ¿Cómo puede saber el espejo lo que se va a reflejar en él en el momento siguiente? Si pasará una nube, o un hombre o una mujer o un niño, ¿quién lo sabe? Y puede que no pase nadie, puede que se quede vacío, entonces reflejará el vacío.

El hombre inconsciente es como un cuadro pintado, fijo. El hombre consciente es sólo un espejo.

Hay una parábola sufí muy hermosa:

Sucedió que en la corte de un gran rey llegó un pintor taoísta. Y dijo que podía hacer algo que nadie más podía hacer. El pintor de la corte del rey se ofendió y dijo: "Estoy dispuesto a aceptar el reto. Ambos haremos cuadros y luego el rey podrá juzgar".

El rey también estaba intrigado. Conocía a su pintor -era uno de los más raros, el mejor de su país-, creía que su pintor derrotaría a este chino. Se dio un plazo de seis meses.

Empezaron a pintar. El chino cubrió su pared con una cortina y no permitió que nadie mirara dentro lo que estaba haciendo. Y justo enfrente, en otra pared, el otro pintor estaba haciendo un gran cuadro, y todo el mundo podía ver lo que ocurría.

Pasaron seis meses y toda la capital sabía que su pintor iba a ganar. Nunca había hecho algo así: era único, estaba tan vivo.

Y llegó el día final y el rey llegó y miró el cuadro de su pintor. Era único. Dijo: "Nadie puede derrotarte. No puedo comprender que ese chino sea capaz de hacer algo mejor que esto - es imposible, es HUMANAMENTE imposible. Has hecho lo último". Estaba tan vivo.

Entonces se abrieron las cortinas y el rey se quedó perplejo. El chino no había pintado nada. Simplemente había frotado y frotado la pared y había hecho de ella un espejo. Durante esos seis meses había estado intentando convertir la pared en un espejo, y ahora era un espejo. Y reflejaba el cuadro del otro pintor. No había pintura, pero sí profundidad, porque el otro cuadro era plano. Este cuadro era tridimensional, porque la pintura se reflejaba profundamente en la pared. Tenía profundidad, tenía belleza.

Y el rey dijo: "Has derrotado a mi hombre. Pero nos has engañado: no has pintado nada".

Y el chino dijo: "Pero esto es lo que llamamos pintura REAL: crear un espejo". Su pintura está muerta. Mi pintura seguirá siendo dinámica, cambiará como cambian las estaciones. Será un fenómeno vivo, tendrá muchos estados de ánimo. Al anochecer, tendrá un color diferente. Por la mañana, cuando salga el sol, tendrá un color diferente. Y por la noche... Mi pintura no es algo muerto, he hecho algo vivo".

El pintor chino era taoísta; sabía que sólo un espejo puede estar vivo. Puedes hacer un cuadro hermoso, pero por muy hermoso que sea, sigue muerto, está estancado. Sólo un espejo puede seguir fluyendo.

Cada niño nace con este espejo. Pero inmediatamente empezamos a imponer pinturas en el espejo del niño.

NO aceptamos su libertad. Todavía no ha llegado en la historia de la humanidad ese momento afortunado en el que podamos aceptar la libertad que un niño trae una y otra vez al mundo. Trae la libertad de Dios, trae la Budeidad una y otra vez. Pero aplastamos esa Budeidad. Inmediatamente empezamos a definirlo, inmediatamente empezamos a convertirlo en un fenómeno fijo, porque queremos un hombre predecible.

Tenemos miedo de la gente impredecible, empezamos a crear carácter. Tenemos miedo de la conciencia, creamos conciencia. Destruimos la belleza, la grandeza, el esplendor. Entonces ves a esta gente ordinaria por todo el mundo; entonces ves este mundo estúpido mediocre.

Y detrás de cada mente mediocre hay un Buda. Y detrás de cada mente estúpida hay un fenómeno espejo. Se puede redescubrir. ¿Cómo redescubrirlo?

LA MENTE QUE ESTÁ DESAPEGADA DE TODAS LAS COSAS DEL MUNDO, NO PIENSA, NO SIENTE, ES FLUIDA Y FLEXIBLE.

Este es el sutra para descubrirlo de nuevo. Si estás apegado a algo, estás fijado. Un espejo no puede permitirse el apego. Estás de pie ante el espejo: mientras estás de pie allí estás siendo reflejado, reflejado totalmente. El espejo se alegra de reflejarte; el espejo te celebra, celebra tu presencia. Pero en el momento en que desapareces, desapareces. El espejo no se aferra a tu imagen.

El espejo no crea un recuerdo de ti; el espejo nunca volverá a pensar en ti. El espejo nunca tendrá nostalgia, el espejo nunca pensará: "¡Qué hermosa persona era! ¿Y cuándo volverá?". Y el espejo no te seguirá, ni siquiera en pensamiento, ni siquiera en sueños. En el momento en que desaparezcas, habrás desaparecido.

Esto es no-apego. Cuando estás ahí, estás ahí. El espejo te vive, te ama, te acoge, te lleva en su corazón. Pero en el momento en que te vas, te vas: el espejo vuelve a estar vacío. Este es el secreto del desapego: vive en el mundo, pero NO seas del mundo. Ama a la gente, pero NO crees apegos. Refleja a la gente, refleja las bellezas del mundo, que son muchas. Pero NO te aferres. La mente que se aferra pierde su reflejo.

Y el espejismo es la Budeidad.

Mantener esa cualidad de reflejo continuamente fresca es permanecer joven, es permanecer puro, es permanecer inocente. Conoce, pero NO crees conocimiento. Ama, pero NO crees deseo. Vive, vive maravillosamente, vive completamente, abandónate en el momento. Pero NO mires atrás. Este es el arte del no apego.

Y ahí es donde nos perdemos. Amas a una mujer y un día se ha ido, se ha ido con otro. O, si no está con otro, sigue contigo pero ya no está contigo. Su corazón ya no late por ti; ese puente se ha roto. O está muerta: mil y una cosas son posibles. O puede que aún te ame, que no esté muerta, que no te haya abandonado, pero tu corazón ya no late con el suyo. De repente, esa alegría de su ser ha desaparecido de ti. Surgió de la nada, de la nada, de repente un día estaba ahí y otro día ya no. Llegó como el viento, y te emocionaste con la nueva brisa. Y ahora el viento ya no sopla. La mujer está ahí, aún te ama, pero tu corazón ya no responde.

¿Qué hacer? ¿Seguir aferrándome? ¿Seguir pensando en el pasado? ¿Seguir imaginando el futuro? ¿Seguir esperando contra toda esperanza que vuelva a pasar algo? ¿Que algún día vuelva a soplar el viento, que algún día desaparezcan las nubes y brille el sol?

Entonces te enredas y pierdes la pureza de ser un espejo. De ahí toda la miseria.

La miseria no es más que la sombra del apego. Y de ahí todo estancamiento. La persona apegada se convierte en un estanque estancado - tarde o temprano apestará. No fluye más.

El caudal te mantiene puro. Sí, estas orillas son hermosas, pero el río sigue fluyendo. Sí, estos árboles son hermosos y estos pájaros son hermosos. Pero el río sigue fluyendo. El río está totalmente agradecido, agradecido, pero no se detiene, no se convierte en un estanque estancado.

Así debería ser el río de la conciencia.

LA MENTE QUE ESTÁ DESAPEGADA DE TODAS LAS COSAS DEL MUNDO...

Y recuerda, no puedes elegir: "No me apegaré a estas cosas, me apegaré sólo a ESTAS cosas". Incluso si estás apegado a una sola cosa, eso es suficiente para destruir tu cualidad de espejo. Eso es suficiente para impedir que te muevas, eso es suficiente para destruir el flujo.

Y recuerda también que no sólo las cosas de ESTE mundo, sino también las cosas del llamado otro mundo te obstaculizarán, destruirán tu espontaneidad.

Recuerda: Nunca te encariñes.

Ahora bien, incluso la llamada gente religiosa está muy apegada. Si un hindú pasa por delante de una iglesia, no se inclina ante ella: su Dios no vive allí. Si pasa por un templo hindú, inmediatamente se inclina con tanta reverencia. Pero su reverencia es falsa, pseudo; su reverencia es impotente. Si la reverencia fuera real, ¿por qué no se produce cuando pasa ante una mezquita, una iglesia o un gurudwara?

Dios está en todas partes. ¿Por qué este confinamiento? ¿Dios sólo existe en un templo hindú? Entonces Dios es un prisionero. Como la gente es prisionera, sus dioses también se han convertido en prisioneros. La reverencia no es verdadera, aún no se ha producido: es sólo un gesto vacío. Si ha llegado a ver la belleza, la existencia de Dios, entonces se inclinará en cualquier lugar, dondequiera que tenga ocasión de inclinarse, no perderá la oportunidad. Se inclinará junto a un rosal, porque Dios ha sucedido como una rosa. Y se inclinará ante un niño que ríe, porque es Dios y nadie más quien ríe.

La verdadera reverencia no tiene nada que ver con el OBJETO de la reverencia. La verdadera reverencia es algo que fluye dentro de ti.

NO te apegues a las cosas del mundo, y NO te apegues a las cosas del otro mundo, porque las cosas son cosas. No importa si son de este mundo o del otro, el apego es el problema.

He oído una extraña historia. Espero que no sea cierta, pero sospecho que SÍ lo es.

Un santo hindú muy famoso, Tulsidas, fue llevado a un templo de Krishna. Era seguidor de Rama y cuando lo llevaron al templo de Krishna no quiso inclinarse. Y el amigo que lo había llevado allí le dijo: "¿No te inclinas ante Krishna?". Él respondió: "¿Cómo podría? Sólo me inclino ante Rama. Mi Dios es Rama, no Krishna. Sólo puedo inclinarme si la estatua de Krishna cambia de forma y se convierte en la estatua de Rama".

La historia continúa: dice que la estatua de Krishna cambió de forma y se convirtió en la estatua de Rama.

Entonces Tulsidas se inclinó.

La primera parte parece histórica, la segunda ficticia, y no sólo ficticia, sino también estúpida. Porque Dios no puede conceder, estar de acuerdo, con tal trueque, con tal regateo. Pero muestra la mente de los llamados mahatmas. Incluso un hombre como Tulsidas, que ha escrito algunas de las mejores poesías del mundo... Era ciertamente un gran poeta, pero no un místico - un gran hombre de conocimiento, pero no iluminado. De lo contrario, ¿cómo podría haber dicho una cosa tan tonta? - "Dios debe tomar la forma de MI deidad".

¿Qué está pidiendo? Está diciendo: "Sólo puedo inclinarme ante MI concepto de Dios. Dios es irrelevante, mi concepto es más importante". Esto es un viaje del ego. No se inclina ante Dios, se inclina ante su propio ego.

Estos son todos los archivos adjuntos.

Buda dice:

LA MENTE QUE ESTÁ DESAPEGADA DE TODAS LAS COSAS DEL MUNDO, NO PIENSA, NO SIENTE, ES FLUIDA Y FLEXIBLE.

Ikkyu ha expresado maravillosamente el mensaje budista en este sutra.

HAY TRES CAPAS en tu existencia. Una es el pensamiento. La más profunda es el sentimiento.

Más profundo que eso es el ser. Pensar es lo más superficial; ser, lo más profundo. Y entre los dos está el sentir.

Hay religiones que están orientadas al pensamiento: crean teologías. Crean grandes filosofías, inventan pruebas para Dios, como si Dios necesitara pruebas, como si Dios pudiera ser probado o refutado.

Luego están las religiones del corazón, las religiones del sentimiento, que NO crean teologías, sino devoción. Son mucho mejores que las primeras: sus oraciones son más verdaderas, porque están más llenas de lágrimas. Sus expresiones son más auténticas, porque son menos verbales. Bailan, cantan, lloran, lloran: viven a través del sentimiento, a través del corazón.

Pero Buda va más allá. Dice: La cabeza es superficial, el corazón es un poco más profundo pero no lo suficiente. Pensar son palabras, pensamientos, silogismos. Sentir son emociones, sentimientos. Pero ambos son perturbaciones.

Intenta comprender esto. Cuando tu mente está llena de pensamientos estás distraído, perturbado, apartado.

Y cuando tu mente no está llena de pensamientos pero tu corazón está palpitando con un gran sentimiento, entonces también estás excitado. Entonces también tienes fiebre. El amor es una fiebre - incluso el amor por Dios crea una gran pasión, te agita, no te calma.

Buda dice: Los pensamientos distraen, los sentimientos distraen. Ven al núcleo más profundo de tu ser, donde los pensamientos desaparecen y los sentimientos también. ¿Qué queda entonces? El simple ser. Uno simplemente es. Eso es TATHATA, la talidad. Uno simplemente es - nada se agita; ningún pensamiento, ningún sentimiento, sólo pura existencia. Esa existencia pura no tiene fiebre, ni pasión, ni movimiento, no va a ninguna parte, no hace nada.

En ese momento, el tiempo desaparece. Uno trasciende el tiempo; es un momento trascendental. En ese momento, uno llega a conocer la realidad tal como es.

Cuando piensas, no puedes ver la realidad tal y como es, porque tu pensamiento se convierte en una barrera. Tu pensamiento colorea la realidad. Cuando sientes, tampoco puedes ver la realidad tal como es, porque tus ojos están llenos de lágrimas y tu corazón está lleno de emociones.

Cuando el pensamiento y el sentimiento desaparecen, sólo entonces el contacto - el contacto con la verdad.

LA MENTE QUE ESTÁ DESAPEGADA DE TODAS LAS COSAS DEL MUNDO, NO PIENSA, NO SIENTE, ES FLUIDA Y FLEXIBLE.

Y entonces alcanzas esa libertad, fluidez, flexibilidad, espontaneidad. Entonces NO vives de tu pasado y NO vives de tu futuro. Entonces NO tienes ningún programa; entonces no eres un robot. Entonces vives momento a momento, a medida que la vida se revela, la vives. Y siempre eres fiel a la vida, porque no tienes nada que se interponga entre tú y la vida. Tu respuesta es siempre total, nunca es una reacción. NO tienes ninguna respuesta preparada: si surge una pregunta, el mismo hecho de que surja crea una respuesta en ti. No es que ya tuvieras la respuesta ahí, y la pregunta sólo provocara una respuesta muerta que yacía ahí en tu memoria.

No hay respuesta en ti, simplemente estás ahí. Llega una pregunta y surge una respuesta, fresca, joven, aquí y ahora. Esa respuesta es verdadera. Ninguna respuesta como tal es verdadera. Pero la cualidad de la respuesta, si es espontánea, esa cualidad tiene verdad. Observa la diferencia.

Un misionero cristiano vino a verme y me dijo: "Usted enseña tantas cosas que nos confunde. ¿Por qué NO crea un pequeño libro, algo así como un catecismo cristiano, en el que todas las preguntas esenciales tengan respuesta? - para que podamos saber y estar seguros de lo que quieres decir".

Le dije: "Eso es imposible. Para cuando el libro estuviera listo, mis respuestas habrían cambiado, porque NO tengo respuestas fijas".

Las respuestas surgen como respuestas: dependen de las preguntas. O, aún más, dependen del que pregunta. A veces ocurre que un sannyasin hace una pregunta y yo le respondo. Y otro sannyasin hace exactamente la misma pregunta y yo le respondo de una manera totalmente diferente. Porque, más que la pregunta, lo importante es el que pregunta. La pregunta tiene un contexto - el contexto está en el que pregunta. Se puede hacer la misma pregunta, pero no hay dos personas que puedan hacer REALMENTE la misma pregunta. ¿Cómo pueden hacer la misma pregunta? Son tan diferentes, sus raíces son tan diferentes, sus experiencias son tan diferentes. Durante millones de vidas, han vivido de forma diferente. Detrás de su pregunta está todo su pasado: todas sus experiencias, todas sus desgracias, maldiciones, bendiciones, fracasos, éxitos. Las palabras pueden parecer exactamente iguales, pero no pueden serlo. Detrás de las palabras, los seres son diferentes.

Cuando NO tienes una respuesta preparada, simplemente respondes a la pregunta, a quien te la hace, al momento. Y entonces eres fiel al momento. En el momento siguiente, las cosas no serán iguales. Por la mañana es una cosa, por la tarde es otra. Hoy es una cosa, ¿cómo puede ser igual mañana? No hay catecismo posible.

Y todos los catecismos son falsos - porque entonces la pregunta es irrelevante, la respuesta se convierte en importante y en una entidad fija. Entonces la respuesta está muerta, entonces no respira. Entonces no tiene corazón, no tiene alma, es un cadáver.

La mente tiene que ser fluida. Y cuando la mente es fluida tiene esplendor, tiene una inmensa belleza. La mente tiene que ser libertad. Y cuando la mente es libertad, nunca es una mente pequeña. Entonces es cósmica. Cuando la mente es absolutamente libre, no es TU mente o MI mente. ¿Cómo puede ser tuya? y ¿cómo puede ser mía? Cuando la mente es libertad es simplemente la mente, la mente de todos, la mente de los árboles y las rocas y las estrellas, tú y yo. Es cósmica.

Cuando la mente es fluida, es Dios. Cuando la mente es flexible, entonces la mente ya no es una esclavitud.

TODOS LOS BUDAS Y BODHISATTVAS ALCANZAN LA BUDEIDAD Y EL NIRVANA COMO RESULTADO DEL VOTO MISERICORDIOSO.

BUDDHA HA INSISTIDO una y otra vez en que el mayor escollo para un meditador es su egocentrismo. Hay que comprenderlo. Particularmente para aquellos que han venido a mí como sannyasins, es de inmensa importancia.

Un meditador, inconscientemente, sin saberlo, se vuelve muy egocéntrico. Sólo piensa en sí mismo: su meditación, su alegría, su silencio, su paz, su experiencia, su éxtasis, su verdad y Dios. Y el problema es que cuanto más consciente te vuelves de ti mismo, menor es la posibilidad de meditar. Este es un dilema - cada meditador tiene que enfrentarlo.

La meditación sólo tiene lugar cuando no existe el yo. La conciencia está bien, pero la autoconciencia no está bien en absoluto. Pero siempre que intentas ser consciente te vuelves autoconsciente. Tu NO sabes como hacerte consciente sin permitirte ser consciente de ti mismo. Para ti, la autoconciencia ha existido siempre como conciencia. No lo es. La conciencia no tiene yo en ella, y la autoconciencia no tiene conciencia en ella.

La autoconciencia es sólo ego. La conciencia es la ausencia de ego.

Buda tenía un dispositivo específico para destruir este dilema. El dispositivo era la compasión, la misericordia.

Cada uno de sus sannyasins tenía que hacer un voto: "No entraré en el nirvana a menos que haya ayudado a todos los seres del mundo a entrar en el nirvana". Parece casi imposible.

Se cuenta de Buda que, cuando llegó a la puerta del nirvana, las puertas se abrieron de par en par. Rara vez ocurre, pasan millones de años antes de que una persona llegue a la puerta. Durante millones de años, el guardián de la puerta estuvo esperando a que alguien llegara. El óxido debió de acumularse en la puerta, que no se había abierto en tanto tiempo, en tantos millones de años. El guardián estaba feliz, abrió la puerta. Pero Buda no entró por la puerta. El portero le preguntó: "¿Por qué te quedas fuera? Entra, eres bienvenido. Te lo has ganado".

Buda dijo: "No puedo entrar. He hecho un voto: a menos que todos los seres vivos entren en el nirvana antes que yo, yo no podré entrar. Seré el último. Así que tendré que esperar, puedes cerrar la puerta. Y tendré que esperar infinitamente, porque millones y millones de seres están sufriendo y andan a tientas en la oscuridad, intentando llegar. Cuando todos hayan pasado, cuando vea que ya no queda nadie atrás, entonces sólo entraré".

Esto es sólo una parábola, pero de inmenso significado. El significado es: cuando empieces a meditar, NO te vuelvas demasiado consciente de ti mismo. Ayuda, sé compasivo. Ayuda a otros a meditar. Y todo lo que obtengas de la meditación, dáselo a los demás. Compártelo: al compartirlo, crecerá.

Siempre que medites y te encuentres con espacios hermosos, INMEDIATAMENTE reza a la existencia: "Que mi alegría se derrame sobre cada ser - consciente, inconsciente. NO quiero ninguna reivindicación personal sobre ello". Cuando alcances el satoris, comparte. Entonces NO te aferres, NO te vuelvas posesivo. Si te vuelves posesivo los matarás.

Hay cosas que mueren inmediatamente en el momento en que las posees. En tu experiencia, sólo hay una cosa que muere inmediatamente si la posees: el amor. El Satori lo es aún más. Cuando alcances un espacio silencioso, una experiencia meditativa interior, ¡NO la poseas! Este es el voto. NO digas: "Esto es mío". NO te vuelvas egoísta al respecto, NO empieces a presumir. NO empieces a caminar de una manera especial, NO empieces a mirar a la gente, pensando: "Esta pobre gente, aún no ha alcanzado". NO empieces a fingir que eres un Buda.

Si has alcanzado el satori, vuélvete más humilde, siéntete más agradecido. Compártelo y dáselo a los demás. No lo retengas: no es un tesoro para guardar, es un tesoro para compartir. Y cuanto más compartas, más te llegará. Cuanto más lo atesores, un día te sorprenderás al descubrir que tus puños están vacíos.

Es como el amor. Te enamoras, el amor está ahí bailando, es casi tangible, puedes tocarlo.

Inmediatamente empiezas a agarrar, empiezas a poseer. Y lo has matado. Puede que ahora no te des cuenta, pero tarde o temprano verás que lo has matado.

El amor es un pájaro volando, no lo atrapes. El samadhi lo es más: no puedes atraparlo. Disfrútalo.

Por eso, cuando mis sannyasins vuelven a sus países, siempre insisto: "Vete, y deja que tu casa se convierta en un pequeño centro, para que puedas compartir tus meditaciones con la gente". Preocúpate más por los demás, así tu preocupación por ti mismo disminuirá. Y sucede que, si puedes olvidarte por completo de ti mismo resolviendo los problemas de los demás, tu meditación llegará tan abruptamente, tan de repente un día, que te sorprenderás, quedarás desconcertado: no la estabas esperando, y está ahí con toda su bendición.

Y lo contrario también es cierto: cuanto más la esperas, menos posibilidades hay de que llegue. Sucede una y otra vez: la primera vez, la meditación llega fácilmente. Un día, simplemente meditando, y sin expectativas... ¿cómo ibas a esperar nada? - no tienes ninguna experiencia de ello. Para esperar algo, primero tienes que haberlo experimentado. Así que cuando la gente viene aquí por primera vez y está meditando, su meditación es experimental, hipotética; simplemente están jugando con ella, viendo si tal vez ocurre algo, tal vez no ocurre nada. Y sucede. En su juego, un día son poseídos por una energía desconocida.

Pero entonces surge el problema. Ahora lo esperan todos los días. Y no llega, y se agitan mucho, se molestan, se irritan, se enfadan: ¿por qué no ocurre ahora? Ya les había sucedido antes, ¿por qué no sucede ahora? Y cuanto más se enfadan, menos posibilidades hay de que ocurra. Han pasado por alto un punto: en primer lugar, sucedió porque no lo esperaban. Ahora lo esperan, y este nuevo elemento de expectativa es el obstáculo.

Espera, y fallarás. NO esperes, y llega. Siempre llega solo. Dios es generoso, y si quieres su generosidad también tienes que ser generoso. Ese es el significado del voto.

TODOS LOS BUDAS Y BODHISATTVAS ALCANZAN LA BUDEIDAD Y EL NIRVANA COMO RESULTADO DEL VOTO MISERICORDIOSO.

LA NATURALEZA BÚDICA SIGNIFICA NO NACIMIENTO, NO EXTINCIÓN; ENTONCES CONOCE QUE LA ILUSIÓN ES NACIMIENTO, MUERTE, REENCARNACIÓN.

LA BUDDHA-NATURA es no nacer, no extinguirse. Saber en tu interior que nunca has nacido, así que ¿cómo puedes morir? - conocer este estado de eternidad es conocer a Buda. No hay que buscar a Buda en los libros de historia; no hay que remontarse veinticinco siglos atrás para averiguar quién era ese hombre, Gautam el Buda. Si estuvo allí o no, no importa. Si existió como persona histórica o no, no importa.

A Oriente nunca le ha preocupado la historia como tal; su preocupación es mucho más profunda, mucho más valiosa.

Los cristianos están muy preocupados: si alguien dice que Cristo no es una persona histórica, empiezan a luchar, empiezan a demostrar que es una persona histórica. Durante dos mil años han estado acumulando más y más pruebas de que es una persona histórica. Pero, ¿por qué esta obsesión? ¿Qué más da que Cristo sea una persona histórica o no? No se trata de eso.

En Oriente nunca nos ha preocupado. La cuestión no es si Buda es histórico o no. La cuestión es si Buda es EXISTENCIAL o no. ¿Puedes penetrar en tu ser y llegar a saber lo que es la naturaleza de Buda? Entonces está bien. Si TÚ puedes saberlo,

¿por qué no Gautam Siddhartha? Si puedo saber dentro de mí que algo como la Budeidad sucede, entonces debe haberle sucedido a este hombre conocido como Gautam Siddhartha.

Y esto le habrá ocurrido a muchos más. No tiene nada que ver con Gautam Siddhartha como tal, no tiene nada que ver con una persona. Es tu esencia más íntima.

LA NATURALEZA BÚDICA SIGNIFICA NO NACIMIENTO, NO EXTINCIÓN...

Si puedes llegar a ver algo en ti que nunca nació y que no va a morir, te has encontrado con Buda. Esto es la Budeidad. TÚ eres el templo y Buda reside en ti.

Entra. No se trata de retroceder veinticinco siglos en el tiempo. Se trata de ENTRAR, AHORA MISMO. En este mismo momento, se puede encontrar la Budeidad. Es inmediato. No es un tipo de investigación histórica, no es arqueología. Es sólo una penetración interior en tu propio ser.

ENTONCES SABE QUE LA ILUSIÓN ES NACIMIENTO, MUERTE, REENCARNACIÓN.

Y una vez que has sabido -y es tan sencillo saberlo porque es tan natural- que uno nunca nació, y si uno nunca nació no puede morir jamás, entonces el nacimiento es ilusión, un sueño en el que has caído. Y la muerte es ilusión, un sueño otra vez, producido por el primer sueño - un sueño dentro de un sueño. Y entonces la reencarnación también es un sueño: sueños dentro de sueños.

Hace unos días, alguien hizo una pregunta: "¿Qué sentido y significado tienen las vidas pasadas?

¿Ayudará recordarlos?"

Incluso ESTA vida no tiene ningún significado. Y esas vidas pasadas no eran más que casi lo mismo repetido una y otra vez. ¿Qué significado pueden tener?

Ve el sueño que es ESTA vida tuya, y habrás visto todos los sueños que has vivido antes. Los sueños no tienen significado.

Y vea la diferencia: en Occidente, el psicoanálisis es muy enfático en que los sueños tienen significado.

En Oriente decimos que los sueños no tienen significado, sólo el soñador. Los sueños son objetos; el soñador es tu subjetividad. Los sueños van cambiando, el soñador sigue siendo el mismo - las escenas van cambiando pero el vidente sigue siendo el mismo. El vidente tiene significado.

Ahí es donde la psicología occidental y la psicología oriental se separan. Sus caminos se vuelven absolutamente diferentes, diametralmente opuestos. Para el místico oriental, todos los juegos a los que juegan el psicoanálisis, sus escuelas y sus fundadores no son más que rompecabezas, buenos para los niños, para mantenerlos ocupados, pero sin más valor. Si te gusta jugar, el psicoanálisis es un hermoso juego. Juega con Freud o con el fraude, juega con Jung o con el viejo - puedes seguir jugando; no importa con quién estés jugando. Pero tú sigues siendo absolutamente el mismo.

Lo real es un cambio, un cambio de conciencia, del sueño al soñador. Un cambio de gestalt, no mirar al objeto sino mirar al sujeto. Entonces todo es un sueño. Las reencarnaciones, la muerte, el nacimiento, lo bueno y lo malo, que seas un rey o un mendigo, que seas un asesino o un mahatma, todo son sueños.

Pero una cosa es cierta: para que los sueños existan, tiene que haber un testigo. Ese testigo es la verdad. Conocer a ese testigo es conocer la naturaleza búdica que hay en ti.

AUNQUE PRACTIQUES LA VIRTUD, NO TE AFLIJAS PORQUE SURJA LA DESGRACIA; EL KARMA CULPABLE DEL MUNDO ANTERIOR SE DESVANECE.

ESTA PREGUNTA SE PLANTEA una y otra vez a los que empiezan a buscar en la verdad religiosa de la vida. Lo ves por todas partes: ves a una persona virtuosa sufriendo, y ves a una persona muy malvada triunfando. Y se plantea el problema de dónde está la justicia en el mundo. ¿Es un mundo justo?

Alguien que nunca ha hecho nada malo está sufriendo mucho, todo tipo de calamidades. Y alguien que se sabe que nunca ha hecho nada bueno, que siempre ha sido malo, está triunfando: tiene todo el prestigio, la respetabilidad, los placeres, las comodidades de la vida. ¿Es un mundo justo? ¿O es sólo un caos?

¿Qué actitud adoptar al respecto?

Sólo hay dos posibilidades. Una es el enfoque comunista, el enfoque socialista: dice que es una sociedad injusta, tenemos que cambiar la sociedad. Si desaparecen las clases, se cambia la estructura económica, se introduce la igualdad, entonces no habrá injusticia.

Este tipo de pensamiento siempre ha existido en el mundo, no es nuevo. Pero no ha pasado nada. Incluso en una sociedad comunista, la injusticia sigue produciéndose igual. Las formas cambian, pero el contenido sigue siendo el mismo. Sí, en la Rusia soviética han desaparecido las viejas clases, pero han aparecido otras nuevas. Ahora ya no hay capitalistas y proletariado, sino gobernantes y gobernados, y el mismo juego, el mismo sinsentido y la misma miseria.

El otro enfoque es el de la conciencia religiosa. Buda dice:

AUNQUE PRACTIQUES LA VIRTUD, NO TE AFLIJAS PORQUE SURJA LA DESGRACIA; EL KARMA CULPABLE DEL MUNDO ANTERIOR SE DESVANECE.

Él dice: Tu mente vive a través del condicionamiento. Todo lo que has hecho permanece arraigado en tu mente; todas tus acciones permanecen arraigadas en tu mente. Puede que hoy no hayas hecho nada malo, pero ¿qué hay de ayer? Puede que hoy hayas sido muy, muy amable y bueno, pero ¿qué pasa con los ayeres? Están ahí. Y has sembrado muchas semillas ayer y la cosecha vendrá hoy o mañana. Y si las semillas eran venenosas, vas a sufrir.

Entonces acéptalo como tu karma pasado. Si estás haciendo el bien y aún así el resultado es malo, simplemente acéptalo con ecuanimidad, SAMATA - con equilibrio: "Debe ser algo relacionado con mi pasado. Tengo que aceptarlo, tengo que recoger la cosecha". Y no tiene sentido quejarse y no tiene sentido gritar y sentirse muy mal por ello. No hay por qué perder la calma.

AUNQUE PRACTIQUES LA VIRTUD, NO TE AFLIJAS PORQUE SURJA LA DESGRACIA; EL KARMA CULPABLE DEL MUNDO ANTERIOR SE DESVANECE.

Siéntete bien. Algo malo que te rondaba se desvanece.

Vino un hombre y escupió a Buda. Se limpió la cara con un chal. Su discípulo, Ananda, se turbó mucho y dijo: "Sólo una indirecta tuya y le enseñaré a este hombre lo que ha hecho".

Buda dijo: "No te perturbes. Debo haberle hecho algo malo en alguna vida pasada. Ahora la cuenta está cerrada - él lo ha devuelto. He terminado con este hombre". Y él dijo: "Gracias, señor. Debo haberle hecho algo malo, porque nada ocurre sin una causa. Puede que recuerde, puede que no recuerde, pero debo haberle hecho algo malo. Usted me lo ha devuelto:

ahora somos iguales, ahora podemos cerrar la cuenta. Y no voy a reaccionar más, de lo contrario de nuevo el negocio continuará. Gracias. ¿Tienes algo más que decir?"

El hombre estaba muy desconcertado. Era tan inesperado. Esperaba que le pegaran, esperaba que los discípulos se abalanzaran sobre él... esperaba algo, y no había pasado nada. No se habría imaginado que el Buda dijera eso. Se fue a casa, pero no pudo dormir en toda la noche.

Por la mañana, y estaba de vuelta. Cayó a los pies de Buda y dijo: "Lo siento, señor, discúlpeme". Buda dijo: "Olvídalo todo. Nunca pienses en el ayer - ¡Se ha ido!" Estaban sentados en la orilla del Ganges, y Buda dijo: "Mira cuánta agua ha segado el Ganges desde entonces. Ya no es el mismo Ganges. Yo ya no soy el mismo, tú ya no eres el mismo. Piensa que ayer estabas lleno de ira y hoy eres tan humilde que has caído a mis pies. Tú ya no eres el mismo y yo ya no soy el mismo, han pasado veinticuatro horas. Olvídalo todo, NO pienses más en ello. Se acabó, ¡y se acabó para siempre! Yo estoy libre de ti, tú estás libre de mí.

Por lo demás, estábamos enganchados el uno al otro".

Esta es la actitud budista ante las cosas. Si alguien te insulta, dale las gracias. Esta es una forma de desengancharse. Dile: "Bien, has venido. Te estaba esperando". Porque antes de que puedas desaparecer de este mundo de miseria tienes que cerrar todas las cuentas que has abierto, a lo largo de los siglos, a través de los siglos.

CUANDO NO SON DOS COSAS,
NO SON UNA SOLA COSA,
Y EL VIENTO
EN EL CUADRO DE TINTA CHINA
ES GENIAL.

Cuando has llegado a esta tranquilidad, a este silencio, a este SAMATA, ecuanimidad - este equilibrio, que nada puede perturbarte... Alguien te escupe y permaneces imperturbable, inquebrantable.

Alguien te insulta y no te pasa nada; permaneces como si nada hubiera ocurrido. Cuando te has convertido en un espejo, las cosas se reflejan y desaparecen y tú permaneces sin ser arañado por sus reflejos. Cuando te has desapegado de todas las cosas del mundo, y NO te aferras, y tu inocencia permanece absoluta y permaneces virgen - entonces no puedes decir que el mundo, Dios, la realidad, son dos, muchos o uno.

Entonces no se puede decir nada al respecto, porque todas las palabras se quedan cortas.

CUANDO NO SON DOS COSAS...

Una cosa es cierta, no puedes decir "dos" - porque toda dualidad es una creación de la mente, toda dualidad es creada por la mente aferrada y apegada. Cuando no hay apego no hay dualidad.

Cuando quieres que algo suceda según tus deseos y no sucede, surge la dualidad. Cuando estás dispuesto a relajarte con todo tal y como sucede, ¿dónde está la dualidad? Alguien te insulta y tú le das las gracias. Tu mujer te deja y tú vas y le das una buena despedida. ¿Dónde está la dualidad? Llega la riqueza y la disfrutas. Y un día eres pobre y disfrutas de la pobreza.

¿Dónde está la dualidad?

Si puedes disfrutar de todo lo que ocurre, si puedes disfrutar de las rosas que siempre están ahí y NO cuentas las espinas, entonces ¿dónde está la dualidad? Entonces la mente se vuelve no-dual. Entonces todos los fragmentos desaparecen, entonces surge en ti una gran unidad. Pero no puede llamarse "unidad".

CUANDO NO SON DOS COSAS,

TAMPOCO SON UNA SOLA COSA.

¿Por qué? Porque llamarlo "uno" es volver a introducir números. Simplemente ES - ni dos ni uno. No hay forma de marcarlo como esto o aquello.

Y EL VIENTO
EN EL CUADRO DE TINTA CHINA
ES GENIAL.

Esta es una hermosa afirmación. Cuando todo es uno -el enemigo y el amigo, el hombre que te ama y el hombre que te odia, la riqueza y la pobreza, el fracaso y el éxito, la respetabilidad o la falta de respeto; cuando todo es uno -la juventud y la vejez, el nacimiento y la muerte- surgirá una gran frialdad. Esa frialdad es la cualidad de un Buda. Esa frialdad no puede ser perturbada; ningún calor puede penetrar en ella.

Y si entras en contacto cercano con un Buda, sentirás esa frescura. Siempre está ahí. No sólo está dentro de un Buda, sino que crea un espacio a su alrededor. Si entras en ese espacio -sólo puedes entrar a través de la simpatía, sólo a través de la confianza, sólo a través del amor-, si entras en esa esfera de frialdad te sorprenderás. Recuerda, no es frialdad, es frialdad.

Es difícil de entender para la gente que viene de Occidente. Las lenguas nacen de los climas, por eso a veces es muy difícil traducirlas. Por ejemplo, en Occidente, "calor" es una palabra preciosa. Se dice "amor cálido", pero no "amor frío". En la India se puede decir "cool love".

En Occidente se dice "una cálida bienvenida". En la India, si es demasiado cálida, no parecerá una bienvenida. Tiene que ser fría. Pero fresco no es frío; el frío está muerto. Lo frío está VIVO, pero en silencio, sin fiebre, sin pasión, como una brisa fresca en una calurosa tarde de verano. Como un manantial fresco en el Himalaya, y tú eres un viajero sediento, cansado, agotado, sediento, y te encuentras con un charco de agua cristalina y fresca.

Sí, eso es lo que es un Buda: para todos los que están cansados, fatigados, sedientos.

POR QUÉ SE LLAMA BUDAS A LAS PERSONAS
DESPUÉS DE MORIR?
PORQUE YA NO REFUNFUÑAN,
PORQUE NO MOLESTAN
DE SÍ MISMOS.

Una hermosa declaración de Ikkyu.

HAY ALGUNOS PROBLEMAS. Un Buda es aceptado por las grandes masas sólo cuando se ha ido.

Sólo unos pocos elegidos lo aceptan cuando está vivo. Para estar en contacto con un Buda vivo hace falta valor. Sólo aquellos que son realmente temerarios pueden acercarse a un

Buda vivo, porque un Buda vivo te va a transformar. Y la gente habla de transformación, pero nadie quiere ser transformado.

La gente habla de transformación, pero NO lo dice en serio. En realidad quieren decir unas cuantas condecoraciones más, unas cuantas plumas más, unas cuantas medallas de oro más. Hablan de transformación pero NO entienden el significado de la palabra.

Transformación significa crucifixión y resurrección. Transformación significa morir como eres, y nacer como no sabes qué - qué va a pasar, quién va a nacer o cómo serás. Una cosa es cierta, no serás el mismo que ERES. ¿Quién está preparado para ello?

Aud estar en estrecha afinidad con un Buda crea mil y un problemas. En primer lugar, un Buda es paradójico: ésa es su molestia. Él crea continuamente una molestia. Nunca te permite aferrarte a nada. Antes de que empieces a aferrarte a cualquiera de sus afirmaciones, se contradice. Nunca te da tiempo suficiente para asentarte en ningún sitio; sigue empujándote y empujándote y empujándote. A menos que te destruya, nunca se detiene.

Se dice: "La verdad es una lista interminable de proverbios emparejados que se contradicen".

La verdad es contradictoria. Y Buda es una contradicción viviente. Lo dice, y siempre tiene prisa por contradecirlo antes de que sea demasiado tarde. Quieres aferrarte a algo. En realidad, no buscas la verdad, sino la comodidad. Y a Buda no le preocupa tu comodidad, le preocupa la verdad.

Así que tiene que decir muchas cosas y tiene que contradecirlas. Poco a poco, si eres lo suficientemente valiente como para seguir a su lado, poco a poco llegarás al punto en el que verás que no tiene sentido aferrarse a ninguna afirmación. Entonces simplemente escuchas, sin ninguna idea de aferrarte.

En ese mismo momento, la verdad empieza a suceder.

Ninguna afirmación es verdadera, todas las afirmaciones son falsas. Esa es la molestia de un Buda, porque sigue haciendo afirmaciones y las contradice.

La budeidad es la resolución más elevada de la verdad. Pero la resolución más elevada está destinada a ser paradójica, porque tiene que contener ambas polaridades. Al igual que un imán, un imán tiene que contener ambos polos opuestos, el negativo y el positivo. Si un Buda es la resolución más elevada, tiene que contener todos los opuestos en él.

Así que el día que Buda muere, nacen las escuelas. Eligen declaraciones coherentes. Cuando Gautam Buda murió, treinta y seis escuelas nacieron inmediatamente. Eso significa que

Buda se contradecía a sí mismo de treinta y seis maneras. Mientras vivía, estos eruditos y lógicos y profesores se mantuvieron callados, porque era imposible discutir con él. Pero estaban esperando su momento. Cuando murió, se levantaron con gran clamor y con grandes argumentos. E insistían en una cosa: que la verdad debía ser coherente.

La verdad NUNCA es coherente, no puede serlo.

Entonces sólo había una posibilidad: elegir declaraciones coherentes y hacer de ellas una filosofía. De las afirmaciones de Buda nacieron treinta y seis filosofías, y todas le han echado de menos. Porque si él era algo, era todas esas treinta y seis filosofías JUNTAS.

Pero eso es un fastidio. Es incomprensible para la mente humana. Es un artificio: Buda hace que te resulte casi imposible comprenderlo, así que un día te desanimas y dejas de intentar comprenderlo.

En ese mismo momento, se produce la revolución.

Un Buda también es una molestia porque sus llamadas religiones no son religiones verdaderas. Las llamadas religiones pueden ser vistas principalmente como un dispositivo para mantener a la gente cuerda. Las vacaciones forzadas de un día, la confesión para ayudar con la culpa, las promesas del paraíso por venir... y así sucesivamente. No es de extrañar que las mujeres sean sus mejores clientes. Las religiones ordinarias no son más que consuelos. Te mantienen normal, te ayudan a permanecer cuerdo.

El mundo está loco. Y lo irónico es que el mundo está loco por culpa de tus sacerdotes. Y luego vienen por la puerta de atrás y te ayudan a permanecer cuerdo - crean locura en el mundo, luego crean medicinas para ella.

Cuando viene un Buda no te da medicinas para que estés cuerdo. Simplemente te hace consciente de que, en primer lugar, no hay necesidad de estar loco. Pero entonces el sacerdote se enfada, entonces la clase dirigente se enfada. Entonces toda su profesión está en juego.

¿POR QUÉ A LAS PERSONAS SE LES LLAMA BUDAS DESPUÉS DE MORIR?

Cuando un Buda está vivo no puedes llamarle Buda porque se parece mucho a ti. El cuerpo, la sangre, los huesos... igual que tú. Es joven, envejece y muere, igual que tú. ¿Cómo puedes creer que un hombre como tú puede ser un Buda? Te ofende.

Te odias tanto, por eso. Te condenas tanto, por eso. No puedes aceptar a un Buda viviente como un Buda, como un Dios, porque no puedes aceptarte a ti mismo como divino.

Ése es el problema.

Así que cuando Buda se ha ido, entonces las cosas se vuelven simples. Ahora él ya no es como tú. Ahora puedes crear mitologías, hermosas parábolas. Puedes hacerlo tan diferente a ti como quieras. Puedes darle tanta altura como quieras...

Si te adentras en la historia, los TEERTHANKARAS jainistas son tan altos como las montañas; caminan y la gente no puede verles la cara. Ahora, esto parece algo.

¿Un Buda - y sólo cinco-cinco? ¡No parece un Buda!

Algo excepcional - tu deseo, tu deseo anormal, es para lo excepcional. Cuando Buda haya muerto, serás libre de pintarlo.

Todas las estatuas de Buda que has visto son falsas; nunca se pareció a NINGUNA de esas estatuas.

De hecho, esas estatuas ni siquiera son indias: se crearon cuando Alejandro Magno llegó a la India. No son indias en absoluto, los hechos son griegos. Buda nunca se pareció a ninguna de las estatuas que se ven. No pudo haberse visto así.

Pero tú creas - entonces Buda está en tus manos, no puede decir nada. La gente ha hecho estatuas de oro de Buda. Pero él no era de oro, era tan de carne y hueso como tú.

Murió envenenado, como morirías tú, como tú. Y eso es difícil.

¿Por qué es difícil? Porque te han enseñado a condenarte, te han enseñado que no tienes razón. Si no tienes razón, ¿cómo puede un hombre ser un Buda si es igual que tú: siente hambre, siente sed, necesita agua, se ensucia, tiene que lavarse el cuerpo, tiene que bañarse, igual que tú? ¿Cuál es la diferencia?

La diferencia está en la interioridad, no en su exterior. Cuando esté muerto, también puedes hacer el enterior según tu imaginación, a tu gusto.

¿POR QUÉ A LOS BUDAS SE LES LLAMA BUDAS DESPUÉS DE MORIR?

Ikkyu bromea. Dice:

PORQUE YA NO REFUNFUÑAN.

Los budas están continuamente refunfuñando, en el sentido de que dicen: "Esto está mal, aquello está mal, esto hay que cambiarlo, aquello hay que cambiarlo". Están continuamente diciéndote cómo transformar tu vida. NO te permiten dormir bien y tener buenos sueños. Están refunfuñando - siguen metiendo las narices en tu vida, siguen diciendo: "Haz esto, sé así. Despierta". Y cuando estás teniendo un sueño tan bonito...

Hace unos días, Ninad me escribió una carta. Se ha enamorado de una mujer. La mujer no está enamorada de él, la mujer se ha ido con su propio hombre. Ahora Ninad está muy perturbado - está tan enamorado de la mujer que dice en su carta: "Si esta mujer dice "¡Deja a el Maestro inmediatamente por mí!". Yo la dejaré en un instante.

Simplemente está mostrando lo encaprichado que está. Ahora, si le digo a Ninad: "¡Despierta, Ninad!", se enfadará.

Él dirá: "¡Qué! ¿Qué estás diciendo?"

Escribe en la carta: "Digas lo que digas y diga lo que diga Ikkyu, NO ME IMPORTA. Incluso un solo momento de amor con esta mujer es más que suficiente para mí - no tengo ningún deseo de nirvana."

Y no puedo dejar a Ninad. Él puede dejarme, si esta mujer lo dice, pero yo lo perseguiré - no le permitiré dormirse. Incluso cuando esté con la mujer estaré justo entre los dos... y seguiré zarandeándole: "¡Ninad! ¿Qué estás haciendo? ¡Todo esto es un sueño! No te engañes. ¡Despierta!"

Así que cuando un Buda ha muerto es fácil aceptarlo. No te perseguirá. Puedes hacerle un hermoso santuario, puedes adorarlo. Puedes decirle: "¡Quédate aquí en este templo y NO salgas de él!

Déjanos vivir fuera y tú vive aquí. Y de vez en cuando vendremos a rendirte nuestro homenaje".

PORQUE YA NO REFUNFUÑAN, PORQUE YA NO DAN LA LATA.

Y un Buda está continuamente molestando, porque está en contra de lo establecido, en contra de las escrituras, en contra de todo lo que se ha establecido. Te desestabiliza continuamente. Te arroja de la seguridad a la inseguridad, siempre te obliga a pasar de lo conocido a lo desconocido. No puede dejarte en paz, no puede permitirte descansar. A menos que desaparezcas, te seguirá.

Ikkyu está bromeando. Humorísticamente está diciendo: Por eso, cuando los Budas mueren, la gente crea grandes templos para ellos. Nacen grandes religiones, grandes establecimientos, mucho culto, se escriben miles y miles de libros. Y cuando están vivos, la gente los crucifica, los envenena, los insulta o les tira piedras.

El hombre nunca ha tratado con respeto a un Buda vivo. Sólo trata con respeto a los que están muertos.

El hombre respeta la muerte, no respeta la vida.

Esperando un dulce

La primera pregunta

Pregunta 1:

¿QUÉ HACE UN BUDISTA NATURAL COMO YO DIRIGIENDO DANZA SUFI? ¿Y UN SUFI NATURAL COMO PRADEEPA DIRIGIENDO VIPASSANA Y ZAZEN?

ANEETA, ESTE ES UN LUGAR LOCO PARA ESTAR. Lo sé. El día que hablé del sufí natural y del budista natural, miré a los ojos de Aneeta y la pregunta estaba ahí. Y miré también a los ojos de Pradeepa, y ella también estaba desconcertada.

La meditación tiene que ir más allá de toda forma, sufí o budista. Al principio, se necesita una forma. Y es bueno moverse con naturalidad, hacia lo que encaje con tus cualidades innatas. Pero al final hay que ir más allá de la forma, de lo contrario la propia forma se convierte en una esclavitud. En el punto final, uno no es budista ni sufí. En ese punto, uno simplemente ES, sin forma, sin identidad, una pura nada.

A sabiendas, le he dado a Aneeta el trabajo que está haciendo aquí. Ella ES una budista natural, eso es cierto. La estoy sacando de su forma natural. Haciendo el trabajo Sufi, lentamente ella saldrá de su pasado. Su pasado ha sido budista, es más fácil para ella ser budista. Y lo mismo le ocurre a Pradeepa: le resultará más fácil dedicarse al trabajo sufí, ya que su pasado le ha interesado. Lo que más le interesa son las ideas sufíes, sobre todo Gurdjieff. Y yo le he encomendado el trabajo budista: dirigir Vipassana y Zazen.

Esto es sólo un dispositivo para sacarte de tus formas rutinarias - un dispositivo para ayudarte a entrar en la meditación pura. La meditación pura es simplemente meditación. ¿Cómo puede ser sufí? ¿Cómo puede ser budista?

En el camino, podéis ser sufíes, budistas, yoguis, tantrikas... pero cuando habéis llegado, todos los caminos desaparecen. Entonces estáis en el mismo lugar, en el mismo espacio.

Ese espacio es el nirvana.

Estando conmigo, muchas cosas te parecerán desconcertantes, porque hay muchas personas en diferentes etapas de su crecimiento. A uno le sugeriré una cosa, a otro le sugeriré otra.

Lo que sea necesario en TU etapa de crecimiento te será dado - y cuando la necesidad ya no exista te será quitado.

Lo último que hay que eliminar es la forma de la meditación. Entonces uno es simplemente meditativo - entonces ya no es una actividad, sino sólo una cualidad, una fragancia. La forma de la meditación sigue siendo parte de la mente. "Un budista natural" significa que la mente sigue ahí, porque sólo la mente puede ser un budista natural. Sólo una mente puede ser sufí o budista; la mente necesita formas, la mente necesita ocupaciones.

La mente siempre está anhelando alguna ocupación - sin ocupación la mente comienza a morir. Necesita trabajo perpetuo.

Llevaba tres o cuatro días sin estar aquí, y la gente había empezado a desaparecer. Sólo para sentarse aquí durante una hora era difícil. Al oír que yo no venía, Big Prem se fue inmediatamente, Rakesh se fue. Incluso Divya - el día que vine, Divya no estaba en su lugar; estaba sentada lejos. Ella estaba sentada allí con la idea de que si yo no venía ella podría escaparse fácilmente.

Sentarse durante una hora en silencio sin hacer nada se hace muy difícil. La mente está constantemente anhelando alguna ocupación. El sufismo es un tipo de ocupación, el budismo otro, y hay millones.

Cuando digo "un sufí nato" me refiero a que tu mente está en sintonía con el sufismo. Pero uno tiene que ir más allá de la mente, Aneeta. Y ese es el trabajo que te he dado. Está en contra de tu mente, es sólo el polo opuesto - y el polo opuesto ayudará a destruir el patrón. Una vez que el patrón es destruido entonces uno está fácilmente disponible, flexible, fluido. Esa fluidez es la meditación.

Así que todo lo que te diga, hazlo. Muchas veces puede parecer contradictorio con mis otras afirmaciones, pero NO te preocupes por eso. Si lo he dicho, entonces debe haber algo en ello. Puede que no te lo haya aclarado, porque a veces es absolutamente necesario que no te lo aclare. Si se aclara, tu mente empieza a entenderlo. Muchas cosas tienen que dejarse sin aclarar, vagas. Muchas cosas tienen que ser simplemente hechas - por tu confianza y entrega, no por tu comprensión intelectual de ellas.

Naturalmente, Aneeta debe haberse quedado perpleja: ¿por qué le han dado el trabajo sufí a ella? Y ella está haciendo su trabajo maravillosamente y yo estoy feliz con su trabajo. Es difícil para ella, y a veces la mente budista le crea problemas. Pero esa mente budista tiene que ser abandonada, porque todas las mentes tienen que ser abandonadas. Hay que usar una escalera al principio y finalmente renunciar a ella.

Ahora ha llegado el momento de que Aneeta renuncie a esa escalera del budismo.

La segunda pregunta

Pregunta 2:

¿POR QUÉ EL HOMBRE MODERNO ES TAN NEURÓTICO?

PORQUE EL HOMBRE MODERNO se está convirtiendo por primera vez en hombre. El pasado de la humanidad no es de seres humanos. El hombre ha existido hasta ahora como multitud, no como individuos; el hombre ha existido como colectividades. El individuo está naciendo, de ahí que el hombre moderno sea muy neurótico. Es un buen indicio. Es una gran revolución la que está viviendo la conciencia humana.

¿Qué es realmente la neurosis? La neurosis es un estado de ánimo indefinido, indeciso, indeciso. ¿Ser esto o ser aquello? Todas las definiciones externas han desaparecido, todos los puntales han desaparecido. Tu identidad es muy frágil, todo el mundo lo sabe.

En el pasado era muy fácil responder "¿Quién soy?". Un hindú, un cristiano, un mahometano, indio, chino, tibetano, brahmán/sudra, blanco/negro, hombre/mujer... las cosas estaban claras. La gente sabía quién era.

Ahora no está tan claro; todas esas etiquetas han desaparecido. El hombre está desnudo, sin etiquetas: una gran ansiedad. Y todo el mundo tiene que definirse a sí mismo. Antes, el trabajo de definirse lo hacían otros: los padres, los profesores, los curas, los políticos. Eran autoridades, autoridades infalibles.

Podías ser dependiente fácilmente; no necesitabas pensar, meditar, sobre las cosas. Todo te lo masticaban los demás y te lo daban; te alimentaban con cuchara.

Ahora el hombre se está haciendo adulto, maduro. Tiene que elaborar su propia identidad. No es tan fácil: sólo las personas muy inteligentes podrán evitar la neurosis. Se necesitará una inteligencia absoluta para evitar la neurosis. En el futuro se necesitará un gran silencio, una gran capacidad para salir de la mente y sus trampas. Y será así, cada vez más.

En el pasado, la inteligencia no era un gran valor; de hecho, ser mediocre era muy valioso. El mediocre siempre encajaba y el talentoso siempre era un inadaptado. A ninguna sociedad del pasado le han gustado nunca los genios, porque crean problemas.

¿Recuerdas lo que decía Ikkyu el otro día? Cuando un Buda está vivo es una molestia.

¿Cuál es su molestia? Su inteligencia genuina molesta a la mente mediocre; su inteligencia absoluta molesta a la gente estúpida. Su individualidad, su libertad, su rebelión, golpean con fuerza en la mente de la multitud, porque la multitud no quiere individualidad, la multitud no quiere singularidad, la multitud simplemente quiere pertenecer. Simplemente quiere no ser responsable de nada. Quiere formar parte de una gran multitud, así que la responsabilidad nunca recae en uno mismo, siempre está en otra parte. El Papa decide, el Shankaracharya decide, el presidente decide, y no tienes que preocuparte por ello. No tienes que preguntar por qué, sólo tienes que hacer y morir.

En la mente moderna es el primer atisbo de individualidad. De ahí la neurosis. En el pasado, todas las respuestas estaban fijadas; no era necesario buscar respuestas. Dios estaba ahí, el cielo estaba ahí, la teoría del karma estaba ahí, todo estaba tan claro que podías vivir con todas esas formulaciones muy fácilmente.

Ahora NO se sabe; ya nada es seguro. Se está produciendo una gran parálisis. Esta parálisis puede matar a la humanidad o puede convertirse en un gran salto cuántico transformador.

Lo he oído:

En un conocido experimento de teoría del aprendizaje, las ratas saltan desde un soporte hacia un par de cartas. Hay una carta blanca que está fija en su sitio: si las ratas saltan hacia ella, caen al suelo. Pero si las ratas saltan hacia la otra, una carta negra, la carta cae y las ratas pueden comer la comida que el experimentador ha colocado detrás de la carta. Las ratas aprenden fácilmente cuál es cada carta. Si se cambian las cartas de sitio, aprenden a saltar siempre hacia la carta negra, esté donde esté.

Pero en la siguiente fase del experimento, las tarjetas inequívocamente blancas e inequívocamente negras se sustituyen por tarjetas que se aproximan sucesivamente a un gris neutro. Llega un momento en que los grises se parecen tanto que las ratas no pueden distinguirlos. Ya no pueden distinguir qué tarjeta es cuál.

En esta situación ambigua, se niegan a saltar; se quedan como paralizados, tensos y neuróticos.

Se han quedado perplejos, confusos.

Esta es la situación del hombre - una situación muy potente, una situación muy preñada. Si los hombres son sólo ratas se volverán realmente neuróticos y se suicidarán.

Pero el hombre no es sólo una rata, a pesar de lo que digan B.F. Skinner y otros supuestos psicólogos. El hombre no es una rata. Si existe la posibilidad de que el hombre acepte este reto y se integre más. La neurosis es sólo en el intervalo tarde o temprano, el hombre sabrá cómo lidiar con ella. Sin autoridades, sin Dios, sin Biblias y Vedas, el hombre caerá sobre su propia conciencia. El hombre empezará a funcionar espontáneamente, momento a momento, sin respuestas prefabricadas. Entonces desaparecerá la neurosis, y no sólo la neurosis, sino también la mente de la multitud.

Por primera vez, habrá belleza, grandeza, dignidad. En el pasado, el hombre no era digno. Sí, de vez en cuando sucedía un Buda, de vez en cuando un Cristo caminaba sobre la tierra - pero eso era sólo de vez en cuando. ¿Qué hay de los millones de personas que vivieron y murieron sin conocer el sabor de la libertad, sin saber nunca quiénes eran? Creyeron que eran judíos, y murieron. Creyeron que eran hindúes, y murieron. Creyeron que eran cuerpos, y murieron. Nunca supieron quiénes eran realmente, nunca se encontraron con el espacio interior.

Y a menos que encontréis ese espacio interior, viviréis una vida indigna. Vivís como ratas y moriréis como perros.

Ser hombre es arriesgado. ¿Y cuál es el riesgo? El riesgo es que tendrás que pasar por una especie de neurosis. Antes de que puedas centrarte en tu propio ser, tendrás que pasar por una especie de descentramiento.

LA GENTE ZEN DICE: Antes de empezar a meditar, las montañas son montañas y los ríos son ríos.

Cuando meditas, cuando profundizas en la meditación, las montañas dejan de ser montañas y los ríos dejan de ser ríos. Pero si continúas, si persistes y llegas a la cima más alta de la meditación, entonces de nuevo las montañas son montañas y los ríos son ríos.

Esta es una de las afirmaciones más significativas que jamás se hayan hecho. En el medio, todo se vuelve confuso.

Este siglo es un siglo de grandes transformaciones. El hombre retrocederá... y eso está ocurriendo.

Por eso Adolf Hitler, Joseph Stalin, Benito Mussolini, Mao Zedong y gente así adquieren tanta importancia. ¿Por qué? Porque tienen autoridad. Dicen: "¿No sabes quién eres? Nosotros te daremos las respuestas". Son personas infalibles; lo saben todo. Adolf Hitler está absolutamente seguro. La gente empieza a alinearse con él, empiezan a seguirle.

Los antiguos dioses han desaparecido. Es muy fácil para Joseph Stalin o Mao Zedong dirigir a la gente, porque la gente no puede vivir sin dioses, la gente no puede vivir sin sacerdotes. La gente no puede vivir por sí misma, ese es el problema.

Así pues, en estos últimos cincuenta o sesenta años, el hombre ha visto cómo sucedían dos cosas. Muy pocas personas se han elevado hacia la individualidad, y se han convertido en cumbres como el Everest. Pero muchos más han retrocedido, han retrocedido y se han convertido en fascistas o comunistas -hay tantas marcas disponibles.

Y siempre que un país está muy muy confundido, llega un Adolf Hitler. No fue un accidente que Alemania se convirtiera en la víctima: uno de los países más intelectuales del mundo, el país de los profesores y los eruditos, de los pensadores y los científicos. ¿Por qué el país de tanta gente inteligente se convirtió en víctima de este loco? La razón fue que estas personas inteligentes -profesores, filósofos- no podían dar respuestas prefabricadas. Eran demasiado educados, demasiado indecisos, demasiado humildes, demasiado inteligentes. No podían gritar, sólo susurrar, y la gente necesitaba eslóganes, no susurros.

Adolf Hitler gritaba desde las azoteas. No susurraba. Daba consignas claras y bien definidas. Todo lo que dijo son tonterías, pero esa no es la cuestión. A la gente no le preocupa el sentido o el sinsentido, lo único que quieren es a alguien que grite con tanta seguridad que puedan seguirle fácilmente sin ninguna agitación en su ser. Siguieron a Adolf Hider.

Sucede una y otra vez en la historia del hombre, personas inteligentes siguen a líderes muy poco inteligentes.

Y esto ha sido un problema para los psicoanalistas: ¿por qué ocurre?

Ahora, basta con mirar a la India - un país que ha cultivado la inteligencia durante al menos diez mil años, y ahora siguiendo a un hombre como Morarji Desai. Esto parece simplemente increíble. ¿Por qué debería suceder?

Hay una razón para ello. La gente que piensa, cuanto MÁS piensa, más duda.

Empiezan a hablar con peros; se vuelven humildes. Y la gente NO necesita declaraciones humildes.

Para la mente ordinaria, una afirmación humilde parece como si no estuvieras seguro, NO LO SABES.

Por eso, en la India, Mahavir no pudo conseguir muchos seguidores - y él era una de las personas más inteligentes que jamás haya pisado la tierra. ¿Por qué no pudo conseguir seguidores?

En comparación con él, personas muy corrientes han acumulado grandes masas como seguidores suyos. ¿Qué le pasó a Mahavir? La razón fue que él era muy humilde. Sus declaraciones siempre comenzaban con "tal vez". Si le preguntabas "¿Existe Dios?" él decía "Tal vez".

Pero, ¿quién seguiría a un hombre así? Se diría que ni él mismo lo sabe. "Tal vez." "Tal vez."

¿Quién va a seguir a este hombre? Le preguntas "¿Existe el alma?" y te responde "Tal vez". La inferencia natural es que él mismo no lo sabe.

La realidad es justo la contraria. Él lo sabe. Y lo sabe tan profundamente que sólo puede expresarse con un "quizás", un "quizá". Es tan vasto. Sería estúpido decir sí o no; sería reducirlo a una afirmación muy ordinaria; se convertiría en algo político. No tendrá la altura y la plenitud de una experiencia filosófica.

"Sí, Dios es y Dios no es. Y Dios es ambos, y Dios no es ambos". De esta manera Mahavir solía hablar. Si le hacías una pregunta, él respondía de siete maneras. Utilizaba todas las categorías de la lógica para responder a su pregunta, pero usted quedaba más perplejo que nunca. Habías venido con una pregunta y te ibas con siete mil preguntas. ¿Quién seguiría a este hombre?

Adolf Hitler dice en su autobiografía MEIN KAMPF que sólo hay una diferencia entre la verdad y la falsedad, y la diferencia es de repetición. Si sigues repitiendo una falsedad en voz alta, a la fuerza, se convierte en verdad. Y él experimentó con la idea, y probó la idea a millones de personas.

Pero él seguía repitiéndolo. Y, poco a poco, la gente empezó a creer en él. La gente necesitaba un líder.

Nietzsche ha dicho que Dios ya no existe. Pero la gente no puede vivir sin Dios - la gente se siente muy temblorosa.

Así que estas son las dos posibilidades: o el hombre cae y se convierte en víctima de algún tipo de fascismo, nazismo, comunismo. O -la segunda posibilidad, por la que estoy trabajando aquí contigo- el hombre puede tomar esta vaguedad, que parece neurosis, como un trampolín, y liberarse de todo el pasado y dar un salto cuántico hacia el futuro, y empezar a vivir sin líderes, y empezar a vivir sin aferrarse, sin ningún tipo de pertenencia.

Toda la tierra es tuya, no necesita ser dividida. Y Cristo, Buda y Krishna son todos tuyos, no necesitas ser cristiano, hindú o mahometano. Todo el pasado es tuyo: úsalo, pero NO te dejes usar por él. Úsalo y sigue adelante. Utiliza a Buda y a Cristo y a Krishna y a Zaratustra y a Lao Tzu, pero NO te dejes limitar por ellos. Tienes que seguir adelante. Hay más en la vida, aún hay realidades inexploradas. El misterio es infinito.

El hombre se encuentra en una especie de neurosis. Es una situación muy embarazosa: o retrocedes, o saltas hacia adelante. NO retrocedas. Y retroceder tampoco te va a satisfacer. Sólo el crecimiento satisface - la regresión, nunca. Aunque tu infancia te parezca muy muy bonita, no te va a satisfacer si vuelves a ser un niño. Te sentirás desdichado, porque has conocido la juventud y la libertad de la juventud y la aventura de la juventud. Volver a ser un niño, en el viejo sentido de que una vez fuiste un niño, no te hará feliz. Te sentirás reducido, no mejorado.

El hombre se encuentra en una especie de neurosis, porque la negación del acceso a la realidad siempre produce locura. Al colocar a personas normales en una situación anormal obtenemos un comportamiento anormal. El hombre moderno es un motor revulsivo sin embrague, ruedas ni destino. Los antiguos destinos ya no son relevantes.

Y ahora el hombre tiene que aprender algo absolutamente nuevo, que nunca antes se había conocido. Ahora tiene que aprender a vivir en el ahora. Sí, se necesita un sentido de dirección, pero no una meta fija. Se necesita un significado, pero no un sentido definido. No se necesita un destino, se necesita dignidad, se necesita libertad. Y el hombre tiene que explorar su libertad y decidir por sí mismo.

Recuérdalo: no hay un significado determinado. Ése es el problema. Antes había un sentido dado, te decían cuál era el sentido de la vida. Ahora nadie te dice cuál es el sentido de tu vida: tienes que crearlo.

Por primera vez, el hombre está a punto de convertirse en creador. Hasta ahora han sido criaturas.

Ahora seréis creadores. Que esto se declare: ¡La historia está dando un giro! Estáis en el umbral de una nueva conciencia. Hasta ahora el hombre ha vivido como una criatura: Dios era el creador y el hombre la criatura, y Dios era el que decidía y el hombre el que seguía. Ahora ya no será así. Ahora el hombre es el creador, ya no es la criatura. Ahora el hombre tiene que decidir el sentido de su propia vida, tiene que dar significado a su propia vida con su propia creatividad.

No puedes pedirla prestada, ni mendigarla, ni regatearla. Tendrás que crearla. Y esto es realmente un problema. Para crear significado se necesita una gran inteligencia, para crear significado se necesita una gran conciencia, para crear significado se necesita un gran esfuerzo. Y la gente ha aprendido el sencillo truco de mendigar. Alguien te dará significado - tu padre, tu madre. O el Gran Padre en los cielos, él te dará sentido, sólo tienes que rezar.

Por eso repito una y otra vez que Buda va a ser cada día más relevante.

A medida que pase el tiempo, Buda será cada vez más relevante para la humanidad. Buda llegó veinticinco siglos antes de su tiempo. Ahora es el momento para él, porque cree en la libertad, cree en la individualidad. No cree que seáis criaturas, cree que sois creadores.

Créate a ti mismo: da forma a tu ser. Pinta tu vida, escúlpete a ti mismo. Lo que seas será obra tuya. No es el destino: tú eres el responsable.

Y la gente NO quiere ser responsable; tiene miedo a la responsabilidad. Quieren que otro cuide de ellos, siempre necesitan tutores. Estas son las personas que se están volviendo neuróticas, porque los guardianes ya no están ahí. De hecho, nunca estuvieron ahí; sólo creías en ellos, porque creías en ellos, estaban ahí. Ahora la creencia ha desaparecido, ellos han desaparecido. Fueron creados por tu creencia.

El hombre tiene que aprender a vivir solo por su cuenta. Esta es una gran oportunidad - NO la toméis negativamente, de lo contrario estaréis en manicomios. Tomadlo positivamente, aceptad el reto, y seréis los primeros seres humanos de verdad sobre la faz de la tierra.

La tercera pregunta

Pregunta 3:

DURANTE LAS CONFERENCIAS PARECES PONERNOS A TU NIVEL. TE SIENTAS Y HABLAS, RODEADO DE BUDAS. PERO EN CUANTO TE VAS, NUESTROS EGOS VUELVEN A APARECER; VOLVEMOS A SER LOS MISMOS IMBÉCILES DE ANTES. ¿LA EXPERIENCIA DE LO QUE OCURRE CUANDO ESTAMOS CONTIGO ES SÓLO UNA ILUSIÓN? ¿O LA ÚNICA REALIDAD?

SATYA, DEPENDE DE CÓMO LO INTERPRETES. El criterio es el siguiente: si te proporciona una gran satisfacción, si aleja de ti tus ansiedades, si ayuda a que tu mente desaparezca

-aunque sea por unos instantes-, entonces es real. Volverás a tu antigua mente, porque cuando estás conmigo no estás solo, empiezas a volar conmigo. Cuando estás conmigo estás montado en una ola. Cuando la ola desaparece, por supuesto sólo tienes lo que TÚ tienes: la vieja mente empieza a funcionar de nuevo.

Y naturalmente, una hora estás conmigo y veintitrés horas estás contigo mismo. Así que esas veintitrés horas pueden parecer la realidad, sólo porque son largas. Y esta hora puede parecer una ilusión. Pero no es así.

La verdad no depende de la durabilidad, la verdad no tiene nada que ver con el tiempo. Si algo es verdad, es verdad, lo sepas durante un momento o durante toda la vida. Y si algo es falso, es falso: puedes seguir soñando eternamente, pero sigue siendo falso. No se trata de cuánto tiempo permanece contigo.

Entonces, ¿cuál es el criterio? El único criterio es si te da dicha. Si te lleva a un punto donde el tiempo desaparece, la mente desaparece, donde el mundo se detiene de repente, puede detener la mente. Sólo el impacto de la verdad puede crear el intervalo en ti, y por un momento los pensamientos cesan.

Lo sé, una vez que estés lejos de mí, de nuevo entrará la vieja mente. Entonces, ¡vigila! Entonces sabe que esta vieja mente es sólo un hábito: ¡vigílala! NO te identifiques con ella. Deja que esté ahí, tú permanece distante, desapegado, lejos. Y entonces te sorprenderás - incluso sin mí, esos momentos vendrán. De vez en cuando, luego más, luego todavía más. Cuanto más te desapegues de tu mente, más penetrarán en ti esos momentos.

Pero, al principio, es natural sentir que lo que me ocurre es ilusorio, porque sólo dura unos instantes.

Dos hippies, que se sienten colocados, caminan lentamente por la calle. Otro hippy, que camina hacia ellos, levanta suavemente la mano en señal de saludo y dice: "¡Hola!" al pasar. Dos manzanas más tarde, un hippy se vuelve hacia el otro y le dice: "Tío, pensaba que nunca dejaría de hablar".

Depende de cómo se interprete...

En el curso de su examen médico, se le pidió a un hombre que estirara los brazos delante de él con los dedos de cada mano extendidos. Lo que vio el médico fue un tremendo temblor y sacudidas en todas direcciones. "¡Dios mío!", dijo. "¿Cuánto bebe?"

"Casi nada, doctor", fue la respuesta. "Derramo la mayor parte".

Tu vieja mente ha vivido contigo mucho tiempo, durante un milenio. Su agarre es grande. Y te dará todo tipo de explicaciones: ten cuidado. Esos pocos momentos que ocurren aquí mientras estás conmigo, esos momentos de SATSANG, esos momentos de comunión - escúchalos, aliméntalos, recuérdalos una y otra vez. Mastícalos, digiérelos. Te acercarán más y más a la realidad.

Esta es toda la función de un maestro: darte los primeros sabores del más allá. Así, poco a poco, surge en ti un gran apetito.

La cuarta pregunta

Pregunta 4:

A VECES PARECE QUE GASTA MÁS ENERGÍA DECIR QUE SÍ QUE DECIR QUE NO.

ESTO ME PARECE TAN EXTRAÑO ES COMO DECIR QUE MONTAR EL CABALLO EN LA DIRECCION QUE VA ES MAS DIFICIL QUE CONTENER UN RIO. ¿PODRÍA COMENTARLO?

AMITABH, DEPENDE. Depende de tus deseos. Si estás cabalgando en un caballo en la misma dirección que el caballo va por sí mismo, pero en el fondo tienes el deseo de ir a otro lugar, entonces será difícil. Porque a cada momento verás que el caballo te está alejando de tu dirección, de tu meta. Habrá una gran confusión. Estás sobre el caballo, pero no con el caballo. Estás CONTRA él, quieres ir a otra parte. En el fondo estás diciendo no; sólo en la superficie has dicho sí.

El sí nunca es difícil. Sólo es difícil cuando sólo está en la superficie y en el fondo está el no. Entonces es difícil, muy difícil, más difícil que el no. Si dices no, no será tan difícil, porque será tu inclinación natural. Las dificultades surgen sólo cuando vas en contra de tu inclinación natural.

Por lo demás, el sí es muy sencillo. ¿Cómo puede ser difícil? ¿Cómo puede ser una lucha?

Pero escarba un poco más y, oculto tras la fachada del sí, encontrarás un gran no. De hecho, para ocultar ese no, has creado una fachada de sí. Entonces hay una lucha porque estás dividido. Y el no viene de lo más profundo, y el sí sólo se impone desde fuera. Encontrarás una división.

Entonces es mejor decir sí al no, en lugar de crear un conflicto. Es mejor relajarse con el no. NO crees conflictos, porque los conflictos siempre son perjudiciales: disipan tu energía. El sí es bueno si puede salir de tu totalidad, con raíz y todo. Si no, el no es bueno - al menos es total.

Recuerda siempre, la bondad que ocurre a través del sí es debido a su totalidad, no sólo porque es sí. Si puedes ser total con tu no, entonces es una especie de sí, sólo que la formulación es en forma de negativo. Pero recuerda siempre que tu circunferencia no debe ir contra el centro. Si va en contra del centro, tarde o temprano te cansarás - y el centro va a ganar finalmente, por lo que toda la lucha es inútil.

Estar con el centro. Y el centro puede estar equivocado; no es necesario que el centro siempre tenga razón, no estoy diciendo eso. La circunferencia puede estar bien, el centro puede estar mal, pero si estás totalmente con el centro, esa misma totalidad te hará capaz de ver su error. Al ver lo erróneo, se producirá un cambio, no provocado por ti, sino por sí mismo. La perspicacia traerá el cambio.

Así que esta es mi sugerencia, Amitabh: si sientes que decir sí es difícil, entonces mira: en algún lugar hay un gran no, que se resiste, que lucha con el sí. Es mejor ir con el no. Si el no es correcto, no hay problema. Si el no no es correcto, entonces al entrar en él verás que no es correcto.

Al ver que no es correcto, se cae. Y entonces surge en ti una cualidad totalmente nueva del sí que no será impuesta, cultivada, forzada de ninguna manera. Vendrá del centro a la circunferencia.

Vive siempre de dentro hacia fuera, nunca al revés. La gente hace justo lo contrario: vive de fuera hacia dentro. Prestan más atención a su circunferencia, a su mente consciente, a su intelecto, a la cabeza. De ahí la dificultad. De ahí que la gente se vea tan angustiada - continuamente cansada, disipada, luchando. Y parece que esta lucha no tiene fin.

El centro nunca puede ser vencido por la circunferencia: ésta es una ley absoluta. Nunca ha habido ninguna excepción, y nunca la habrá. Así que nunca entres en una lucha inútil. La circunferencia es impotente contra el centro, el centro tiene toda la energía. La circunferencia sólo tiene palabras - la circunferencia tiene lógica, explicaciones, filosofías. Pero el centro tiene toda la vitalidad.

Dios está en el centro. El hombre está en la circunferencia. Nunca pongas a tu hombre en contra de Dios, de lo contrario serás derrotado. No hay manera de derrotar a Dios. Estate con Dios si quieres ser victorioso.

Y si a veces es no, pues que sea no. Confía en ello. Esto es lo que yo llamo confianza y esto es lo que yo llamo sí.

Di sí al centro, incluso si el centro está diciendo no - entonces tienes que decir sí a ese no. E ir con él, y TOTALMENTE. Si el centro es correcto, bien. Si no es correcto, el hecho de ir hacia él te ayudará a que desaparezca de tu ser.

Y entonces, y sólo entonces, surgirá el sí. Entonces el sí es una canción, una celebración, en la que el centro y la circunferencia se abrazan, bailan juntos. Cuando el centro y la circunferencia bailan juntos, hay alegría.

Quinta pregunta

Pregunta 5:

¿POR QUÉ LA GENTE QUIERE SER RICA?

CUANDO UNO ES RICO, no tiene que ser inteligente. Y eso es un gran alivio. Por eso la gente quiere ser rica.

Nadie quiere ser inteligente; los ricos pueden permitirse ser estúpidos. Puedes ver las caras de la gente rica: siempre encontrarás una especie de estupidez sutil. Cuanto más rica es una persona, más descubrirás que no vive, que vegeta. En sus ojos no hay señales de vida.

La gente quiere ser rica para poder permitirse ser estúpida: es un gran alivio. Si realmente quieres ser inteligente, ¿a quién le importa ser rico? Si la riqueza es consecuencia de la inteligencia, eso es otra cosa, pero ¿a quién le importa? No es un objetivo directo.

Y la diferencia es grande. Las personas inteligentes también se hacen ricas. La inteligencia es riqueza REAL: hagan lo que hagan, tienen éxito. Así que se hacen ricos, pero su riqueza tiene una cualidad diferente: disfrutan de su riqueza, utilizan su riqueza. Una persona que sólo quiere ser rica se hará rica, pero no será capaz de usarla, no tendrá suficiente inteligencia para usarla. De hecho, intenta hacerse rico para no tener que ser inteligente.

Si una persona inteligente se enriquece, la riqueza le abre las puertas de la música, la literatura, la ciencia, el arte, la escultura y la poesía. Todas estas cosas se vuelven accesibles. Pero el objetivo no debe ser la riqueza. El objetivo debe ser siempre más vida, vida inteligente, vida abundante.

Sexta pregunta

Pregunta 6:

¿POR QUÉ LOS HOMBRES SIGUEN VIVIENDO EN LA MISMA RUTINA DE MISERIA?

NO SABEN que existe la posibilidad de ser dichosos. Han vivido tanto tiempo en la miseria que ésta equivale a la vida: se han acostumbrado a ella.

¿Sabéis? - los pobres nunca se rebelan, porque se acostumbran a la pobreza. Por supuesto, los ricos NO PUEDEN rebelarse, porque toda rebelión irá contra ellos. Entonces, ¿quién se rebela? Siempre es la gente de clase media la que se rebela.

Karl Marx, Federico Engels, V.I. Lenin, Mao Zedong: todas estas personas pertenecen a las clases medias.

Todos los revolucionarios nacen en las clases medias, ¿por qué? Hablan de la revolución del proletariado, pero ningún proletario parece estar interesado en la revolución.

El proletario se ha acostumbrado, el pobre piensa que esto es todo lo que hay en la vida, se ha relajado en ello. Ha vivido en ella, no tiene otro gusto. ¿Cómo puede imaginar otro tipo de vida?

La persona de clase media tiene algo de riqueza y algo de miseria, de pobreza. Está en medio. Se vuelve rebelde.

Usted pregunta: ¿POR QUÉ LOS HOMBRES SIGUEN VIVIENDO EN EL MISMO LUGAR DE MISERIA?

En primer lugar, NO saben que algo más es posible. Se han rendido. Dicen: "Así es la vida, esto es todo lo que hay". Y entonces, naturalmente, es mejor seguir viviendo en el mismo viejo tipo de miseria que cambiarla. El cambio trae aún más miseria.

Uno se acostumbra a un determinado dolor. Si tienes dolor de cabeza y has vivido con él durante años, te has acostumbrado. ¿Te gustaría cambiarlo por un dolor de estómago? Si lo piensas bien, decidirás que es mejor tener lo de antes: "Al menos ahora puedo sobrellevarlo.

¿Y quién sabe lo que traerá lo nuevo? Y entonces tendré que aprender de nuevo".

Así que la gente permanece pegada a un cierto círculo vicioso de miseria; siguen moviéndose en la misma rutina.

Parece más fácil. Y cuanto más te familiarizas con ello, menos te duele.

En tercer lugar, tienen miedo de dejarlo caer. Incluso si surge la oportunidad de dejarlo, se asustarán mucho. Porque es como una vieja historia de amor: ha surgido una gran amistad. Ahora no sabrán vivir sin dolor de cabeza, ahora no sabrán vivir sin celos. Todo lo que han conocido hasta ahora ha sido parte de sus celos, posesividad, ira. Ahora bien, si Dios aparece de repente y dice: "Puedo quitarte todas tus miserias... "

Piénsalo: una buena mañana abres los ojos y Dios está de pie en tu habitación y te dice: "Puedo quitarte todas tus miserias". ¿Estarás dispuesto a renunciar a todas tus miserias? Sugerirás: "Dame un poco de tiempo para pensarlo. Esto es tan abrupto - dame una pequeña oportunidad". No podrás renunciar a ello inmediatamente, porque entonces ¿cómo vivirás? Este es todo tu guión, esta es tu historia; sin esta historia te sentirás muy vacío. Y a la gente le gustaría seguir siendo miserable antes que estar vacía.

Y la dicha es vacío. La dicha sólo ocurre cuando estás vacío.

De ahí la insistencia de Ikkyu una y otra vez: "Sé vacío. Sé una nada, un nadie". No hay yo, sólo vacío puro. En ese vacío puro, crece la dicha. La dicha sólo florece en el suelo del vacío. ¿Y quién está dispuesto a vivir en el vacío? A la gente le gusta vivir rodeada de basura. Te sientes bien, te sientes rico: esta basura es tuya, esa basura también es tuya, todo es tuyo. Sentado en medio de ella, eres un rey.

¿Vacío? ¿Nada que reclamar como mío? Todo vacío... y surgirá en ti un gran pánico.

Por eso la gente NO llama a su miseria "miseria". Llamarlo miseria crea problemas - le dan nombres diferentes. Alguien dice: "Es mi karma". Alguien dice: "Debe haber algo oculto en ello, un gran mensaje del inconsciente". Alguien dice: "Destino, kismet". Alguien dice: "Es la voluntad de Dios. Y Dios es sabio, así que si me está haciendo esto debe haber una razón en ello".

Son explicaciones para decorar tu miseria, para hacerla un poco más suave, un poco más pulida, sofisticada.

Dos hippies están de pie en una esquina, disfrutando de la escena. Justo en ese momento, una enorme caja fuerte cae desde veinte pisos de altura, estrellándose justo detrás de ellos. "Eh, tío, ¿has oído eso? ¿Qué ha sido eso?", dice el primer hippy.

El segundo hippy cierra los ojos, sonríe serenamente y dice: "Mi bemol".

Y eso ocurre todos los días. Pero sigues encontrando bellas explicaciones: "Mi bemol". Esas explicaciones son consuelos. Toda tu vida se derrumba, pero sigues inventando nuevas ideas. Toda tu vida no son más que heridas, pero sigues cubriéndolas con hermosas flores.

¡Basta ya! Mira las heridas tal y como son - NO las decores. Si realmente quieres deshacerte de las heridas, nunca las decores. Mira directamente, inmediatamente, dentro de las heridas. Apestan, hay pus, es horrible, es feo. Pero hay que mirarlas.

Y dejar las heridas abiertas. Porque dejar las heridas abiertas es una de las formas seguras de curarlas. Y NO escondas tus miserias. Y antes de que puedas dejar tus miserias tendrás que aprender algunas otras cosas...

Primero, tendrás que aprender a vivir con lo nuevo. De eso se trata sannyas, de un gesto para vivir un nuevo estilo de vida. Tendrás que aprender a vivir con lo nuevo, sólo entonces podrás abandonar lo viejo.

En segundo lugar, tendrás que aprender a vivir en el vacío. En eso consiste la meditación. Sólo entonces podrás dejar tu basura.

Y en tercer lugar, tendrás que vivir con personas que son dichosas, para que puedas tener un poco de olor, un sabor. Tendrás que vivir en SATSANG. Tendrás que mirar a los ojos de alguien que ha llegado, para que puedas tener un pequeño sabor - un poco de dulzura entra en tu ser, y puedes ver. Y puedes emocionarte y removerte de nuevo, y surge en ti un gran anhelo, al ver que la vida no es todo miseria, que Dios también sucede, que el nirvana también es posible.

Ese es el significado de estar con un maestro, que algo del más allá está disponible. Si fallas, es por tu culpa, no porque no esté ahí.

Vive cerca de alguna ventana desde la que puedas ver las estrellas lejanas. Sí, estarán lejos, pero una vez que las hayas visto, nunca volverás a ser el mismo.

Y tendrás que empezar a aprender de tu experiencia pasada. La gente nunca aprende. La gente aprende de los libros pero nunca aprende de sus experiencias. Y en los libros no hay nada que aprender. Todo lo que hay que aprender está en tus experiencias.

Escucha esta historia sufí:

Mulla Nasruddin fue al mercado y vio una gran fanega de pimientos picantes a la venta. Los compró, volvió a casa y se puso a comer. Poco después llegaron sus discípulos y vieron al Mulla con la cara llena de lágrimas y la boca y la lengua ardiendo. "Mulla, Mulla, ¿por qué sigues comiéndolos?". Mientras cogía otro, Nasruddin respondió: "Sigo esperando uno dulce".

Has vivido en miserias, pero estás esperando que suceda algo dulce. Y este mundo no es más que chiles calientes. Pero sigues esperando algún chile dulce. "Tal vez este, o el siguiente, o el siguiente" - sigues esperando contra toda esperanza.

Abandona toda esperanza.

Sí, HAY experiencias dichosas, pero no provienen de esta supuesta vida que has vivido hasta ahora. Vienen del más allá, vienen de una realidad separada.

Séptima pregunta

Pregunta 7:

MAESTRO, EL OTRO DÍA DIJISTE QUE ALGUNAS PERSONAS NACEN BUDISTAS. YO DEBO SER UNA DE ELLAS, PORQUE SIEMPRE ME SIENTO PROFUNDAMENTE EN SINTONIA CUANDO HABLAS DE BUDA O DE IKKYU. ESTE ES MI CLIMA NATURAL. PERO RECUERDO QUE TAMBIEN ME SENTIA ASI CUANDO HABLABAS DE JESUS, YOGA, TAO, SUFISMO...

POR FAVOR AYUDENME A DESCUBRIR CUAL ES MI VERDADERA NATURALEZA.

SUGEETA, eres una fanática natural del Maestro.

La última pregunta

Pregunta 8:

OIGO TANTAS HISTORIAS SOBRE USTED, TODAS CONTRADICTORIAS ENTRE SÍ. INCLUSO SOBRE SU FILOSOFÍA, NO HAY DOS DISCÍPULOS SUYOS QUE PAREZCAN ESTAR DE ACUERDO. ¿POR QUÉ ES ASÍ?

NO TENGO NINGUNA FILOSOFÍA. Entonces, ¿cómo pueden mis discípulos estar de acuerdo en algo? No tengo dogma, ni credo. Mis afirmaciones no son filosóficas, sino poéticas. Mis afirmaciones no son sobre la verdad, son sólo dispositivos para ayudar a despertar. Para un discípulo creo un dispositivo, para otro otro. ¿Cómo pueden estar de acuerdo?

Sólo estarán de acuerdo cuando ambos hayan despertado; su despertar será el acuerdo. Pero cuando dos personas están despiertas no tienen nada que decir. Pueden reír - sus risas pueden estar de acuerdo. O pueden llorar de alegría - sus lágrimas pueden estar de acuerdo. Pero las declaraciones no pueden estar de acuerdo.

Debes ser nuevo aquí. NO te molestes por ello. Como no tengo filosofía, no puede haber acuerdo.

En segundo lugar, cada discípulo está personalmente relacionado conmigo. Mi relación es personal. No es que sigas una determinada filosofía, estás con un maestro, no con una filosofía. Mientras yo viva, ¿por qué preocuparse por la filosofía? Déjalo para los que vengan después, cuando yo ya no esté.

Entonces habrá mucho trabajo filosófico: investigación y doctorados y doctorados en literatura. Deja esto para otros estúpidos; no necesitas preocuparte por ello.

Estás aquí conmigo: sacia tu sed. ¿Por qué preguntar a mis discípulos sobre mi filosofía? Aunque me preguntes, no encontrarás ninguna coherencia. Un día digo una cosa y otro día es otra. Y no tengo ningún compromiso con el pasado. Cuando digo algo hoy, no pienso en absoluto en todos los ayeres que han pasado. No estoy obligado en modo alguno a ser coherente con el pasado.

Y un hombre que siempre es coherente con el pasado es un hombre muerto. De hecho, no debería seguir viviendo, ¿qué sentido tiene? Si sólo va a ser coherente con su pasado, entonces es mejor que cierre su vida.

Sigo vivo. Lo que diré mañana nadie lo sabe, ni siquiera yo. Aún no está decidido; sucederá. Le sorprenderá a usted y me sorprenderá a mí; siempre me sorprenden mis propias declaraciones.

Y ahora hay más de sesenta mil sannyasins. Y sólo las personas muy inteligentes se interesan por mí. ¿Mm? - este no es un lugar para mediocres. Sólo las personas muy inteligentes reúnen el valor suficiente para acercarse a mí. Sesenta mil sannyasins significan sesenta mil filosofías - y cada persona tiene su propia manera de entender lo que estoy diciendo. Y está perfectamente bien; tiene que ser así. ¿Cómo puedes entender lo que estoy diciendo? Sólo puedes entender lo que TÚ oyes. Y tiene que haber una gran distancia. Yo digo algo desde mi estado de conciencia, tú oyes desde tu estado de conciencia.

Poco a poco, la distancia será cada vez menor. Y cabe esperar que un día la distancia desaparezca. Pero entonces será SILENCIO.

Sucedió: Mahakashyap recibió la flor de Buda, en señal de que "Todo lo que se puede decir se ha dado a los demás. Y lo que no se puede decir, te lo doy a ti, Mahakashyap".

La gente se reunió. Le preguntaron a Mahakashyap: "Dinos, ¿qué ha pasado?". Y él se rió.

En las escrituras budistas no hay ni una sola declaración de Mahakashyap después de esto. Antes tampoco se le había mencionado. De repente adquiere tal prominencia que todos los demás discípulos de Buda desaparecen y Mahakashyap se convierte en el más destacado. Una buena mañana, Buda le entrega la flor de loto y le dice: "Esta es la transmisión de la lámpara, o transferencia del mensaje más allá de las escrituras.

Te he dado a ti, Mahakashyap, lo que no puedo dar a través de las palabras".

Naturalmente, la gente estaba intrigada, interesada. Pero Mahakashyap no hizo ninguna declaración, salvo un simple dicho del que se ha informado. Y ese simple dicho es este: "Mi maestro lo está diciendo tan maravillosamente, ¿qué sentido tiene que yo lo diga de otra manera? Él lo está haciendo perfectamente bien; yo no puedo mejorarlo. Cualquier cosa que diga será degradarlo, así que me callaré".

En los antiguos monasterios taoístas, una antigua regla era: "Di algo sólo si puedes mejorar el silencio". Estaba escrito en todos los monasterios taoístas, en la puerta de entrada principal: "Di algo sólo si puedes mejorar el silencio. De lo contrario, guarda silencio".

¿Qué sentido tiene decir algo si no se puede mejorar el silencio?

Así que cuando un discípulo se acerque mucho a mí no tendrá nada que decir. Mientras tanto, puede decir muchas cosas pero sólo representarán SU estado de conciencia.

Recuerda siempre: ¿has leído las escrituras budistas? Siempre empiezan con esta afirmación:

"He oído tal..." Todas las escrituras budistas comienzan con "He oído". ¿Por qué? Es una afirmación significativa. Esta afirmación la hace Ananda, el gran discípulo de Buda que, cuando Buda murió, relató todas las historias que Buda había contado: las parábolas, las respuestas, los sermones. Pero siempre empieza con "He oído...". El significado es: "Yo NO sé lo que dijo Buda, sólo sé lo que he oído. Esta es MI declaración de lo que he oído".

Recuerda, cuando alguien te pregunte: "¿Qué dice el Maestro?", dilo como lo dijo Ananda. Dilo:

"He oído..." NO reclames: "Esto es lo que ÉL dice". La única afirmación, legítima afirmación, puede ser esta: "Esto es lo que he oído - esto puede ser así, esto puede no ser así".

Un paleto de Nashville, Tennessee, anuncia a sus padres: "Me voy a Knoxville a buscar esposa".

Unos días más tarde, regresa con una joven y núbil novia llamada Mary Lou. Se la presenta a toda la familia, apiñada en torno a la mesa de la cocina de su diminuta choza.

A las seis en punto, su padre le dice: "Bueno, hijo mío, supongo que ahora os merecéis el dormitorio familiar.

Tu Maw y Paw pueden dormir aquí abajo". La feliz pareja sube las escaleras. Media hora más tarde, un disparo de escopeta sacude los maderos. Y entonces el hijo baja lentamente los escalones desde arriba.

"¿Qué ha pasado?", preguntó su madre.

"Yo le disparé", dijo el hijo.

"¿Por qué?"

"Era virgen".

El abuelo del chico, que había permanecido en silencio durante todo el proceso, fue el primero en romper el silencio. "Hijo, supongo que hiciste lo correcto - si ella no era buena para nadie en SU familia, ¡entonces no es útil para ninguno de nosotros!"

O esta segunda historia:

Thor bajó del Olimpo para encontrar y enamorar a una mujer mortal. Era guapo e irresistible, así que en poco tiempo encontró a la mujer y se metieron en la cama. No se trataba de un amante cualquiera, era el dios Thor, y el amor se prolongó durante una noche y la mayor parte del día siguiente.

Misión cumplida, se marchó - pero entonces pensó que quizás no estaba siendo justo ya que no le había dicho a la mujer que había estado haciendo el amor con un dios. Así que volvió a su casa, llamó a su puerta y le dijo: "Pensé que debía decirte que soy Thor".

"¡Eres Thor!", gimió. "¡Ni siquiera puedo caminar!"

En la casa de la luna

LA LUNA ES LA CASA, LA MENTE ES EL AMO EN ELLA: CUANDO COMPRENDEMOS ESTO, ES SÓLO UN MUNDO TRANSITORIO EN EL QUE VIVIMOS AQUÍ.

PENSANDO PROFUNDAMENTE EN ELLO, YO Y OTRAS PERSONAS - NO HAY DIFERENCIA, YA QUE NO HAY MENTE MÁS ALLÁ DE ESTA MENTE.

CADA PRIMAVERA, CUANDO VEAS FLORECER LOS CEREZOS, ¡SIENTE CON DOLOR LA BREVEDAD DE TU VIDA! EL HOMBRE ORIGINAL DEBE VOLVER A SU LUGAR ORIGINAL; ¿POR QUÉ BUSCAR ENTONCES AL BUDA INNECESARIO?

EL ROCÍO DE LA MAÑANA HUYE Y YA NO EXISTE; ¿QUIÉN PUEDE PERMANECER EN ESTE MUNDO NUESTRO?

REZAMOS POR NUESTRA VIDA DE MAÑANA, POR EFÍMERA QUE SEA; ÉSTE ES EL HÁBITO DE NUESTRA MENTE QUE PASÓ AYER.

NO TE LO TOMES A PECHO; EL VERDADERO CAMINO ES UNO, TAL COMO ES; NO HAY DOS, NI TRES.

LA ENSEÑANZA ESENCIAL DE GAUTAM EL BUDDHA no es en absoluto una enseñanza, sino un despertar.

Una forma de ser más consciente. No te da una doctrina sobre la existencia, sino una metodología para ver lo que es.

No se preocupa por Dios, no se preocupa por el otro mundo del más allá. Su única preocupación eres tú, la conciencia interior.

De ahí que Buda haya sido incomprendido por casi todo el mundo. Los religiosos no han podido entenderle porque no habla de Dios. No han podido apreciarlo porque no habla del otro mundo. Y todas las religiones han dependido del otro mundo. Están en contra de ESTE mundo y a favor de un mundo ilusorio en algún lugar del futuro, más allá de esta vida, más allá de este cuerpo, más allá de este momento. Todo su mundo es un mundo de fantasía. Persuaden a la gente para que sacrifique lo real por lo irreal, persuaden a la gente para que sacrifique lo que es por lo que todavía no es y puede que nunca sea. Persuaden a la gente para que sacrifique el presente por el futuro, ¿cómo pueden entender a Buda? Porque Buda no habla en absoluto del otro mundo.

No es de otro mundo.

Pero tampoco ha satisfecho a los materialistas, a los ateos. Porque piensan que esto es todo lo que hay - comer, beber, ser feliz. Y Buda dice: Esto no es todo lo que hay. Estás viviendo sólo en la superficie de las cosas. Hay una profundidad en las cosas, pero esa profundidad puede ser conocida, comprendida, sólo si profundizas en tu propio ser, en tu propia conciencia.

Cuanto más consciente eres, más intensamente vives. Cuanto más consciente eres, más realidad está a tu disposición. La realidad sólo se GANA siendo consciente. Cuando uno es absolutamente consciente, es absolutamente real.

Naturalmente, los materialistas, la gente de este mundo, no pueden estar de acuerdo con Buda, porque dicen: "Esto es todo. La superficie es todo, el exterior es todo, no hay interior en ello".

Así que nadie está de acuerdo con él. Los religiosos NO están de acuerdo, los irreligiosos NO están de acuerdo. Su enfoque es muy radical: está en contra de lo mundano, está en contra de lo de otro mundo. Aporta una nueva luz, una nueva comprensión. A esa comprensión la llama "atención plena".

Tienes que entender esta palabra "mindfulness". Si puedes entender esta sola palabra "mindfulness"

habrás comprendido todo el ser de Buda, todo su enfoque. Y él es uno de los que lo han sabido. Si quieres preguntarle a alguien, pregúntale a un hombre como Buda.

Pero su enfoque es una metodología, no una doctrina. Es una forma de vida. La gente vive como robots, vive mecánicamente. Buda dice: Vive no mecánicamente. Cada uno de tus actos tiene que ser luminoso con conciencia. Y entonces cada acto empieza a revelarte la realidad.

Y no hace ninguna distinción entre lo profano y lo sagrado: no la hay. Lo profano es lo sagrado, si lo vives conscientemente.

Simplemente dar un paseo matutino - si puedes caminar conscientemente, esto es oración. No hay necesidad de ir a ninguna iglesia. La oración no tiene relación con una iglesia o un templo, la oración tiene algo que ver con tu calidad de conciencia. Puedes hacer una cosa en oración, y la cosa puede ser cualquier cosa, limpiar el suelo, cocinar la comida, lavar la ropa, tomar un baño, ir a dormir.

Me recuerda a una de las historias más hermosas sobre el discípulo más cercano a Buda, Ananda. Ananda vivió con Buda durante cuarenta años, y vivía como una sombra. No se separaba de Buda ni un solo momento, ni siquiera por la noche; dormía en la misma habitación donde dormía Buda. Buda le había hecho una promesa...

Cuando Buda se iluminó, Ananda acudió a él para ser iniciado. Era primo hermano de Buda y mayor que él. Le preguntó a Buda: "Soy tu hermano mayor. Una vez iniciado, seré tu discípulo. Entonces tendré que hacer todo lo que me digas, no podré negarme".

Ese es el significado de ser discípulo: una persona decide: "Ahora diré sí a mi maestro, diga lo que diga. Si me dice: "Salta y mátate", saltaré y me mataré". Renunciar al no es el secreto del discipulado.

Entonces Ananda dijo: "Voy a ser tu discípulo. Antes de convertirme en tu discípulo, como tu hermano mayor quiero una promesa. Ahora mismo soy tu hermano mayor y puedo ordenarte" -la vieja tradición india- "eres mi hermano menor y puedo decirte esto. Tienes que prometerme que nunca me dirás que te deje. Me quedaré contigo; vayas donde vayas, estaré contigo. Te seguiré como una sombra, te serviré como una sombra. Incluso por la noche estaré durmiendo a tu lado, siempre dispuesto a servirte".

Buda lo prometió. Y Ananda vivió con Buda durante cuarenta años. Ningún otro discípulo vivió tan cerca.

Pero como estaba tan cerca, empezó a dar a Buda por sentado, naturalmente. Estaba tan cerca que empezó a olvidar a Buda. Estaba tan cerca que nunca probó lo que Buda decía. Y llego el dia en que Buda dejo caer su cuerpo...

Muchos de los que vinieron después de Ananda se habían iluminado. Ananda aún no estaba iluminado. Lloraba amargamente. Su miseria era grande; no había consuelo. Ahora, de repente, se dio cuenta de que cuarenta años habían sido un desperdicio. "Viví con este hombre - una rara oportunidad, muy rara. Encontrar a un Buda es raro, y vivir con un Buda durante cuarenta años seguidos: no ha sucedido antes, puede que no vuelva a suceder. Cuarenta años es mucho tiempo. Y aún así he fallado".

Dejó de comer, dejó todo tipo de actividades. Decidió iluminarse antes de que fuera demasiado tarde, ya era tarde. Día y noche, intentaba ser consciente...

Y pronto se iba a organizar un gran concilio: todos los discípulos iluminados iban a reunirse para recopilar los dichos de Buda. Ananda no fue invitado. Y él era la fuente más confiable, obviamente - nadie había vivido tanto tiempo con Buda, nadie tenía tanta información como él. Nadie habia escuchado tanto a Buda - manana y tarde, dia y noche, el siempre estaba alli, solo observando. Todo lo que Buda había dicho, él lo había escuchado. Y tenía una memoria milagrosa, una memoria absoluta - tenía el poder del recuerdo absoluto. Pero aun asi no fue invitado al concilio.

No era posible invitarle. Había conocido a Buda, su palabra era fiable, su memoria era perfecta... pero no tenía validez interior. Él mismo aún no era Buda. Sí, para recopilar hechos era la persona adecuada. Pero, ¿y la verdad? Y los hechos y las verdades son dimensiones diferentes. Un hecho puede ser un hecho y, sin embargo, no ser verdad. Y una verdad puede ser cierta, pero no ser un hecho.

La verdad no es la suma total de todos los hechos: la verdad es algo más. Los hechos son mundanos, superficiales.

Las verdades no están en la superficie, son interiores. Ananda podía decir todo lo fáctico, pero no tenía validez interior. Él mismo no era testigo. Así que incluso aquellos que no habían vivido con Buda fueron llamados al consejo, pero no Ananda.

Trabajaba duro, se lo jugaba todo. En todo momento intentaba estar consciente, alerta, atento.

Y llegó la última noche: mañana por la mañana iba a reunirse el consejo. Ananda se estaba volviendo loco: aún no había sucedido. Estaba cada vez más tenso y ponía todo lo que se podía poner, todo lo humanamente posible. Estaba dispuesto a morir por ello.

Había llegado la medianoche y aún no había pasado nada. Y se estaba volviendo loco.

Llevaba días sin comer, sin dormir, sin bañarse... no había tiempo que perder.

La una, las dos, las tres, las cuatro de la mañana... y estaba a punto de volverse loco o de iluminarse. Parecía más bien una locura: estaba explotando, se estaba desmoronando.

Entonces, de repente, recordó que Buda siempre había dicho: Sé consciente, pero de forma relajada. Sé consciente, pero sin ninguna tensión. Atención sin ninguna tensión. Calma y tranquilidad. Alerta, pero sin tensión.

Ese recuerdo llegó en el momento justo: se relajó. Estaba tan cansado, muerto de cansancio, que se fue a la cama. Cuando iba a apoyar la cabeza en la almohada, plenamente consciente y relajado, se iluminó. En el momento en que su cabeza tocó la almohada, se iluminó.

Durmió, por primera vez en toda su vida, un sueño diferente. Estaba dormido en lo que al cuerpo se refería, pero su luz interior estaba encendida. En lo más profundo de su ser, estaba alerta y consciente.

Llegó la mañana y seguía durmiendo. Otros monjes vinieron a ver si había podido llegar. Miraron en la habitación, y tenía la misma fragancia que la de Buda, la misma luminosidad, la misma gracia y grandeza. Y Ananda estaba profundamente dormido, pero su rostro tenía la luz, la luz que viene del interior. Incluso dormido estaba atento. Había gracia, había un silencio que rodeaba la habitación, había un espacio nuevo.

Le invitaron inmediatamente. Preguntó a los demás monjes: "¿Por qué? ¿Qué ha pasado ahora? ¿Por qué no me pedisteis que viniera al consejo?". Y ellos le respondieron: "Hace apenas un día, tu memoria era sólo el recuerdo del exterior de las cosas. Ahora lo sabes desde dentro: tú mismo te has convertido en Buda.

BUDDHAHOOD SIGNIFICA CUANDO TE PONES TAN ALERTA que incluso en tu sueño la alerta continúa como una corriente subterránea. Incluso cuando mueres, mueres completamente alerta - ahora no hay manera de perder tu estado de alerta, tu estado de alerta se ha convertido en tu naturaleza.

Este es el mensaje esencial de Buda. Y a menos que comprendas esto, te perderás todos los sutras de Ikkyu. Muchos han comentado los sutras, y en particular los comentaristas occidentales siguen errando el punto - porque piensan que lo que el sutra está diciendo es una filosofía. El mejor comentarista es R. H. Blyth - pero incluso él falla, porque tampoco parece tener validez interior.

Cree que estos sutras son pesimistas. No lo son. El pesimismo no tiene nada que ver con Buda.

Parecen pesimistas porque van en contra de tu supuesto optimismo.

Buda no te da ninguna esperanza. Pero su mensaje no es el de la desesperanza. Él quita la esperanza, y con la esperanza quita también la desesperanza. Eso es muy difícil de entender, a menos que tengas una validez interior. Destruye todo optimismo, pero recuerda que no es pesimista. Una vez que no hay optimismo, ¿cómo puede haber pesimismo? - Van juntos. Su visión de la vida no es sombría, pero a la gente le parece sombría.

Incluso R. H. Blyth, que es el comentarista occidental más perspicaz sobre los sutras de Ikkyu, sigue errando el tiro. Sigue mostrando dónde se equivoca Buda, sigue diciendo dónde es morboso Ikkyu.

Si te fijas en los sutras en sí mismos, sin hacer ningún esfuerzo por ser consciente, no entenderás nada. Estos sutras no son más que un instrumento para que seas consciente.

Buda dio un ejemplo de lo atentos que debemos ser. Habló de una persona a la que se le ordenó caminar por un mercado abarrotado con una jarra de agua, llena hasta el borde, sobre la cabeza.

Detrás de él caminaba un soldado con una gran espada. Si cayera una sola gota de aquella agua, el soldado le cortaría la cabeza. Sin duda, la persona con la jarra caminaba muy atentamente. Pero tiene que ser consciente de una manera fácil. Si hay demasiado esfuerzo o tensión, el menor empujón hará que el agua se derrame. La persona con la jarra tiene que ser suelta y rítmica, fluyendo con la escena cambiante, pero permaneciendo muy atenta en cada momento.

Ése es el tipo de cuidado que debemos tener al desarrollar la conciencia: un estado de alerta relajado.

Estas dos palabras parecen diametralmente opuestas, y lo son. Porque siempre que estás relajado pierdes la alerta, y siempre que estás alerta pierdes la relajación. Y a menos que ambas cosas sucedan juntas, seguirás perdiéndote el mensaje de Buda. Es un mensaje muy extraño: quiere que reúnas esta polaridad. Es la síntesis más elevada de la conciencia humana: una polaridad es la relajación, otra polaridad es la alerta, la atención.

Si sólo estás atento, tarde o temprano te cansarás. No puedes estar atento durante veinticuatro horas; necesitarás vacaciones. Necesitarás alcohol, drogas, para abandonar esa atención.

Eso es lo que está ocurriendo en Occidente. La gente se ha vuelto más atenta; se ha cultivado la atención. Todo el mecanismo educativo te obliga a estar más atento. Los más atentos triunfan, los menos atentos fracasan. Es un mundo muy competitivo: si quieres triunfar, tienes que estar muy atento. Pero eso cansa. Entonces la tensión se vuelve pesada en la cabeza, te vuelve neurótico. Entonces la locura se convierte en un subproducto muy natural.

Mucha más gente se vuelve neurótica en Occidente que en Oriente. La razón es clara: en Occidente se ha practicado la atención a lo largo de los siglos. Ha dado muchos frutos. La tecnología, el progreso científico, la riqueza... todo ello ha sido posible gracias a la atención. En Oriente, la gente ha permanecido relajada. Pero estar relajado sin estar atento se convierte en letargo. Se convierte en pasividad, en una especie de torpeza. De ahí que Oriente haya permanecido pobre, sin ciencia, sin tecnología, hambriento.

Si el mensaje de Buda se entiende correctamente, se producirá un encuentro entre Oriente y Occidente. En Buda, ambos pueden encontrarse. Su mensaje es de atención relajada. Tienes que estar muy, muy relajado y, sin embargo, alerta. Y no hay problema; es posible.

Y te lo digo desde una validez interior: Es posible. Y sólo esta posibilidad hará de ti un hombre completo, un hombre santo. De lo contrario, permanecerás a medias - y un hombre a medias es siempre miserable, de una manera u otra. Occidente es miserable espiritualmente, Oriente es miserable materialmente. Y el hombre necesita ambas cosas, necesita una riqueza interior y exterior, ambas.

Con Buda, puede amanecer una nueva era. Y el secreto es sencillo: aprende a ser consciente de forma relajada. Cuando intentes estar atento, ten en cuenta al mismo tiempo que el cuerpo no debe ponerse tenso. Debe estar relajado, suelto, en una especie de let-go.

Me gusta la historia de Ananda, que se iluminó cuando su cabeza tocó la almohada. No puedes encontrar un lugar mejor para iluminarte. Recuérdalo.

Y Buda no te ha dado ningún objeto sobre el que meditar. No te ha dicho que medites en Dios, no te ha dicho que medites en un mantra, no te ha dicho que medites en una imagen. Te ha dicho que hagas las pequeñas cosas de la vida con una conciencia relajada. Cuando estés comiendo, come totalmente, mastica totalmente, saborea totalmente, huele totalmente. Toca el pan, siente su textura. Huele el pan, huele el sabor. Mastícalo, deja que se disuelva en tu ser y permanece consciente, y estarás meditando.

Y entonces la meditación no está separada de la vida.

Y cuando la meditación está separada de la vida, algo va mal. Se convierte en algo negativo para la vida. Entonces uno empieza a pensar en ir a un monasterio o a una cueva del Himalaya. Entonces uno quiere escapar de la vida, porque la vida parece ser una distracción de la meditación.

La vida no es una distracción, la vida es una OCASIÓN para meditar.

Caminando, estate atento a la respiración que entra, a la respiración que sale. Estás adelantando uno de tus pies: observa, siéntelo desde dentro. Estás tocando la tierra: siente el tacto de la tierra. Y los pájaros cantan y el sol sale... Hay que ser multidimensionalmente sensible. Esto ayudará a que tu inteligencia crezca; esto te hará más brillante, agudo, vivo. Y la religión DEBERÍA hacerte más vivo, más sensible. Porque la vida es Dios, y no hay otro Dios.

Buda habría estado de acuerdo con Toscanini...

Cuando Toscanini cumplió ochenta años, alguien preguntó a su hijo cuál era para él el logro más importante de su padre. El hijo respondió: "Para él no existe tal cosa. Cualquier cosa que esté haciendo en ese momento es lo más importante de su vida, ya sea dirigir una sinfonía o pelar una naranja".

Pela una naranja como si estuvieras dirigiendo una sinfonía, y te irás acercando cada vez más a Buda. Pela una naranja como si estuvieras pintando el mejor cuadro del mundo, con esa atención, con ese cuidado, con ese amor, con esa totalidad. Pela una naranja y sé multidimensionalmente consciente de ella: el olor que desprende, la sensación, el tacto, el sabor. Entonces una naranja pequeña, una naranja normal, se transforma, se transforma por la calidad de la conciencia que le aportas.

Y si la vida puede vivirse así, entonces la religión no es negativa para la vida, sino que la afirma. No te aleja de la vida, te lleva DENTRO de ella, a su núcleo más profundo. Te adentra en sus misterios.

Ese es también mi enfoque. Y cualquier religión que tenga que mantenerse separada de la vida -una oración que tienes que hacer en el templo, y una meditación que sólo puedes hacer en una cueva del Himalaya- no vale mucho, porque no puedes hacerla durante veinticuatro horas. Incluso el hombre que vive en una cueva del Himalaya tendrá que ir a mendigar su comida, tendrá que recoger leña para el invierno que se avecina, tendrá que protegerse porque la lluvia está allí, tendrá que pensar en algo porque por la noche los animales salvajes están allí. Incluso en esa cueva tendrá que hacer mil y una cosas. No puedes simplemente meditar durante veinticuatro horas, no es posible.

Pero Buda lo hace posible. Él dice: NO separes la meditación de la vida, déjalas estar juntas.

Convierte cada oportunidad de la vida en meditación. Hazlo plenamente consciente, alerta, vigilante, testigo.

Un discípulo había venido a ver a Ikkyu, su maestro. El discípulo había estado practicando durante algún tiempo. Estaba lloviendo y, al entrar, se dejó fuera los zapatos y el paraguas. Después de presentar sus respetos, el maestro le preguntó en qué lado de los zapatos había dejado el paraguas.

Ahora, ¿qué clase de pregunta...? No esperas que los maestros te hagan preguntas sin sentido, esperas que te pregunten sobre Dios, sobre el aumento de la kundalini, la apertura de los chakras, las luces que se encienden en tu cabeza. Preguntas sobre cosas tan grandes, ocultas, esotéricas.

Pero Ikkyu hizo una pregunta muy ordinaria. Ningún santo cristiano la habría hecho, ningún monje jainista la habría hecho, ningún swami hindú la habría hecho. Sólo puede hacerla alguien que está realmente con el Buda, EN el Buda, que es realmente un Buda. El maestro le preguntó en qué lado de los zapatos había dejado el paraguas. ¿Qué tienen que ver los zapatos y los paraguas con la espiritualidad?

Si te hubieran hecho la misma pregunta, te habrías sentido molesto. Habrías pensado que ese hombre no es ningún maestro. ¿Qué clase de pregunta es ésta? ¿Qué filosofía puede haber en ella?

Pero hay algo inmensamente valioso en ello. Si hubiera preguntado por Dios, por tu kundalini y tus chakras, habría sido una tontería, carente de todo sentido. Pero esto tiene sentido. El discípulo no podía recordar -a quién le importa dónde has puesto los zapatos y en qué lado has puesto el paraguas, a la derecha o a la izquierda. ¿A quién le importa? ¿Quién presta tanta atención a los paraguas?

¿Quién piensa en los zapatos? ¿Quién es tan cuidadoso?

Pero eso fue suficiente - el discípulo fue rechazado. Ikkyu dijo: "Entonces ve y medita siete años más".

"¿Siete años?", dijo el discípulo. "¿Sólo por esta pequeña falta?

Ikkyu dijo: "No es una falta pequeña. Las faltas no son pequeñas ni grandes - simplemente no estás viviendo aún meditativamente, eso es todo. Regresa, medita durante siete años más, y vuelve de nuevo".

Este es el mensaje esencial del budismo: Ten cuidado, cuidado con todo. Y NO hagas distinciones entre las cosas, que esto es una trivialidad y aquello es muy muy espiritual. Todo depende de ti. Presta atención, ten cuidado, y todo se vuelve espiritual. NO prestes atención, NO seas cuidadoso, y todo se vuelve no espiritual.

La espiritualidad la impartes TÚ, es tu regalo al mundo. Cuando un maestro como Ikkyu toca su paraguas, el paraguas es tan divino como cualquier cosa puede ser. Y si tocas incluso a Dios, Dios se convertirá en una trivialidad. Depende de lo que toques.

La energía meditativa es alquímica. Transforma el metal más bajo en oro; sigue transformando lo más bajo en lo más elevado. Cuanto más meditas, más ves a Dios en todas partes. En la cima última, todo es divino. Este mismo mundo es el paraíso, y este mismo cuerpo el Buda.

Los sutras.

LA LUNA ES LA CASA, LA MENTE ES EL AMO EN ELLA:

CUANDO ENTENDEMOS ESTO, ES SÓLO UN MUNDO TRANSITORIO EN EL QUE VIVIMOS AQUÍ.

NUESTRO VERDADERO HOGAR NO ES LA MENTE. La mente es sólo un caravasar, bueno para pasar la noche, bueno para pasar la noche. Pero recuerda, por la mañana tenemos que irnos. La mente no es tu verdadero hogar. La mente sólo crea sueños, ¿y cómo pueden ser los sueños tu verdadero hogar? La mente sólo crea deseos, ¿y cómo puedes vivir en los deseos?

Y eso es lo que la gente está haciendo y por lo que está sufriendo. Intentan vivir en los deseos. Intentan vivir en lo que no es, eso es lo que significa el deseo. Intentan vivir en el futuro.

¿Cómo se puede vivir en el futuro? La única vida posible es la del presente, y la mente nunca está en el presente, sino en el pasado o en el futuro. Siempre está en lo que no es. Sólo existe con la no existencia, con la existencia desaparece. Y hemos hecho nuestros hogares en la mente.

Observa tu mente y te darás cuenta. O estás pensando en el pasado, que ya no existe, y estás malgastando tu energía. O estás proyectando en el futuro, que todavía no es - de nuevo estás desperdiciando tu energía.

¡Vive aquí! ¡Vive ahora! Ahora es el hogar.

Pero la mente no te permite vivir en el ahora. Si estás en el ahora, la mente desaparece.

Si estás en la mente, el ahora y el aquí NO existen para ti.

LA LUNA ES LA CASA...

La luna es un símbolo del sueño, de la alucinación. Por eso a los locos se les llama lunáticos: viven en la luna, viven a través de la luna. La luna es tu facultad de soñar, la luna crea fantasías en ti, es irreal, imaginaria.

LA LUNA ES LA CASA, LA MENTE ES EL AMO EN ELLA...

La luna, tus facultades de soñar, crean la casa. La casa es falsa. Y entonces, por supuesto, la mente se convierte en el amo. La mente sólo puede ser maestra con lo falso. Con la mentira la mente está perfectamente a gusto, con la verdad se asusta.

Por eso, cuanto más te acercas a la meditación, más y más miedo surge en ti. Cuanto más te acercas a mí, más y más dice tu mente: "Escapa de aquí". Cuanto más te acercas a mí, más miedo. Puedes hacer una medición: puedes saber si te estás volviendo muy temeroso de mí, eso significa que te estás acercando - DEBES estar acercándote. Si te estás volviendo temeroso de las meditaciones, eso simplemente muestra una cosa, que la mente se ha vuelto aprensiva - ahora hay peligro. Un paso más, y puede que sea demasiado tarde y hayas llegado al punto de no retorno.

La mente está perfectamente a gusto con las alucinaciones, y la mente crea todo tipo de sueños. No sólo de noche, recuerda, incluso de día. Cuando estás completamente despierto... al menos, crees que estás completamente despierto - no puedes estarlo, porque un hombre completamente despierto se convierte en un Buda. Cuando estás dormido con los ojos abiertos -eso es lo que quiero decir con "completamente despierto"- observa. Cierra los ojos y mira en tu interior, y verás que allí sólo fluyen sueños.

Es como las estrellas: de día no las ves, pero NO creas que han desaparecido, están ahí. Por la noche podrás verlas. De día sólo desaparecen porque la luz del sol es excesiva.

Lo mismo ocurre con tus facultades para soñar. Por la noche son muy claras. Durante el día hay tantas otras ocupaciones, que pasan a un segundo plano, pero están ahí. Cierra los ojos en cualquier momento del día, ponte en medio de la calle y cierra los ojos, y te sorprenderás:

el sueño está ahí. Hay un sueño que continúa. Continúa sin tu cooperación, continúa.

LA LUNA ES LA CASA, LA MENTE ES EL AMO EN ELLA...

Y la mente puede seguir siendo el amo sólo si los sueños están ahí. De ahí que la mente siempre haya estado en busca de drogas, alucinógenos, que crean nuevas ilusiones. No es nuevo - no tiene nada que ver con la generación moderna y los jóvenes, es tan antiguo como el hombre. Ya existía en el Rigveda, se llamaba SOMARAS. Era el LSD de aquellos tiempos.

A lo largo de los siglos, el hombre ha buscado drogas, porque las drogas ayudan a las facultades de soñar. Hacen que tu sueño sea más colorido, psicodélico, más real, más sólido. Y pueden proporcionarte cualquier cosa que pidas: si quieres SAMADHI, la marihuana te lo dará. Pero el samadhi será sólo un sueño. No te transformará, no te cambiará, no traerá ninguna transmutación radical en tu ser - seguirás siendo el mismo. O puede que caigas aún más bajo que antes; puede que retrocedas.

LA LUNA ES LA CASA, LA MENTE ES EL AMO EN ELLA:

CUANDO ENTENDEMOS ESTO, ES SÓLO UN MUNDO TRANSITORIO EN EL QUE VIVIMOS AQUÍ.

Si NO lo entiendes, los sueños se convierten en realidad. Si lo entiendes, lo que tú llamas realidad se convierte en un sueño. Es uno de los sutras más significativos. Si NO entiendes, incluso los sueños parecen reales. Si comprendes, si te vuelves consciente, si te pones alerta y ves dentro de las cosas, incluso aquello que siempre habías pensado que era real deja de serlo. Entonces todo es un sueño.

Ese es el significado cuando Buda dice: "El mundo es un sueño". No lo está condenando, recuerda.

No está diciendo "Renuncia a él" - ¿cómo puedes renunciar a un sueño? No está diciendo: "Escapa de él", ¿qué sentido tiene escapar de un sueño? Simplemente dice: "Conócelo tal como es".

Y recuerden, mucha gente me pregunta: "Si es un sueño, y SABEMOS que es un sueño, ¿se detendrá?".

No se detendrá, porque es un sueño colectivo. Puedes detener tus sueños privados comprendiéndolos. No puedes parar los sueños colectivos - NO dependen sólo de ti, dependen de la mente colectiva.

Es como si estuvieras sentado en una sala de cine viendo la película. La película es un sueño, lo sabes, no hay nada en la pantalla. Pero a veces te olvidas; te emocionas mucho, te identificas mucho, y empieza a cobrar realidad para ti. Entonces te acuerdas. Entonces vuelves a relajarte en la butaca y sabes que sólo es un juego, sombras moviéndose en la pantalla, y no hay nada.

Pero sentir esto, que no hay nada, que es sólo como un sueño, no detendrá la película - el proyector continuará. No depende sólo de ti. Pero una cosa cambiará: te relajarás. No te inquietarás, no te perturbarás. La historia continuará, tú permanecerás al margen; habrá una distancia entre tú y la historia. No te convertirás en un personaje de la historia, no te obsesionarás con nada.

Buda dice: Con la comprensión, lo que hasta ahora has considerado real, también se vuelve irreal. Por "irreal" no quiere decir que desaparecerá, sino que continuará.

Por ejemplo, piensas que ésta es tu mujer, éste es tu hijo, éste es tu marido. Si surge la comprensión, si te vuelves más meditativo, la mujer no desaparecerá a causa de tu meditación - la mujer estará ahí. Pero el sueño, la identificación de que "ésta es mi esposa", esa idea de posesividad desaparecerá. La mujer estará ahí en toda su belleza, de hecho más, porque en el momento en que posees a una mujer, ella se convierte en una cosa. La posesividad es fea, es violenta; la posesividad es cruel.

Cuando posees a alguien, le insultas. ¿Cómo puedes poseer a una persona?

La mujer estará allí pero ya no será una esposa, tú ya no serás un marido. El niño estará allí - ha venido a través de ti pero no te pertenece. No lo reclamarás; no utilizarás al niño para tus ambiciones futuras. No cabalgarás sobre el niño, no lo forzarás, no lo moldearás según tus deseos, ¿quién eres tú? Todo continuará, pero bajo una luz totalmente diferente...

Yo, tú, posesividad, propiedad - estas cosas desaparecerán. Y piensa: cuando no haya posesividad, ni yo, ni tú, ¡qué silencio descenderá sobre ti, qué paz prevalecerá!

CUANDO ENTENDEMOS ESTO, ES SÓLO UN MUNDO TRANSITORIO EN EL QUE VIVIMOS AQUÍ.

Entonces todo este mundo no es más que un mundo transitorio: estamos aquí sólo por un momento y luego nos vamos. ¿Por qué preocuparse tanto? Si sólo es un mundo transitorio, ¿por qué preocuparse tanto por él?

Alguien te ha insultado, ¿qué más da? Dentro de unos años, no se sabrá nada de ti ni de él. El polvo se convertirá en polvo y desaparecerá. ¿Cuántos millones de personas han vivido en esta tierra antes que tú? Y también estaban preocupados como tú: alguien les insultaba, alguien decía algo, o cuando pasaban por la carretera alguien sonreía, se reía, les ridiculizaba. Y fueron heridos y lastimados...

¿Y dónde están esas personas? ¿Qué fue de aquellos amigos y de aquellos enemigos? Y mientras estuvieron aquí, ¡cuánto alboroto armaron!

Buda dice simplemente: Si comprendes, no harás mucho alboroto, eso es todo. Pasarás por el mundo sin hacer mucho alboroto. Esa es la verdadera renuncia, eso es sannyas - pasar por el mundo sin hacer mucho alboroto, sin tomarlo demasiado en serio, sin tomarlo tan significativamente.

No es nada: un cuento contado por un idiota, lleno de furia y ruido, que no significa nada. Disfruta de la historia, pero NO pienses que es algo serio.

PENSANDO PROFUNDAMENTE EN ELLO, YO Y OTRAS PERSONAS - NO HAY DIFERENCIA, YA QUE NO HAY MENTE MÁS ALLÁ DE ESTA MENTE.

Pensar profundamente en ello, tomar conciencia, meditar sobre ello, sobre todas las relaciones y todos los enredos y todas las complejidades de la vida...

PENSANDO PROFUNDAMENTE EN SI, YO Y OTRAS PERSONAS - NO HAY DIFERENCIA.

No somos más que olas en el mismo océano.

YA QUE NO HAY MENTE MÁS ALLÁ DE ESTA MENTE.

Y sólo hay un tipo de mente: la mente ilusoria. Cuando mis ilusiones hayan desaparecido y las tuyas también, ¿qué habrá que nos separe, que nos distinga? Nuestras ilusiones son nuestros límites. Por eso la gente se aferra a ellas, porque son sus definiciones.

Si un hombre dice: "Yo soy guapo, tú eres fea", está definiendo. Un hombre dice: "Yo soy muy inteligente, tú no lo eres tanto": está definiendo. Un hombre dice: "Yo soy muy fuerte y tú eres débil": está tratando de definir.

Nuestras definiciones no son más que nuestras ilusiones. Si abandonas todas las ilusiones, ¿cómo podrás demarcarte? ¿Qué límites existirán entonces?

"Yo soy hindú y tú eres cristiano. Yo soy mujer y tú eres hombre. Yo soy negro y tú eres blanco.

Yo soy culto, tú eres inculto. Yo soy esto, tú eres aquello". Intentamos crear definiciones para poder sentir quiénes somos. Pero todas nuestras definiciones no son más que ilusiones.

YA QUE NO HAY MENTE MÁS ALLÁ DE ESTA MENTE.

Esta mente soñadora, esta mente lunática, esta mente que piensa en el pasado y en el futuro y nunca llega al ahora - esta es la única mente. Una vez que se abandona, ¿cuál es la diferencia? ¿Cuál es la diferencia entre un hombre negro y un hombre blanco? ¿Cuál es la diferencia entre un cristiano y un hindú? Una vez que se abandona la mente, todas las distinciones desaparecen. Eso es la realidad. Eso es uno.

CADA PRIMAVERA, CUANDO VEAS FLORECER LOS CEREZOS, ¡SIENTE CON DOLOR LA BREVEDAD DE TU VIDA!

ESTE ES EL PUNTO en el que R. H. Blyth comenta, en ZEN Y CLÁSICOS DEL ZEN: "Este verso tiene algo de morboso".

No tiene nada de eso; no es morboso. R. H. Blyth debe haberse asustado con este verso, debe haber surgido en él algún temor: se está protegiendo. Se trata de una simple afirmación:

CADA PRIMAVERA, CUANDO VEAS FLORECER LOS CEREZOS, ¡SIENTE CON DOLOR LA BREVEDAD DE TU VIDA!

Es una afirmación sencilla. Y cualquiera que lo vea lo sentirá, ¡y lo sentirá con dolor! ¿Una vida tan bella y tan frágil? ¿Tan espléndida y tan momentánea? ¿Tanta belleza y tan transitoria?

Personas tan hermosas, y sólo ondas en el océano: un momento aquí, y luego se va... ¿Quién puede evitar el dolor?

Si lo ves, cada flor de rosa te recordará el dolor de la vida. ¿Cuál es el dolor? El dolor es que la belleza sea eterna, que el amor sea eterno, que la verdad sea eterna. ¿La verdad, y momentánea? ¿El amor, transitorio? ¿La belleza es sólo un sueño?

Este es el dolor. No hay nada morboso en el verso, no es posible. Ikkyu no es un poeta, Ikkyu es un Buda.

Lo que salga de él no puede tener ningún morbo. Algo debía de andar mal en la mente de R. H. Blyth: tal vez llegó a tener miedo de la verdad del verso. Leyéndolo, traduciéndolo, comentándolo, puede que pensara en su mujer, puede que pensara en las flores, puede que pensara en la primavera, y puede que se asustara.

NO queremos ver esta fugacidad de la vida; queremos aferrarnos. Queremos creer que esto va a permanecer. Cuando te enamoras de una mujer quieres creer que esto va a ser eterno.

Y tú sabes, y todo el mundo sabe, que aquí en esta tierra nada puede ser eterno.

Lo sabes. Pero NO quieres saber que lo sabes. Quieres ocultarlo, quieres creer que "Quizá no les haya pasado a otros pero puede que me pase a mí. Puede que yo sea la excepción". Cuando una flor florece en tu jardín, te gustaría creer que "En los jardines de los demás las flores se marchitan, pero en mi jardín, no. ¿Cómo puede estar Dios tan enfadado conmigo? Ocurrirá un milagro: mi flor permanecerá".

Pero no hay milagros ni excepciones. La ley es absoluta.

CADA PRIMAVERA, CUANDO VEAS FLORECER LOS CEREZOS, ¡SIENTE CON DOLOR LA BREVEDAD DE TU VIDA!

Este dolor no es para ponerte triste, recuerda. Ahí es donde la gente se pierde estos sutras. Este dolor es sólo para hacerte más ALERTA - porque la gente se vuelve alerta sólo cuando la flecha entra profundamente en su corazón y los hiere. De lo contrario, NO se ponen alerta. Cuando la vida es fácil, cómoda, conveniente, ¿a quién le importa? ¿Quién se molesta en estar alerta? Cuando muere un amigo, existe la posibilidad. Cuando tu mujer te deja solo, en esas noches oscuras, te sientes solo. Has amado tanto a esa mujer y lo has apostado todo, y de repente un día se ha ido. Llorando en tu soledad, ésas son las ocasiones en las que, si las aprovechas, puedes tomar conciencia. La flecha duele: se puede utilizar.

El dolor no es para hacerte desgraciado, ¡el dolor es para hacerte más consciente! Y cuando eres consciente, la miseria desaparece. Así que no hay nada morboso en el verso. Pero este ha sido un argumento contra Buda, a lo largo de los siglos, que el enfoque de Buda hacia la vida hace a la gente miserable.

No, no es así - la vida es miserable, Buda simplemente te hace consciente de ello. Y quiere que seas consciente para que se pueda hacer algo, para que la vida no tenga que ser miserable.

Hay otro tipo de vida posible. Hay una vida que no es momentánea; hay un tipo de vida que es eterna. Pero sólo puedes alcanzarla si has terminado con esta llamada vida, si tus apegos con esta vida se han roto. Y, por supuesto, cuando se rompe un apego hay dolor.

Aprovecha todas las ocasiones. NO escondas tus heridas. Por eso Blyth dice que hay algo morboso en ello - está diciendo: "¿Por qué abrir tus heridas una y otra vez? ¿POR QUÉ seguir mirando las heridas? ¡Olvídalas! Mira el lado positivo de la vida. ¿Por qué pensar en otras cosas? ¿Por qué pensar que esta flor va a morir?".

Pero lo pienses o no, la flor va a morir.

Y la insistencia de Buda es ésta: si sabes que ESTA flor va a morir, existe la posibilidad de alcanzar esa flor que nunca muere. Ese loto puede abrirse dentro de ti. Pero si sigues obsesionado con estas flores que van y vienen, entonces ese loto permanecerá sin abrirse para siempre.

EL HOMBRE ORIGINAL
DEBE VOLVER A SU LUGAR ORIGINAL;
POR QUÉ BUSCAR
¿EL BUDA INNECESARIO?

EL HOMBRE ORIGINAL ES LA META DEL BUDISMO. ¿Qué se entiende por "el hombre original"? El hombre original es el hombre sin la mente, el hombre original es el hombre sin ningún condicionamiento. El hombre original es el hombre natural.

Condicionamos, culturizamos, cultivamos. Creamos ciertos tipos de mentes: hindú, cristiana, jainista, budista. Todos ellos son el hombre antinatural. Un cristiano es un hombre antinatural, al igual que un hindú. El hombre natural no puede ser cristiano o hindú. El hombre natural es simplemente una especie de ser, de vacío, sin ideología, sin carácter, sin moralidad, inocente, infantil.

EL HOMBRE ORIGINAL DEBE VOLVER A SU LUGAR ORIGINAL...

Y la forma de volver a ese lugar original, a ese espacio original, es la conciencia.

Has sido condicionado. Te han enseñado qué ser, cómo ser, y has estado siguiendo ese condicionamiento automáticamente. Vives como un robot.

Buda dice: Esta existencia robótica debe ser abandonada. Hay que desautomatizarla. Y el único proceso para desautomatizarte es estar más alerta. Haz lo que sea que estés haciendo con más conciencia.

Y te sorprenderá que cuanto más alerta estás, menos rígido te vuelves; cuanto más alerta estás, más impredecible te vuelves. Cuanto más alerta estás, más funcionas sin tus hábitos. De lo contrario, funcionas sólo como hábitos, sigues funcionando a través de hábitos.

Cuando alguien te haga una pregunta, espera un momento antes de responder. Observa por un momento si la respuesta es automática. Si es automática NO des esa respuesta, estás siendo una máquina.

Responda. Alguien pregunta: "¿Crees en Dios?", y automáticamente responde: "Sí, soy cristiano católico". ¿Es ésta TU respuesta? o ¿te la han dado otros: tus padres, tus profesores, la iglesia? Si te hubieras criado en un país mahometano o si te hubieras criado en una familia comunista, ¿te imaginas la misma respuesta?

Uno de mis amigos fue a la Rusia soviética. Era un monje budista, un hombre muy inteligente, un autor mundialmente famoso. En una escuela primaria, le preguntó a un niño pequeño: "¿Crees en Dios?". El niño se rió y dijo: "¿Dios? La gente solía creer, en el pasado. Dios es un mito". Un niño pequeño diciendo "Dios es un mito. La gente solía creer en Dios; ahora, ¿quién es tan estúpido como para creer en un Dios?".

Y el niño le preguntó: "¿Todavía crees en Dios?".

Si te crías en un país comunista NO crees en Dios, crees en Karl Marx. Pero es lo mismo. NO crees en la Biblia, crees en DAS KAPITAL - pero es lo mismo.

La creencia viene de otros. El hombre original no tiene creencias. Abandona los sistemas de creencias y te convertirás en original. Cuando respondas, recuerda: ¿es tu respuesta, auténticamente tuya? ¿Es tu respuesta?

¿O es tu madre la que habla a través de ti, de tu padre, de tu sacerdote, de tu profesor? Escucha con atención y te sorprenderás: podrás oír exactamente la voz que está hablando:

tu madre, tu padre, tu profesor. Pero entonces esto es mecánico.

Déjalo. Es mejor decir: "NO LO SÉ". Al menos esa es tu respuesta más cercana a la verdad, más cercana a Dios.

Porque la verdad es Dios, y no hay otro Dios.

En las cosas pequeñas ve observando cómo te comportas. ¿Reaccionas? ¿O respondes? De la reacción, inclínate cada vez más hacia la respuesta. La reacción está condicionada, la respuesta es consciente.

Esta es la técnica de Buda para transformarte. Lentamente, lentamente, llega el hombre original. Poco a poco, el hombre condicionado desaparece. Si NO ayudas al hombre condicionado, éste tiene que desaparecer: vive gracias a tu ayuda, sólo puede vivir gracias a tu cooperación. Tú lo nutres, lo alimentas.

Deja de alimentarlo. ¡Que se muera de hambre!

EL HOMBRE ORIGINAL DEBE VOLVER A SU LUGAR ORIGINAL; ¿PARA QUÉ BUSCAR ENTONCES AL BUDA INNECESARIO?

Y esta es una hermosa declaración. Ikkyu dice: NO te preocupes por el Buda, NO empieces a buscar al Buda. Busca al hombre original y encontrarás al Buda. Y si empiezas a buscar al Buda nunca encontrarás al hombre original.

Seguro que has oído hablar del famoso libro de Tomás de Kempis, IMITACIÓN DE CRISTO. Ahora bien, a ningún hombre zen se le ocurre semejante título: "Imitación de Buda" - no, imposible. Y el libro de Kempis es tan famoso que casi ocupa el segundo lugar en importancia después de la propia Biblia. ¿Imitación de Cristo? Pero si estás buscando a Cristo, te convertirás en un imitador. Empezarás a ACTUAR como Cristo o como Buda. Empezarás a fingir; empezarás a cultivar un cierto carácter, una cierta estructura. Y poco a poco te volverás cada vez menos original.

Nadie puede convertirse en un Cristo y nadie puede convertirse en un Buda. Pero todo el mundo puede convertirse en un hombre original. Tu originalidad tienes que buscarla dentro de TI. Tienes que ir hacia dentro, tienes que cavar en lo más profundo de ti mismo. Tus fuentes están ahí; no debes buscarlas fuera. Buda puede ser muy hermoso, ¡qué más da! Si imitas, te vuelves feo, porque toda imitación es fea. ¿Y qué harás si quieres convertirte en Buda? Empezarás a caminar como él, empezarás a hablar como él, comerás lo que él come, te moverás como él se mueve. Pero esto será sólo en la superficie.

En el fondo, seguirás siendo el mismo estúpido de siempre.

Esto será crear una ilusión. De nuevo has creado una casa-luna, y la mente se convertirá en el amo.

Los grandes maestros siempre han estado en contra de la imitación. No trates de convertirte en un Buda, trata de convertirte en un hombre original - y esa es la manera de convertirte en un Buda. Pero cuando te conviertas en Buda encontrando a tu hombre original, ésta será una nueva expresión de la Budeidad. No será en modo alguno una repetición del antiguo Buda. Una vez es suficiente. Y es bueno - sólo piensa en un mundo donde hay tantos Budas y tantos

Cristos y tantos Krishnas, sólo piensa en un mundo así. No valdría la pena vivir en él.

Vayas donde vayas, te encuentras con Cristo. Viene el lechero, y ahí está Cristo. Y viene el cartero, y ahí está Cristo. Te suicidarás, ¡estarás tan cansado de Cristos!

No, es bueno que Dios nunca repita. Un Cristo es absolutamente hermoso, un Buda es hermoso. Cuando alcances tu naturaleza original, será una nueva expresión de Dios: un nuevo fenómeno, un nuevo esplendor, una nueva canción nunca antes cantada.

¿POR QUÉ BUSCAR ENTONCES AL BUDA INNECESARIO?

EL ROCÍO DE LA MAÑANA HUYE Y YA NO EXISTE; ¿QUIÉN PUEDE PERMANECER EN ESTE MUNDO NUESTRO?

RECUERDA UNA COSA: todo huye, es un flujo. Somos como el rocío de la mañana: saldrá el sol y desapareceremos. Antes de que suceda, haz una sola cosa: toma conciencia de tu núcleo más íntimo. Antes de que la gota de rocío desaparezca, toma conciencia de tu núcleo más íntimo, porque en la gota de rocío que desaparece hay algo que nunca aparece ni desaparece. En este mundo fugaz, hay algo que es totalmente eterno.

REZAMOS POR NUESTRA VIDA DE MAÑANA, POR EFÍMERA QUE SEA; ÉSTE ES EL HÁBITO DE NUESTRA MENTE QUE PASÓ AYER.

¿Y qué pides para mañana? ¿Lo has pensado alguna vez? No es más que una repetición de tu ayer. Quizá un poco más modificado, un poco más pintado, un poco más sofisticado, un poco más decorado... pero, ¿qué pides para mañana? Pedirás tu ayer. ¿Y qué era ayer? ¿Eras realmente feliz ayer? Por vieja costumbre, seguimos rezando y pidiendo que el pasado se repita una y otra vez en el futuro.

¡Detén todo esto! Deja que el pasado desaparezca de tu mente, y NO vuelvas a pedirlo. Vive el momento sin ninguna expectativa de él - y entonces grande es la bendición. Cuando puedes vivir el momento sin ninguna expectativa, la bendición es infinita. Pero cuando pides que se cumpla alguna expectativa, sólo te frustras; no ocurre nada.

El hombre dichoso es aquel que vive sin expectativas, que simplemente vive, que no pide que "las cosas sean así". Que sabe vivir plenamente alerta, pase lo que pase. En la vida es consciente, en la muerte es consciente. En la felicidad es consciente, en la infelicidad es consciente. En el éxito es consciente, en el fracaso es consciente. Tiene la llave secreta.

Esa clave secreta es la conciencia. Ya no pide nada más. Conoce el arte de transformar cualquier situación en felicidad. La gracia de la conciencia transforma incluso el infierno en un paraíso.

NO TE LO TOMES A PECHO; EL VERDADERO CAMINO ES UNO, TAL COMO ES; NO HAY DOS, NI TRES.

Este es el último sutra de Ikkyu.

NO TE LO TOMES A PECHO; EL CAMINO REAL ES UNO SOLO, TAL COMO ES.

ES LA ÚLTIMA DECLARACIÓN RADICAL. Dice: La vida es como es. No intentes cambiarla. No pidas otra vida, no pidas el paraíso. La vida, tal como es, es como debe ser. Si te la estás perdiendo, eso simplemente demuestra una cosa, que estás profundamente dormido - eso es todo.

Despierto, y todo es como debe ser.

No necesitas ser un santo. Sólo necesitas una cosa: estar despierto. No hay pecadores ni santos, sólo hay personas dormidas y personas despiertas. La única diferencia entre las personas es ésta: alguien está dormido y alguien está despierto.

Esa es la única diferencia entre un Buda y tú - no mucha. Eres exactamente un Buda. Sólo que aún no has abierto los ojos. Sigues viviendo en la casa de la luna: sigues permitiendo que la mente sea tu maestra. No has buscado la consciencia, no te has despertado.

No te preocupes porque seas un necio o un pecador. La locura y la sabiduría, la ilusión y la iluminación, la salvación y la condenación, son en el fondo una sola cosa. En realidad, sólo hay un mundo, aunque lo dividamos en científico y poético, finito e infinito, absoluto y relativo, esto y aquello. Esas divisiones son todas cosas de la mente. El mundo es uno, no es ni poético ni científico. El mundo es uno: no es ni bueno ni malo. El mundo es uno: no es ni cielo ni infierno.

Este es el único mundo que existe.

Todo lo que se necesita es estar despierto a este mundo: estar despierto a los rayos del sol, estar despierto al verdor de los árboles, estar despierto a los pájaros y al ruido del tráfico, estar despierto a la gente que te rodea, estar despierto a ti mismo.

La conciencia es la palabra clave. La propia palabra "Buda" significa alguien que es consciente, alguien que ha despertado. Y fíjate en la diferencia: otras religiones te dicen: "Volveos buenos, volveos morales, volveos santos". Otras religiones te condenan como pecador, otras religiones te condenan como indigno tal como eres.

El budismo no tiene condena. El budismo no tiene idea del pecado original. Y el budismo no te enseña a convertirte en santo, porque ¿qué vas a hacer? Si queréis convertiros en santos, ¿qué haréis? Reprimirás los llamados pecados. Y reprimidos, estarán ahí en tu inconsciente, no te abandonarán. Hervirán dentro de ti; te volverán loco y pervertido.

¿Cómo puedes convertirte en santo? ¿Qué vas a hacer? Estás enfadado: ¿qué harás para convertirte en santo? Reprimir la ira. Eres sexual, ¿qué harás? Reprimir el sexo. Pero el sexo estará ahí: reprimido, profundizará en tus raíces. Envenenará toda tu vida. Empezará a suceder de forma pervertida, empezará a dominarte por la puerta de atrás. Tu vida no se transformará por la represión.

El budismo no tiene idea de pecado ni de santidad. El budismo dice: Simplemente hay que hacer una cosa. La gente sigue haciendo cosas malas, no porque sean malas sino porque están dormidos.

Vean la diferencia. ¿Y cómo puedes esperar que un hombre dormido haga las cosas bien? La gente es sonámbula.

¿Ha visto a alguien caminar dormido? Hay gente, y mucha, que puede: casi una de cada diez personas, el diez por ciento de la gente, tiene la capacidad de caminar dormida. Si hay mil personas aquí, entonces muchos de ustedes pueden caminar dormidos. Pero cuando una persona camina dormida, naturalmente puede tropezar con algo, puede golpearse la cabeza contra la pared. No le llamaréis pecador, ¿o sí? No le condenarás, no le enviarás al infierno para toda la eternidad, eso parece demasiado cruel. Basta con que despierte. Y ese despertar lo cambiará todo.

El budismo dice: Sólo hay un pecado, si quieres llamarlo pecado, y es el sueño, la inconsciencia. Y sólo hay una virtud, si quieres llamarla virtud: la conciencia, la vigilia. El budismo es una religión muy científica, psicológica hasta sus raíces. El mayor conocimiento psicológico hasta la fecha.

El verdadero Israel

La primera pregunta

Pregunta 1:

ANOCHE, EN UN SUEÑO, ME ENCONTRABA SOBRE UNA VIGA EN EL AIRE MOVIÉNDOME HACIA ALGUNA PUERTA DE SEGURIDAD. ENTONCES MIS ROPAS EMPEZARON A ENGANCHARSE EN ASTILLAS DE HIERRO, Y A CONTINUACIÓN LA VIGA EMPEZÓ A PARTIRSE. ME DIJE A MÍ MISMO QUE MANTUVIERA LA CALMA, QUE NO MIRARA HACIA ABAJO, QUE OLVIDARA EL PELIGRO Y QUE HICIERA UNA COSA CADA VEZ. LO ESTABA CONSIGUIENDO, PERO NO LO CONSEGUÍA. ENTONCES ME OÍ DECIR: "BUENO, SIEMPRE PUEDES DESPERTARTE". Y ASÍ LO HICE.

¿PODRÍA UNO DESPERTAR DE LA PESADILLA DE LA MENTE ASÍ COMO ASÍ?

SÍ, SOMENDRA. ESA ES LA ÚNICA MANERA DE DESPERTAR - no hay otra. Sólo es cuestión de recordar que PUEDES despertar. No se necesita nada más, ningún otro esfuerzo, ningún método, ninguna técnica, ningún camino. Sólo un recuerdo de que "Éste es mi sueño". Un recuerdo de que "He decidido soñarlo - y en el momento en que decida no soñarlo, estaré despierto". Una vez que se retira tu cooperación, el sueño se anula.

Si vives en la miseria, la estás creando. Y nadie más puede quitártela a menos que TÚ decidas no crearla más. Tu infierno es tu trabajo. Todo lo que eres es tu propia creación.

En un momento, puedes despertar.

Este es uno de los grandes mensajes del Zen y de Buda, que el tiempo no es necesario. Si hay que esforzarse, entonces el tiempo es necesario. Pero si uno puede despertar sin esfuerzo, sólo con la idea, entonces el tiempo no es necesario.

Por eso te encuentras con historias zen inmensamente bellas e increíbles: la iluminación sucede tan fácilmente que uno no se lo puede creer. Un maestro golpea al discípulo, y en ese momento el discípulo se ilumina. ¿Qué ha ocurrido?

El otro día te contaba la historia de Ananda. En el momento en que su cabeza tocó la almohada se iluminó: todo el samadhi fue suyo. ¿Qué ocurrió en ese momento? Lo mismo.

Somendra, tu sueño es uno de los sueños más importantes que uno puede soñar. Tiene un gran significado espiritual - es un sueño clave. No pienses sólo en él como un sueño y no lo olvides. Una llave te ha sido entregada en tu sueño. Ahora úsala para el sueño mayor que sigues viendo todo el día con los ojos abiertos: despierta.

La segunda pregunta

Pregunta 2:

¿CÓMO CONOCE A JESÚS, BUDA, KRISHNA, ZARATUSTRA Y LAO TZU?

PORQUE YO SOY ELLOS. Y tú también eres ellos. Despierta y conoce. Krishna o Buda o Cristo no son parte de la historia, son parte de tu ser. Son etapas de tu ser. No necesitas ir a la historia para saber de Cristo - y aquellos que lo hacen, están siendo simplemente estúpidos.

Hay que ir hacia dentro. No encontrarás a Cristo en Israel, no encontrarás a Cristo retrocediendo veinte siglos. Sólo tienes que ir hacia dentro: ahí está el verdadero Israel. No se trata de entrar en el tiempo, se trata de ir más allá del tiempo. Y tu conciencia existe más allá del tiempo en este mismo momento.

La pregunta es pertinente. La gente sigue preguntándose cómo sé sobre Ikkyu. No sé nada de Ikkyu, pero sé de mí mismo. Y ahí es donde puedo conocer a cualquiera que se haya despertado. No se trata de conocer a Ikkyu como persona, o a Krishna o a Cristo. No son personas, son lo último en consciencia. Si TÚ eres consciente, los conoces.

Por eso te digo Si a veces te encuentras con algunas de mis afirmaciones sobre Cristo que NO concuerdan con la Biblia, ¡olvídate de la Biblia! O corrígela - al menos puedes corregir tu copia. Porque lo que digo no es una investigación histórica. No estoy proponiendo ninguna tesis, simplemente estoy diciendo lo que me ha sucedido. No puede suceder de otra manera - no podría haber sucedido de otra manera, nunca.

El sabor de la iluminación es el mismo. No importa a quién le suceda. En qué época, a qué edad, en qué país, no hay diferencia. Es una experiencia eterna e intemporal.

Una vez que te has conocido a ti mismo, has conocido a todos los Budas del pasado. Y no sólo eso, sino también a todos los Budas del futuro, incluso a los que aún no han sucedido. Al conocerte a ti mismo, llegas a conocerlo todo.

La tercera pregunta

Pregunta 3:

NO ME SIENTO VALIENTE, SÓLO MUY AFORTUNADA DE QUE, CONTRA TODO PRONÓSTICO Y A PESAR DE MI ESTUPIDEZ, ESTÉ AQUÍ. Y QUE DESPUÉS DE TRES AÑOS Y MEDIO AÚN NO ME HAYAS ECHADO. Y QUE NO TENGA GANAS DE IRME.

ME PARECE QUE HARÍA FALTA MUCHO MÁS VALOR PARA VOLVER AL MUNDO Y VIVIR SIN TI Y SIN TODO LO QUE ME HAS APORTADO.

CADA DÍA ME SIENTO TRANSPORTADO A TU DICHA, AL MENOS POR MOMENTOS, Y LA GENTE QUE ME RODEA ES

UNA ALEGRÍA PARA LA VISTA. ¿CÓMO PUEDES DECIR QUE HACE FALTA VALOR? ¿O NO ESTOY CONTIGO?

La pregunta es de Arup.

ARUP, SE NECESITA CORAJE O LOCURA. Y tú estás loco. O los locos pueden estar conmigo, o los valientes. Los que piensan de forma lógica, inteligente, calculadora, no pueden estar conmigo. El coraje es también un aspecto de la locura. La locura es mucho más que el coraje, pero el coraje también es un aspecto de ella.

¿Qué es el coraje? Significa que, a pesar de todo lo que dice tu mente, tu lógica, tu cordura, sigues adelante. Conoces el peligro, conoces el riesgo, pero sigues adelante. A pesar de todo lo que sabes, eliges vivir una experiencia determinada: eso es valentía.

Las personas valientes también están locas, aunque la locura es mucho más que la valentía. Es mucho más vital, tiene más dimensiones. Y para ir a lo desconocido, ¿cómo puede estar conmigo un hombre que sigue calculando? Siempre calculará.

Aquí hay gente que calcula continuamente: dan pasos muy calculados. Pero seguirán fallando. Sus pasos no pueden ser lo suficientemente vitales, y sus pasos no pueden ser saltos cuánticos.

Como calculan, se mantienen dentro de los límites de su conocimiento: se mantienen dentro de lo conocido. ¿Cómo puedes calcular sobre lo desconocido? ¿Cómo puedes pensar en lo que aún no conoces? Tienes que lanzar todo tu conocimiento a los vientos, sólo entonces podrás entrar en él.

Así sucede a veces, llegan los tontos y los llamados sabios se quedan atrás.

En el amor, en la oración, en la meditación, en Dios, se necesita una especie de coraje loco. Una vez que has entrado en ese mundo, ya no necesitas valor. Es sólo el primer punto de activación. Una vez que has entrado en el mundo de lo divino, una vez que has probado algo de él, entonces Arup tiene razón: dejarlo será una locura, dejarlo necesitará un inmenso coraje. De hecho, para dejarlo necesitarás una gran estupidez. Y volver al mundo será imposible: no sucede, no puede suceder.

Lo he oído:

Un hombre se dio cuenta de que su coche tenía una rueda pinchada, así que se detuvo y procedió a cambiarla. El coche estaba aparcado frente a un manicomio, y mientras trabajaba en el cambio de rueda, un recluso le observaba muy de cerca a través de la verja. El motorista fue descuidado y accidentalmente dejó caer las tuercas de la rueda por una rejilla de alcantarillado cercana. ¿Qué hacer?

Al cabo de un rato, el preso llamó al motorista y le sugirió que utilizara una tuerca de cada una de las otras tres ruedas para sujetar la cuarta.

"Es una idea muy inteligente", dijo el automovilista. "Me hace preguntarme por qué están encerrados entre esas paredes".

"Eso también es sencillo", dijo el recluso. "Estoy aquí porque estoy loco, no porque sea estúpido".

Arup, estás aquí porque estás loco. Y ahora es imposible irse. Ese punto ya se ha cruzado. Hay un punto - antes de ese punto, uno puede escapar si uno quiere escapar.

Una vez que se cruza ese punto, entonces estás más allá del recuerdo. Entonces, aunque te alejes de mí, no podrás alejarte de mí. Entonces, dondequiera que estés, me encontrarás dentro de ti. Y dondequiera que vivas, vivirás en mi clima.

Llega un punto de comunión, un encuentro de las almas. Una vez que eso ha sucedido, el punto de no retorno ha llegado.

Es valiente, una locura, incluso pensar en Dios, buscar a Dios, dedicar y consagrar tu vida a Dios. Pasar a la meditación es pasar al ahora. ¿Y cuál es su utilidad? Nada tangible en tus manos, nada que puedas mostrar al mundo que hayas conseguido.

El mundo nunca sabrá lo que has conseguido. Seguirá siendo una experiencia interior, inexpresable, inefable. Sólo TÚ lo sabrás, o quienes hayan llegado a esa experiencia. Serán muy pocos. El mundo entero se reirá de ti. Pensarán que has caído en una trampa, que estás hipnotizado, que estás malgastando tu vida. Y las personas que dirán esto son mayoría, siempre han sido mayoría. Se rieron de Cristo, se rieron de Lao Tzu, ridiculizaron a Buda, estuvieron en contra de Mahavir, están en contra mía.

Y se vengarán de ti de todas las formas posibles; no te dejarán vivir en paz. Esto es muy extraño. Buda no trataba de molestar a nadie de ninguna manera, podría haber vivido pacíficamente con sus discípulos. Pero la gente no lo permitió.

¿Qué hacía Jesús? Podía haberse ido con sus discípulos a las montañas, meditar, rezar, hablar de Dios y del reino de Dios. ¿Qué daño estaba haciendo a la gente? Pero estaban enfadados, estaban furiosos, estaban enojados con él. Le mataron.

¿Por qué sucede una y otra vez? Si estás conmigo, el mundo entero estará en tu contra. Estar conmigo es arriesgado. No es una elección sencilla: me eliges a mí contra el mundo. El mundo es grande, la mayoría tiene todo tipo de poder. Y estarán en tu contra y querrán destruirte, aunque tú no les estés haciendo nada. ¿Por qué tienen tanto pánico?

Ocurre un fenómeno sutil. En el momento en que alguien empieza a moverse hacia Dios, todos los que viven en el mundo mundano ordinario se vuelven temerosos, porque de repente la presencia del buscador les hace sentir que están desperdiciando sus vidas. De repente, la alegría en los rostros de los que rezan y meditan, de repente la danza, el cambio, la transformación en las vidas de las personas, en sus seres -la risa, el amor- y las personas que corren tras el dinero y el poder empiezan a sospechar de sus propios esfuerzos. ¿Qué están haciendo? ¿Es correcto?

Surge en ellos una gran duda, por eso se enfadan tanto. Creas duda en su vida. Y vivían tan seguros, tan absolutamente seguros de que su vida era la correcta. Y llega un Cristo o un Buda, y su presencia les sacude. Nunca más podrán estar tan seguros: la duda ha entrado en su ser. Se enfadan a causa de esa duda.

Ahora, mis sannyasins no están haciendo nada a nadie. No se puede encontrar gente más pacífica, más amorosa que ellos; no están haciendo ningún daño a nadie. Pero la sociedad va a estar cada vez más en tu contra. Y la sociedad va a tratar por todos los medios de impedírtelo. Esto es extraño, muy extraño, pero hay una lógica sutil en ello...

Hace unos días, Maneesha hizo una pregunta: "Maestro, ¿la idea de mudarse a Kutch era sólo un artilugio?"

No fue así, Maneesha. Quería mudarme a Kutch, todo estaba planeado. Pero la política del país hizo casi imposible el traslado. Es por culpa de las travesuras de Morarji Desai que no pudimos trasladarnos. Pero ¿POR QUÉ debería interesarle al primer ministro de este país a dónde voy, a dónde va mi gente, qué estamos haciendo? No hacemos política; mi pueblo es el más apolítico del mundo; creemos que la política es una estupidez.

Pero es por eso. Surge la sospecha, surge la duda: si yo tengo razón, entonces todos están equivocados. Y si esta idea se extiende... y puede extenderse como el fuego. La verdad tiene un potencial: aunque la crucifiques, se propaga.

Jesús no fue destruido por la crucifixión. De hecho, le ayudó: Jesús se convirtió en una gran fuerza en el mundo gracias a la crucifixión. La verdad no se puede matar. Pero puede retrasarse.

La gente estará en tu contra. Por eso es valiente estar conmigo. Y no puedo darte nada, excepto nada. Eso es lo que dice Ikkyu: "Me gustaría darte todo, pero los Budas NO tenemos nada excepto nada".

Sólo puedo darte nada, ése es mi regalo. Y lo arriesgarás todo. Tu vida, tu respetabilidad, tu familia, tus finanzas... lo arriesgarás todo. ¿Arriesgarlo todo por nada? Debes estar loco.

La cuarta pregunta

Pregunta 4:

MIS PADRES SIGUEN DICIENDO QUE QUIEREN QUE LLEVE UNA VIDA "ÚTIL" Y QUE HAGA ALGO "ÚTIL PARA LA SOCIEDAD". ¿SOY YO? ¿SON SANNYASINS?

BARKHA, la sociedad quiere que te reduzcas a una mercancía. Para decirlo educadamente dicen: "Haz algo útil". Dicen: "Sé útil. Funciona como una mercancía para que la gente pueda usarte. Sé una máquina, eficiente, funcional".

La sociedad lo ha estado haciendo a lo largo de los siglos: reducir a las personas a mercancías utilitarias. Pero hablan como si lo dijeran con mucho amor. Y no estoy diciendo que tus padres te estén engañando: puede que simplemente estén repitiendo lo que SUS padres les han hecho a ellos. Así sucede, generación tras generación: se transmiten las mismas enfermedades. Sus padres les habrán dicho: "Sé útil, si no serás un don nadie, un vagabundo. Haz algo por lo que la sociedad te pague. Cuanto más te pague, más útil habrá sido tu trabajo".

La utilidad de una cosa se decide por el dinero, cuánto dinero puedes sacar de ella. Ahora, ¿cuánto dinero puedes obtener de la meditación? No puedes sacar dinero de la meditación; incluso puedes perder lo que tienes. Mientras estás meditando, alguien puede robarte. Y no puedes hacer ambas cosas: meditar y vigilar tu bolsa de dinero; eso es imposible.

El amor no es una utilidad. Puedes ser lo más cariñoso posible, pero no te harás famoso por tu amor. Mira: la gente se hace famosa por su violencia, no por su amor. Cuanto más poder tienes para matar, eso te hace famoso. Cuanto más poder tienes para matar, más importante eres. ¿Y el amor? ¿A quién le importa el amor? Está bien que los poetas hablen de él, que los pintores pinten sobre él y que los místicos canten sobre él. Pero estas personas no son la gente real, no son la sociedad real, existen al margen. Siempre están al margen. La sociedad los tolera de alguna manera, eso es todo. Pero la sociedad no los necesita.

Uno de los pensadores más calculadores del mundo, Platón, decidió que en su sociedad ideal llamada "República" no se permitirían poetas; no habría lugar para los poetas. ¿Por qué estaba este hombre tan en contra de los poetas? La única razón es que dicen tonterías.

La poesía no puede reducirse a ninguna utilidad. Sannyas es poesía - poesía en la vida, poesía como vida.

Tus padres deben estar preocupados, lo comprendo. Sienten algo por ti, aunque sus sentimientos no estén ILUMINADOS, siguen sintiendo algo por ti. Deben estar preocupados: "¿Qué le va a pasar a mi hijo?

Si uno sigue meditando, bailando y cantando, ¿de dónde va a salir el dinero?

¿Y quién te va a mantener? ¿Cómo vais a vivir? ¿Dónde está la seguridad?". Deben de estar preocupados por ti.

Puedo entender su simpatía, pero su simpatía es ignorante. La vida puede vivirse de forma poética - DEBERÍA vivirse de forma poética. La vida no debe reducirse a ninguna utilidad, y sin embargo se puede ganar lo suficiente. Pero recuerda siempre a Jesús: "No sólo de pan vive el hombre". No debes convertirte sólo en un productor de pan, en un ganadero de pan. El pan es necesario, pero el pan es necesario sólo para que puedas cantar una canción. El pan es necesario para la canción, la canción no es necesaria para el pan - el pan es un medio, no es un fin.

Una vez que cambie tu perspectiva, la vida tendrá un significado totalmente distinto. No tendrá utilidad, sino significado, que es mucho más importante. Ganarás - las necesidades no son muchas, las necesidades son muy pocas. Cualquier persona inteligente puede satisfacer sus necesidades muy fácilmente. Pero cuando las necesidades se convierten en la vida entera y tú no eres más que un medio, entonces las necesidades no pueden ser satisfechas - se vuelven neuróticas.

Las necesidades neuróticas se llaman deseos. Así las llama Buda: necesidades neuróticas. Se necesita pan, pero NO se necesita un gran tesoro. Se necesita ropa, pero no hay que volverse loco por la ropa. Uno no está aquí sólo para seguir coleccionando ropa. Sí, a veces es bonito ponerse flores en el pelo, tener una guirnalda de flores o simplemente una rosa en el ojal. Pero estás loco si corres detrás de los diamantes y pierdes el tiempo. Cualquier piedra, cualquier piedra bonita de la playa es suficiente.

Una concha de mar servirá.

No hay necesidad de poner toda tu energía y tu vida en cosas que realmente no tienen importancia, son insignificantes. Pero así es como vive la gente. Viven para el saldo bancario. Una vez que han empezado a vivir para el saldo bancario, olvidan por completo para qué sirve el saldo bancario; siguen aumentándolo.

Una vez le preguntaron a Andrew Carnegie, uno de los hombres más ricos del mundo: "Usted podría haber dejado de ganar en cualquier momento, porque siempre tenía más de lo que necesitaba". Respondió: "Sí, así es, pero no podía parar. Había olvidado CÓMO parar".

Una vez que te metes en las cosas es casi imposible parar. Ahora sabía que tenía más de lo que necesitaba y que no había necesidad de seguir ganando. Pero trabajaba desde por la mañana hasta altas horas de la noche. Incluso el día de su muerte trabajó hasta tarde, hasta las doce de la noche, y a las doce y media murió. Y estaba enfermo, y los médicos decían: "Necesitas descansar".

Pero, ¿cómo se puede descansar? Toda la vida se orienta hacia el dinero: el dinero significa utilidad.

Una persona inteligente sabe que el dinero no es el objetivo. Y recuerda, no estoy en contra del dinero, pero el dinero no es el objetivo. Hay dos tipos de personas: los que están a favor del dinero y los que están en contra del dinero. Ambos son poco inteligentes. Una persona inteligente no está ni a favor ni en contra. Sabe que el dinero tiene alguna utilidad, que satisface ciertas necesidades: necesitas ropa, necesitas un refugio, necesitas comida, así que está perfectamente bien. Pero no tienes por qué hacer del dinero tu dios.

Barkha, dices: MIS PADRES SIGUEN DICIENDO QUE QUIEREN QUE LLEVE UNA VIDA "ÚTIL" Y HAGA ALGO "ÚTIL PARA LA SOCIEDAD".

Es una lógica muy extraña. Esto se le dice a todo el mundo.

Lo he oído: Una madre le decía a su hijo: "Sirve a los demás. El servicio es religión. Dios te ha creado para servir a los demás". Y el niño debía de ser un niño inteligente: dijo: "Vale, así que Dios me ha creado para servir a los demás. ¿Por qué ha creado a los demás? ¿Para servirme a mí? Esto parece tan absurdo. Yo puedo servirme a MÍ mismo, ellos pueden servirse a SÍ MISMOS - ¡parece tan simple!".

¿"Hacer algo útil para la sociedad"? ¿Qué es útil? ¿Ser profesor en una escuela? Sí, eso es útil - puedes destruir nuevos y hermosos niños en nombre de la educación. Eso es utilitario - puedes condicionarlos. Los profesores son los vehículos para que el pasado destruya el futuro. De eso se trata la educación. Los muertos intentando controlar a los vivos: eso es la educación. El profesor es sólo un vehículo. Por eso se le respeta tanto.

El respeto tiene una razón de ser: él es la puerta por la que el pasado entra en el presente. Todos tus padres muertos y sus padres y sus padres, todos están trabajando a través del maestro para destruir a un niño pequeño. Ellos mismos no han vivido, han desperdiciado su vida - ahora NO quieren que este niño viva. También quieren moldear a este niño según un determinado patrón. Les gustaría que se convirtiera en un oficinista, entonces es útil para la sociedad. O les gustaría que el niño se convirtiera en un soldado, entonces es útil para la sociedad. O les gustaría que el niño se convirtiera en un físico atómico, entonces es útil para la sociedad.

Crear guerra, es útil. Explota a la gente, es útil Destruye a la gente, es útil.

Tus padres deben de quererte, por eso están preocupados. Siéntete agradecido por su amor, pero ten cuidado:

su amor es ignorante. No tiene luz, es oscuro, es peligroso. Siéntete agradecido de que piensen en ti, pero NO te dejes atrapar por ellos.

¿Qué utilidad tiene una flor de rosa? ¿Y qué utilidad tienen estos pájaros que cantan? este cuco lejano que te llama, ¿qué utilidad tiene? ¿Qué utilidad tienen las estrellas, y las montañas, y los ríos?

La existencia es una celebración. No es un mercado, es un festival, es un carnaval de alegría. Es danza, es canción, es amor. No tiene utilidad. No es un medio para otro fin, es un fin en sí mismo.

Eso es lo que te enseño: Sé alegre, sé un celebrante. Ama la vida por completo, vive la vida por completo. Y, por supuesto, se da por sentado que serás lo bastante inteligente para procurarte el pan y la mantequilla.

Y eso no es un gran problema: se puede arreglar muy fácilmente, con muy poco esfuerzo. No hace falta malgastar toda la vida en ello.

Así que, Barkha, haz que tus padres entiendan lo que te está pasando aquí. Mi pueblo no va a ser mendigo; estoy en contra de la mendicidad. La nueva comuna no va a mendigar nada, será una comuna productiva, producirá por sí misma todo lo que necesite. Pero no reducirá a las personas a utilidades. Todo lo que se hace se hace sólo para que se pueda celebrar, para que se pueda cantar, para que se pueda bailar.

La danza es el objetivo. Todo lo demás debe ser sólo una parte. Y si TÚ eres alegre, ayudas a la gente a ser alegre. Si puedes reír, creas ondas de risa en la existencia. Ese es el verdadero servicio.

NO creo que si te haces soldado o entras a formar parte de un ejército, estés sirviendo a la sociedad. Eres peligroso, eres un enemigo, eres destructivo. Estás al servicio de la muerte, no al servicio de la vida. Si creas bombas atómicas, no estás al servicio de nadie.

¿Lo sabías? Antes de morir Albert Einstein, alguien le preguntó: "Si se te diera otra oportunidad y Dios quisiera que volvieras a la Tierra, ¿en qué te gustaría convertirte?". Abrió los ojos y dijo: "Una cosa es segura: ¡nunca más un físico, nunca más un científico! Preferiría ser fontanero".

Hay una razón, una gran experiencia en él, un gran arrepentimiento en él. Albert Einstein sabe perfectamente que ha malgastado su vida y que ha sido la causa de Hiroshima y Nagasaki, que ha sido incluso más peligroso para la humanidad que Adolf Hitler. Existe la posibilidad de que cualquier día el mundo entero desaparezca y la razón y la causa sea Albert Einstein. Pero cuando estaba descubriendo la energía atómica pensaba que estaba siendo de gran utilidad para la sociedad.

Por favor, evita ser tan útil a la sociedad. Planta un rosal: basta ya de Hiroshimas y Nagasakis. Riega una plantita: que haya un poco más de verde en el mundo, un poco más de rojo en el mundo, un poco más de oro en el mundo. Toca una guitarra: que haya un poco más de música en el mundo, un poco más de armonía en el mundo. Ama. Ama por amor.

Quinta pregunta

Pregunta 5:

HE EMPEZADO A SENTIR QUE HAY OTRA FORMA DE PERDER EL NORTE: EN LUGAR DE SER DEMASIADO SERIO (COSA QUE EVITO CUIDADOSAMENTE) ME HE VUELTO DEMASIADO TONTO. HE DECIDIDO QUE SOY DEMASIADO

INTELIGENTE PARA TOMARME LA VIDA EN SERIO, ASÍ QUE ME HE PASADO AL LADO OPUESTO DEL PÉNDULO.

ME HABÍA SENTIDO BASTANTE CÓMODO Y DIFERENTE EN ESE ESPACIO, PERO AHORA ME SIENTO MUY MUY CONFUSO. LO ÚNICO QUE VEO ES QUE SIGO SIN ENTENDER.

POR FAVOR, AYÚDAME.

SARJANO, ASÍ FUNCIONA LA MENTE: se mueve de un extremo a otro. Ésa es la manera que tiene la mente de evitar el cambio; ésa es la astucia de la mente, el engaño. Y en realidad es un engaño muy sutil, porque parece un gran cambio. Cuando pasas de una polaridad a otra, naturalmente parece un gran cambio. ¿Qué cambio puede ser más grande que éste?

Comías demasiado y empiezas a ayunar. Naturalmente piensas que es un gran cambio. Pero la mente te ha engañado. Tanto si comes más como si ayunas, sigues obsesionado con comer. No has cambiado. Tu concentración sigue estando en la comida, sigues pensando en la comida, fantaseando con la comida. En apariencia, has cambiado tanto que parece un giro de ciento ochenta grados: comías demasiado y ahora ayunas. Corrías detrás de las mujeres continuamente, persiguiéndolas... y ahora, cada vez que pasa una mujer, simplemente cierras los ojos y dices: "Hare Ram, Hare Ram...". ¡Crees que has cambiado! Eres el mismo, sólo que te has movido a la polaridad opuesta.

La mente te ha engañado - sigues obsesionado por las mujeres, sigues pensando en la mujer, estás obsesionado.

Pero esto ha estado ocurriendo - y no sólo contigo, Sarjano. Millones han sido engañados por esta astucia de la mente. La gente se traslada a los monasterios... Hay monasterios donde nunca se ha permitido la entrada a una mujer, durante miles de años - ni siquiera a una niña pequeña.

Pero las personas que viven en estos monasterios piensan continuamente en las mujeres y en nada más. No pueden pensar en otra cosa; toda su mente queda poseída por el pensamiento de la energía femenina.

Y estas son las personas que piensan que han cambiado. No han cambiado.

El mayor y más astuto truco de la mente es que, cuando quieres cambiar, cuando insistes en el cambio, pasa de una polaridad a otra. Dice: "Mira, ¿qué más quieres? Te lo doy todo".

Sarjano es un autor intelectual. Debía de ser muy serio, los autores son gente seria.

Entonces, escuchándome, intentando comprenderme, acercándose a mí -y está enamorado de mí-, algo empezó a suceder. Tuvo una pequeña experiencia de satori, y ese día decidió: "Se acabó la seriedad". Se movió al polo opuesto, se volvió tonto. Empezó a escribirme cartas muy tontas. Y debió pensar que se estaba volviendo Zen...

Entonces, cuando le dije que eso era una estupidez, naturalmente se quedó confuso. ¿Ahora a dónde ir? La seriedad estaba mal, ahora la estupidez está mal, ¿ahora dónde ir? He cerrado las dos puertas. Ese es uno de los dispositivos. Me gustaría que estuvieras exactamente en el medio: ni serio ni tonto, ni a favor del dinero ni en contra del dinero, ni obsesionado con comer ni obsesionado con ayunar. Me gustaría que estuvieras justo en el medio.

Buda ha llamado a su camino "el camino del medio" - MAJJHIM NIKAYA. Y esa es una de las cosas más importantes que hay que entender: cuando estás exactamente en el medio, trasciendes la polaridad.

El punto medio exacto es el punto de trascendencia. Entonces ya no eres serio ni tonto, entonces eres simplemente consciente. Entonces todos los modos desaparecen, los patrones desaparecen; entonces uno es simplemente consciente.

Comprendo tu confusión, Sarjano. Primero cerré una puerta, la de la seriedad. Inmediatamente te dirigiste a otra puerta, la de la tontería. Ahora también he cerrado esa puerta. Naturalmente, te sientes asfixiado: ¿adónde ir? No puedes ir a la primera, no puedes ir a la segunda, y no hay otra puerta. Y lo sé, no hay otra puerta.

Ahora sitúate exactamente en el medio. Y si puedes llegar a ese equilibrio al que me refiero cuando digo "exactamente en el medio" te sorprenderás: todas las puertas desaparecen, te transportas a otro mundo. Ya no estás en la mente. Mente significa exceso, mente significa exageración.

Lo he oído:

Una solterona se casó con un granjero. La primera noche no hubo actividad sexual, y no hubo ninguna durante más de un año.

Un día, mientras observaba al granjero arando en un campo lejano, éste dejó el arado y entró corriendo en la casa. Se abalanzó sobre ella, le arrancó la ropa y la tumbó en el suelo del salón.

Las cosas parecían prometedoras en ese momento, pero pasó cerca de un año sin más sexo. Un día, mientras ella lo observaba con el arado, él tiró el arado y vino corriendo hacia la casa.

En lugar de que le volvieran a arrancar toda la ropa, se desnudó y buscó un lugar cómodo para tumbarse en el suelo.

El granjero irrumpió, le echó un vistazo y gritó: "¡Levántate, demonio sexual, el granero está ardiendo!".

Esta gente que vive en polaridades... Un año de ayuno, y luego esta locura amorosa. Un año sin ira, y luego un asesinato. Un año de vivir en el celibato, y entonces estás CONDENADO a caer en la indulgencia. Y la indulgencia vendrá como una venganza - no puede ser natural. Tu vida se moverá como un péndulo, siempre permanecerás desgarrado. Y entonces la indulgencia te llevara de nuevo al celibato - y es un circulo vicioso, puede continuar para siempre.

Has abandonado la seriedad, no hay necesidad de elegir la tontería. Es lo mismo. Ahora sólo estás de cabeza.

Y el Zen puede dar esa sensación a mucha gente. Hay un tipo de Zen que se está imponiendo en Occidente y que no es Zen real, es sólo otro extremo. La gente lo disfruta sólo por lo extremo que es.

Por ejemplo, siempre has oído que Jesús es Dios y que hay que adorar a Jesús. Y Jesús no tiene ni que ser considerado humano, nació de una virgen. Vivió una vida sobrehumana - todos esos milagros son sólo para probarlo. Por veinte siglos, todo el esfuerzo de la teología cristiana ha sido este, probar que Jesús es divino, no es humano.

La gente se ha cansado en Occidente: cansada de Jesús, cansada de la Virgen María, cansada de los milagros, cansada de esta exageración rimbombante sobrehumana. Y de repente se encuentran con las afirmaciones del Zen.

Un maestro dice: "Si encuentras a Buda en el camino, mátalo inmediatamente". Esto parece hermoso, lejano.

Eso es lo que la gente está deseando hacer. ¡Basta ya! - veinte siglos de adoración, uno está harto.

A uno le GUSTARÍA matar a Jesús.

Eso es lo que hizo Friedrich Nietzsche cuando declaró: "Dios ha muerto". Lo que estaba diciendo era: "¡Basta! Ya hemos oído hablar bastante de ti. Ahora es el momento: queremos deshacernos de ti".

Así que cuando te encuentras con afirmaciones Zen como "Si te encuentras al Buda en el camino, mátalo inmediatamente" es un alivio. Pero NO sabes quién dijo esto. El hombre que dijo esto había estado adorando a Buda durante treinta años. Y el día que lo dijo, ese día también había adorado por la mañana. Y después de decirlo, por la tarde ya estaba adorando de nuevo. Los discípulos que le habían oído decir esto no podían creerlo, y cuando le vieron adorando de nuevo le preguntaron: "¿Qué estás haciendo? Hoy mismo has dicho: "Si encuentras a Buda en el camino, mátalo". Ahora, ¿por qué estás adorando?".

Y dijo: "Porque le amo. Y porque incluso PERMITE que lo maten, mi amor crece más. No quiere que me aferre a él, porque eso se convertirá en una barrera. Quiere que yo también lo deje. De ahí que mi gratitud sea aún mayor.

Pero si vemos la afirmación sacada de su contexto, se convierte en una tontería. Se oye hablar de un maestro zen que golpea a un discípulo en la cabeza con su bastón y se produce un gran satori. Estas historias se están extendiendo mucho en Occidente. Y la gente piensa que esto es hermoso - un solo golpe. Pero NO SABEN; el hombre había estado meditando durante veintiséis años. Eso era lo último, estaba preparado para ello. Esos golpes del maestro tienen que ser MERECEDORES - uno tiene que ser digno de ellos, uno tiene que ser capaz de recibirlos.

Los maestros zen utilizan palabras para referirse a Buda que ninguna otra tradición ha utilizado jamás. Y eso sólo es posible porque su amor es tremendo.

Se dice que cuando Buda nació declaró: "No hay nadie más alto que yo, ni por encima ni por debajo".

Y se dice que Ikkyu dijo: "Si yo hubiera estado allí, habría matado a este tipo inmediatamente y se lo habría echado a los perros".

E Ikkyu adoraba a Buda, mañana y tarde, con lágrimas en los ojos, bailando alrededor de su estatua y llevándole flores. Si NO conoces todo el contexto de Ikkyu, no lo entenderás.

Lo dice por un gran amor - su amor es tan grande que se puede decir. No está ofendiendo a Buda.

Buda lo entenderá, sonreirá, lo sabrá.

Pero Ikkyu no es tonto. No es ni serio ni tonto, simplemente es espontáneo. Cuando le apetece adorar, adora. Cuando le apetece echarle también le echa...

Vivía en una choza y allí no había ninguna estatua de Buda. Unos soldados pasaban por allí y pasaron la noche en la cabaña de Ikkyu. Y vieron al hombre, y la belleza del hombre - él mismo era un Buda.

Y le dijeron: "Te pareces tanto a Buda y, sin embargo, ¿aquí NO tienes una estatua de Buda? Tenemos una imagen - te la presentaremos". Pero Ikkyu dijo: "Llévate tu foto, porque el lugar ya está demasiado lleno. ¿No lo ves? Es una cabaña tan pequeña, ¡los dos no podemos vivir aquí!

Sólo uno puede vivir aquí".

Pero no podían entenderlo. Se rieron, y aún así le dijeron: "Quédate con esta foto, no ocupará mucho espacio". Así que se lo quedó. Colgó el cuadro en un poste y le dijo a Buda: "Ahora estate aquí. Y NO me pidas ninguna reverencia ni ninguna adoración. No voy a ocuparme de ti ni a pedirte ningún favor. Este lugar ya está demasiado lleno, ¡y lo sabes! Pero si insistes, quédate aquí".

Y a la mañana siguiente, está adorando. Lágrimas en sus ojos...

Ahora, entender a este hombre es difícil, difícil porque NO conocemos la espontaneidad. Ese momento fue ESE momento, este momento es este momento. Y él es tan uno con Buda, que puede tirar todas las formalidades al viento.

Pero si te saltas las formalidades a la torera -a sabiendas, con esfuerzo, deliberadamente, sólo para NO parecer serio- has perdido el norte.

Ahora, Sarjano, has intentado ser serio, has intentado ser tonto. Por favor, NO intentes nada más: simplemente sé. Sé natural, como eres. Y a veces serás tonto y a veces serás serio - está bien. Sé sencillo, NO intentes ser nada en particular. Si intentas ser algo en particular, seguirás errando el camino. Si NO intentas ser nada en particular, lo habrás conseguido.

Sexta pregunta

Pregunta 6:

¿QUÉ ES LA CONCIENCIA?

Una historia:

El GENERAL GEORGES METAXAS, difunto dictador de Grecia, fue invitado a pilotar un nuevo hidroavión mientras inspeccionaba una base aérea del Mediterráneo. Lo pilotó él mismo, y todo fue bien hasta que el comandante que le acompañaba observó que estaba a punto de realizar un aterrizaje en la cúpula aérea.

"Disculpe, General, pero como se trata de un barco volador, ¿no sería mejor descender en el océano?".

"Por supuesto, comandante, ¡NO sé en qué estaba pensando!". Metaxas se recompuso y aterrizó con éxito en el agua. Al levantarse de los mandos, dijo: "Comandante, le agradezco mucho el tacto que ha tenido al salvarme de ese increíble error que casi cometo".

Dicho esto, abrió la puerta y salió al mar.

Séptima pregunta

Pregunta 7:

POR FAVOR AYUDENME A ENTENDER QUE ESTA PASANDO EN ESTA RELACION. ESTOY TAN APEGADA Y TAN RESISTIDA, TAN EXTASIADA Y TAN DESDICHADA Y ESCONDIDA. NO VEO EL CAMINO MÁS ALLÁ DE LAS CONTRADICCIONES. TUS GUÍAS PARA MÍ SIGUEN SIENDO UN MISTERIO APARENTEMENTE IMPOSIBLE. MAESTRO, ¿QUÉ ES, UNA PROFUNDIDAD EN LA QUE NO ESTOY CAYENDO?

P. S. ¿ES UNA RELACIÓN UNA ESPECIE DE KOAN?

La pregunta es de Madhuri.

SÍ, MADHURI, EL MEJOR KOAN QUE HAY ES EL AMOR, es la relación. Así es como se está utilizando aquí. Una relación es un rompecabezas sin clave. No importa cómo intentes manejarlo, nunca serás capaz de hacerlo. Nadie nunca ha sido capaz de manejarlo. Está hecha de tal manera que sigue siendo un rompecabezas. Cuanto más intentas desmitificarlo, más misterioso se vuelve. Cuanto más se intenta comprenderla, más escurridiza se vuelve.

Es un koan mayor que cualquier koan que los maestros zen dan a sus discípulos, porque sus koans son meditativos: uno está solo. Cuando te doy el koan de la relación es mucho más complicado, porque sois dos, hechos de forma diferente, condicionados de forma diferente, polos opuestos el uno del otro, tirando en direcciones diferentes, manipulándose mutuamente, intentando poseer, dominar... hay mil y un problemas.

Al meditar, el único problema es cómo estar en silencio, cómo no dejarse atrapar por los pensamientos. En las relaciones hay mil y un problemas. Si estás en silencio, hay un problema. Siéntate en silencio al lado de tu mujer y verás cómo se abalanza sobre ti: "¿Por qué estás callado? ¿Qué quieres decir?". O habla, y tendrás problemas: digas lo que digas, siempre se te malinterpreta.

Ninguna relación puede llegar a un punto en el que deje de ser un problema. O si a veces ves que una relación llega a un punto en el que ya no es un problema, eso significa simplemente que ya no es una relación. La relación ha desaparecido: los luchadores están cansados, han empezado a aceptar las cosas como son. Están aburridos, ya NO quieren luchar. Lo han aceptado, NO quieren mejorarlo.

O, en el pasado, la gente intentaba crear una especie de armonía por la fuerza. Por eso, a lo largo de los siglos, se reprimió a las mujeres: era una forma de arreglar las cosas. Si se obliga a la mujer a seguir al hombre, no hay problema. Pero tampoco es una relación. Cuando la mujer deja de ser una persona independiente, el problema desaparece. Pero la mujer también ha desaparecido. Entonces no es más que una cosa para ser utilizada; entonces no hay alegría, y el hombre empieza a buscar otra mujer.

Si alguna vez te encuentras con un matrimonio feliz, NO te fíes a primera vista. Profundiza un poco más y te sorprenderás. He oído hablar de un matrimonio feliz...

Un granjero paleto decidió que era hora de casarse, así que ensilló su mula y partió hacia la ciudad en busca de una esposa. Con el tiempo, conoció a una mujer y se casaron. Así que ambos se subieron a la mula y emprendieron el camino de vuelta a la granja. Al cabo de un rato, la mula se resistió y se negó a moverse. El granjero se bajó, buscó un palo grande y golpeó a la mula hasta que volvió a moverse.

"Eso es una vez", dijo el granjero.

Unos kilómetros más tarde, la mula volvió a dar un traspiés y se repitió toda la escena. Después de la paliza, cuando la mula volvió a moverse, el granjero dijo: "Ya van dos veces".

Unos kilómetros más adelante, la mula se encabritó por tercera vez. El granjero se bajó, hizo bajar a su mujer y, entonces, sacó una pistola y disparó a la mula en el ojo, matándola al instante.

"¡Qué estupidez!", gritó la mujer. "¡Era un animal valioso y sólo porque te molestaba lo mataste! Eso fue estúpido, criminal..." y siguió así durante algún tiempo.

Cuando se detuvo para respirar, el granjero dijo: "Eso es una vez".

Y se dice que después de eso vivieron para siempre en felicidad conyugal.

Esa es una forma de resolver las cosas, así es como se ha hecho en el pasado. En el futuro, se intentará lo contrario: el marido tiene que seguir a la mujer. Pero es lo mismo.

Una relación es un koan. Y a menos que hayas resuelto algo más fundamental sobre ti mismo, no puedes resolverlo. El problema del amor sólo puede resolverse cuando se ha resuelto el problema de la meditación, no antes. Porque en realidad son dos personas no meditativas las que están creando el problema. Dos personas que están confundidas, que NO saben quiénes son, naturalmente multiplican la confusión del otro, la magnifican.

A menos que se logre la meditación, el amor sigue siendo una miseria. Una vez que has aprendido a vivir solo, una vez que has aprendido a disfrutar de tu simple existencia, sin razón alguna, entonces existe la posibilidad de resolver el segundo y más complicado problema de que dos personas estén juntas. Sólo dos meditadores pueden vivir enamorados, y entonces el amor no será un koan. Pero entonces tampoco será una relación, en el sentido en que tú la entiendes. Será simplemente un estado de amor, no un estado de relación.

Así que, Madhuri, entiendo tu problema. Pero yo le digo a la gente que se meta en esos problemas porque esos problemas te harán consciente del problema fundamental, de que tú, en lo más profundo de tu ser, eres un enigma. Y el otro es simplemente un espejo. Es difícil conocer tus propios problemas directamente, pero es muy fácil conocerlos en una relación. Un espejo se hace disponible: puedes ver tu cara en el espejo, y el otro puede ver su cara en tu espejo. Y ambos se enfadan, porque ambos ven caras feas.

Y, naturalmente, ambos se gritan, porque su lógica natural es: "Eres TÚ, este espejo, el que me está haciendo parecer tan fea. Si no, soy una persona tan hermosa".

Ese es el problema que los amantes siguen intentando resolver, y no pueden. Lo que dicen una y otra vez es lo siguiente: "Soy una persona tan bella, pero tú me haces parecer tan fea".

Nadie te hace parecer fea: tú ERES fea. Lo siento, pero es así. Agradece al otro, agradece al otro, porque te ayuda a verte la cara. NO te enfades.

Y profundiza en ti mismo, profundiza en la meditación. Pero lo que ocurre es que cuando una persona está enamorada se olvida por completo de la meditación. Cuando veo que faltan algunas personas, sé lo que les ha pasado. Les ha pasado el amor. Ahora NO piensan que se les necesita aquí. Sólo vendrán cuando el amor cree muchos problemas y les resulte imposible resolverlos. Entonces vendrán y preguntarán: "Maestro, ¿qué hacer?".

Cuando estés enamorado, NO olvides la meditación. El amor no va a resolver nada. El amor sólo va a mostrarte quién eres, dónde estás. Y es bueno que el amor te ponga alerta - alerta de toda la confusión y el caos dentro de ti. Ahora es el momento de meditar. Si el amor y la meditación van juntos, tendrás las dos alas, tendrás un equilibrio.

Y también ocurre lo contrario. Siempre que una persona empieza a profundizar en la meditación, empieza a evitar el amor, porque piensa que si entra en el amor su meditación se verá perturbada. Eso también es erróneo. La meditación no será perturbada, la meditación será ayudada. ¿Por qué será ayudada? Porque el amor te mostrará dónde hay problemas, dónde están. Sin amor, te volverás inconsciente de tus problemas. Pero volverse inconsciente no significa que los hayas resuelto. Si no hay espejo, eso no significa que NO tengas cara.

El amor y la meditación deben ir de la mano. Este es uno de los mensajes más importantes que me gustaría compartir contigo: El amor y la meditación deben ir de la mano. Ama y medita, medita y ama, y poco a poco verás surgir en ti una nueva armonía. Sólo esa armonía te hará feliz.

Pregunta 8:

TUS BROMAS ME DAN MIEDO Y ME CONFUNDEN. POR FAVOR DIME UNO DE LOS SUTRAS DE BUDA SOBRE DIOS.

P.D. ME VOY A ITALIA MAÑANA. GRACIAS. ANAND SATYAM,

PUEDO ENTENDER - las bromas son peligrosas. Por eso ningún Maestro antes que yo las ha tocado. Pero me encanta el peligro. Los chistes tienen una belleza tremenda si puedes permitir que entren en tu núcleo más íntimo. Ningún sutras puede llegar ahí, porque cuando estás escuchando un sutra empiezas a quedarte dormido. Es muy difícil mantenerse despierto escuchando sutras por la sencilla razón de que los sutras son serios, secos, como el desierto. ¿Cuánto tiempo puedes mirar el desierto? Tarde o temprano empezarás a bostezar, porque es el mismo desierto hasta el mismo horizonte - por todos lados es todo arena y arena y arena, y la escena es exactamente la misma. Los sutras son exactamente lo mismo; son desérticos. Crean sueño: funcionan como nanas. Si sufres de insomnio, la lectura de algunos sutras de Buda o de Ikkyu te será muy útil. Basta con leer algunos sutras para quedarse dormido. Cuando todos los tranquilizantes fallan, los sutras funcionan.

Eso es lo que hacen los hipnotizadores: simplemente repiten un determinado sutra. Todo lo que se repite una y otra vez crea tal aburrimiento que hay que escapar de él. Y el escape más fácil es el sueño.

Mulla Nasruddin sufría mucho de insomnio. Todos los esfuerzos fracasaron: todos los tranquilizantes, los somníferos; nada funcionó. Sus hijos estaban muy preocupados. Finalmente encontraron a un hipnotizador que les dijo: "No se preocupen, vendré esta noche". Y vino, y empezó simplemente a repetir: "Te estás quedando dormido..."

Nasrudín estaba tumbado en la cama con los ojos cerrados, las luces estaban apagadas y el hipnotizador repetía una y otra vez: "Te estás quedando dormido... tus párpados son cada vez más pesados, más pesados, más pesados... te estás quedando dormido, dormido, dormido... un sueño profundo se está apoderando de ti..."

Nasruddin empezó a roncar. El hipnotizador salió de puntillas de la habitación.

Los hijos estaban muy contentos. Le entregaron el doble de sus honorarios y le agradecieron mucho. Entraron a ver. Nasruddin abrió uno de sus ojos y dijo: "¿Se ha ido ya ese idiota o no? Me habría matado, por eso tuve que fingir. Esos ronquidos eran falsos. Estaba fingiendo para que me dejara".

Los sutras son aburridos. Por eso sólo los ancianos que ya están muertos van a los discursos religiosos. Puedes verlos en todas las iglesias y templos.

Cuando la gente viene a visitar este ashram se sorprende de ver a tantos jóvenes. Es increíble porque se supone que los jóvenes no deben estar en esos lugares. Sólo la gente vieja, muerta, podrida, que lleva una especie de existencia póstuma, se supone que está en esos lugares. Tantos jóvenes... ¿qué hacen estos jóvenes aquí? No están aquí por los sutras, Satyam.

Yo estoy aquí por los sutras, ellos no están aquí por los sutras. Así que hemos llegado a un acuerdo: ellos tienen que escuchar algunos sutras y yo tengo que contar algunos chistes. Ellos estarán aquí por los chistes, yo estoy aquí por los sutras. Si dejo de contar chistes, desaparecerán. Si sólo tengo que contar chistes, no me necesitarán. Puedo dejar una gran colección de chistes y Teertha puede leer los chistes; no habrá necesidad de que yo esté aquí. Si quieres que esté aquí, tendrás que escuchar algunos sutras, y si quiero que estés aquí, también tendré que contar algunos chistes. Esto se entiende, es un contrato.

Los chistes son tremendamente importantes en cierto modo. Los chistes no son fenómenos simples; son realmente misteriosos, su mecanismo es misterioso. No sabes cómo funciona un chiste, cómo llega a lo más profundo de ti, cómo te hace reír, cómo te hace despertar. El mecanismo ES misterioso.

Un chiste funciona casi como un orgasmo sexual. No es casualidad que muchos chistes ESTÉN relacionados con el sexo. Los chistes como tales son básicamente sexuales por la sencilla razón de que el chiste crea una acumulación de energía en ti, una gran curiosidad por lo que va a pasar, porque un chiste es un chiste sólo cuando sucede algo inesperado, cuando da un giro tan repentino que lógicamente no podrías haberlo concebido; era inconcebible. Y el giro es tan rápido y tan repentino que no da tiempo a pensar en él. Porque no hay tiempo para pensar... La mente necesita tiempo.

El chiste sigue hacia el sur y de repente gira hacia el norte: tu mente sigue avanzando hacia el sur, pero el chiste ha dado un giro hacia el norte tan repentino que la mente se detiene. En esa misma detención hay una experiencia de silencio, de meditación.

Lo mismo ocurre en el orgasmo sexual: se acumula una cierta energía en ti, se acumula una cierta tensión en ti. Sigues moviéndote hacia arriba, hacia arriba, hacia arriba, y entonces llega una relajación repentina, una liberación repentina. Es tan repentino -sucede en un solo momento- que la mente se detiene, la mente desaparece por un momento. No es concebible para la mente. La mente necesita tiempo.

Si entiendes el chiste te perderás todo el sentido. Si puedes entender a dónde va, cuál será su final lógico, entonces no será una broma para ti. Lo que entiendas desde el principio no va a ser el final; el final va a ser absolutamente imprevisible.

Esa es la belleza de un chiste: te sacude, te sacude, te despierta. Es imposible permanecer dormido cuando se cuenta un hermoso chiste.

Buda sigue diciendo a sus discípulos: "¡Despertad!". ¿Cuál es la necesidad? ¡Simplemente cuento un chiste y se despiertan! Y eso es mucho más existencial.

Un avión con destino a Florida con doscientos cuarenta pasajeros a bordo tuvo un problema de motor. El avión se estrelló con toda seguridad, por lo que el piloto alertó a todos los miembros de la tripulación sobre esta triste situación y les dijo que se hicieran con un paracaídas cada uno y saltaran del avión.

Un joven camarero preguntó al capitán: "¿Y los pasajeros, señor?".

"¡Que se jodan los pasajeros!", respondió el capitán. Dijo el mayordomo: "¡Qué! ¿Tenemos tiempo para eso?" Dices, Satyam: Tus bromas me dan miedo...

Porque deben estar destrozando muchas cosas en ti. Debes estar pensando que la religión es algo serio.

No lo es, al menos mi visión de la religión no es seria en absoluto. Mi religión está arraigada en el juego, en la no-seriedad; sincera, por supuesto, pero seria, nunca. Mi religión es la risa, el amor. No es la renuncia, es el regocijo.

No me preocupa en absoluto Dios, y tú me pides uno de los sutras de Buda sobre Dios. El budismo no tiene ningún sutra que hable de Dios

De hecho, Buda nunca creyó en Dios; no tiene ningún sutra sobre Dios. Buda es absolutamente ateo en ese sentido: nunca creyó en Dios. Buda no era tan infantil como para creer en el Dios Padre que creó el mundo y que vive en el cielo. Todo eso son ficciones, cuentos de hadas.

Cada mes San Pedro y Lucifer se reúnen para repartir las almas recién llegadas entre ellos.

"¿Cuál es tu nombre?" pregunta San Pedro.

"Karl Marx", responde un alma de barba blanca. "¡Ah! Eres un ateo. Por lo tanto, irás al infierno".

Al mes siguiente, para gran asombro de San Pedro, Lucifer se retrasa. Esto nunca había sucedido antes.

Al cabo de unas horas, Lucifer llega en un estado horrible: uno de sus cuernos está roto, su cola está quemada, su tez está pálida.

"¿Qué te pasa?" pregunta San Pedro.

"¡Oh, Dios mío! Ese Marx, ¿sabes? ¡Ha creado un puto infierno! Empezó quejándose de que hacía demasiado calor, luego de que no había suficiente aire y después de que el lugar era insalubre. Para abreviar la historia, después de unas cuantas huelgas, protestas y manifestaciones, tuve que seguir el aire acondicionado, los masajes en los descansos entre las sesiones de tortura, ¡los termostatos para mantener el sistema de calefacción bajo control! Peter, estoy perdido. ¡Ayúdame!

¿Podrías ocuparte de él durante el próximo mes para dejarme algo de espacio?"

"¡Qué! ¡Marx en el cielo! ¿Te has vuelto loco o qué?"

"¡Hazlo por mí, Peter! ¡Recuerda que somos amigos desde hace una eternidad!"

"¡Pero es que no puedo!", responde San Pedro. "¡Marx entre todos los ángeles y santos! ¿Te lo imaginas?"

"Sólo un mes, Peter, por favor".

"Bueno, está bien. Sólo porque eres mi amigo me lo quedaré -

¡pero sólo por un mes!"

Al mes siguiente, San Pedro y Lucifer son puntuales. Lucifer pregunta con entusiasmo: "Entonces, Pedro, ¿cómo van las cosas?"

"Oh, bien, gracias, Lucifer." "¿Bien? ¿Y Marx?"

"¡Oh, ese Marx! Buen tipo".

"¿Quiere decir que no levantó ninguna protesta?"

"¡Oh, nunca! Tuvimos muchas discusiones agradables juntos. Es un hombre culto".

"¿De verdad? ¿Pero qué dice Dios?"

"¡Oh, vamos, Lucifer, sabes que Dios no existe!"

Satyam, Buda no tiene sutras sobre Dios. Fue la primera persona religiosa madura en todo el mundo. Él habla en términos de madurez, no en términos de infantilismo.

Y tú dices: ME VOY A ITALIA MAÑANA...

Entonces será bueno que te lleves esta broma:

Dos chicos de pueblo de Sicilia van a visitar a su primo a Nueva York. Al tercer día de ser mostrados por el centro de Nueva York se separan de alguna manera del primo. Tras buscarlo durante unas horas, acaban en una comisaría de policía.

"Por favor, señor, ¿puede encontrar a nuestra prima?" "¿Cómo se llama?", pregunta el policía.

"Gino".

"¿Qué Gino?"

"No-sé-que"

"¿Dónde vive?" "En Nueva York".

"¿Qué aspecto tiene?" "Un hombre-a". "¿Dónde lo perdiste?" "No lo sé".

"¿Hay algo especial en sus rasgos? ¿Una nariz plana? ¿Un ojo?

¿Algo así?"

Los dos chicos se lo piensan mucho pero sacuden tristemente la cabeza. Entonces la cara de uno se ilumina lentamente y dice "¡Ah, sí, señor, tiene dos culos!"

"¡Dos imbéciles!" exclama el policía "¿Está seguro? ¿Cómo lo sabe?"

"Bueno-a", responde el chico, "cada vez que vamos a comer-a espaguetis o a bailar-a en la discoteca, sus amigos dicen-a, "¡Mira! Ahí está Gino con-a los dos-culos'".

Satyam, vete a Italia, pero vuelve pronto, porque toda Italia ha venido aquí. Toda la gente jugosa ha desaparecido de Italia; están aquí.

El otro día leía un informe de un periódico italiano sobre la desaparición de tantos jóvenes, hombres y mujeres, en Italia, que el gobierno se ha preocupado por lo que les ocurre. No tienen que preocuparse, no tienen que ir a buscarlos a ningún sitio, pueden venir aquí, ¡están todos aquí! O han venido o están en camino, pero todos van a acabar aquí. ¿Qué vas a hacer allí Satyam? Vuelve pronto - ¡tan pronto como sea posible!

Italia le parecerá muy poco italiana. Aquí hemos hecho una Italia compacta, ¡y mucho más jugosa!

Poco a poco mis chistes te ayudarán a entrar en razón, te ayudarán a salir de tu confusión. No hay nada más sano que una buena risa, no hay nada más cuerdo que una buena risa. La risa es muy vital.

Me gustaría que mis sannyasins fueran sannyasins risueños. Me gustaría que el mundo conociera a mi gente como la gente más risueña, que baila y canta. No quiero que haya gente triste y de aspecto serio aquí. No quiero aquí ninguna cara larga. Sí, cuando vienes con una cara larga, pero entonces tengo que golpearte y tarde o temprano pierdes tu máscara - porque eso es sólo una máscara.

Ningún niño nace con la cara larga; todo niño nace con la risa, con una gran alegría que está a punto de explotar. Nosotros destruimos su alegría. Mi esfuerzo aquí es liberar de nuevo esa alegría, devolverle su infancia.

Pregunta 9:

¿SIRVE DE ALGO LA PSICOLOGÍA O NO?

DEPENDE. Si realmente quieres cambiar, no sirve de nada. Si sólo quieres fingir que estás cambiando, entonces sirve de mucho. Si sólo quieres jugar con el juego del cambio, entonces sirve de mucho. Entonces puedes seguir desenterrando tus sueños, deseos, asociaciones, y puedes entrar en muchos muchos tipos de terapias - y ahora hay muchas disponibles en el mundo. De hecho, la vida es demasiado corta para terminar todas las terapias...

Puedes ir de compras: hay muchas alternativas disponibles. Si te cansas de Freud, puedes ir a Jung; si te cansas de Jung, puedes ir a Adler, y así sucesivamente. Si te cansas de las terapias individuales, puedes recurrir a las terapias de grupo. Pero esto es sólo jugar al juego de la transformación. No estás realmente en ello, es una fachada.

Si estás REALMENTE interesado en transformarte, entonces haz lo que Somendra hizo en su sueño:

Despierta. No es necesario seguir analizando el sueño.

Ahora bien, si nos fijamos en la pregunta de Somendra ...

ANOCHE SOÑÉ QUE ME ENCONTRABA SOBRE UNA VIGA EN EL AIRE, MOVIÉNDOME HACIA UNA PUERTA SEGURA.

Puedes ir a un psicoanalista y empezará a analizar cada palabra. ¿Cuál es el significado del símbolo, viga, alto en el aire? Es fálico.

Ahora tendrás problemas. Ahora ha producido algo, una idea en tu mente - ahora empezarás a pensar: "¿Fálico...?". Ha convertido, retorcido, el sueño en un sueño sexual. No tiene nada de sexual, es un simple sueño espiritual. Pero la psicología no cree en la espiritualidad, sólo cree en el sexo. Todo tiene que ser reducido al sexo.

ANOCHE EN UN SUEÑO ME ENCONTRÉ SOBRE UNA VIGA EN EL AIRE...

¿En las alturas? Ve a los adlerianos y te dirán: "Debes de tener complejo de inferioridad, Somendra. Las personas que sufren de un complejo de inferioridad, siempre piensan en volar alto, ir alto. Eso es una especie de sustitución".

Ahora el analista ha abierto otra vía. Ahora empezará a preocuparse por el complejo de inferioridad: "¿Cómo abandonar el complejo de inferioridad?".

ANOCHE SOÑÉ QUE ME ENCONTRABA SOBRE UNA VIGA EN EL AIRE, MOVIÉNDOME HACIA UNA PUERTA SEGURA.

¿La puerta de la seguridad? Entonces debes sentirte muy inseguro. Ahora, estas son explicaciones tan obvias.

Y si vas a un psicoterapeuta estrafalario puede que encuentre ideas estrafalarias...

ENTONCES MI ROPA EMPEZÓ A ENGANCHARSE EN ASTILLAS...

Puede sugerir: "Sueña siempre desnudo, si no, puedes tener problemas".

Y puede haber mil y una explicaciones, todas inútiles. Lo sencillo es que un sueño es un sueño. Y lo más importante es saber que siempre puedes despertar, que en cualquier momento puedes desconectarte del sueño.

En este mismo momento, puedes desconectarte del sueño. Y todo el sueño desaparece, con viga y todo. Todas las interpretaciones son sólo imaginarias. Se puede hacer que parezcan muy válidas; se han propuesto grandes argumentos a favor y en contra de ellas. Y la gente ni siquiera se da cuenta de que cuando vas a un psicoanalista, te da una explicación; si vas a otro, te da otra; si vas a un tercero, te da otra. Y TODAS las explicaciones parecen ser correctas. Todas son racionalizaciones. Y NO ayudan en nada, NO transforman tu ser.

Lo he oído:

Un gran psicólogo le dijo a su ayudante que hoy iban a entrevistar a tres candidatas para la vacante de secretaria y que, por favor, prestara mucha atención a lo que estaba ocurriendo: iba a ser un experimento de perspicacia psicológica.

La primera mujer entró en la consulta y proporcionó la información habitual: nombre, experiencia, etcétera. Entonces el psicólogo dio un codazo a su ayudante para que le prestara atención y le preguntó qué eran dos y dos. Su respuesta fue: "Bueno, si los sumas, la respuesta es cuatro". Se le pidió que esperara mientras se entrevistaba a los demás candidatos.

Trajeron a la segunda mujer. Una vez dada toda la información, el psicólogo volvió a dar un codazo a su ayudante y le preguntó qué era dos y dos. Su respuesta fue: "Si escribes dos dos, uno detrás del otro, la respuesta es veintidós". Se le pidió que esperara fuera.

Entonces se hizo pasar a la tercera mujer. Después de todos los preliminares, se volvió a llamar la atención de la asistente, y de nuevo se le hizo la misma pregunta sobre dos y dos. "Bueno", respondió ella, "si los sumas, la respuesta es cuatro, pero si los escribes uno detrás de otro, la respuesta es veintidós".

Pidiéndole que esperara también, el psicólogo preguntó al ayudante si entendía lo que había estado pasando. (¡Esto es psicología!) El ayudante dijo que lo había entendido todo menos la pregunta del dos por dos.

"Esa simple pregunta, esa única y sencilla pregunta, aporta mucha información psicológica sobre cada una de ellas", respondió el gran hombre. "La primera mujer fue muy positiva. Dos y dos son ciertamente cuatro.

El segundo era más imaginativo. Un dos escrito después de un dos es sin duda veintidós. Y por último, la tercera mujer contestó de las dos maneras, así que es positiva CON imaginación".

"De acuerdo", dijo el ayudante. "Puedo entenderlo, pero ¿cuál elegirías?".

"Eso es sencillo", dijo el jefe. "La de las tetas grandes, por supuesto".

La psicología parece no llevar a ninguna parte. Sólo da vueltas y vueltas con grandes explicaciones, con grandes racionalizaciones, y al final eres el mismo.

Y la última pregunta

Pregunta 10:

¿CUÁL ES SU MENSAJE EN POCAS PALABRAS?

www.ingramcontent.com/pod-product-compliance
Lightning Source LLC
LaVergne TN
LVHW082157051026
849532LV00012B/3616
* 9 7 9 8 2 3 3 9 3 7 0 8 8 *